INFÂNCIA, VÍNCULOS E DIVERSIDADE PROFISSIONAL

Blucher

INFÂNCIA, VÍNCULOS E DIVERSIDADE PROFISSIONAL

Espaços para interlocução

Organizadoras
Maria Cecília Pereira da Silva
Mariângela Mendes de Almeida

Revisora técnica
Stephania Batista Geraldini

Infância, vínculos e diversidade profissional: espaços para interlocução
© 2019 Maria Cecília Pereira da Silva e Mariângela Mendes de Almeida
(organizadoras)
Editora Edgard Blücher Ltda.

Imagem da capa: Wassily Kandinsky, *Azul do céu*, 1940.

Blucher

Rua Pedroso Alvarenga, 1245, 4º andar
04531-934 – São Paulo – SP – Brasil
Tel.: 55 11 3078-5366
contato@blucher.com.br
www.blucher.com.br

Segundo o Novo Acordo Ortográfico, conforme
5. ed. do *Vocabulário Ortográfico da Língua
Portuguesa*, Academia Brasileira de Letras,
março de 2009.

É proibida a reprodução total ou parcial por
quaisquer meios sem autorização escrita da
editora.

Todos os direitos reservados pela Editora Edgard
Blücher Ltda.

Dados Internacionais de Catalogação
na Publicação (CIP)
Angélica Ilacqua CRB-8/7057

Infância, vínculos e diversidade profissional :
espaços para interlocução / organizadoras : Maria
Cecília Pereira da Silva, Mariângela Mendes de
Almeida ; revisora técnica : Stephania Batista Geraldini. – São Paulo : Blucher, 2019.
550 p.

Bibliografia
ISBN 978-85-212-1400-7 (impresso)
ISBN 978-85-212-1401-4 (e-book)

1. Psicanálise 2. Pais e filhos 3. Mãe e lactente
4. Crianças – Cuidadores – Diversidade profissional
5. Psicologia – Primeira infância I. Silva, Maria Cecília Pereira da. II. Mendes de Almeida, Mariângela.
III. Geraldini, Stephania Batista.

19-0318 CDD 150.195

Índice para catálogo sistemático:
1. Psicanálise

*À Magaly Miranda Marconato Callia, nossa
grande amiga que amava os bebês e muito nos
ensinou sobre eles e sobre a passagem do tempo.*

*A nossos mestres, tão cuidadores,
e a todos por nós cuidados, tão mestres.*

Conteúdo

Agradecimentos	13
Prefácio *Victor Guerra*	17
Introdução	25

PARTE I
Interlocução com a observação de bebês   29

1. Observação psicanalítica e ressonância no grupo de supervisão como um espaço para integração na relação pais-bebês: favorecendo o nascimento da vida mental e modulando encontros entre o interno e o externo   31

   Mariângela Mendes de Almeida, Lilian Finkelstein e Nathalia Teixeira Caldas Campana

2. O impacto emocional da observação de bebê no observador e na relação mãe-bebê   39

   Maria Cecília Pereira da Silva, Denise Serber e Maria Teresa Ferriani Nogueira

3. Construção de demanda junto aos pais em um caso
de bebê com risco de autismo 53
Lilian Finkelstein

PARTE II
Interlocução com a educação 65

4. Abordagem trialógica Tempo-Lineare: trabalho terapêutico
preventivo com crianças de 0 a 5 anos e seus pais 67
Jeanne Magagna

5. Um olhar pedagógico para o atraso do desenvolvimento
global 97
*Elisete Alves Matias Dias e Flora Marques de Azevedo
Giannini*

6. A importância do orientador escolar na prevenção
dos transtornos iniciais do desenvolvimento infantil 109
*Ana Maria Franklin Gonçalves e Flora Marques de
Azevedo Giannini*

PARTE III
Interlocução com a saúde hospitalar 119

7. Contribuições do método de observação da relação
pais-bebê para o atendimento de uma criança com
câncer 121
Nathalia Teixeira Caldas Campana

8. Interfaces entre o físico e o psíquico: o olhar relacional pais-bebê/criança na formação dos médicos e profissionais de saúde   131

Ida Bechelli de Almeida Batista e Mariângela Mendes de Almeida

PARTE IV
Interlocução com intervenções multiprofissionais   143

9. O papel do fisioterapeuta no contexto da relação mãe-bebê   145

Thais Oliveira Feliciano

10. O pediatra como educador   169

Mônica Ayres de Araújo Scattolin

11. Psicose, família e inclusão escolar: uma discussão a partir do relato de um acompanhamento terapêutico   183

Nathalia Teixeira Caldas Campana

PARTE V
Interlocução com a família   197

12. Sobre análise de criança pequena: relato de uma experiência   199

Sônia M. C. Marchini

13. Consultas terapêuticas conjuntas pais-crianças: um continente para momentos de crise?   217

Ana Rosa C. de A. Pernambuco

14. Grupo terapêutico com crianças e o trabalho de vínculo com os pais   229

Carla Lam

PARTE VI
Interlocução com a clínica dos transtornos alimentares   243

15. O *self* aprisionado: desdobramentos no processo psicanalítico (compreender o *self* aprisionado: um jeito diferente de domesticar)   245

Jeanne Magagna

16. O fantasma adormecido: um trabalho com pais-bebê numa situação de dificuldade alimentar   277

Stephania Batista Geraldini

17. Metáfora e matriz: dificuldades alimentares infantis como janela clínica dos transtornos na relação pais-bebê   297

Mariângela Mendes de Almeida

PARTE VII
Interlocução com a clínica pais-bebê   315

18. Redes de sentido: evidência viva na intervenção nas relações iniciais com pais e crianças   317

Mariângela Mendes de Almeida, Magaly Miranda Marconato Callia e Maria Cecília Pereira da Silva

19. Embalando o choro de pais e bebês: a demanda por uma escuta em rede   333

Maria Cecília Pereira da Silva e Mariângela Mendes de Almeida

INFÂNCIA, VÍNCULOS E DIVERSIDADE PROFISSIONAL   11

20. Cada um no seu lugar: intervenção na relação de uma
mãe com as suas duas filhas   343

Maria Teresa Ferriani Nogueira e Stephania Batista Geraldini

21. Embalando a relação pais-bebê: oferecendo continência
às fantasias parentais   359

Maria Cecília Pereira da Silva

22. Sobre o lugar e o limite da intervenção com crianças
pequenas   379

Luísa de Azevedo Costa Nogara

Parte VIII
Interlocução com a clínica do autismo   393

23. Entre o brincar do bebê e o brincar da criança autista   395

Camila Saboia

24. Trabalho analítico no vínculo pais-bebê e a possível
mudança no percurso psicoafetivo   405

Julia Sousa Martin

25. Considerações sobre a inclusão do olhar analítico na rede
de cuidados aos transtornos do espectro do autismo:
disrupção e integração   419

*Mariângela Mendes de Almeida e Maria Cecília Pereira
da Silva*

26. Sobre brilho nos olhos e mudança psíquica: evocações a
partir da clínica psicanalítica dos transtornos do espectro
do autismo   443

Mariângela Mendes de Almeida

27. Uma paixão entre duas mentes: a função narrativa   457
Maria Cecília Pereira da Silva

ANEXOS
**Sistematizações facilitadoras para o trabalho com pais,
bebês e crianças**   475

A. Observação psicanalítica da relação mãe-bebê na família
   – modelo Esther Bick   477

B. Resumo da grade de indicadores de intersubjetividade
   no primeiro ano de vida, de Victor Guerra   483

C. Parâmetros para diagnóstico de problemas de
   desenvolvimento – janelas clínicas de Daniel Stern   489

D. Indicadores de Risco para o Desenvolvimento Infantil
   (IRDI), de Kupfer, Jerusalinsky, Bernardino, Wanderley,
   Rocha, Molina, Lerner   491

E. Pequeno sumário acerca dos indicadores de risco de
   desenvolvimento atípico a partir de pesquisas de
   Muratori e Maestro: uma contribuição para profissionais
   em contato com a primeira infância   495

F. Os sinais de sofrimento precoce segundo Graciela
   Cullere-Crespin   499

G. Elementos técnicos na intervenção pais-bebê/criança,
   por Tessa Barandon e colaboradores (Anna Freud
   Centre – Londres)   503

Referências   507

Sobre as autoras   543

Agradecimentos

Desejamos apresentar nossos agradecimentos aos inúmeros colaboradores para esta empreitada, evocando dois representantes emblemáticos e significativos que muito semearam em nosso campo. Nossos parceiros, familiares e heranças psicanalíticas serão aqui representados, *in memoriam*, por Victor Guerra e Magaly Miranda Marconato Callia, padrinhos chamados à frente de nossa obra, para serem também merecidamente homenageados pelos autores e leitores deste livro.

Victor e Magaly condensam para nós grande saber clínico, sensibilidade estética, interesse pela diversidade profissional e interlocução conceitual, empatia e profundidade nos vínculos. Refletem, portanto, com muita vivacidade os pilares desta publicação.

Com Magaly, nutrimos raízes comuns compartilhadas quanto ao interesse por crianças e pela psicanálise, com referências afetivas e profissionais, desde a aproximação, na década de 1980, com o estudo das relações iniciais e bebês psicanaliticamente observados bem de perto (a partir do Centro de Estudos Psicanalíticos

Mãe-Bebê-Família de Marisa Mélega, de São Paulo, do contato com a Clínica Tavistock de Londres e posteriormente, com a Psicopatologia do Bebê em curso com Serge Lebovici, interconectando alguns centros de atendimento a bebês e seus pais mundo afora). Juntas, participamos de atendimentos, iniciativas de ensino, eventos, apresentações, congressos, viagens, partilhados com abertura interna, maestria e simplicidade, regidos pela espontaneidade de seu sorriso.

Membro filiado do Instituto de Psicanálise da Sociedade Brasileira de Psicanálise de São Paulo (SBPSP) e há muitos anos professora e supervisora pelo Departamento de Psicanálise com Crianças do Instituto Sedes Sapientiae, Magaly tinha o dom de ensinar. Foi a principal batalhadora pelo estabelecimento no Sedes, do Curso Relação Pais-Bebês: da Observação à Intervenção e da própria atividade de Observação Psicanalítica, modelo Bick, ferramenta tão valorizada por ela e por todos nós que atualmente continuamos sua propagação em nosso curso. Muito identificada com as ideias winnicottianas e com sua habilidade na transmissão de conceitos, formou muitas gerações de novos psicanalistas de crianças e também de pais-bebês, alguns inclusive participantes deste nosso livro.

Magaly trazia em sua escuta psicanalítica a qualidade de tocar e compreender os estados mais primitivos da mente, com uma sensibilidade ímpar para promover o encontro emocional.

Clareza e criatividade em integração, bom humor e bom senso, o estético no visceral, o rústico da terra aliado ao sofisticado das abstrações, são muitas as imagens em mosaico que ficam de Magaly, emolduradas pelo carinho e pela leveza nas relações familiares em suas transformações, sempre com o cuidado da preservação de vínculos. Além da vitalidade e alegria de existir, compartilhamos com ela, Maga e Mega-amiga, até mesmo o passar pela perda e pela inexorabilidade da morte, criando e re-criando ligações. Maga se foi em 2016... e ficou iluminada na lembrança dos que com ela conviveram.

Um ano depois, Victor Guerra também partiu prematuramente. Extremamente dedicado a seus ideais e generoso ao compartilhar suas produções e referências, Victor foi psicanalista da Associação Psicanalítica do Uruguai (APU), psicólogo, membro da Diretoria de Crianças e Adolescentes da Federação Psicanalítica da América Latina (Fepal) de 2014 a 2016, supervisor de projetos de trabalho e pesquisador da relação pais-bebê.

Sua presença no cenário psicanalítico na América Latina alcançou repercussão internacional no campo da primeira infância, como professor convidado em universidades no Uruguai, no Chile e na França e como coordenador de cursos de formação e pós-graduação sobre a subjetivação do bebê, consultas terapêuticas, clínica da parentalidade e transtornos dos vínculos iniciais, em Montevidéu, São Paulo e Porto Alegre, em parceria com a França.

Victor Guerra foi o idealizador entusiasmado da Declaração de Cartagena, por ocasião do Congresso Fepal de 2016, em que os psicanalistas das sociedades de Psicanálise da América Latina declararam-se publicamente em prol do trabalho analítico com crianças e adolescentes com transtornos do espectro do autismo.

Victor também idealizou e divulgou em vídeo ilustrativo sua Grade de Intersubjetividade no primeiro ano de vida (apresentada em resumo ao final deste livro) e compartilhou, com contagiante sensibilidade, contribuições clínicas e conceituais integrando psicanálise, poesia, cultura e arte. Um livro com sua tese de doutorado intitulada *Rythme et intersubjetivité chez le bébé* [O ritmo e a intersubjetividade no processo de subjetivação do bebê] foi publicado, em janeiro de 2019, pela Editora Érès, na França.

Consultor, colega e amigo, Victor, já em momento delicado de sua batalha pela vida, muito nos honrou com a leitura de nosso livro e nos presenteia aqui, com sua sempre lúcida esperança e extrema generosidade, com o prefácio (que, infelizmente, viria a ser o seu último texto escrito), marcando sua presença viva e instaurando o clima de abertura criativa para nossas reflexões.

Retomamos essas férteis parcerias de trabalho e amizade, re-lembrando "Canção da América", de Milton Nascimento, esperando, com este livro, estar realizando desejados e prometidos encontros com amigos iluminados "guardados a sete chaves dentro do coração", já anunciados desde as primeiras homenagens a estes que se foram, mas que continuam muito vivos entre nós.

> *E quem voou no pensamento ficou,*
>
> *com a lembrança que o outro cantou*
>
> *[...] seja o que vier,*
>
> *venha o que vier,*
>
> *Qualquer dia, amigo, eu volto a te encontrar.*
>
> *Qualquer dia, amigo, a gente vai se encontrar!*

Que o encontro do leitor com estas produções de nosso Espaço de Interlocução, aqui reunidas em livro, tendo como matriz o re-encontro paraninfo com a maga e o guerreiro, seja também inspirador.

Mariângela e Maria Cecília

Prefácio

Victor Guerra[1]

Chamado a uma viagem

Este livro configura uma experiência especial. É uma forma de oferecer testemunho de anos de trabalho de um grupo que estabeleceu uma experiência muito interessante, que é a de buscar zonas de interlocução na diversidade de abordagens da primeira infância e da parentalidade.

Relata-se que, durante seis anos, o grupo Espaço de Interlocução para Trabalhos com Pais/Bebê/Criança ofereceu escuta e intercâmbio para várias disciplinas, possibilitando investigações e reflexões conjuntas. Ao olharmos o conteúdo com a enorme variedade de experiências que se concentram no livro, poderíamos pensar que a obra é também uma compilação interessante e

---

1 Victor Guerra (1959-2017) foi psicanalista da Asociación Psicoanalítica del Uruguay (APU), psicólogo, ex-diretor de crianças e adolescentes da Federação Psicanalítica da América Latina (Fepal), supervisor de projetos de trabalho e pesquisador da relação pais-bebê.

atualizada de diferentes formas de abordagem da primeira infância. E isso já é muito!

No entanto, isso não diz tudo, porque este livro é muito mais que isso e, para animar o leitor a embarcar na leitura, lançarei mão de uma metáfora. Tomando os capítulos deste livro, que abarcam tantas profissões e tantos temas, visualizo-os como barcos estacionados em um porto – um porto que se encontra no cais do mar da infância... Então, para poder passear, conhecer, perder-se, desfrutar e preocupar-se com esse mar, pode se tomar cada capítulo-barco que nos levará nessa viagem comprometida e misteriosa, por esse mar que é o mesmo para todos os barcos-capítulos, mas que é a cada vez diferente, porque cada um toma um caminho diverso para navegá-lo.

Dessa maneira, o leitor viverá a experiência de uma heterogeneidade que forma parte de um elemento homogêneo. E a ideia de homogeneidade me leva ao conceito de *fil rouge* (fio condutor). Um eixo que é justamente também uma metáfora marítima.

Em *As afinidades eletivas*, Goethe conta que, para poder reconhecer um barco como formando parte de sua esquadra, a marinha inglesa colocava em todas as cordas desse barco um fio vermelho, de modo que ao longo desse encordoamento (que é o que permite sustentar as velas etc.) há um elemento em comum que lhe concede certa identidade, certa forma de continuidade.

No caso deste livro, desta viagem, o "fio condutor" que atravessa os capítulos e as profissões, assim como os diferentes cenários de trabalhos, é o de receptividade à experiência emocional e o compromisso de trabalho pautado, para mim, no livro, por uma disposição empática, no sentido evocado por Mia Couto em um artigo no qual fala do que a leitura e a escrita nos trazem. Esse escritor moçambicano diz que elas favorecem que a pessoa possa "deixar que outras lógicas nos habitem, que visite e seja visitado por outras sensibilidades".[2] Deixar, habitar e visitar são verbos que implicam uma forma de abertura, uma forma de despojar-se do já conhecido para colocar-se em posição de descoberto, o que é uma característica essencial do infantil.

Uma das coisas que mais atraem uma criança é o senso de aventura, entendida como viagem a algo desconhecido onde encontrará perigos e desafios e desenvolverá ainda mais sua curiosidade e sua ambivalência diante do novo: isso, por um lado, é fascinante, por outro, gera medo pela perda do já conhecido. Se o adulto que quer trabalhar com uma criança e sua família não tem esses elementos, ou os perdeu durante o caminho da vida, seu trabalho será outro: mais do que um criativo codescobridor dando novas chances à criança em seu processo de subjetivação, ele se tornará um "adaptador" ou um "estimulador", que talvez possa modificar, por exemplo, um sintoma. Entretanto, dificilmente, poderá proporcionar a experiência de uma oportunidade de conhecimento, de contato com a complexidade do mundo emocional e seus mistérios. Experiência que, estamos convencidos, dará outra espessura ao sujeito em formação.

A partir de todos os capítulos, constatamos que se manifesta um comprometimento que passa longe do conceito de estimulação, configurando experiências que permitem a continência, metabolização e transformação de elementos emocionais, tanto dos pais e crianças quanto dos profissionais que os atendem.

Poderia me estender e marcar os pontos centrais que cada setor desta viagem nos oferece, assim como falar das virtudes da utilização e integração de uma ampla bibliografia atualizada etc., mas, dessa maneira, a viagem de leitura que proponho seria uma viagem na qual, tendo escrito o prefácio, teria um protagonismo que

---

2   Mia Couto (2009). *E se Obama fosse africano*. São Paulo: Companhia das Letras, p. 16.

não desejo ter e, além disso, gostaria de não impedir que o leitor encontre suas próprias rotas na leitura. Quero, sim, reafirmar que os capítulos que organizam o livro abrem um leque de paisagens de tal amplitude que, sem dúvida, trarão elementos muito importantes tanto no plano clínico como conceitual.

Sobre ver surgir o brilho nos olhos

Talvez uma das imagens mais fortes e tocantes do livro seja o comentário que uma das autoras traz em relação ao que lhe dissera Dr. Di Loreto muitos anos atrás, um tanto preocupado pela árdua tarefa de trabalhar praticamente só com crianças autistas. Ele dizia, ao mesmo tempo irônico e afetivo: "Vocês estão trabalhando para ver surgir o brilho nos olhos" (p. 443).

Esta frase tão forte dita em relação ao trabalho duro com crianças com sofrimento do espectro do autismo marca, em sua clareza, uma polissemia. E toda polissemia não se esgota com um sentido, mas, ao contrário, deveria permanecer aberta na mente de quem escuta como um imantador de novos pensamentos, como uma abertura ao mistério da vida psíquica e relacional.

Poderíamos tomar o brilho nos olhos como uma marca de vida psíquica, envolvendo a manifestação libidinal do contato com o outro, e talvez também o brilho que emerge diante do descobrimento do mundo, diante da irradiação de um sentimento de um "ser sendo", um ser que abriga em seu interior uma certa possibilidade de movimento psíquico, de abertura ao outro e ao novo (tão ausente nos sofrimentos arcaicos).

E a autora diz: "Somos, sim, 'buscadores' dos mínimos brilhos no olhar, e nossos olhos brilham ao investir nessa busca" (p. 444).

Vejamos isso, por exemplo, na arte da pintura. François Cheng[3] analisa a pintura de Leonardo, *Mona Lisa*, e diz que talvez a beleza do quadro advenha do mistério de seu olhar: "os olhos são a janela da alma. A beleza de seu olhar vem de uma luz que surge da profundidade do ser".

Aqui, poderíamos dizer que se unem semiologia clínica, arte e teoria da subjetivação. A modulação de variações possíveis no olhar mostraria a noção de profundidade interior, de uma tridimensionalidade que vai se formando sempre e quando encontre um outro, que lhe devolva o si mesmo em espelho.

Como dizia Pontalis: "um olhar que conceda a certeza de existir". Movimento em espiral, de ida e volta, de inter-ações, de inter--transformações mútuas, que se movimenta em consonância com a receptividade do analista.

Esse brilho nos olhos do paciente claramente buscou e encontrou um espelho, um brilho nos olhos de sua analista, que diz: "Somos, sim, 'buscadores' dos mínimos brilhos no olhar, e nossos olhos brilham ao investir nessa busca" (p. 444).

A experiência de *espelhamento* confirma o que já dissera o poeta Alejandro Bekes: "Houve ao princípio um colóquio calado de olhares..."[4] que logo dará – junto ao ritmo, ao brincar e à palavra – a sustentação ao ser.

Isso marca uma posição característica dos profissionais que mostram sua prática ao longo do livro, creio que buscam despertar um "brilho de vida psíquica diferente" tão necessária e tão variada para cada caso e para cada família.

---

3 François Cheng (2012). *Cinco meditaciones sobre la belleza*. Madrid: Ediciones Siruela, p. 47.
4 Alejandro Bekes (2010). *Lo intraducible*. València: Editorial Pré-Textos. p. 11.

Para mim, cada vez mais, o trabalho com a parentalidade e a infância não são mais unicamente trabalhos com a perspectiva metapsicológica da pulsão, mas também, a partir de uma tópica intersubjetiva diferente, que busca brindar uma experiência de subjetivação diversa, de transformação que propicie novos descobrimentos ao sujeito. Autores como Donald Winnicott e também Anne Alvarez, em seu *Companhia Viva*, já falaram bastante disso.

Mas este grau de compromisso afetivo com a tarefa não impede um trabalho árduo de sistematização, que podemos observar nas diferentes áreas (observação de bebês, saúde hospitalar, intervenções multiprofissionais, interlocução com a família, clínica dos transtornos alimentares, clínica pais/bebês, clínica do autismo etc.).

Da interlocução à intralocução

No final quero voltar ao início. No título do livro se destaca o tema da *interlocução*. Em seu sentido original, interlocução remete à ação e ao efeito do falar entre duas pessoas. E esta "ação", para que gere um "efeito" em ambos, deve se tornar cena em um espaço especial: o "entre". E esse "entre", para que seja genuíno, deveria ser uma experiência que se coconstrua com um certo grau de homogeneidade.

Não pode haver um "entre" fecundo e criativo se não houver uma derrubada do narcisismo de seus integrantes, um estar alerta ao que a criatividade de Clarice Lispector mostra em uma de suas crônicas, na qual a escritora fala de momentos em que se parece saber claramente como é a vida, como somos, como são os outros, como deveria ser a arte... mas ela recomenda que o melhor seria: "ver e esquecer, para não ser fulminado pelo saber".[5]

Clarice nos ensina, então, a importância da humildade e de não ceder à tentação de um saber unilateral, que mataria nossa real abertura ao novo. Para mim, o espaço do "entre" é um espaço em que há uma simetria de opacidades sobre o conhecimento, sustentado pela ilusão de encontrar um "brilho" que nos abra um caminho à surpresa fecunda.

Creio que seja a partir desse vértice que se produzam "efeitos" como o de facilitar a passagem para uma *intralocução*, entendida como um diálogo interior onde se aninha a heterogeneidade de pensamento. Isso surge em parte da instauração de vozes que nos habitam, que formam um suporte de pensamento que nos habilita a nos lançar na navegação pelo desconhecido. E é disso que se trata este livro.

Ao abri-lo plenamente, insisto, se destacarão as velas-folhas e bastará o vento do desejo (de conhecimento) para que a viagem se inicie, porque o livro convida à uma cocriação. O movimento do conhecimento se lança ao novo, se as palavras como barcas têm o sopro do olhar de um leitor atento.

O convite está aberto, mas não é só para você, querido leitor.

Não se surpreenda se, por momentos, o leme desse barco deslizar de suas mãos para ir ao encontro do infantil que o habita, para que se fale a mesma língua das múltiplas crianças que aqui se beneficiaram, como seres humanos, com o trabalho de todos estes sensíveis profissionais. Anime-se e deixe, então, o infantil liderar e desfrutar a viagem.

Posso lhe assegurar que não se arrependerá!

---

5   Clarice Lispector (1999). *A descoberta do mundo*. Rio de Janeiro: Rocco, p. 197.

Introdução

Este livro apresenta o resultado de discussões de situações de trabalho em vários contextos, tanto clínicos quanto não-clínicos, em que se buscou refletir sobre o vínculo cuidador-bebê/criança e aprofundar o exercício da observação, compreensão e intervenção psicanalíticas no âmbito relacional. O Espaço de Interlocução para Trabalhos com Pais-Bebês/Crianças, encontro que se realiza mensalmente desde 2007, deu origem a esta produção, que conta com contribuições discutidas até 2013. O Espaço constitui-se num fórum para que profissionais de várias áreas, interessados ou diretamente envolvidos com intervenções pais-bebês/crianças, observação participativa na relação pais-bebê, trabalhos em berçário, creche e pré-escola, unidades de prevenção em saúde e unidades de atendimento em saúde mental, instituições escolares, atendimento pediátrico e obstétrico, UTI e berçários em instituição hospitalar, acompanhamento terapêutico etc., possam apresentar e discutir suas práticas.

Contribuíram para a criação deste Espaço desdobramentos da prática de observação de bebês – modelo Esther Bick e modelo

Tavistock de transmissão do olhar psicanalítico – aliados à valorização de iniciativas institucionais anteriores de expandir essas abordagens no Brasil, como o Centro de Estudos Psicanalíticos Mãe-Bebê-Família, em São Paulo, coordenado por Marisa Mélega, e à importância que esse olhar desempenha em nosso espaço de pertinência clínica junto à Sociedade Brasileira de Psicanálise de São Paulo. Outras influências importantes foram nossa prática terapêutica de formação, supervisão e ensino, principalmente no Instituto Sedes Sapientiae, e nossas experiências comuns em contatos com Gianna Williams, Jeanne Magagna, Victor Guerra, Leonardo Posternak, Marie-Christine Laznik e Graciela Cullere-Crespin, além da formação em Psicopatologia do Bebê junto à Universidade Paris XIII e à Associação Franco-Mexicana de Psiquiatria e Saúde Mental, integrando o trabalho de Serge Lebovici, Daniel Stern, Sebastian Cramer, Bernard Golse, Marie-Rose Moro, Letícia Solis, Jorge Armando Barriguete, entre outros.

O Espaço de Interlocução para Trabalhos com Pais-Bebês/Crianças tem como proposta reunir regularmente profissionais de diversas disciplinas que trabalhem com bebês e famílias para que possamos discutir diferentes intervenções profissionais a partir de uma visão relacional psicanalítica. Esses encontros são baseados no modelo de *work discussion* (discussão de situação de trabalho) presente no curso Observational Studies and the Application of Psyco-Analytic Concepts to work with Children, Young People and Families (Estudos observacionais e a aplicação de conceitos psicanalíticos para o trabalho com crianças, jovens e famílias) da Clínica Tavistock. Nossos objetivos com esses encontros são favorecer a interdisciplinaridade e possibilitar a expansão da formação entre profissionais que vêm trabalhando nesse campo.

Neste livro, *Infância, vínculos e diversidade profissional: espaços para interlocução*, trazemos contribuições de vários participantes do Espaço, ilustrando a interlocução com a observação de bebês, com a educação, com a saúde hospitalar, com intervenções multiprofissionais, com a família, com a clínica dos transtornos alimentares, com a clínica pais-bebê e com a clínica do autismo.

PARTE I

Interlocução com a observação de bebês

A observação da relação mãe-bebê foi introduzida no currículo do curso de Psicoterapia Infantil da Tavistock Clinic de Londres por Esther Bick, em 1948, como exercício de formação para estudantes de psicoterapia e psicanálise de crianças. Tinha como finalidade conhecer o funcionamento primitivo da mente a partir da experiência do observador e acompanhar o desenvolvimento da criança no contexto da relação com sua mãe ou com seu cuidador (Bick, 1948/1967). Desde 1960, essa prática passou a fazer parte da formação de analistas da Sociedade Britânica de Psicanálise e, mais tarde, de outras sociedades também.

A proposta consiste em observar um bebê – a partir de seu nascimento até 1 ou 2 anos de idade – uma vez por semana, por uma hora, durante situações cotidianas de alimentação, banho, brincadeiras, sono, aconchego etc., na relação com sua mãe. Posteriormente, o observador deve registrar cada encontro detalhadamente para depois discuti-lo no grupo de supervisão.

A observação de bebês continua sendo amplamente praticada como exercício de aprendizagem psicanalítica ao redor do mundo, com desdobramentos nas áreas clínicas e de pesquisa.

1. Observação psicanalítica e ressonância no grupo de supervisão como um espaço para integração na relação pais-bebês: favorecendo o nascimento da vida mental e modulando encontros entre o interno e o externo[1]

Mariângela Mendes de Almeida
Lilian Finkelstein
Nathalia Teixeira Caldas Campana

Introdução

Esta contribuição representa um esforço coletivo de um grupo de profissionais envolvidos com a prática, estudo e desenvolvimento da observação psicanalítica e seus desdobramentos no tratamento, formação, pesquisa e cuidados básicos no campo do desenvolvimento infantil e saúde mental em São Paulo, Brasil.

Iniciando com o modelo de observação da relação pais-bebê proposto por Esther Bick a partir de cursos na Clínica Tavistock,

---

1   A versão original deste trabalho (Mendes de Almeida, M., Finkelstein, L., & Campana, N. T. C. (2009) foi publicada como News from Brazil: psycho-analytic observation and its seminar group as a space for the integration of splitting aspects in the parent-infant relationship. *The International Journal of Infant Observation*, *12*(3), 352-357. Mais detalhes sobre a observação do bebê Thor aparecem também no Capítulo 3 deste livro.

Londres, e com Marisa Mélega no Centro de Estudos Psicanalíticos Mãe-Bebê-Família, na Sociedade Brasileira de Psicanálise e no Instituto Sedes Sapientiae, alguns profissionais (Magaly Miranda Marconato Callia, Mariângela Mendes de Almeida e Maria Cecília Pereira da Silva) vêm se dedicando a difundir essa prática e a expandir o olhar da observação psicanalítica, incluindo-a em cursos relacionados à intervenção nas relações iniciais e desenvolvimento infantil, procurados por alunos envolvidos com cuidados, ensino e tratamento de crianças pequenas e suas famílias. A apresentação desse método na modalidade introdutória (utilizando o vídeo *Observation observed*, da Clínica Tavistock, seguido de discussões de experiências de observação e de artigos sobre o tema) oferece noções sobre seu potencial e possíveis desdobramentos no que se refere à formação e desenvolvimento de nossos recursos pessoais para acessar aspectos emocionais primitivos nas relações. Tal prática chamou a atenção de muitos alunos, fazendo com que se engajassem na observação de bebês durante dois anos e representando um refinamento de seus instrumentos profissionais para observar, conter, registrar, refletir e ampliar a compreensão de aspectos préverbais e relacionais durante o processo de visita à família e discussão das questões na supervisão.

Desde que iniciamos essas atividades, foram formados vários grupos independentes de observação de bebês, e continuamos nossos esforços para incluir a versão completa desta junto aos cursos de extensão em Intervenção nas Relações Iniciais. Em 2013, a atividade de observação de bebês modelo Esther Bick – em seu modelo clássico – foi introduzida no curso "Relação Pais-Bebê: da Observação à Intervenção" do Instituto Sedes Sapientiae.

A expansão dessa rede também possibilita o envolvimento com pesquisas no campo do desenvolvimento emocional infantil, pois as competências do observador psicanalítico e de seu olhar são fortemente valorizadas na área de detecção de riscos e intervenções oportunas que, desde a primeira infância, favorecem a saúde em vários contextos.

Além disso, aqueles que completam dois anos de observação de bebês (muitos já terapeutas) passam a trazer suas experiências clínicas de intervenção nas relações iniciais para as supervisões semanais.

Apresentamos, aqui, principalmente a experiência de um grupo de observação de bebês, do qual fazem parte Ana Rita Rocha, Juliana Amaral de Andrade, Lilian Finkelstein (psicólogas e psicoterapeutas), Maria Angela Trombetti (médica obstetra) e Nathalia Teixeira Caldas Campana (estudante de Psicologia), supervisionado por Mariângela Mendes de Almeida. Vinhetas de duas observações foram utilizadas para ressaltar questões advindas da mente do observador e as ressonâncias destas no espaço mental do grupo de supervisão como continente. Além disso, as vinhetas ressaltam processos de cisão que podem ser experienciados ao longo do processo de observação da relação pais-bebê.

Thor, Yole e Lilian: salvando o bebê queimado

Thor está com 7 meses. Lilian, a observadora, relata uma observação com sua mãe, Yole: "Yole se senta com Thor em seu colo perto do vaso. Eu mudo de lugar para ver a cena de frente. Inicia-se então um longo período de aflição, em que Thor fica enfiando seu rosto no meio da planta, as folhas ficam em seu rosto, seu nariz e boca, e ele parece não se importar, não demonstra nenhum desconforto com a situação e nem sua mãe que, ao contrário, até o ajuda a colocar seu rosto mais para dentro dos galhos para que ele possa 'aproveitar mais a natureza' – de repente me surpreendo pensando: será que isto é normal? Yole está muito contente porque 'seu filho ama a natureza' [como relata a mãe]".

Aqui, Thor está com 1 ano e 4 meses: "Yole está me servindo uma xícara de chá e de repente se lembra de um pesadelo que teve: 'Preciso te contar o pesadelo que tive. Eu o segurei no colo, e ele estava todo queimado... machucado... com muitas manchas vermelhas pelas suas perninhas... eu o pego no colo, estou muito preocupada e Ted também (pai). Mas as outras pessoas não estão nem aí, ninguém liga para o que está acontecendo. E isso me deixa muito angustiada'. Quando estava indo para a supervisão, não conseguia me lembrar desse sonho. Só consegui lembrar quando comecei a relatar a experiência para o grupo".

Aqui, Lilian está com Yole e Thor, que está 1 ano e 8 meses: "Yole me diz que está muito preocupada, passando por alguns problemas pessoais. Ela decide ir à feira e assim vamos todos. Thor parece bastante animado para sair de casa. Descemos o elevador e ela o coloca no carrinho; assim que ele se senta parece outra criança. Yole fica falando comigo, quase sem parar, sobre seus problemas e eu permaneço observando Thor. Ele não fala ou interage com ninguém. As pessoas tentam falar com ele, mas ele parece ausente, não responde nada para ninguém. Eu tento por algumas vezes fazer contato com o bebê, mas ele não me olha. Durante os trinta minutos que passamos na feira, a mãe fica falando comigo e o menino permanece silencioso. Pergunto a ela se é sempre assim quando eles saem e ela diz que não. Eu nem tenho muita certeza se ela está realmente me ouvindo, mas de alguma forma ela me diz que isto também a preocupa".

O bebê, Thor, a mãe, Yole, e a observadora, Lilian, trazem ao grupo de supervisão a experiência de aspectos preocupantes que aparecem na relação pais-bebê junto com outros momentos em que as coisas parecem comuns. As ansiedades, ambivalências, tendência à negação ou bloqueio de percepções dolorosas da observadora e, ao mesmo tempo, seu contato com áreas saudáveis do desenvolvimento do bebê e da relação dele com os pais parecem refletir e oferecer um alojamento para emoções intensas e confusas experienciadas pelos próprios pais (e talvez até pelo próprio bebê!). As atitudes da observadora, contidas e sustentadas pelo grupo de supervisão, serviram de auxílio para que os pais pudessem entrar em contato com percepções conflituosas sobre seu filho, tão bem ilustradas pelo sonho de Yole e curiosamente registradas, esquecidas e relembradas novamente por Lilian com o suporte do contexto de supervisão. O bebê machucado/queimado pode ser visto como parte de Thor – a necessidade de ajuda evocada pelo "sociável amante da natureza" também pode ser ouvida. Agonias e indiferenças, preocupações legítimas e autoabsorção, partes de nós mesmos que podem se cuidar e partes que precisam evitar contato com elementos dolorosos: tudo isso vai, aos poucos, sendo contido pela mente do grupo, da observadora, dos pais e pela mente do bebê em desenvolvimento. A partir do contato com a observadora, os pais se sentiram mobilizados a aprofundar o cuidado com os aspectos de Thor que se beneficiariam de um acompanhamento profissional

Joaquim, Cássia e Nathalia: o nascimento de uma jovem mãe

Joaquim tinha 12 dias quando Cássia, sua mãe adolescente, conta à observadora Nathalia o seguinte sonho: "Sonhei que tinha outro filho. Joaquim já era grande. Eu tinha me esquecido deste outro filho e, quando lembrei, ele estava todo sujo e com fome. Aí, tinha que pensar no que deveria fazer: primeiro trocar a fralda e depois amamentá-lo... O estranho é que, quando cheguei perto para pegá-lo, ele começou a pular e eu não consegui segurá-lo em meus braços, foi tão esquisito...".

Em outra observação, quando Joaquim estava com 9 meses e meio, Cássia pediu que a observadora fosse com ela e o bebê até o banco. Antes de sair, a mãe disse que queria trocar a fralda do bebê. Joaquim estava deitado no berço quando a mãe jogou uma calça para ele e disse: "Vamos meu filho, se vista logo!". No caminho para o banco, ela perguntou à observadora algumas informações sobre como usar o caixa eletrônico: "Será que dá para ver quanto tem na conta antes de fazer um depósito?". O banco não era tão perto, e Cássia comentou que, no dia anterior, ela havia dirigido na estrada pela primeira vez. Ela preferia ter ido ao banco de carro hoje, mas sua mãe não havia lhe dado a chave do carro. Ela, então, disse à observadora: "Não sei o que faria sem você aqui, é tão difícil fazer tudo isso sozinha com o Joaquim!". Cássia comentou que a calçada em que estavam caminhando não era larga o suficiente para passar com o carrinho de bebê e disse: "Acho que esta cidade não foi feita para carrinhos de bebê". Quando estavam no banco, a mãe percebeu que não ia conseguir passar pela porta de segurança com o carrinho, então pediu para a observadora esperar do lado de fora com o bebê enquanto ela pagava as contas. Cássia perguntou à observadora onde o carrinho ficaria melhor: dentro ou fora do banco? Nas estreitas calçadas da cidade? Isso traz à tona duas questões que estiveram sempre presentes, desde a primeira observação: em quais momentos o bebê pode estar presente na vida da mãe? Que alternativas ela pode procurar para sua relação com o filho?

O bebê, Joaquim, a mãe, Cássia, e a observadora, Nathalia – curiosamente, a mais jovem de nosso grupo –, trazem à supervisão a experiência de uma mãe adolescente e seu bebê num contexto transgeracional (a própria mãe de Cássia também foi uma mãe solteira vivendo com os pais). A mãe requisita que a observadora assuma as mais estranhas posições, que sinta na própria pele a intensidade da demanda que ela, sendo uma jovem mãe, está tendo que encarar. Cássia está tentando integrar dois mundos: o interno e o externo. É uma adolescente, parte de um grupo no qual os amigos gostam de sair, beber, usar drogas; ao mesmo tempo, é uma estudante que está pensando em trabalhar, tentando ser uma filha dedicada e uma mãe afetiva para seu bebê cheio de vida. O desenvolvimento de sua função materna ocorreu em meio a uma grande ambivalência, como fica claro no sonho reportado à observadora e discutido no contexto da observação. Além disso, sua questão crucial e metafórica endereçada à observadora e o jeito como se relaciona com seu bebê também sugerem ambivalência. O grupo de supervisão tem se surpreendido constantemente pela forma como Nathalia vem sendo requisitada por Cássia, ou seja, como uma possibilidade de integração dessas diferentes demandas. No material que Nathalia traz ao grupo, vemos como os projetos e experiências de Cássia começaram a considerar a possibilidade de ser, ao mesmo tempo, jovem e comprometida, atenta às suas próprias necessidades, mas também às do bebê. A partir da regularidade nas visitas e olhares continentes, suportados e protegidos pelas reflexões nas supervisões contra os constantes pedidos de atuação, Cássia parece estar em contato com a possibilidade de diminuir as cisões e fortalecer sua função materna em desenvolvimento.

Considerações finais: círculos de continência

Como as reverberações de círculos de uma pedra que cai na água, a continência do espaço mental pelo grupo de supervisão permite ao observador o desenvolvimento de um espaço mental próprio a ser compartilhado por meio de sua presença, quando está com a família, o que, por sua vez, facilita o contato com aspectos dolorosos na mente dos pais. Como muito bem descrito por Bion e Bick, o contato com o espaço mental de continência dos cuidadores é condição essencial para o desenvolvimento da mente do bebê.

O contexto da relação observada parece se beneficiar dessa possibilidade de integração, elaboração e "pensabilidade" experiênciada com o grupo, comunicada pelo olhar do observador, por sua postura e por sua atitude mental quando em contato com a família, trazendo luz a áreas de difícil acesso do contato relacional pais-bebê. A função modeladora e mediadora da mente do observador e a ampliação de suas ressonâncias no grupo facilitam o acesso a elementos de nosso mundo interno, que nem sempre estão disponíveis para o contato consciente no mundo externo.

Os dois casos mencionados neste trabalho não são os mais típicos em nosso grupo, mas ilustram de forma intensa como o observador e membros do grupo de supervisão alojam os movimentos de nossas mentes em contato com pais e bebês, um canal sensível para aprender sobre mundos internos e relações humanas. Cada experiência nova com um grupo aumenta nosso acesso à profundidade dos pensamentos e ensinamentos de Esther Bick, que vêm sendo fortemente responsáveis por toda a energia envolvida em nossas atividades de observação e pelo amplo alcance das atividades aqui mencionadas.

2. O impacto emocional da observação de bebê no observador e na relação mãe-bebê[1]

Maria Cecília Pereira da Silva
Denise Serber
Maria Teresa Ferriani Nogueira

Introdução

Esta contribuição descreve o impacto emocional da observação de bebê no observador e na dupla mãe-bebê a partir de discussões realizadas em um grupo de supervisão de observação de bebês segundo o método Esther Bick. Além disso, apresenta os desdobramentos e a pertinência dessa prática para o desenvolvimento da função analítica das observadoras e da função materna nas mães observadas, aliadas à capacidade de continência.

A função do observador psicanalítico é observar a situação presente com atenção aos mínimos detalhes, ao contexto e ao clima emocional daquele momento, utilizando, para isso, sua própria experiência emocional. Assim, em primeiro lugar, o observador aprende a observar. Durante a observação, procura-se apreender não só a realidade sensorial, mas, essencialmente, a

---

1 Esta é uma versão parcial do trabalho publicado em Silva, M. C. P., Serber, D., Mizne, G. R., Nogueira, M. T. F., & Vendramim, P. (2007, dezembro). In *Revista Percurso*, (39), 69-80.

realidade psíquica; para tanto, é importante a reflexão por parte do observador sobre seus próprios movimentos emocionais, sem deixar que estes interfiram em sua conduta. Ao registrar, o observador organiza suas ideias e vai nomeando e elaborando as emoções que estão em jogo.

Após as observações, semanalmente, os observadores participam de um grupo de supervisão, que pretende auxiliá-los na manutenção do *setting*, a desenvolver os exercícios de conviver com a realidade presente sem querer modificá-la e de conter suas emoções e intervenções para poder pensar sobre a situação. Isso porque, ao longo dessa prática, o observador se depara com maciças identificações projetivas, linguagem pré-verbal, comunicações inconscientes e tropismos[2] presentes na relação mãe-bebê. Além disso, a partir da leitura e da discussão com os colegas de supervisão sobre a observação da relação mãe-bebê, procura-se levantar conjecturas imaginativas. Esse exercício proporciona ao observador nomear, pensar e elaborar as experiências emocionais primitivas vividas nas observações e revividas no grupo de supervisão, aprender com a experiência emocional (Bion, 1962a) e desenvolver sua

---

2 "Os tropismos são a matriz a partir da qual brota toda a vida mental. Para a sua maturação ser possível, eles precisam ser resgatados do vazio e comunicados. Assim como a criança precisa de um seio, ou equivalente, para sustentar a sua vida, é preciso que haja uma contrapartida mental, o seio primitivo, para que a vida mental seja mantida. O veículo de comunicação, que é o choro da criança, as sensações táteis e visuais, não estão envolvidos apenas na comunicação, mas também no controle do tropismo. Se tudo corre bem, a comunicação por identificação projetiva leva a depositar no seio tropismos que a criança não pode controlar nem modificar ou desenvolver, mas que podem ser controlados e desenvolvidos depois de terem sido modificados pelo objeto. Se isso entra em colapso, o veículo de comunicação, o contato com a realidade, os vínculos . . . passam a ser partículas comunicativas, que acompanham os tropismos involucrados, e são rejeitados tanto pela psique quanto pelo objeto [...] o tropismo fica involucrado no próprio veículo de comunicação, seja ele o som, a visão ou o tato" (Bion, 1959/1992, p. 40).

capacidade de continência (Bion, 1962a, 1962b/1990, 1965/1991), aspecto este imprescindível para a formação de um analista.

Além da função de formação de analistas, estudos mais recentes têm descoberto que a experiência de observação traz benefícios também para a mãe e, consequentemente, para a relação mãe-bebê. Bernard Golse (2006) afirma que o observador possui uma função seio-toalete, ou seja, exerce funções de acolhimento, evacuação e transformação das pulsões destrutivas da mãe, o que protege o bebê. Podemos dizer que os atributos do observador – como exercer uma função de escuta analítica, ser treinado para observar, ter atenção de uma companhia viva, capacidade de continência e uma mente com certo grau de conhecimento de si mesmo, obtido por análise pessoal – aliados à instauração de um *setting* e certos fatores que são desconhecidos, mas, certamente, presentes, podem gerar transformações (Lisondo & Ungar, 2002). Então, ao exercitar a continência, o observador proporciona o desenvolvimento dessa mesma capacidade na mãe e esse exercício, portanto, também tem sido utilizado como instrumento terapêutico.

A partir dos estudos sobre observação de bebês, alguns psicanalistas propuseram a observação participativa (Houzel, 1990; Mélega, 1997, 2002; Williams, n.d., 1997a, 1997b, 1999). Por meio da observação de bebê participativa, a capacidade da mãe de receber as projeções do bebê e de contê-las pode ser ampliada, uma vez que o observador se coloca como um ser receptivo, como um espaço côncavo que a faz se sentir contida, como se fosse uma espécie de *matrioshka* (um processo comparado às bonecas russas: uma dentro de outra, que, por sua vez, está dentro de outra). O observador recebe as ansiedades da mãe e o tecido conjuntivo psíquico dela se fortalece a partir dessa forma de andaime. Então, ela se torna capaz de conter melhor seu filho e de pensar. Quando isso não é possível, e os pais não são capazes de conter suas projeções sobre o bebê, este se torna um "receptáculo" (e não um continente) desses "corpos estranhos" dos pais (em vez de conteúdos) (Williams, 1997a, 1997b). Então, a presença de um observador pode facilitar o processo de separação saudável ou de discriminação entre mãe e bebê. Frequentemente, a postura observacional serve de modelo aos pais e eles começam a notar alguns aspectos da personalidade de seu bebê enquanto pessoa com necessidades próprias (Williams, n.d., 1997a, 1997b, 1999).

Essas descobertas e outros trabalhos desenvolvidos junto à relação pais-bebê têm fortalecido a importância de acompanhar os recém-nascidos com um olhar mais atento, de realizar intervenções psicanalíticas na relação pais-bebê diante de indicadores de psicopatologias do bebê e, ainda, de investir nos processos de parentalização sempre que necessário (Cramer, 1974, 1982; Golse, 2001a, 2001b; Solis-Ponton, 2004; Stern, 1992; Lebovici, 1986; Lebovici, Mazet, & Visier, 1989; Lebovici & Stoleru, 1983; Lebovici & Weil-Harpen, 1989).

Reflexões sobre as situações de observação de bebê

Tendo em vista essas considerações, o material aqui apresentado traz algumas questões referentes ao impacto emocional do observador e sobre como os sentimentos experienciados puderam auxiliá-lo a pensar sobre a observação e o funcionamento emocional da relação mãe-bebê-família. Descreveremos, então, o impacto emocional da observação de bebê em duas observadoras, assim como levantaremos algumas hipóteses desse impacto na relação mãe-bebê a partir das discussões realizadas em um grupo de supervisão de observação de bebês segundo o método Esther Bick. Nesta presente discussão, faz-se um recorte da observação de bebê, focando nos aspectos emocionais despertados nas observadoras, como sentimento de abandono, rejeição, angústia de separação, desamparo e fragmentação. Ao mesmo tempo, procuramos pensar sobre os resultados e a pertinência dessa prática para o desenvolvimento da função analítica das observadoras e da capacidade de continência da função materna nas mães observadas.[3]

Mãe: estou aqui!

João[4] é o primeiro filho de um casal que vinha percorrendo um longo caminho até o seu nascimento. Antes dele, duas gestações perdidas aos 5 meses geraram nos pais muita angústia, e este filho foi considerado "uma conquista muito importante", conforme eles me relataram no primeiro encontro. No entanto, após seu nascimento, a mãe voltou-se rapidamente para as demandas do mundo externo, como se se esquecesse que João estava ali.

Nas primeiras visitas à casa de João, encontrei um bebê quieto, com poucos movimentos corporais, mas de olhos bem abertos, parecendo tranquilo e atento. A mãe me contou muitas de suas histórias, chamou-me para acompanhá-la ao quarto de João enquanto trocava sua fralda, mostrou sua casa e me colocou a par das novidades do bebê e da família. Além disso, falou ao telefone, conversou com clientes de trabalho, cuidou dos afazeres da casa e recebeu visitas. Embora a mãe se mostrasse disponível para a observação, diante dessas situações, passei a me interrogar se haveria disponibilidade emocional dessa mãe para com seu filho.

---

3 Gostaríamos de expressar nossa gratidão em relação às mães que se dispuseram gentilmente a abrir suas casas para que nós as acompanhássemos junto com seus bebês num momento tão delicado, íntimo e de tantas aflições e emoções distintas.

4 Todos os nomes apresentados são fictícios.

Segue um registro da quarta observação, quando o bebê tinha 2 meses: "João está mamando aconchegado no colo da mãe, com uma das mãos em seu seio e a outra sendo acariciada pela mãe. A mãe começa a falar algo comigo e J. começa a mexer seus braços e pernas e a fazer barulhos quase como um choro. A mãe diz: 'ele não gosta que eu fique falando enquanto eu dou de mamar... Tá bom filho, eu fico quieta'. Nesse momento ela para de falar e volta seu olhar para o bebê. São momentos de silêncio em que posso ver os dois juntos sem ter que prestar atenção em mais nada. Apesar de já ter visto os dois se relacionando, estão agora só eles, em silêncio, um com o outro, sem que algo de fora os tire desse lugar."

As observações prosseguiram, acompanhadas de uma sensação minha de experimentar muita informação, agitação e a interferência de terceiros. Eram poucos os momentos de silêncio como o descrito anteriormente, e eu sentia dificuldade em me ater ao bebê. O que a mãe falou, o que o bebê fez e o que os "terceiros" responderam eram pedaços da mesma observação, em que meus olhos e ouvidos movimentavam-se, tentando captar tudo o que acontecia. A sensação de dispersão misturava-se com a atenção aos muitos movimentos da casa, e o meu cansaço e a cabeça lotada de dados tornavam-se inevitáveis ao final das observações.

O entra-e-sai de pessoas e as questões práticas que afligiam a mãe e que a faziam tomar decisões pareciam afastá-la da maternidade, concomitantemente com o meu sentimento de que as solicitações de ajuda e de opinião da mãe convocavam-me a prestar atenção a estas questões, afastando-me da observação propriamente dita.

Noutro dia, quando o bebê estava com 3 meses, registrei a agitação e o incômodo de João: "Sua mãe está sentada numa mesa, envolvida com papéis e telefonemas. João está deitado no carrinho. Mexe os braços e a cabeça sem parar. À minha frente vejo uma poltrona vazia e um bebê no carrinho se mexendo. De quando em quando, ele faz barulhos de resmungos. Sua mãe vem até João, coloca a chupeta em sua boca, balança o carrinho e pergunta: 'O que foi filho?'. Assim que ele diminui seus movimentos corporais, sua mãe volta às suas tarefas. Quando ele torna a reclamar, a mãe volta. Isso se repete algumas vezes e sua mãe comenta que ele está com sono. Entra na sala uma prima de João, que aparenta uns 12 anos. Quando João chora novamente, ambas se aproximam dele, a mãe coloca a chupeta em sua boca e sai. A menina senta, então, na poltrona que estava vazia ao lado do bebê, e fica olhando para ele, enquanto João também a olha. Eles mantêm o olhar um no outro, até que João fecha os olhos e adormece".

Essa cena me levou a pensar em como o bebê estava precisando de sua mãe inteira, totalmente voltada para ele; como foi o olhar daquela menina, sem pressa, sem pedaços soltos, que ajudou o bebê a se tranquilizar, sentir-se seguro, relaxar e dormir. Nas discussões em supervisão, comparamos a postura dessa menina com o papel do observador, ou seja, aquele que não entra em ação: observa, mantém o olhar e procura sustentá-lo.

Conjecturamos que as observações da relação entre João e sua mãe colocavam minha postura de observadora à prova a todo instante, na medida em que a identificação projetiva da mãe provocava em mim a mesma dificuldade em me ater a essa criança. A sensação de fragmentação vivida por mim nas observações era expressão do estado de aflição dessa mãe, comunicado via identificações projetivas. Levantou-se a hipótese de essa agitação indicar o tanto de vivências angustiantes de morte relacionadas aos dois abortos anteriores, sinalizando que essa mãe ainda não os teria processado. Talvez ainda houvesse um longo percurso a ser percorrido para que ela pudesse vir a olhar para o seu bebê, para aquele que vingou.

Refletir sobre essas questões me auxiliou a conquistar uma maior capacidade de observar o bebê, e o desenvolvimento desta continência provavelmente beneficiou o olhar da mãe, que, em uma observação posterior, quando seu filho estava com 7 meses, comentou: "Acho muito legal essa observação porque eu acabo curtindo junto com você o desenvolvimento do meu filho".

Nesse caso, podemos pensar na contribuição da observação de bebê – tanto na minha direção como observadora como na relação mãe-bebê. Trata-se de uma mãe que apresentava pouca disponibilidade emocional para a maternagem, além de um bebê que corria o risco de ocupar um lugar de substituição de dois bebês que não sobreviveram. Nesse sentido, a observação contribuiu para que essa mãe pudesse observar João e reconhecê-lo com suas competências próprias e, ao mesmo tempo, ela pôde aprender a ser mãe, utilizando-me como modelo de identificação. Frente à turbulência que as diversas solicitações da mãe geravam em mim, pude, aos poucos, focar a observação e ampliar minha capacidade de continência emocional diante das muitas solicitações que o ambiente apresentava. Foi possível observar a aliança que a mãe estabeleceu comigo na postura observacional e, com uma certa distância, ela pôde notar aspectos da personalidade do próprio bebê, como uma pessoa com características próprias, e experimentar estar mais presente nos momentos de observação, sem tantas interferências e movimentações.

Onde está o pai?

Esta é a observação de Márcia e sua mãe, em que me vi todo o tempo impactada pela oscilação da presença/ausência da figura paterna.

Márcia tinha 2 semanas quando eu entrei em contato com sua mãe por telefone para iniciar a observação. Entretanto, a primeira observação só aconteceu aos 2 meses de Márcia, uma vez que, na semana seguinte ao contato telefônico, recebi a notícia de que a mãe havia ido para o interior, para a casa da avó de Márcia, em função de uma viagem do pai da bebê.

No primeiro encontro em sua casa, com a presença da avó, a mãe relatou que o pai continuava fora: "Ainda bem que a minha mãe está comigo, pois ainda não tenho coragem de dar banho na bebê sozinha".

As observações se seguiram, e o que eu observava era uma mãe com sua bebê em meio ao silêncio da casa, algumas vezes com a presença de uma empregada ou da avó. Quando a bebê estava com 3 meses, uma surpresa para mim: o pai estava presente. As notícias a respeito do pai eram vagas e raras, e eis que ali estava ele com sua filha no colo durante toda a observação.

Após esse dia, o pai ausentou-se novamente. Ele aparecia apenas em alguns relatos da mãe: "Esse brinquedo é molinho, gostoso... foi o pai que deu". Ou então: "Ela já está pegando o pezinho, faz essas coisas novas sempre com o pai...". Nas supervisões, pensou-se que essa mãe queria muito que Márcia fosse uma bebê "competente" para segurar o pai junto delas, já que eu soube de um outro filho desse pai, com quem ele vinha tendo muito pouco contato. Levantou-se a hipótese de estarmos diante de um pai com dificuldade para se vincular.

Quando a bebê estava com quase 5 meses, a mãe me informou, durante a observação, que havia se separado e que provavelmente o pai mudaria de país. O impacto emocional vivido por mim nesse momento, diante dessa notícia, ficou evidente. Eu pude sentir o abandono e o desamparo, identificando-me com a bebê e com a mãe.

Parece que essa mudança do pai também foi vivida pela mãe como algo desorganizador, pois desencadeou nela sintomas físicos (vômitos e diarreia). A separação conjugal coincidiu com a volta da mãe ao trabalho, e eu pensei que a observação poderia estar ameaçada, pois tive dificuldade de encontrar um novo horário em que a mãe estivesse presente. Entretanto, essa sensação logo se desfez, uma vez que a mãe continuou bastante receptiva e disponível para que a observação de bebê prosseguisse.

As observações foram acontecendo, ora com a presença do pai, ora sem; ele não sumiu definitivamente, como eu temia, embora fosse sempre uma surpresa. A bebê foi se desenvolvendo bem e, apesar de ter voltado ao trabalho, a mãe esteve bastante presente.

Ela nunca mais mencionou sua situação conjugal. A presença do pai e os cuidados que ele dedica a Márcia indicam que há um vínculo entre eles. Mas eu sinto que existe alguma coisa que impede essa mãe de amparar bem essa bebê, como demonstrou uma observação em que Márcia, aos 7 meses, estava sentadinha no chão, protegida por duas almofadas ao seu lado; entretanto, ela caiu para trás, onde não havia nenhuma almofada para protegê-la. Diante dos gritos de choro da bebê, eu, aflita, pensei que a almofada que faltou atrás de Márcia poderia representar a falta da presença paterna para amparar a dupla mãe-bebê. Aqui, do meu ponto de vista, apareceram as falhas de continência, captadas nas entrelinhas: existiam duas almofadas, mas não a mais importante. Essa situação poderia refletir a ausência física e emocional da figura paterna, num momento em que a mãe ainda estava necessitada de seu apoio.

Eu continuei sem saber muito sobre esse pai. Em alguns momentos da observação, evidenciou-se algo nebuloso, embaçado, sendo difícil se manter só com o desconhecido do aqui e o agora da experiência. A mãe falou de suas angústias por meio de reclamações com relação ao barulho da rua, à desordem dos catadores de lixo ou à possível falta d'água no mundo, retratando seu estado de ausência emocional, que se contrapunha à tranquilidade da casa descrita no início das observações. Talvez essa mãe não se desse conta do próprio desamparo que vivia diante desta oscilação entre presença e ausência do pai, embora contasse com a observação e sua função como continente.

Curiosamente, aos 8 meses de Márcia, o pai passou a estar nas observações, brincando com a filha no chão, curioso e intrigado com a minha função de observadora. Conjecturou-se que a observação estava favorecendo a união do casal, ao menos em torno da filha.

Nessa observação, destacou-se a importância do lugar paterno para sustentar a relação mãe-bebê. Eu, ora identificada com o desamparo da mãe, ora com o do bebê, pude viver o impacto emocional da ausência/presença do pai e ressignificá-lo. Nesse caso, a função da observação de bebê refletiu-se em continência para as angústias da mãe diante dessa oscilação paterna e de todas as demandas da bebê, favorecendo o desenvolvimento de Márcia e a função parental (ser capaz de amar e de pensar, manter a esperança e conter a dor depressiva, como propuseram Meltzer e Harris, 1986).

À guisa de conclusão

Esses relatos mostram a riqueza da situação de observação de bebês para o contato e compreensão de diversas emoções e sentimentos extremamente primitivos, tão evidentes nas primeiras relações mãe-bebê-família. É interessante notar como o sentimento de ameaça ao correr o risco de a observação de bebê ser interrompida foi uma vivência experimentada de formas diferentes nas observações. Este sentimento é próprio das vivências emocionais primitivas do bebê e dos pais, manifestando-se de diferentes formas a partir do contato com o desamparo do bebê. A chegada de um bebê na família perturba o equilíbrio narcísico dos pais, que é instável, despertando e tornando visível suas necessidades infantis não resolvidas.

Nessa tarefa, o observador desenvolve sua função de continência por meio de uma atitude receptiva aos estados internos dos pais e do bebê, tolerância ao impacto das emoções primitivas e pressões emocionais sobre si, elaboração e transformação de toda turbulência interna em vez de qualquer ação ou desejo de interpretar. Desenvolve a capacidade de manter em mente a experiência e registrá-la, tolerar o não saber e as dúvidas sem fazer julgamento moral, aguardar que o sentido surja da experiência, identificar-se e sentir empatia em relação ao bebê e/ou à mãe, observar uma mente em formação com seus processos mentais e também o desenvolvimento do bebê e da função parental.

No grupo de supervisão, o observador experiencia o desenvolvimento das ideias e da capacidade de formular o impacto emocional primitivo, em uma experiência compartilhável a partir da comunicação, das palavras e da linguagem.

Todos esses aspectos da observação de bebês contribuem para o desenvolvimento de uma atitude analítica, isso é: ser receptivo, ser capaz de observar e ter tolerância – tanto diante do mistério quanto do desconhecido –, ser capaz de refletir antes de atuar e ter disponibilidade para conjecturas imaginativas (Ungar, 2000).

Antes de finalizarmos, gostaríamos de assinalar como o exercício do método de observação mãe-bebê Esther Bick é um instrumento útil para os terapeutas que desejam realizar intervenções na relação pais-bebê. Isso porque o que se privilegia nessas intervenções é a escuta, a observação, a continência emocional do terapeuta para conter os diversos elementos sem representação que vão surgindo na consulta pais-bebê, buscando sentido e recebendo novas compreensões. Os aspectos transferenciais e contratransferenciais presentes, mas não interpretados, servem de bússola para o terapeuta compreender os sintomas do bebê em dada família. Assim, ao observarmos um bebê brincando, como em um sonho, pode-se fazer construções que enriquecem a compreensão da dinâmica familiar.

3. Construção de demanda junto aos pais em um caso de bebê com risco de autismo

Lilian Finkelstein

Esta contribuição é baseada na observação[1] que realizei seguindo o modelo de observação de bebê de Esther Bick e seus desdobramentos em observação participativa (Williams, n.d., 1997a, 1997b). Posteriormente, a família foi encaminhada com sucesso para um trabalho de intervenção nas relações iniciais.

A grande dificuldade desse percurso foi exatamente a construção de uma demanda para atender às necessidades do bebê, uma vez que nessa família não existia nenhuma preocupação consciente quanto às suas dificuldades.

Comecei a ver Thor quando ele estava com 3 meses de idade, após uma busca por um bebê para observar junto a uma conhecida obstetra.

Após algumas discussões no grupo, em função de possíveis desdobramentos quanto a uma observação da obstetra, que dizia notar "algo estranho no olhar do bebê", decidimos fazer uma

---

1 Seminários de observação supervisionados por Mariângela Mendes de Almeida.

proposta de contrato diferente do que seria a clássica (um ano de observação): uma observação que durasse até a criança completar 1 ano, o que nos daria a possibilidade de mudanças na forma de trabalho, caso fosse necessário.

Desde o início, o casal se mostrou bastante interessado na observação, fazendo várias perguntas sobre a minha formação e sobre o trabalho em si.

A primeira coisa que percebo em minha primeira visita é o desconforto com que Mara segura seu bebê no colo, posicionando-o sempre em pé e dificultando, assim, o encontro de olhares. Mesmo para niná-lo, é assim que o faz.

Observo, também, que, desde minha primeira visita, ele me olha bastante e sorri quando falo com ele: "... Thor, que está bastante incomodado. Converso um pouco com ele, me apresento e digo que ele é muito lindo... em princípio ele me parece bastante sério e não me olha, depois quando o pai se levanta o embalando e conversando comigo, Thor me olha e quando faço algum 'manhês' ele ri muito e parece interessado em nossa conversa...".

Na segunda observação, podemos perceber a questão do olhar: "Com muita delicadeza, ela o coloca na água e sempre falando muito, começa o banho. Thor fica muito calmo e envolvido com esta atividade, pela primeira vez o vejo olhar sua mãe, o que em princípio me deixa bastante aliviada, acho que até suspiro, mas com o tempo sinto um olhar esquisito... Parece-me um olhar sem paixão, que quando se perde, não se procura imediatamente por nenhuma das duas partes...".

Percebo aí a dificuldade que Thor tem em olhar para sua mãe: ele dificilmente a procura e, quando ela tenta, ele desvia. Com o passar do tempo, noto que ela vai cada vez menos buscar seu olhar. E este, junto com os vários momentos de introspecção e concentração maior em objetos do que em pessoas, vão ser, para nós do grupo, os maiores indicadores de "risco de risco".

Isso começa a ser o norte de nossas discussões no grupo, pois, ao mesmo tempo que ele não olha para sua mãe ou que a qualidade desse olhar é questionável, existem momentos em que ele não desvia do meu olhar. Uma das possibilidades levantadas foi a de que eu mantenho certa distância – física e emocional –, o que se contrapõe à sua mãe, que, em vários momentos, pode ser vivenciada como invasiva.

Mara se mostra muito participativa em relação a mim: ela sempre me "passa um relatório" sobre os dias anteriores à minha visita e sempre me conta tudo que julga ser importante sobre seu filho. Ela é uma pessoa bastante organizada e mantém todas as informações de seu bebê registradas em uma agenda, que me apresenta desde o início. Vejo que ela anota até quantas horas ele ficou dormindo ou acordado. Essa agenda permanece em uso até que o bebê complete 1 ano; a hipótese levantada é a da necessidade que esta mãe tinha de que ao menos no registro o desenvolvimento se desse da maneira correta.

Acredito que Mara percebe, de alguma maneira, que o interesse de seu bebê é maior por objetos do que por pessoas e, talvez como uma forma de defesa, ela passa a dizer o quanto ele é detalhista, como presta atenção em tudo, usando seu indicador para investigar as coisas mais minuciosas.

As discussões começavam a transitar sobre a impossibilidade de a mãe perceber as dificuldades de seu bebê: em alguns momentos, ela não só não conseguia identificar comportamentos de Thor como estranhos, como a impressão que eu tinha era de que ela via e incentivava uma coisa que não era o que estava acontecendo, enfatizando capacidades e aquisições de seu filho.

Com o passar do tempo, ela verbaliza excessivamente as qualidades de seu filho e não se passa uma sessão em que não apareçam frases como: "Ele é tão inteligente", "Ele percebe e entende tudo", "Ele é tão carinhoso, adora gente, contatos humanos...".

Vale ressaltar que nunca vi nenhuma visita naquela residência e que cada vez menos ouvia comentários de qualquer tipo de interação social dessa família. O que Mara me conta é que antes de Thor nascer eles trabalhavam muito, mas tinham alguma vida social. Penso nisso como uma possível percepção dos pais em relação às dificuldades de seu bebê, afastando-se de todos como forma de proteção.

Quando Thor está com 8 meses: "... Eu entro e vejo que eles realmente estão se divertindo; Mara está com Thor no colo, perto da porta de vidro, que tem em seu quarto, brincando de 'achou' com Sheila (a faxineira). Ela se esconde, ele procura, quando ela aparece ele ri muito, dá gargalhadas, e sua mãe também se diverte bastante. Fico ali olhando esta cena tão agradável. Quando ele me vê, sorri fica um tempinho me olhando e volta para continuar sua brincadeira; ficam ali por alguns minutos".

Mais tarde no mesmo dia: "... de repente ele começa a 'pular' no cadeirão, batendo as costas no encosto e em princípio, Mara não faz nenhum comentário, nem olha para aquela cena que me deixa um tanto assustada, pois ele fica se balançando, e o faz com muita força; o cadeirão começa a andar para trás e só depois de um tempo ela diz: 'Onde você vai... ele adora fazer isso, acho que é por causa do fofinho do encosto, sei lá', mas ela só comenta, e Thor fica ali, se balançando por muito tempo, com alguns intervalos, onde para, olha em volta, sua mãe lhe dá o cordão que ele brinca, em outra pausa, ele faz cocô, e assim vai até que o cadeirão encosta na parede, ele tenta 'andar' novamente, nada acontece e ele se irrita, mas aquela cena que é tão violenta, me ocupa tanto que agora não consigo me lembrar de quase nada que Mara falou neste tempo todo; ficava ali pensando, será que ela não vê o que está acontecendo aqui? Ele se balançava com muita força, este cadeirão pode virar a qualquer momento. Obviamente me veio muito à mente a clássica cena do balanço no autista".

A partir desta observação, intensificam-se as questões relativas a essa dupla. As contradições e ambivalências que pudemos constatar em uma única visita nos preocupam e dão início a um período de questionamentos sobre a condução das observações.

Começamos a pensar em uma possível indicação para intervenção nas relações iniciais, e me deparo com uma situação bastante complexa, que é o fato de essa mãe não saber – conscientemente – que seu bebê tem alguma dificuldade. Como faríamos uma indicação para uma pessoa que "acha" que está tudo bem? Como observadora, eu tinha também a impressão de que essa família dificilmente seguiria uma indicação para uma pessoa distante de seu conhecimento naquele momento, e que talvez o contato comigo facilitasse a possibilidade de se integrar os olhares para esse bebê. Estes temas transitam em nosso grupo por vários meses até nos depararmos com a questão que viria a ser central: a construção da demanda. A primeira ideia é a de que eu começasse a ser um pouco mais participativa, tentando nomear algumas situações e angústias da mãe. Então, quando Thor está com 9 meses, inicio uma discreta participação.

9 meses e 1 semana

"...Thor está em pé apoiado em um banco que Mara segura para não cair, eles brincam de esconde-esconde, Thor dá gargalhadas... em um certo momento, Mara beija a mão dele, que novamente ri muito, e, na sequência, ele a olha e estende sua mãozinha em direção à boca de Mara, que atendendo ao pedido de seu filho, beija novamente sua mão. Digo então: 'Você pediu um beijo?'. E Mara se vira para me olhar."

Neste momento, podemos ver o que Laznik denominou "terceiro tempo do circuito pulsional", em que Thor se oferece à sua mãe, antecipando uma atitude dela.

Penso que seja importante ressaltar, neste momento, que a questão do olhar continua presente em todas as observações, e, ao mesmo tempo que ele evita e desvia olhares, ele demonstra algum interesse no vínculo comigo.

9 meses e 2 semanas

"...Mara está de costas para mim, e Thor de frente; brinco um pouquinho com ele e começo a fazer um jogo de esconde-esconde: eu vou para trás da parede, e apareço; Thor não parece muito interessado, não me procura quando 'desapareço', mas, quando 'apareço', ele sorri e fica 'conversando comigo'."

10 meses

Aos 10 meses, presencio algumas situações em que Mara começa a usar palavras como "desliga" e "viaja", mas sempre acompanhadas de uma justificativa. E, assim, começamos a notar o início da construção da demanda.

11 meses

Quando Thor está com 11 meses, a mãe me empresta uma fita de vídeos caseiros da família, que eu levei e dividi com o grupo. Ao assisti-la, pudemos constatar ainda mais nossas dúvidas e angústias. A seguir, alguns comentários do grupo ao assistir à fita:

- Bebê que não se queixa, não se impõe, vai se silenciando com a exigência do ambiente.
- Apresenta grande capacidade de adaptação ao que é exigido.
- Tem algumas iniciativas, emite sons, demonstra capacidades, mas são fugazes; precisaria de figuras no ambiente que dessem continuidade às suas iniciativas (o que, em alguns momentos, não acontece).
- Observamos momentos em que está mais "ligado", em que se diverte com as pessoas, e outros em que está muito sério; às vezes, não responde quando é chamado.
- Excelentes competências motoras e verbais – tem-se a impressão de que ele percebe pertencer a uma família de pessoas que falam bastante.

Logo depois desse vídeo, Thor estaria completando 1 ano. Resolvemos, no grupo, então, que teria uma conversa com os pais sobre o vídeo e um possível recontrato – dessa vez, oferecendo uma observação participativa; inicialmente, nosso objetivo continuava sendo a construção da demanda.

Tal conversa me surpreendeu bastante, pois ambos estavam muito ansiosos para me ouvir. Em primeiro lugar, agradeço a possibilidade que eles estão me dando de estudar o desenvolvimento de um bebê, e eles me perguntam se foi bom para mim. Digo que sim; ambos concordam que minha presença foi muito boa para eles também e me questionam sobre o vídeo. Comento um pouco do que tinha visto das competências e dificuldades citadas anteriormente e os questiono sobre tais observações. Imediatamente, o pai acata, dizendo: "Concordo muito com você... é assim mesmo que eu o vejo, mas eu sou assim", e começa a falar de suas próprias dificuldades. Mara, por sua vez, discorda totalmente de tudo que estou falando: diz que seu filho não é assim, que ele é extremamente afetivo, carinhoso, gosta muito de gente, interage com todo mundo, e, na verdade, ela é a pessoa que mais convive com ele e o vê dessa forma. Entretanto, ela cai em contradições durante essa conversa, usando algumas palavras como "desligado", "viajando", "no seu mundinho" etc.

Coloco a possibilidade de um segundo ano de observação e comento sobre a nova proposta de pontuar um pouco do que estou vendo. Os dois agradecem muito esta oportunidade e aceitam imediatamente.

Porém, logo depois dessa conversa, começaram as férias e fiquei um mês sem vê-los.

Quando chega a época de voltar, ligo para marcarmos os horários. Paulo me diz que estão com saudade, que Thor agora está indo para a escola e que isso não está sendo muito fácil.

Na primeira visita depois das férias

"Ela diz que não é que ele chora um pouquinho, ele fica desesperado, ele chora muito, então, que a equipe de professoras que ela está gostando muito, entendeu, e acalmou a diretora, e que agora ela está melhor, aceitando mais a presença de Mara fazendo adaptação na sala. Diz que ele está indo, mas que ela tem que estar em seu campo de visão, pois se ela sai por um segundo sequer, ele berra. Mara fala o tempo todo em um tom de voz baixo, sem nenhum entusiasmo, me parecendo muito cansada; mesmo com Thor, que entra e sai a toda hora, ela mantém este padrão, o que me impressiona muito. Digo que deve ser muito difícil mesmo saber se seu bebê está ou vai ficar bem na sua ausência."

Aqui, podemos ver que as coisas que foram conversadas no mês anterior surtiram efeitos e que, provavelmente, ela estava começando a entrar em contato com as dificuldades de seu bebê. Aos poucos, todas as questões vão sendo vistas e, de alguma forma, administradas. Acho que, por meio da minha presença, ela consegue não só ver mesmo o seu bebê como demonstra isso e o atende em algumas situações.

Ao mesmo tempo que ela dá sinais de estar vendo seu filho de outra forma, uma coisa começa a me preocupar: percebo alguns perigos no ambiente para um bebê de 1 ano, que não estão sendo levados em consideração.

"Ela me conta então que agora está tudo bem, mas que, quando chegou no quarto, ele estava chorando muito, que estava no chão, e me diz: 'Você acredita que ele caiu do berço?'. A primeira coisa que penso é que sim, eu não só acredito como já havia previsto tal situação, pois o colchão ainda estava alto."

1 ano e 6 meses

"... ele está com algo na boca, ela não percebe, fico agoniada e pergunto: 'O que ele tem na boca?'. Ela diz: 'Nada', digo que parece que tem sim, ela vai olhar e ele tinha uma bolinha do tamanho de um grão de bico..."

Questionamos, aí, a possibilidade de ela não conseguir ver seu filho como um ser independente dela, que faz coisas sem que ela esteja vendo.

À medida que o tempo vai passando, Mara vai, em doses homeopáticas, mostrando-me que está mais aberta a ver as dificuldades de seu filho e o quão grata se sente pela minha presença.

1 ano e 2 meses

"Sabe, Lilian, eu consigo ver aquilo que você falou, sobre os momentos desligados do Thor, ele tinha mesmo isso, agora não tem mais, mas como eu não conhecia outros bebês, achava que isso era normal, que todos eram assim."

1 ano e 10 meses

"...Thor pega um brinquedo de madeira redondo com uns cubinhos dentro e Mara diz: 'Isso, senta... agora esta é a nova onda, aprendeu na escola, ele senta em tudo', de fato ele pega o brinquedo e logo se senta ali; aí levanta, anda um pouquinho com o 'banco' na mão e senta-se novamente, em uma destas sentadas, ele 'perde o olhar'. Mara diz: 'Olha aí... tá vendo... ele faz muuuito isso, todos os dias, muitas vezes por dia, e eu sempre achei que era normal...'. Pergunto a ela o que ela acha que acontece, ela me diz que não sabe, então digo: 'Vamos buscá-lo?'. E logo ela diz: 'THOOOOR'. Ele vira-se para ela e ela começa a falar com ele, oferecendo outros brinquedos para ele se sentar."

Consigo ver um grande desenvolvimento dessa família; com muita felicidade, percebo que nosso objetivo está sendo alcançado e, mais do que isso, que a observação participativa consegue, efetivamente, ajudar essa mãe não só a ver as dificuldades de seu filho como, a partir disso, a começar a ajudá-lo.

Quando Thor está com 1 ano e 10 meses, Mara está com muitas preocupações e angústias por motivos profissionais e de sua relação com o marido: "... fico bastante preocupada na feira, pois vejo outra criança ali, sentado no carrinho ele fica completamente mudo, não fala nada com ninguém, algumas pessoas vêm brincar com ele, mas nada, por várias vezes eu tento ir à sua frente falar com ele, mas fica difícil até fazê-lo me olhar e, quando me olha, não fala nada; ele se desliga quase o tempo todo. Pergunto a Mara se ele é sempre assim quando sai e ela diz que sim, que ele é muito observador e que fica absorvendo tudo o que vê e que depois ele fala das coisas que viu. Em certo momento, ela diz que também se preocupa com estes comportamentos dele. É realmente impressionante, e me remeteu a momentos de grande preocupações sobre suas ausências".

Tal observação veio para reforçar minhas questões relativas a Thor, pois, nesta fase, ele apresenta mais momentos de recursos, mas ainda usa algumas "defesas autísticas".

Quando Thor está para completar 2 anos, encontro-me com os pais para mais uma conversa, e desta vez tenho em mente determinar a continuidade, o próximo passo em relação a essa família após o término da observação. Nas discussões no grupo de supervisão, concluímos que o mais apropriado para este momento seria um encaminhamento para intervenção nas relações iniciais, que seria feito em meu consultório, em dupla com Juliana Amaral, que já fazia parte de nosso grupo e, portanto, conhecia toda a história dessa família.

Nessa visita, percebo novamente uma grande ansiedade dos pais para me ouvir; mesmo assim, inicio a conversa perguntando o que eles achavam que tinha sido esse segundo ano de observação participativa. Com muita felicidade, a primeira coisa que ouço do pai de Thor é: "Não posso imaginar como teria sido o desenvolvimento do Thor sem você; achávamos que sabíamos viver a vida melhor do que todos, e você nos mostrou que não é bem assim".

Digo que percebo uma criança com muito mais possibilidades de saúde, mas que ainda vejo algumas questões relativas a vínculo – desligamentos, interesse maior em coisas do que em pessoas e uma seriedade não muito comum em crianças dessa idade. Eles me questionam um pouco sobre estas dificuldades e, quando começo a falar um pouco mais, Mara, bastante angustiada, interrompe-me e diz: "Outro dia, a gente estava em um aniversário, e tinha uma mãe de uma criança autista de 5 anos, eu estava conversando com ela e perguntei como eles diagnosticaram isto, ela me descreveu como era seu bebê com meses de idade, e ela estava descrevendo o Thor".

O pai pergunta por que ela não falou isso para ele e ela diz que acha que ficou com tanto medo que não contou. Desse momento em diante, ambos reconhecem várias dificuldades de seu filho, e o encaminhamento para a intervenção se torna quase que um alívio para os dois.

Vale, ainda, ressaltar que esta observação, em diversas ocasiões, causou desconforto, preocupações, dúvidas e angústias em mim e, muitas vezes, em todo o grupo. Em vários momentos durante esses vinte meses, estive (estivemos) em contato com ambivalências e contradições que nos demonstravam ora risco, ora recursos de saúde.

Atualmente, a família está em atendimento e já apresenta mudanças significativas.

Outro dia, minha supervisora me falou: "Com esta família, você construiu tijolinho por tijolinho, você foi à olaria, fez os tijolinhos, para então fazer as paredes", e essa foi a melhor descrição que pude encontrar para este trabalho.

PARTE II
Interlocução com a educação

Apresentamos aqui experiências significativas na área de educação, destacando o olhar vincular para os aspectos emocionais como instrumento importante na formação de pequenos cidadãos com recursos para pensar sua convivência na coletividade de forma sensível e comprometida. No Espaço de Interlocução para Trabalhos com Pais-Bebês/Crianças, temos o privilégio de contar com a presença de representantes locais que, de forma generosa, relatam seus projetos e seu cotidiano em intercâmbio com nossas discussões. Nesta segunda parte do livro, aparecem dialogadas nossas contribuições acerca do acompanhamento do desenvolvimento emocional e da importância da detecção a tempo e da prevenção de risco de desenvolvimento atípico no contexto dos primeiros espaços de convivência da criança. Tivemos também a participação internacional de Jeanne Magagna, representando parte de nossas origens inspiradoras em observação de bebês e contribuições "tavistockianas" ao redor do mundo, compartilhando a valorosa tradição de favorecer o diálogo entre pais-criança e profissionais neste momento tão decisivo da primeira infância, em que a possibilidade de criação de bases para a vida e o fortalecimento de aspectos de vulnerabilidade no desenvolvimento alcançam um potencial inestimável. A frutífera troca com educadores presentes no Espaço de Interlocução sempre foi bem-vinda, possibilitando maior integração entre várias áreas de acompanhamento e preocupação em momento de gênese e conexão com o cotidiano das famílias em formação, como fica criativamente demonstrado aqui, nestes projetos educativos para o início da vida.

4. Abordagem trialógica Tempo-Lineare: trabalho terapêutico preventivo com crianças de 0 a 5 anos e seus pais[1]

Jeanne Magagna

Tradução: Tania Mara Zalcberg

Gostaria de sugerir que as vidas emocionais de crianças muito pequenas e de seus pais podem ser muito mais proveitosas por meio da abordagem trialógica Tempo-Lineare em um *setting* de pré-escola. A abordagem trialógica Tempo-Lineare tem o intuito de melhorar a qualidade das relações emocionais existentes no espaço mental triangular criado entre estes três corpos:

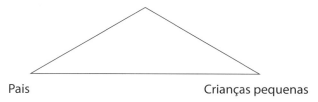

---

[1] Esta contribuição foi apresentada por Jeanne Magagna no Espaço de Interlocução para Trabalhos com Pais-Bebês/Crianças a partir do projeto Tempo-Lineare de Patrizia Pasquini, em Roma. Jeanne e Patrizia publicaram recentemente o livro *Being present for your nursery age child* (2014), com vários artigos sobre esta experiência.

No livro intitulado *A família e a escola*, de Emilia Dowling e Elsie Osborne (1985), foi descrita a pesquisa da clínica Tavistock, sugerindo que facilitar a colaboração trialógica entre casa e escola é o alicerce de uma abordagem bem-sucedida para ajudar a criança a se desenvolver cognitiva, social e emocionalmente. As autoras sugerem que deveria haver um esforço conjunto entre pais, professores e crianças para a solução de problemas nas escolas. Esse esforço trialógico envolve compromisso constante da família e da equipe escolar para ajudar as crianças a melhorarem a qualidade da sua vida emocional e o seu desenvolvimento cognitivo.

No mesmo livro, John Dowling e Andrea Pound, de Londres, descreveram um projeto de pesquisa de intervenção conjunta envolvendo pais, professores e crianças. Depois de um ano de intervenção, quase todas as crianças que antes não tinham bom funcionamento social e intelectual estavam funcionando de forma satisfatória na escola!

Gostaria de descrever uma pesquisa similar: a abordagem trialógica Tempo-Lineare, um trabalho terapêutico preventivo constante com crianças de 0 a 5 anos e seus pais. Essa abordagem é uma maneira proveitosa de ajudar pré-escolas terapêuticas a fornecer atividades típicas de pré-escola enquanto, ao mesmo tempo, ajuda o casal parental e os professores a observar, refletir e promover o desenvolvimento emocional de crianças pequenas.

O que é o programa trialógico Tempo-Lineare?

Tempo-Lineare é uma pré-escola localizada em Roma e financiada pelos fundos educacionais do governo italiano. Sua equipe tem professores de pré-escola, sendo que um deles tem formação também em Psicoterapia Infantil pelo método Tavistock. Um programa observacional sustenta o grupo de pais, crianças e profissionais, prosseguindo como rede de apoio social em instalações viabilizadas pelos pais, mesmo quando as crianças completam sua permanência na Tempo-Lineare.

Patrizia Pasquini é a professora pioneira de pré-escola, psicoterapeuta de crianças e de grupo que fundou o programa e dedicou sua vida à sua continuação. Tempo-Lineare está dividido em três unidades:

- uma unidade para avós e pais que vêm com seus bebês do nascimento até os 3 anos;
- uma unidade de pré-escola para crianças de 0 a 3 anos;
- uma unidade de pré-escola para crianças de 3 a 6 anos.

Objetivos do programa trialógico Tempo-Lineare

O *primeiro objetivo* é criar um ambiente terapêutico em que pais e professores possam observar as interações das crianças com eles e por meio de experiências em grupos, aumentando a capacidade de estarem emocionalmente presentes para seus filhos.

O *segundo objetivo* é desenvolver as capacidades de continência das experiências emocionais de pais, professores e crianças.

O *terceiro objetivo* é possibilitar que as crianças internalizem as capacidades de pais e professores da pré-escola para estarem mais plenamente presentes para suas próprias experiências emocionais enquanto investigam criativamente, aprendem e formam relacionamentos importantes com outras crianças e adultos fora de sua família imediata.

O processo para conseguir alcançar esses três objetivos inclui, a pedido de Patrizia Pasquini, que os professores escrevam uma observação diária detalhada, momento a momento, das interações das crianças com pais, professores e colegas. Essas observações são, então, discutidas com Pasquini, a diretora da pré-escola. Uma vez por mês, pais e professores têm um encontro de três horas para examinar as observações das interações das crianças, ver seus desenhos e discutir o desenvolvimento emocional e intelectual de seus filhos – como se vê por meio de suas brincadeiras e outras comunicações –, possibilitando pensar a respeito de suas próprias experiências como pais e professores dessas crianças. É a colaboração entre pais, professores e profissionais que permite ao Tempo- -Lineare funcionar como ambiente terapêutico continente para o desenvolvimento social e intelectual de bebês e crianças pequenas. Às vezes, diversos psicoterapeutas, assistentes sociais e psicólogos estão envolvidos nas discussões. O livro *Being present for your nursery age child: Tempo Lineare's teachers and parents working together to observe, understand and help young children in their families*,[2] descreve alguns Seminários de Sábado mensais e *workshops* liderados pela diretora da Tempo-Lineare, Patrizia Pasquini, e suas colegas, Carla Busato e Jeanne Magagna. Elas têm uma longa história de aprendizado conjunto, pois Pasquini e Busato passaram dois anos juntas com Jeanne Magagna como professora, estudando observação de bebês. Elas também trabalharam com outras professoras da clínica Tavistock, de Londres, que fundaram o Centro Studi Martha Harris para formação de terapeutas de criança na Itália.

Nos Seminários de Sábado da Tempo-Lineare, pais, professores e psicoterapeutas apresentam suas observações e experiências

---

2 "Estando presente para seu filho pré-escolar: pais e professores da Tempo- -Lineare trabalhando juntos para observar, entender e ajudar crianças pequenas em suas famílias" (tradução livre).

relacionadas a diferentes aspectos das questões de desenvolvimento das crianças e dos pais. Depois de uma exposição a respeito de um tema, há duas horas de discussão em pequenos grupos a partir das observações escritas de pais e professores sobre as crianças em idade pré-escolar interagindo umas com as outras e com os professores. Por meio desse trabalho conjunto, pais e professores desenvolveram sua competência de compreender empaticamente os bebês e as crianças. Depois, os pais e professores que apresentaram exposições nos Seminários de Sábado e as crianças trabalharam juntos para produzir desenhos e escritos para o livro sobre a Tempo-Lineare.

Descrição do programa trialógico Tempo-Lineare

A Tempo-Lineare oferece um lugar de encontro em que pais e avós podem brincar com suas crianças e receber apoio de psicoterapeutas e professores de pré-escola que entendem as necessidades de desenvolvimento de crianças pequenas. Oferece-se a oportunidade de que pais de crianças pequenas (de 0 meses a 3 anos) possam se encontrar para trocar experiências, dúvidas e pontos de vista em relação ao crescimento e à educação de seus filhos. É, portanto, um serviço em que a equipe da Tempo-Lineare trabalha em colaboração *com* – e não só *para* – os usuários. A família não delega a responsabilidade para a instituição, mas, ao contrário, está ativamente envolvida no trabalho do serviço Tempo-Lineare.

A unidade Tempo-Lineare de 0 a 3 anos está aberta o ano todo para 26 famílias; nela, mães e pais passam tempo junto com seus filhos pequenos e bebês de duas a três manhãs a cada semana. Das 26 vagas, seis são reservadas para famílias que estão vivendo dificuldades interpessoais ou sociais específicas. Crianças de 1 semana a 20 meses vêm com suas famílias para a pré-escola duas vezes por semana durante três horas, enquanto o grupo de crianças de 20 a 36 meses está na unidade três dias por semana, durante três horas por dia. Esse serviço chegou a famílias que necessitam de apoio e contato social. Na verdade, foi se tornando, cada vez mais, um modo de se reunir socialmente para trabalhar em conjunto como parte de uma comunidade no centro histórico de Roma. O principal objetivo da Tempo-Lineare é oferecer às famílias de crianças pequenas um lugar compartilhado, no qual estarem juntos permite às crianças, pais e equipe criar novas possibilidades de pensar por meio de suas experiências.

A Tempo-Lineare 0 a 3 anos encoraja novas experiências em pequenas doses na vida da criança. É um lugar em que os pais podem partilhar as fases iniciais da primeira experiência de parentalidade, bem como estágios fundamentais do crescimento de seus filhos. As mães e pais recebem apoio e incentivo confiável para se abrirem mental e emocionalmente à experiência de maternidade e paternidade. É um serviço orientado para a socialização entre grupos familiares. Isso é feito trabalhando ao lado dos pais para pensar juntos, para prestar atenção na relação adulto-criança e, assim, ajudar os pais a entenderem seu desenvolvimento enquanto pais e o de seus filhos.

Seguindo a mudança da criança para outra unidade da Tempo-Lineare para crianças acima de 3 anos de idade, está disponível uma associação de pais para continuar apoiando o desenvolvimento da capacidade dos pais de ouvir receptivamente e aceitar a responsabilidade mais profunda pelo desenvolvimento emocional de seus filhos. O papel do membro da equipe no serviço é o de observador e ouvinte receptivo de formação psicanalítica para a vida diária da criança e dos pais. Não se trata de uma figura "clínica", mas de uma pessoa cuja capacidade de ouvir e observar facilita saber e ir ao encontro das necessidades de desenvolvimento da criança e da família.

O local da Tempo-Lineare de 0 a 3 anos

A unidade para as crianças abaixo de 3 anos é similar a uma casa, para possibilitar que elas se identifiquem com um lugar familiar e íntimo. O espaço é organizado com mobília e decoração adequadas para a idade das crianças, com jogos e materiais para estimular sua curiosidade e encorajar a inter-relação entre crianças e adultos. Uma área da casa é projetada como espaço para os pais, com mobília adequada para eles. É diferenciada das áreas dedicadas às crianças para ajudar os pais a terem um ambiente confortável, em que possam se sentir parte de um grupo de pais espacialmente separado.

O modelo

O projeto usa o modelo de observação participativa, em que o observador é encorajado a seguir e a observar em lugar de dirigir a interação pais-criança. O modelo de observação psicanalítica da clínica Tavistock constitui a base da formação de Patrizia Pasquini, fundadora da Tempo-Lineare. Esse modelo educacional de observação participativa, difundido internacionalmente, foi desenvolvido a partir do modelo Tavistock-Bick de observação de bebês pelo Professor Didier Houzel, da França. Tem sido usado para obter conhecimento evolutivo da criança e para seguir atentamente seu desenvolvimento e consiste em observar, entender profundamente e abster-se de qualquer julgamento avaliativo crítico.

A observação, consequentemente, é equivalente a escutar o que acontece e tem como objetivo prioritário observar. A observação da criança e de sua família fornece, assim, a oportunidade de captar uma multiplicidade de sinais e comunicações – em sua maior parte, não verbais –, que também se tornam compreensíveis graças à ressonância que produzem no observador. A sintonia empática do observador facilita a compreensão da dinâmica emocional que a criança vivencia. A função da observação participativa é conhecer o desenvolvimento da criança na relação com seus pais. Metodologicamente, o processo de observação participativa tem elementos de maior atividade por parte do observador do que o método de observação tradicional. Não é só a equipe da pré-escola que observa: os pais também observam e se encontram regularmente com a equipe para discutir suas observações detalhadas.

Grupos de reflexão para pais que frequentam a Tempo-Lineare

Dois grupos de reflexão separados se encontram duas horas por mês no serviço Tempo-Lineare. O trabalho no grupo de pais facilita a comunicação, que tem o objetivo de pensar acerca de questões problemáticas que ocorrem durante os primeiros estágios da vida da criança de tempos em tempos. Nas reuniões de grupo, os líderes "problematizam", o que implica apresentar observações com o intuito de mobilizar os pais para a curiosidade e a dúvida, sem fornecer respostas pré-constituídas e estereotipadas para sua frequente busca, com questões sobre áreas problemáticas. O mais importante: o trabalho no grupo de pais possibilita que eles se questionem sobre o que acontece em sua relação com os filhos. Dessa maneira, o grupo encoraja os pais a desenvolverem ideias a respeito da função parental. O processo de grupo tem o intuito de gerar um espaço de segurança, em que os pais possam desenvolver a confiança no processo de desenvolvimento da criança, bem como uns nos outros e na equipe da Tempo-Lineare. O processo de formação dessa confiança no grupo é criado por meio do tempo e da experiência de trabalharem juntos e com a equipe. O método psicanalítico de observação usando detalhes sequenciais e considerando a resposta emocional ao observado pode ser imaginado como uma longa jornada que está apenas em processo de início no grupo de pais e que, felizmente, prosseguirá durante todo o desenvolvimento da criança na família.

A tarefa do membro da equipe, consequentemente, não é simplesmente dar instruções, conselhos e soluções, mas favorecer a introspecção parental e o intercâmbio de pensamentos e emoções ativos na relação entre os pais. Pensar juntos em grupo, acompanhados por um membro da equipe treinado e acessível, permite aos pais tolerar as ansiedades que sentem, mas, acima de tudo, partilhar suas experiências com seus filhos em discussões com outros pais.

Características das famílias que frequentaram o serviço de fevereiro de 1999 a setembro de 2010

A experiência desses anos trouxe à luz diversos pontos que, ao longo do tempo, tornaram-se importantes de se observar. Alguns são: gravidez, parto, qualidade da amamentação, desmame, ficar sem os pais, brincar com outras crianças, o nascimento de um novo bebê e assim por diante. Esses pontos nodais da vida de uma criança têm sido, frequentemente, fatores que interferem no seu crescimento. A experiência de amamentação, por exemplo, se difícil, é sentida como momento de frustração e desprazer. Quando tudo vai bem, porém, as mulheres parecem sentir-se satisfeitas com seu papel de mães desde o início.

Nesses anos, observou-se que a maioria das famílias se junta ao projeto porque quer ser ajudada na criação de seus filhos. Há, também, uma proporção significativa de crianças recentemente adotadas, com questões relacionadas a apego junto à nova família, e outras crianças com problemas graves de desenvolvimento e interpessoais. Em especial, surgem problemas relativos a gestações complicadas, a partos não naturais. Partos difíceis trazem sentimentos de exaustão e de vazio para as mães: partos cesarianos com anestesia geral fazem a mãe se sentir enganada e achar que o parto de seu filho ocorreu fora do seu controle e, consequentemente, sem o seu envolvimento. Mas, acima de tudo, há uma incidência elevada de luto familiar, que surge a partir de abortos – espontâneos ou não –, de natimortos e também da morte de avós e de outros membros da família. A relação toda entre os pais e o bebê, do nascimento em diante, é observada. Isso torna possível refletir acerca das dificuldades que ocorrem na amamentação, desmame, separação, sono, alimentação, movimentação e desenvolvimento da linguagem.

Há jovens pais solteiros desempregados que podem ainda estar estudando; entretanto, a maioria dos pais trabalha, e muitos estão empregados em funções de responsabilidade. Com grande frequência, os pais escolheram trabalhos que permitissem certa flexibilidade para a criação de crianças pequenas. Geralmente, são trabalhos de meio período ou profissões autônomas. Há predominância de ocupações de nível médio-alto, não só em termos financeiros, mas também culturais (jornalistas, arquitetos, professores, docentes universitários, políticos, diretores, atores). Há também profissões muito criativas e dinâmicas, que talvez encorajem maior abertura, criatividade e curiosidade a respeito de tudo que é novo.

O grupo é pouco homogêneo, pois há pais de idades, culturas e antecedentes educacionais e econômicos diferentes.

Área de consulta

Perto da Tempo-Lineare, há um local de consultas disponível para famílias dos bairros centrais dos arredores de Roma. É um serviço gratuito de consultas breves, com cinco encontros, para pais que querem discutir problemas do primeiro ano de vida e questões sobre o crescimento e o desenvolvimento dos filhos. Eles discutem o papel do brincar no desenvolvimento psicoafetivo, parâmetros de crescimento, alimentação, sono, importância do choro, relacionamento com amigos e irmãos.

Os cinco encontros envolvem:

- um primeiro encontro com os pais para escutar suas necessidades;

- três observações da criança com seus pais, em diferentes momentos, para observar a criança brincando e a relação com pai e mãe;

- um encontro final para discutir com os pais as questões levantadas e as observações dos encontros anteriores com a família.

Vale a pena ressaltar que as famílias que pediram ajuda mantiveram contato com o serviço, dando notícias sobre o desenvolvimento da criança, solicitando outros encontros ou aderindo ao projeto Tempo-Lineare. Deduz-se daí que a área de consulta constitui um primeiro momento importante de contato com famílias que sentem necessidade de se questionar a respeito de sua função parental e de partilhar com alguém suas dúvidas e incertezas relativas ao crescimento dos filhos.

Há também outra unidade de consulta oferecida para mulheres grávidas e seus parceiros, para ativar no casal espaço mental suficiente para levar em conta tanto o nascimento quanto a vida do bebê e as implicações de se tornarem pais para o bebê que já existe dentro da mãe.

Tempo-Lineare para crianças de 3 a 6 anos

A Tempo-Lineare de 3 a 6 anos é a continuação do projeto Tempo-Lineare de 0 a 3 anos. Esse projeto foi aberto como resultado do entusiasmo dos pais de continuarem com o trabalho do projeto inicial. Esse serviço está aberto a dois grupos, com catorze crianças cada, de segunda a sexta-feira, das 8h00 às 14h00, incluindo almoço (é habitual que muitas crianças italianas não frequentem a escola depois do almoço). O projeto promove um jeito "diferente" de ser para as crianças, pois lhes permite ficar, aos poucos, sem os pais por um largo período de tempo. O projeto leva em conta as necessidades das crianças e seu desenvolvimento emocional, mas também o desejo de seus pais de serem acolhidos, escutados, entendidos. Uma vez por mês, os pais se reúnem em grupo com um facilitador da Tempo-Lineare para discutir o desenvolvimento emocional de seus filhos e seu relacionamento com eles.

O triálogo Tempo-Lineare como terapeuta: compreender "o momento presente" nas interações pais-criança

Descreverei, agora, aspectos do crescimento emocional das relações entre criança, professores e pais. Podem imaginar um triângulo no qual esteja representado o triálogo de interações entre os pais, os professores da pré-escola e a criança?

Professores de pré-escola/profissionais de saúde

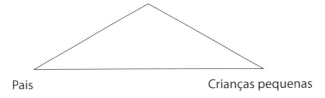

Pais   Crianças pequenas

O crescimento das capacidades emocionais da criança

Em primeira instância, a pré-escola deve ser um lugar em que a criança se sinta contida, em que seja conhecida a fundo, em que tenha a oportunidade de ser conhecida e de fazer amizade com pessoas. A partir das respostas dos outros a ela e de sua recepção às incidências dos outros sobre ela, a criança poderá vir a se conhecer. Ela precisa estar segura de que será protegida da sua própria destrutividade e da destrutividade dos outros. Ela também precisa ter a oportunidade de desenvolver imaginação criativa por meio do brincar espontâneo e aprender e desenvolver habilidades sociais para se relacionar com outras pessoas. Precisa ter a experiência de ser entendida para poder aprender a partilhar com outros, em atividades de grupo. Em meio a tudo isso, ela tem que aprender a administrar suas emoções (Williams, 1987).

O crescimento das capacidades emocionais do professor da pré-escola

Apoio para fazer observações cuidadosas

Em primeira instância, a organização da pré-escola deve dar apoio emocional aos professores, com tempo suficiente para reflexão sobre suas relações uns com os outros, com os pais das crianças e com a própria criança. Com isso em mente, algumas escolas na Itália têm professores que participaram de seminários de observação de crianças pequenas ou de discussão de situação de trabalho.

Apoio para se tornar emocionalmente receptivo

Martha Harris (Williams, 1987), que seguiu Bick como diretora da formação em psicoterapia de crianças na Tavistock, descreve o método singular do processo de observação. Ela menciona o valor dos seminários de observação, além do aprendizado sobre o desenvolvimento da personalidade da criança:

> é valioso para ajudar os participantes a descobrirem o valor de ser, e de se tornar, um observador receptivo. É preciso permitir-se ficar próximo do bebê para ver e reter detalhes, e lidar com o impacto emocional e a luta com grande dose de incerteza dentro de si. Isso é importante antes que padrões compreensíveis impor-

tantes da personalidade da criança comecem a surgir (Williams, 1987, pp. 265-266).

Apoio para examinar as respostas contratransferenciais do professor da pré-escola

Ao se permitir sentir sua própria contratransferência, tentando conter e se abster da ação e da interferência, o professor da pré-escola pode aprender a compreender o impacto da criança nos pais e em si próprio. A observação de crianças também capacita o professor de pré-escola a sentir a mudança e a vulnerabilidade evocadas em si pela incitação dos seus próprios sentimentos infantis. O professor de pré-escola que usa seu tempo para observar cuidadosamente as interações das crianças pode aprender como sua sensibilidade às crianças e às necessidades delas brota realmente da sua capacidade de estar aberto às reverberações emocionais dos seus desejos e perturbações, para aprender a distinguir entre comportamentos e sentimentos diferentes e a responder adequadamente a eles. Esse é o método de aprendizagem acerca de crianças pequenas e da pessoa enquanto professor de pré-escola no processo, em lugar de ser apenas ensinado pela psicologia acadêmica ou pelo ensino didático de educação para a pré-escola.

Permitir tempo suficiente para que ocorra o aprendizado observacional

Este método de aprender por meio da observação não pode ser apressado. Pode ser facilitado, encorajado e protegido, mas não pode ser criado ou forçado. A pessoa adquire algo deste sentimento observando a mãe

*sábia que aprendeu a não apressar o bebê prematura-
mente. A mãe sábia reconhece que é ilusório acreditar
que, se for suficientemente boa, ela pode ajudá-lo a
crescer sem qualquer frustração. Portanto, ela permite
que ele lute com aquilo que está dentro da capacidade
dele (Williams, 1987, p. 267).*

Tanto os pais quanto os professores de pré-escola podem participar como observadores na pré-escola.

Só é possível ser puramente observador quando alguns professores da pré-escola aceitam se responsabilizar pela criança e
participar em uma relação mais ativa com ela. "Se outros adultos
estiverem de fato ausentes, a criança não considerará o observador
como uma figura neutra, mas como um 'genitor passivo', que entra
em conluio com o que ela está fazendo, ou a deixa sem proteção
contra sua destrutividade potencial e sentimento de culpa" (Adamo & Rustin, 2001, p. 6). Sem a presença de um professor ativo,
o observador pode ser levado a abdicar do seu papel e aceitar a
necessidade da criança de um adulto que ponha limites e participe
de algumas atividades partilhadas enquanto, ao mesmo tempo, a
compreende.

Ser observador implica que a pessoa entre numa relação não
ativa com a criança, discretamente, ouvindo o que a criança faz ou
diz, sem comentário ou questionamento (Isaacs, 1938). "A criança
pode se identificar com o observador e pode ter apoio para sua
própria curiosidade ao ver o interesse atento do observador no
campo dos sentimentos e das relações íntimas" (Adamo & Rustin,
2001, p. 15). O observador pode ser associado à imagem de um
adulto amistoso, que pode permitir a investigação de questões cru-
ciais por meio do brincar; porém, o observador também pode se
tornar receptáculo de projeções – projeções do desejo de invadir

de maneira voyeurística, de olhar furtivamente as pessoas em seus espaços privados, de punir como faz o superego severo. Quando o observador é receptáculo dessas projeções, torna-se uma figura ameaçadora, da qual se deseja fugir. "'Quero me transformar em fantasma, assim você não terá o que olhar!' exclamou uma criança de três anos para sua observadora" (Adamo & Rustin, 2001, p. 16).

Apoio contínuo para só observar a interação, e não o comportamento da criança, como se existisse fora do território do grupo

Se os professores da pré-escola levarem o método de observação a sério, começarão a descrever situações com crianças na pré-escola sob a forma de momentos de interação específicos entre a criança, as outras crianças, o professor e os pais. Não haverá discussões de "Maria fez isto" ou "Gianni fez aquilo". Não haverá discussão de incidentes com a descrição de uma única criança; ao contrário, haverá o relato de uma sequência de interações entre a criança e as outras, os professores e os pais em interação com ela. Quando se relata um incidente, alguém sugerirá que se observe em detalhe o que aconteceu antes nas interações, antes da dificuldade da criança. Isso pode estimular o grupo de professores a iniciar uma discussão profunda sobre o significado de uma interação entre a criança e as outras pessoas significativas com quem ela esteve interagindo em dado momento. Os professores começarão, também, a observar os temas na brincadeira compartilhada das crianças e a pensar neles como reflexo da vida emocional dentro da pré-escola.

Exemplo: "Gianni está apático, não brinca com nada." Esta afirmação vai se ampliando conforme os professores descrevem as interações entre Gianni e os outros: a descoberta de que Gianni fica frequentemente apático quando sua mãe, uma criança maior ou um professor faz algo por ele; por exemplo, a mãe pega um trem, escolhe os trilhos, decide como e onde colocá-los e atrai a atenção dele, e ele observa o movimento do trem nos trilhos. Fica evidente que Gianni perde totalmente o interesse quando alguém tenta controlar o que ele faz. Ele só consegue brincar quando alguém segue a sequência da brincadeira dele.

A instituição protegendo os limites individuais do professor pela elaboração das projeções dirigidas a ele

Em seu artigo "The institution as therapist: hazards and hope",[3] Isabel Menzies-Lyth (1989) descreve a maneira pela qual instituições como a pré-escola têm a tarefa de promover o desenvolvimento psicossocial tanto da equipe quanto das crianças. Os professores demandam um grupo de apoio próximo e seguro, em que possam manter seu senso de *self* e a empatia pelas crianças enquanto refletem acerca dos efeitos das projeções das crianças, dos pais e dos outros professores. Os professores também precisam de coragem para ter um grau elevado de honestidade uns com os outros, para confrontarem juntos os sistemas projetivos e resgatarem uns aos outros quando o *self* deles está inundado por diversas projeções. Sem um grupo de reflexão que dê apoio emocional, os professores correm o risco de ficar ansiosos demais e projetar sentimentos de incompetência nos pais ou cometer atuações com a criança como defesa contra a ansiedade (Zinner & Shapiro, 1972).

---

3 "A instituição enquanto terapeuta: riscos e esperança" (tradução livre).

Três dilemas que podem fazer professores cometerem atuações

Três exemplos específicos de situações que incitam professores a cometer atuações são os de criança carente, criança tímida e criança mais agressiva.

A criança carente pode projetar no professor uma figura idealizada de mãe, seduzindo-o, assim, a atuar as projeções e assumir o papel de mãe idealizada, tentando substituir a mãe verdadeira da criança e não impondo limites adequados para a relação da criança com ele. O *acting out* do professor incita conflitos e ciúme entre ele e os pais, em lugar de pensar em maneiras de dar apoio a estes para entender e cuidar da criança. Nessa situação confusa, a criança tende a cindir seus sentimentos e a se comportar pior com os pais e mais amorosamente com o professor, tornando mais difíceis suas relações com a família.

Similarmente, no caso da criança tímida, o professor pode ser excessivamente solícito em lugar de tentar entender a natureza genuína da timidez da criança. Timidez pode estar frequentemente ligada à falta de segurança da criança para reconhecer conscientemente sua própria agressividade e integrá-la em sua personalidade; em consequência, essa agressividade fica projetada em figuras internas e externas, que são vividas, então, como ameaçadoras e pouco confiáveis.

A criança com apego inseguro aos pais também pode parecer uma criança tímida. Nessas situações, a criança tende a regredir para comportamentos mais infantis em lugar de desenvolver suas capacidades de exprimir amor, ódio e iniciativa para conseguir fazer as coisas por si, como se vestir, recorrer à ajuda de um professor ou mostrar sua frustração e raiva.

Na terceira situação, a criança que atua a raiva pode lidar com a raiva de ser deixada na pré-escola ou de ser ignorada por quebrar alguma regra da escola que evoca raiva em outras crianças ou no professor, e pode levar ao *acting out* subsequente deste. A projeção da raiva da criança pode ser tão convincente que o professor perde sua própria identidade pessoal e atua a raiva ou a culpa a partir de uma consciência projetada primitiva, rigorosa e culpabilizante, estabelecendo uma forma excessivamente punitiva de tratar a criança ou o grupo de crianças nesse momento. A criança se sente aliviada por ter a culpa interna a respeito de ser má atuada por meio da punição. É melhor que ter a figura punitiva atacando-a internamente.

Sem um espaço reflexivo suficiente de apoio, o grupo de professores pode, além de atuar, desenvolver defesas sociais contra as relações emocionais profundas e significativas com as crianças e suas famílias (Menzies-Lyth, 1970). Quando a criança introjeta as defesas sociais do professor, ela se cega para sua própria "criança interna", perde a possibilidade de encontrar suas próprias emoções; perde, também, a possibilidade de desenvolver um senso verdadeiro de si mesma e perde o objetivo emocional da sua existência. O "fenômeno borboleta" (Bain & Barnett, 1986) ocorre se a criança vivenciar um padrão predominante de relações com adultos em que existe uma série de descontinuidades de atenção. Isso ocorre se todo o tempo da criança na pré-escola for passado com um professor que só momentaneamente lhe dirige a atenção individualmente e é continuamente interrompido para dar atenção a outra criança. Nessa experiência, a criança e seu momento com o professor apenas fazem parte de uma série de episódios desconexos.

Por isso, é importante que a pré-escola forneça algo que dê proximidade emocional, o que seria útil para uma criança em desenvolvimento na vida familiar comum. Isso pode ser feito atribuindo as crianças a uma única pessoa, um *cuidador especial*, que dê cuidado e atenção individualizada, mas que também mantenha a criança e sua família em mente de maneira singular. A ligação entre a criança e o *cuidador especial* significa que o professor designado pode entender a criança mais profundamente durante a estada desta na pré-escola. Essa atribuição do papel de *cuidador especial* desenvolve um senso de maior responsabilidade no professor. Junto com o papel de *cuidador especial* para algumas crianças específicas, o professor pode estar envolvido com grupos de outras crianças durante parte do tempo, mas não durante todo o tempo da criança na pré-escola. Outros professores interagem com a criança, mas o *cuidador especial* teria a tarefa de observar, interagir e entender a criança e seus pais, presentes durante o tempo que frequentam a pré-escola.

Desenvolvimento da personalidade dos pais por meio da relação de colaboração com o professor da pré-escola

Assim como a relação entre marido e esposa afeta o desenvolvimento emocional da criança, isso também acontece nas relações consciente e inconsciente entre o professor e os pais. A relação entre professores e pais, como qualquer outra relação, infelizmente, pode funcionar simplesmente como receptáculo para o qual podem ser evacuadas emoções indesejáveis, ou a relação professor-genitor pode funcionar como continente para pensar sobre os sentimentos presentes no triálogo das relações entre professor, genitor e criança. Dessa maneira, pode haver uma compreensão profunda da verdadeira natureza da vida emocional e a promoção da vida emocional e social e o desenvolvimento educacional da criança pré-escolar. Cada um dos professores e pais pode achar benéfico despender algum tempo para pensar a respeito da natureza de suas relações uns com outros em diferentes momentos, na medida em que aceitem a responsabilidade partilhada pela criança pré-escolar. Em *Shared unconscious and conscious perceptions in the nanny-parent interaction which affect the emotional development of the infant*[4] (Magagna, 1991/1997), descrevi seis imagens internas que também podem fazer parte da relação entre os pais e o professor da pré-escola. Usando uma vinheta de uma criança de 2 anos e meio, descreverei esses seis tipos de relação que podem cercá-la.

Exemplo: Sarah está sendo deixada na pré-escola pela mãe. Este é seu terceiro dia na pré-escola.

Imagem interna compartilhada: comunhão de cuidado

Esta é a situação ideal: a figura primária, a mãe de Sarah, é reconhecida como especialmente importante e a relação da mãe com Sarah é considerada insubstituível. Alguns papéis da mãe, de acarinhar, nutrir, compreender e proteger a criança, também podem ser assumidos pelos professores, ao mesmo tempo que eles reconhecem a importância crucial da relação primária de Sarah com a mãe. A imagem compartilhada de "comunhão de cuidado" é aquela em que tanto a mãe quanto o professor dão significado emocional aos sentimentos de Sarah relativos a sair de casa para ir à pré-escola e à mãe partir e retornar; porém, tanto o professor quanto a mãe também dão significado emocional aos diversos sentimentos de Sarah a respeito de cumprimentar o professor e os colegas da pré-escola, de ficar com eles e de dizer adeus ao professor e aos colegas ao final do período.

---

4 "Percepções compartilhadas conscientes e inconscientes na interação babá-genitor que afetam o desenvolvimento emocional do bebê" (tradução livre).

Imagem interna compartilhada: cuidadores indiferenciados fornecendo alívio

O professor fornece alívio a Sarah quanto à sua tristeza de se separar da mãe, falando a ela com afeto e pegando-a no colo. O problema é que, no caso, não há reconhecimento da separação e da perda. Parece haver pouca noção da importância da relação de Sarah com a mãe quando esta sai e pouco reconhecimento da importância do professor quando Sarah vai para casa. É como se mãe e professor sentissem que Sarah deveria ficar feliz com "o cuidador", sem se importar com quem ele seja. Não está sendo reconhecido que Sarah tem relações singulares com cuidadores específicos, sua mãe e o professor.

Imagem interna compartilhada: cuidador aplacador

O professor eficiente da pré-escola está alheio ao significado específico das emoções de Sarah. Os sofrimentos dela são tratados da forma mais expedita, distraindo-a com um livro ou brinquedo e ignorando seu sofrimento. Dá-se a Sarah a ilusão de que suas necessidades estão sendo levadas em conta, mas, na verdade, ela está sendo simplesmente distraída ou aplacada. O professor e/ou a mãe estão emocionalmente distantes em relação a quaisquer vivências emocionais intensas excruciantes, tanto da mãe que vai embora quanto de Sarah ao dizer adeus para a mãe ou para o professor e colegas da pré-escola. O impacto no professor do fato de Sarah sair da pré-escola para sempre pode não ser reconhecido, pois sempre há outros para preencher seu lugar.

Imagem interna compartilhada: cuidador abençoado ou culpado

Tanto a mãe quanto o pai e o professor da pré-escola sentem que deveriam gratificar imediatamente as necessidades de Sarah. É difícil para eles evitar sentir que "o outro" é uma figura de cuidado má, cruel, culpada de insensibilidade ou negligência e, consequentemente, a ser culpabilizada. O conceito de desenvolver a capacidade de vivenciar, tolerar e entender o desconsolo emocional de Sarah não existe. A idealização do "consolo do leite" e culpar o outro cuidador é a substituição para continência dos sentimentos diferenciados reais que Sarah está vivendo. Isso ocorre porque pode estar sendo vivenciado um sofrimento psíquico excessivo e isso parece "demais" para o professor da pré-escola e/ou para os pais.

Imagem interna compartilhada: acoplamento cruel para a criança

Há consciência de que Sarah tem ciúme quando o professor e sua mãe ou pai falam entre si, assim como de que ela tem ciúme quando a mãe e o pai estão juntos. Devido ao ciúme de Sarah, o professor e a mãe e/ou o pai desenvolvem uma visão compartilhada de que ter ligações e conversar uns com os outros, como forma de passar informações a respeito de Sarah, não deveria ocorrer. É sentido que discussões colaborativas entre professor e mãe e/ou pai não deveriam ocorrer porque Sarah sente que seria cruel para si ver a mãe e/ou o pai e o professor conversando.

Imagem interna compartilhada: o casal que cuida

O professor da pré-escola e a figura parental sentem que deveriam colaborar, permitir-se alguns minutos reunidos a fim de trabalhar para "manter em mente" as necessidades emocionais de Sarah – sua dor, raiva e medo devido à separação da mãe e/ou pai – e pensar a respeito de outras questões emocionais que podem afetá-la. Em particular, não só o casal parental, mas também o casal, pais e professor devem sentir que têm direito e necessidade de conversar e cooperar para ajudar Sarah com seus sentimentos acerca de estar na pré-escola, longe da família, desenvolvendo segurança em seu grupo de colegas. Ainda que Sarah esteja simultaneamente vivenciando a frustração de ser deixada de lado, ela é capaz de manter uma vivência dos pais, tão ligados emocionalmente de modo positivo com o professor e, ao mesmo tempo, amorosamente preocupados com o bem-estar dela.

O brincar espontâneo como expressão da relação da criança com a "instituição enquanto terapeuta"

A pré-escola não só tem a tarefa de tolerar as emoções das crianças e pensar acerca do significado das interações destas, dos pais e de outros membros da equipe, mas também tem de oferecer os professores como bons modelos de identificação para as crianças. Por meio da introjeção das capacidades dos professores para sentir, pensar sobre sentimentos e se comportar adequadamente, as crianças terão condições de amadurecer e descobrir grande força pessoal, confiança e sensibilidade.

A matriz da pré-escola consiste na rede de processos mentais que existem a cada momento na vida da pré-escola (Lawrence, 2003). Observar a brincadeira livre das crianças mostrará não só a natureza dos seus conflitos e desejos pessoais, mas também dará uma imagem de como, naquele momento particular de brincadeira espontânea, a instituição está funcionando como terapeuta para a criança e sendo percebida pelo inconsciente desta. Os temas na brincadeira espontânea de uma criança e na brincadeira espontânea do grupo de crianças, em qualquer dia, elucidarão "o momento presente" (Stern, 2004) da relação emocional da criança com o grupo. A brincadeira espontânea da criança oferece um espaço potencial, que não está dentro do mundo dos sonhos nem completamente fora no mundo da pré-escola.

A brincadeira espontânea da criança pode ser observada pelos professores e gerar livre associação e reflexão para entender a matriz dos processos mentais emocionais existentes na pré-escola. A associação livre à brincadeira espontânea das crianças pode colocar os professores em contato com algo desconhecido, que diz respeito tanto às crianças quanto a eles. Pensar a respeito das suas associações livres às brincadeiras espontâneas das crianças pode ajudar os professores a conhecer mais profundamente a natureza e o funcionamento da comunidade pré-escolar que consiste em pais, professores e crianças.

Eis algumas atividades espontâneas de brincadeiras que podem gerar associação livre e ideias por parte dos professores:

Exemplo 1: Kirsty (3 anos e 8 meses) está segurando uma bebê-boneca. Ela se movimenta para a mesa chinesa portátil e joga a boneca. Pega os pauzinhos de comer e os joga deliberadamente no chão. Então, debruça-se sobre a mesa e empurra para fora todos os legumes de plástico e os utensílios. Depois, Kirsty pega a bebê-boneca e sai correndo. Um dos genitores, por sua própria iniciativa, pega tudo que foi derrubado (Whyte, 2003).

Kirsty é capaz de sentir a pré-escola como um lugar suficientemente seguro, no qual pode evacuar sua tristeza. Ela está demonstrando confiantemente sua vivência de "ser largada", deixada "em pedaços", não se sentindo emocionalmente contida por uma representação internalizada de mãe segura. Kirsty está usando identificação projetiva para expor na comunidade pré-escolar seu sentimento de "ser largada". A tarefa da professora é colocar esse comportamento no contexto do momento presente da vida de Kirsty. Fazer isso exige que as professoras observem e pensem acerca do significado da brincadeira espontânea de Kirsty, na medida em que isso fala das suas interações vigentes com os pais, professores e colegas.

Uma observação mais cuidadosa de Kirsty revelou que não só ela não estava evocando a atenção dos professores, mas que também perdera sua melhor amiga, Terri, com quem passava a maior parte do tempo brincando. Terri deixara de frequentar a pré-escola e Kirsty não sabia como se reinserir no grupo. Ela exprimiu seu "sentimento de ser largada pela amiga" jogando tudo – inclusive a boneca – no chão. A seguir, Kirsty fugiu com a boneca, tentando preservar algum senso bom do seu *self*. Depreende-se que talvez Kirsty tenha se livrado de sentimentos indesejáveis de rejeição nos seus brinquedos/na pré-escola. Como ocorreram discussões trialógicas entre Kirsty, mãe e pré-escola relativas à brincadeira de Kirsty como comunicação da sua tristeza, quando ela saiu da pré-escola e perdeu sua segunda melhor amiga, Megan, a mãe de Kirsty passou a convidar habitualmente esta amiga para brincar em sua casa. Nessa situação, compreendeu-se a importância de Kirsty, de 3 anos e meio, desenvolver amizades – o importante foi que ela pôde ter a continuidade dos relacionamentos fora da família. Ainda que ela tenha apenas 3 anos, seus sentimentos de ligação com seus amigos, sua vida fora da família, foram respeitados.

A importância da pré-escola como espaço em que meninos e meninas de 4 anos podem criar coletivamente seus próprios dramas espontâneos da vida é mostrado na vinheta a seguir.

Exemplo 2:

> *Paul, Stephen e Fergus estão desenvolvendo seu jogo no andar de cima de um quartel de bombeiros de brinquedo com um poste que desce para uma parte inferior do quartel. Angela, Daniel e Adam estão falando de casamento. Angela logo surge vestida de rendas e paetês e vai em direção ao quartel. Paul diz: "E quando os sinos soarem temos que escorregar pelo poste". Angela*

responde: "Mas não vá pousar em cima do meu bebê, senão vou ficar brava..." Adam, Daniel e Angela agora brincam de "bebês" com Adam se enrolando como bola em cima das almofadas como se fosse um bebê. Angela fala suavemente com ele. Paul escorrega pelo poste dos bombeiros e Angela diz: "Você não está combatendo em nossa casa!" Paul responde, "Não, somos combatentes do fogo mas não combatemos. Estamos chegando para o resgate" (Bridge & Miles, 1996, pp. 35-36).

A tarefa dos professores é fazer associações livres a essa brincadeira livre e pensar sobre a expressão das questões emocionais inconscientes que permeiam a matriz da pré-escola, os relacionamentos nela naquele dado momento. Observações diárias do mesmo conjunto de personagens do drama do quartel de bombeiros revelam que o drama muda de forma a cada dia. Nos outros dias, é retratada uma função protetora de cuidado, exprimindo a continência na pré-escola.

Noutro momento em que as crianças foram deixadas sozinhas por muito tempo, com os professores distantes delas, há uma briga por liderança e um jogo de faz de conta para machucar o "bebê". O espaço do brincar é preenchido por bombeiros monstruosos assustando as pessoas (Bridge & Miles, 1996, pp. 35-36). Esses são reflexos do drama do grupo, dos sentimentos destrutivos que surgem em relação às crianças que, nesse momento, estão recebendo mais cuidados dos professores. A sequência envolve competição, ataque e, a seguir, medo de ser atacado por um monstro repleto de projeções de agressão. Nesse instante, há claramente um grupo de crianças pequenas brincando cooperativamente para elaborar algumas questões emocionais do momento. Não estão machucando ninguém fisicamente, mas brincando simbolicamente.

Vê-se, a partir desses exemplos, como é útil liberar alguém para observar os detalhes das interações das crianças!

Conclusão

A posição que uma criança assume em seu primeiro grupo de colegas na pré-escola é influenciada pelas relações familiares. Se os pais puderem dar conta do estresse de cuidar de um bebê que exige e depende, usufruírem de conversas com ele e o amarem a maior parte do tempo (o ódio é permitido – provavelmente, até necessário –, contanto que não arrase o amor), então a criança vai para a pré-escola preparada para confiar nas pessoas, para ser curiosa, para ser generosa, para conseguir partilhar e usufruir coisas com os colegas, fazer amigos e se defender quando se sentir tratada injustamente, e depois defender os outros (Kraemer, 2000, p. 117).

Se tudo correr bem no triálogo entre os professores, pais e criança, a pré-escola se torna um "lar fora casa". A pré-escola também começa a ser um lugar que ela conhece bem, onde faz amigos, e em que se sente cuidada por adultos gentis e zelosos. A vivência da pré-escola é um alicerce essencial para o senso da criança de ser "sua própria pessoa", com identidade separada como "pessoa fora da família", encontrando seu caminho no grupo e, subsequentemente, na comunidade maior de uma escola. Por isso, todos sempre perguntam: qual foi a vivência de seu filho enquanto estava na pré-escola?

5. Um olhar pedagógico para o atraso do desenvolvimento global

Elisete Alves Matias Dias

Flora Marques de Azevedo Giannini

Introdução

A presente contribuição pretende tratar da percepção pedagógica do atraso de desenvolvimento global de uma criança em ambiente escolar e das inquietações que esta trouxe frente aos encaminhamentos e intervenções ocorridas na escola. Para isso, relatamos, a seguir, as várias observações e interferências feitas com essa criança, que apresentava atraso no desenvolvimento motor e dificuldades de interação e socialização na escola. Ainda serão apresentadas as reflexões feitas em reuniões de equipe pedagógica e em encontros com outros profissionais que ajudaram a identificar melhores encaminhamentos – não só em relação à criança na escola como também junto à família.

Descrição da escola

Trabalhamos com crianças de 1 a 5 anos, sem separá-las por classes, com aproximadamente cinquenta crianças por período. As crianças convivem com a diversidade de idades, em alguns momentos, dividindo-se em subgrupos por interesses, por propostas ou por idades aproximadas. Consideramos como proposta pedagógica fundamental o respeito à infância, ao brincar e ao ritmo individual de cada criança. Temos como eixos de trabalho a socialização, os processos de construção da identidade e autonomia, o conhecimento de mundo e a apropriação da cultura.

O espaço físico da escola traduz, de maneira significativa, essa concepção de infância, criando um ambiente acolhedor e desafiador. É um terreno em aclive, semelhante a um grande quintal com árvores frutíferas, no qual as crianças encontram muitos desafios motores e corporais. As salas são bem amplas, claras, têm portas de vidro e madeira e se integram com as áreas externas. Logo na entrada da escola, há uma roda d'água, um tanque de areia, escorregadores de madeira, casinhas e cantinhos que servem de esconderijos. Esse ambiente propõe diferentes cenários para muitas brincadeiras do universo do jogo simbólico, da fantasia e da imaginação.

Os educadores se dividem pelos espaços, brincam com as crianças, propõem atividades e observam as brincadeiras, sempre com uma escuta muito atenta. As crianças, em alguns momentos, têm a possibilidade de escolher se vão brincar nos parques ou participar das oficinas (culinária, artes, jogos, jardinagem, circuitos corporais, entre outras). As oficinas realizadas pelos educadores especialistas em dança, música e fonoaudiologia são, muitas vezes, dirigidas para os subgrupos por idades. Para essas, as crianças são convidadas e incentivadas a participar ou, ao menos, a assistir. Uma das regras importantes da escola é que as crianças só podem ficar em ambientes que têm a supervisão de algum adulto responsável.

Ocorrem, também, atividades preparadas para as crianças mais velhas, como rodas de conversa, de pesquisa, de biblioteca, situações coletivas de jogos com regras e canto da lição (cada criança escolhe sua lição com o acompanhamento de um adulto de referência).

Há um momento diário de lanche coletivo feito pela escola, em que as crianças sentam juntas para comer. Elas têm autonomia para se servir e são incentivadas a ter uma alimentação bastante saudável e variada.

Outro momento diário é a hora da história. Sempre são contadas duas histórias simultaneamente, em dois locais diferentes – uma voltada para as crianças menores e outra, para as maiores. Cada dia, um educador é o responsável pela história. Podem ser histórias contadas com música, fantoches e objetos; podem ser histórias lidas, contadas ou dramatizadas com as crianças. Neste momento, são apresentados os diferentes gêneros literários: contos, poesias, adivinhas, trava-línguas, mitos e lendas.

Após o momento de história, temos uma atividade corporal, em que são propostos desafios motores e brincadeiras de regras ou cantadas do repertório infantil e da cultura popular brasileira. No final do período, há um momento de coletiva (que são atividades dirigidas por subgrupos de idades) e depois as crianças se preparam para o momento de saída.

Apresentação

Observamos, logo quando Maria entrou na escola, com 1 ano e 5 meses, que, diferente do relato da mãe, a menina ainda não andava. Tinha pouca autonomia no andar; por isso, em alguns momentos, precisava do colo e da ajuda dos educadores. Aos poucos, foi conhecendo o espaço e os materiais e se encantando com eles. Adorava explorar e "descobrir" todos os cantinhos da escola.

Na anamnese, a mãe informou que a gestação de Maria foi tranquila e que o parto tinha sido uma cesariana sem maiores intercorrências. Amamentou-a por um bom tempo (por volta de um ano e meio) e, aos 6 meses, por orientação do pediatra, introduziu a alimentação. No início, a mãe ficava muito preocupada durante a amamentação, pois a filha engasgava com frequência. Maria engatinhou bastante, inicialmente para trás e depois para frente, sentou-se com 8 meses e andou com 1 ano e 3 meses. A mãe relatou uma preocupação com a segurança, pois dizia que Maria não andava com firmeza e que poderia cair. Observou que ela ainda não se comunicava muito, porém entendia tudo: "... ela fala pouco, mas tenta estabelecer uma conversa na língua dela", "... às vezes ela fala para dentro".

No início, distraía-se com facilidade com qualquer objeto que se mexesse perto dela. Às vezes, resmungava e chorava sem motivo aparente, mas rapidamente se envolvia com alguma coisa e mudava sua expressão. Precisava dos educadores para encaminhá-la para as atividades e brincadeiras.

Com a apropriação do espaço e autonomia no andar, Maria passou por uma fase em que demandou bastante cuidado por parte dos educadores, pois começou a testar os seus limites: ia ao banheiro e brincava com a água do vaso sanitário, subia nos banquinhos e mesas, abria gavetas e se pendurava, colocava tudo na boca, entre outras coisas. Percebemos que Maria não tinha nenhuma noção de perigo e era destemida demais. Ficamos extremamente atentos a ela e fomos mais firmes, colocando limites de forma muito clara e objetiva ("Não pode!").

Nossa especialista em fonoaudiologia, que faz uma oficina na escola uma vez por semana, dizia que ela parecia uma criança mais nova do que sua idade real. Apresentava uma hipotonia nos músculos da boca e, assim, precisava ser mais estimulada, tanto com exercícios para essa parte do corpo – como chupar e comer manga com caroço, milho, maçã – quanto para os dentes de trás – por meio da mastigação de alimentos como cenoura e beterraba para fortalecer seu aparelho "falador".

Ao falar, apresentava uma língua mais mole e para fora, repetindo os sons "te te te". Aos poucos, foi experimentando uma fala mais repetitiva, tipo "papagaio", parecendo ter descoberto essa possibilidade de comunicação.

No começo, brincava muito com a comida. Ficava por muito tempo se lambuzando e espremendo as frutas com as mãos enquanto olhava o efeito que essa ação produzia, esquecendo-se que estava no momento do lanche; acabava não comendo. Não parecia apenas uma exploração pertinente à idade. Aos poucos, com nossa orientação, passou a se alimentar de forma mais adequada. Sempre comeu bem. Antes, precisava mais do adulto, depois passou a comer sozinha, embora tenha passado por uma fase em que colocava a mão na boca para ajudar na mastigação.

A música sempre pareceu despertar a atenção de Maria, porém, ela tinha dificuldade para permanecer concentrada nas propostas dessa área. No começo, não insistíamos tanto para que permanecesse na sala, pois sentíamos que ela ainda precisava dessa exploração mais livre.

Adorava a oficina de artes, mas no início fazia muitas experimentações e melecas. Tivemos que estabelecer alguns combinados, pois ela colocava tudo na boca (tinta, cola, pincéis).

Nas oficinas de dança, sua postura também chamava nossa atenção: andava meio de lado e sempre "para dentro" (pés e tronco). A professora especialista, que desenvolvia uma oficina de dança para as crianças na escola, apontava que Maria, embora se arriscasse nos movimentos (subir, descer, deitar, levantar), ainda não parecia ter um conhecimento corporal mais efetivo, comum na sua faixa etária. Nessa época, recomendamos uma avaliação com um especialista em desenvolvimento corporal, mas ainda não foi dessa vez que a família o procurou.

Seu desenvolvimento parecia respeitar um ritmo mais lento. Demorou para andar de maneira firme e para falar compreensivamente, mas sempre percebemos Maria como uma criança em desenvolvimento e não estagnada.

Em algumas situações, observamos que ela parecia totalmente "ausente" em relação ao que estava sendo proposto para o grupo. Parecia muito envolvida num movimento individualizado, consigo mesma. Estivemos ao seu lado, incentivando seu processo de socialização, estimulando-a a brincar e a interagir com as outras crianças. Inicialmente, isso acontecia com a ajuda e a supervisão de um adulto que disponibilizamos para ser uma referência mais constante.

Na escola, ela sempre foi exigida em seu crescimento: evitávamos pegá-la no colo por qualquer motivo, procurávamos falar com ela de forma correta e não a tratar como "café-com-leite" nas brincadeiras e atividades, ajudando-a a respeitar as regras e limites estabelecidos. Sua evolução foi gradual. Em seu segundo ano na escola, ainda parecia mais conectada com "seu mundo". Mantinha uma ligação forte com os objetos e brinquedos, estabelecendo uma relação menor com as crianças. Algumas vezes, pareceu-nos que Maria não enxergava o outro à sua frente, via apenas objetos. Então, quando queria algo, passava por cima daquilo que estivesse em seu caminho. Não conseguia manter-se conectada nas situações de história coletiva do grupo e gostava de ver livros sozinha. Nesses momentos, muitas vezes, saía "de fininho", como se ninguém a percebesse.

Sua postura corporal melhorou, mas ainda nos parecia muito fechada em si mesma. Voltamos a pontuar para os pais a necessidade de uma avaliação corporal e indicamos novamente um especialista nessa área. Dessa vez, também levantamos para os pais a possibilidade de uma avaliação da visão de Maria, pois olhava de lado e parecia estrábica. Apontamos que chamava nossa atenção o fato de ela não conseguir olhar em nossos olhos. Por mais que tentássemos esse tipo de contato, sempre durava pouco tempo, pois logo ela se distraía com outra coisa. Nessa entrevista, os pais relataram que também percebiam essas questões apontadas por nós, mas sentiam que Maria tinha um desenvolvimento mais lento e que nesse primeiro ano na escola já tinha avançado bastante ("parecia outra criança"). Mostraram-se mais resistentes às nossas colocações, dizendo que ela era pequena e que já estavam atentos ao seu desenvolvimento. Mesmo assim, levaram Maria para fazer uma primeira avaliação oftalmológica, que apresentou como resultado uma inteira normalidade visual (visão boa). Apontamos que seria importante ter uma segunda opinião.

No meio do segundo ano de Maria na escola, os pais disseram que tinham feito um primeiro contato com o especialista no desenvolvimento corporal indicado por nós. Eles gostaram desse profissional, mas pediram outra indicação, pois ele estava com sua agenda cheia e fora das possibilidades financeiras dos pais. O próprio profissional indicou uma psicóloga, que iniciou o atendimento. Fizeram, também, outra avaliação oftalmológica e, dessa vez, afirmaram ter gostado mais da profissional. Ela constatou uma deficiência visual (3,5 de grau em cada olho) acompanhada de estrabismo.

Assim, com 2 anos e 11 meses, Maria passou não só a usar óculos como também a colocar um tampão. Essa etapa foi um marco em sua vida. A partir daí, passou a "ver" mais o mundo ao seu redor. Foi impressionante a mudança de postura de Maria: seu olhar de encantamento com as coisas e pessoas era notório, sua postura física passou a ser mais "para fora", ereta, para frente. Percebemos, enfim, que usar óculos fez toda a diferença.

Nesse período, ela passou a apresentar alguns choros sem motivo aparente, que nos chamaram atenção. Parecia-nos que estava triste ou incomodada com algo, mas não conseguia se expressar a não ser por meio do choro, que sempre foi acolhido por nós. Mesmo com nossas intervenções, não conseguíamos perceber o que a incomodava, de fato.

A mãe trouxe em entrevista a dificuldade em ajudar Maria a estabelecer relações de troca com outras crianças – mesmo com o primo, que tem mais ou menos a mesma idade.

Por encaminhamento da pediatra, os pais a levaram para um acompanhamento com uma fonoaudióloga, de quem disseram gostar bastante. Em contrapartida, estavam desacreditados do trabalho com a psicóloga, que vinha acompanhando Maria uma vez por semana. Os pais aceitaram insistir com o atendimento por mais um tempo e depois o abandonaram.

No início do ano seguinte, após uma reunião entre escola, fonoaudióloga e psicóloga, ficou acordado que seria interessante uma avaliação neurológica, o que foi feito dois meses depois com um neurologista indicado pela pediatra.

Maria ainda precisava de limite e foco. Continuava mais conectada ao seu mundo, embora tivesse feito muitas evoluções. Antes, não se importava ou não percebia ninguém; depois, já procurava as pessoas e as percebia. Entretanto, a grande questão continuava sendo a criação de vínculos, pois eles não se sustentavam. Ela chamava as pessoas, mas não conversava; pedia, mas não interagia. Tudo parecia ser uma coisa só para ela. Precisávamos, a todo momento, mostrar as separações entre ela e o outro e favorecer situações de comunicação. Por exemplo: ao subir na mesa, dizíamos "Olha, você pegou no meu braço para descer" ou "Esse é meu braço, eu sou a..."; ao querer mostrar os peixinhos no aquário: "Você me trouxe para ver os peixinhos e eu estou vendo eles nadando perto da planta e você?".

Na escola, não distinguia pessoas estranhas: pedia colo ou ajuda indiscriminadamente para qualquer adulto. Depois, passou a perceber quais eram os educadores de referência e a buscá-los com mais frequência quando precisava.

Com o tempo, passou a participar com maior autonomia das situações de trabalho coletivo. Sentava com o grupo, ouvia os colegas e, algumas vezes, já se dirigia a eles também. Não precisava mais tanto da nossa ajuda para se manter na sala durante as oficinas de artes, música, fonoaudiologia e dança.

Começava a mostrar-se mais articulada ao colocar seus pensamentos e opiniões, apresentando um discurso mais coerente.

Sentimos que ela estava "desabrochando", que percebia mais as possibilidades de interação nos espaços e, principalmente, com as outras crianças e adultos, mas que ainda tinha um caminho a ser trilhado diante de seus relacionamentos e sua socialização. Nesse sentido, valia a pena continuarmos atentos para ajudá-la em seu processo de crescimento e desenvolvimento.

Ao final do ano, fomos informados pelos pais que Maria sairia da escola no ano seguinte. Comentaram que seria importante para ela ir para uma escola onde ficaria em um grupo menor, com exigências mais claras e com um único professor – e não tão "solta", sem maiores referências, tanto com crianças quanto com adultos. A coordenação da escola pontuou que seria significativo dar continuidade ao trabalho desenvolvido com Maria, pois ela vinha tendo avanços importantes. Além disso, não achava que Maria estava tão "solta", já que havia um educador mais próximo, de referência, com o qual ela se identificava e que a estimulava em sua socialização.

Discussão no Espaço de Interlocução

Desde o começo, tínhamos algumas preocupações que considerávamos importantes para melhor intervir junto a Maria:

- Tratava-se de uma criança muito pequena (1 ano e 5 meses) e, portanto, questionávamos se não era muito cedo para possíveis encaminhamentos. Não seria, de fato, apenas um ritmo de desenvolvimento mais lento?

- A família, num primeiro momento, não percebia e não manifestava muita preocupação com o desenvolvimento da criança. Então, como sensibilizar o olhar dos pais?

- Percebíamos que não podíamos nos silenciar, mas como relatar nossas observações sem "rotular" diagnósticos?

- Para a escola, o caminho de maior aceitação com os pais foi fazer avaliações mais pontuais de desenvolvimento, como uma avaliação oftalmológica e/ou de postura corporal, sem ir direto para um acompanhamento psicológico e neurológico. Seria esse o melhor caminho?

Essas nossas inquietações foram discutidas no Espaço de Interlocução para Trabalhos com Pais-Bebês-Crianças, quando foi abordado que a principal questão desse caso seria a grande dificuldade nas relações intersubjetivas de Maria com os outros – fossem com os pais, os professores ou as demais crianças –, e que a escola, por ser um espaço coletivo, de muitas relações, seria um lugar privilegiado para identificar os indicadores de risco precoces

(Muratori & Maestro, 2007) e para oferecer boas intervenções e boas situações de troca.

Por meio das discussões, sentimo-nos mais apropriados para aproximar a família do nosso olhar e para compartilhar com eles essas situações de maior dificuldade de Maria em relacionar-se com o grupo. Passamos a abrir espaços de conversas mais sistemáticos e, principalmente, ficamos mais tranquilos para encaminhá -la para um acompanhamento psicoterapêutico sem fazer maiores rodeios (necessidade importante).

Conclusão

As várias reflexões realizadas diante desse caso nos trouxeram, com maior clareza, a importância de valorizar nossas observações e trocar com os pais essas percepções desde muito cedo, além de propor, sempre que necessário, encaminhamentos psicoterapêuticos para as famílias, pois esses rápidos encaminhamentos fazem toda a diferença no desenvolvimento das crianças: quanto mais cedo as questões forem abordadas junto às crianças e famílias, mais rápido e mais "progressos" serão obtidos.

No Espaço de Interlocução, por meio das discussões e das leituras indicadas, entendemos que essa criança apresentava um transtorno global do desenvolvimento, pertinente ao diagnóstico de transtorno do espectro do autismo (TEA). Assim, as discussões nesse espaço enriqueceram nossas observações e nos ajudaram com nossas inquietações.

6. A importância do orientador escolar na prevenção dos transtornos iniciais do desenvolvimento infantil

Ana Maria Franklin Gonçalves
Flora Marques de Azevedo Giannini

Apresentação

O objetivo deste trabalho é ampliar a reflexão sobre como, quando e para qual especialista encaminhar famílias com crianças que apresentam indicadores de possíveis transtornos iniciais do desenvolvimento. Descrevemos o caso de um aluno da educação infantil que foi apresentado e discutido no Espaço de Interlocução: Pais-Bebês-Crianças e as reflexões e desdobramentos posteriores.

Introdução

Frederico entrou na escola com 1 ano e 5 meses. É receptivo às nossas aproximações, gosta de estar no colo e demonstra afeto quando brincamos com ele, é uma criança alegre.

Na entrevista de matrícula, os pais relataram que ele é o primeiro filho do casal e que a gravidez foi tranquila. Foi amamentado até os 5 meses, era um bebê sossegado e não teve muitas cólicas.

Contaram que o desenvolvimento motor foi normal: ele sentou, engatinhou, começou a andar com 11 meses e se alimentava bem. Descreveram-no como atirado, explorador, mas também ponderado, curioso e observador. Com 1 ano e 5 meses, sabia falar algumas palavras como "mamãe", "papai", "au-au". O período de adaptação à escola se deu de forma tranquila. Durante as primeiras semanas, gostava de ficar no colo do educador de referência e foi estabelecendo um ritual de chegada, quando brincava com carrinhos e bichos, na sala.

Ao longo do semestre, depois da hora de entrada, muitas vezes ia para um banco perto do portão da escola, e lá ficava sentado próximo ao porteiro, com um olhar distante. Precisava constantemente de um educador para chamá-lo e convidá-lo a retomar a rotina da escola.

Durante o dia, ele gostava de brincar na areia, andar pela escola, explorar os espaços, sempre com um brinquedo na mão (principalmente com carrinhos e bichos de plástico). Era muito comum ficar deitado no chão da sala numa brincadeira individual, acompanhando e olhando bem de perto os movimentos que fazia com o próprio carrinho.

A iniciativa para interagir geralmente partia do outro, tanto na relação com os adultos como na relação com as crianças. Não solicitava nossa ajuda e raramente entrava em conflito com os colegas. Era muito introspectivo: se dependesse dele, ficava boa parte do tempo em seu "próprio mundo" e se bastava nesse movimento. Na hora de guardar o brinquedo que trazia de casa na mochila, ficava bravo, chorava bastante e não gostava de ser frustrado. Geralmente, esse brinquedo era uma locomotiva, personagem de um desenho animado.

Nos momentos coletivos, por exemplo, aula de música, dança e atividades dirigidas inicialmente, ele participava, mas logo se distraía e se envolvia com os materiais da sala. Quando um adulto o chamava para retomar a atividade, caso não quisesse, soltava o peso do corpo no chão, fazia "corpo mole", olhando para longe, e precisava de um adulto insistindo para que participasse. Quando gostava da proposta (correr, tocar um instrumento, dançar), ele participava um pouco, até se desinteressar.

Nas oficinas de artes, Frederico gostava de explorar os materiais, pintar-se e participava em situações menos dirigidas. Ao longo do tempo, passou a procurar menos esta oficina. Nas propostas coletivas de desenho, o seu tempo de concentração na atividade era menor, precisando de um educador mais próximo incentivando-o a ficar junto com as outras crianças e finalizar o trabalho.

Durante o seu primeiro ano na escola, ele falava muito pouco. Gradativamente foi se tornando mais comunicativo e respondendo às nossas solicitações, mas ainda é bastante difícil compreender a sua fala. Faz muitos sons com entonação, como se estivesse falando frases numa linguagem própria. Emite as sílabas finais das palavras e, dessa forma, espontaneamente, às vezes nomeia os bichos de plástico. Quando pedimos para nomear figuras de um livro, não o faz se não estiver interessado. Apesar de percebermos uma evolução na intenção comunicativa, ele ainda apresenta uma defasagem significativa na aquisição da linguagem, comparado a uma criança com 2 anos e meio.

Na hora da história, era muito comum se dispersar e precisava de um adulto que o ajudasse a ficar junto das outras crianças e a manter a concentração. Às vezes, estava presente fisicamente, mas seu olhar ficava distante. Em momentos individuais, ele gostava muito de ver o livro da locomotiva, que era um personagem de desenho animado com nome e rosto humanos.

Nos momentos de lanche, só comia dois tipos de fruta e se recusava a experimentar qualquer outra. Não tomava o suco e, na segunda parte do lanche, só comia o que gostava.

A mãe de Frederico é uma pessoa muito falante, sempre chega muito animada na escola, cantando, conversando com os porteiros e, muitas vezes, "falando pelo filho". É muito raro ele vir com o pai e, nas despedidas com este, geralmente chorava. O pai é mineiro, tem um sotaque muito carregado e fala pouco.

Nos momentos de saída, quem vem buscá-lo é a babá. Ela também é expansiva e falante como a mãe, sempre carrega Frederico no colo e, muitas vezes, o trata como se fosse uma criança menor e não como um menino de 2 anos.

No início do segundo ano dele na escola, ficamos em dúvida se, nos momentos de subgrupo, Frederico acompanharia as crianças de sua idade ou se precisaria ficar mais um tempo com as crianças menores. Decidimos, então, que ele ouviria histórias com os menores e, durante as atividades dirigidas e coletivas, ficaria com as crianças de idade próxima à sua.

Também no início desse ano, nos momentos de entrada e saída, quando começamos a sinalizar algumas preocupações em relação à fala e à socialização de Frederico, a mãe se mostrou "resistente", dizendo: "Ele é igual ao pai, muito introspectivo!". Relatou, também, que a sogra dizia que o neto "Era igual ao pai quando pequeno".

Chamamos os pais para compartilhar o desenvolvimento de Frederico na escola, para conhecermos mais como ele estava em casa e como era sua rotina. Pontuamos para eles que estávamos estimulando bastante as interações e que sentíamos a necessidade de disponibilizar um educador para ficar mais próximo em diferentes momentos de nossa rotina. Descrevemos, também, a evolução e as dificuldades de aquisição da linguagem. Sugerimos uma avaliação fonoaudiológica e pensamos se não era o caso de fazerem, também, uma avaliação oftalmológica, devido ao fato de Frederico sempre aproximar muito os objetos de seu rosto, principalmente quando ficava deitado no chão.

O pediatra, segundo os pais, achava que o desenvolvimento de Frederico estava tranquilo e que não havia necessidade de procurar uma avaliação fonoaudiológica antes dos 3 anos. Ele também dizia que Frederico "tinha a quem puxar", referindo-se ao pai.

No final da entrevista, a mãe nos surpreendeu e perguntou se achávamos que ele era autista, pois reparava que, desde pequeno, ele tinha alguns comportamentos repetitivos. Ela, por ter lido alguns artigos a respeito do tema, tinha ficado "com a pulga atrás da orelha". Nesse sentido, sugerimos uma consulta com um neurologista para avaliar se as questões sociais e de linguagem estavam relacionadas à maturidade, à personalidade ou a algum diagnóstico específico.

Nesse momento, a nossa preocupação maior era ajudá-lo em seu processo de socialização em todos os âmbitos: com os pais, babá, adultos, crianças e educadores da escola. Todos nós precisávamos ter esse olhar convocatório, estimulando mais situações prazerosas de comunicação e de interação. Inicialmente, sugerimos essas avaliações para descartar algumas hipóteses e, depois, se necessário, poderíamos encaminhá-lo para uma avaliação psicológica ou intervenção junto com os pais.

Imediatamente após essa entrevista, o pediatra solicitou-nos um relatório, que foi feito e encaminhado a ele.

Discussão no Espaço de Interlocução

Nessa mesma época, apresentamos a situação de Frederico no Espaço de Interlocução. Algumas pessoas da equipe da escola já haviam frequentado alguns desses encontros e estávamos entrando em contato com textos sobre intervenção nas relações iniciais, autismo e indicadores de risco. Levamos algumas questões iniciais, que se desdobraram em boas discussões e encaminhamentos para profissionais especialistas.

Nossas questões eram: o cuidado para não "patologizar" o nosso olhar, respeitar o tempo individual e as características de Frederico, mas sem deixar de lado os sinais importantes do desenvolvimento dele. Será que não havíamos demorado para chamar os pais? Encaminhamos o caso para muitos profissionais de uma só vez? Seria esse o encaminhamento mais adequado? Nossa intenção era descartar questões "orgânicas" (oftalmologista, neurologista)? Para nós, os pais seriam mais receptivos ao encaminhamento para fonoaudiologia do que para uma avaliação emocional das relações iniciais. Foi o melhor caminho?

No Espaço de Interlocução, conversamos bastante sobre essas possibilidades. Uma das sugestões foi que poderíamos ter feito mais entrevistas para compartilhar percepções, fazer orientações básicas aos pais em relação à qualidade da interação e para saber mais sobre a rotina familiar. Ou seja, ajudar os pais a entrar em contato com esses sinais de dificuldades no desenvolvimento para, depois, propor um encaminhamento direto para um psicólogo que trabalhasse com avaliação e intervenção na relação pais-criança.

Essa discussão foi clareando o quanto a dificuldade de fala de Frederico evidenciava uma dificuldade nas relações, e não apenas na aquisição da linguagem.

Conversamos também sobre como nas escolas o mais comum, geralmente, é percorrer o caminho que fizemos. Quando as crianças são muito pequenas e apresentam um atraso na aquisição da linguagem, os orientadores pedagógicos tendem a privilegiar o encaminhamento para fonoaudiologia, embora a dificuldade de fala esteja, muitas vezes, mais relacionada à dificuldade de relacionamento. Nessas situações, corre-se o risco de os pais procurarem profissionais que tenham uma visão mais ligada às dificuldades físicas e/ou orgânicas do que às de relação.

Outro aspecto salientado foi o "olhar de perto" que Frederico apresentava quando ficava deitado, olhando os movimentos que fazia com o carrinho ou com os animais. Sem a intervenção dos educadores, ele ficava por muito tempo nessa brincadeira e "se isolava" do movimento das outras crianças. No Espaço de Interlocução, pensamos nesse aspecto como um indicador de risco, como perda da *gestalt* global e necessidade de focar e eleger um objeto parcial para ficar em "seu próprio mundo". O jeito de brincar de Frederico aparecia "colado à mecânica dos objetos e não se desdobrava em suas construções, em uma narrativa" (Kupfer et al., 2009, p. 55). Observamos também que sua atenção se ligava mais à locomotiva (personagem de desenho) do que aos amigos.

Percebemos o quanto nossa intervenção na escola estava sendo importante. Toda a equipe estava preocupada em convidar Frederico para as brincadeiras e para a interlocução com os adultos e outras crianças. Esse nosso olhar explicitamente convocatório estava sendo fundamental para ajudá-lo a estabelecer relações e interagir mais com as crianças. Até o porteiro foi envolvido nessa tarefa de incentivá-lo a ficar com as outras crianças. Nossa orientação a todos era sempre olhar nos olhos dele, demonstrar interesse por sua fala, fazer perguntas, pedir para que mostrasse o que estava querendo e valorizar suas colocações, dando elementos para que pudesse enriquecer sua comunicação.

Discutimos também sobre a relação da mãe com Frederico e sobre o quanto faltava o que Domingos Infante chama de alternância entre presença e ausência. A mãe sempre estava falando por ela e por Frederico, não se estabeleciam turnos de fala e, geralmente, ela o fazia sem perceber.

A discussão do caso ajudou a validar muitas de nossas ações que, junto aos educadores, foram ficando mais claras e intencionais.

Outro ponto significativo foi a indicação do livro *A clínica precoce: o nascimento do humano*, da psicanalista Graciela Cullere-Crespin (2004). Nesse livro, ela relata sua visão de que a prevenção não consiste em antecipar uma demanda, mas, sim, permitir sua elaboração. Também apresenta um guia prático em três tempos, que tem como intuito ajudar os médicos a perceber qual o melhor momento para se introduzir uma consulta com um psicólogo. Ela cita nesse livro: "Esse procedimento, ainda que puramente empírico, leva em conta processos que estão em ação na situação de entrevista e, especialmente, leva em conta a situação transferencial que se dá à revelia dos participantes em presença: o médico e seu paciente" (p. 176). Esse tema também pode ser pensado no contexto escolar, ou seja, na relação transferencial entre o orientador e a família. A seguir, descreveremos como utilizamos essa contribuição.

Nesse guia, Graciela considera que estes tempos são apenas referências: no *primeiro tempo*, diante de uma dificuldade, de um sofrimento, o médico identifica o sintoma, aconselha, conversa e ouve. Em um *segundo tempo*, adota uma posição em que não é ele que sabe, mas, sim, o sujeito, embora à sua revelia. Suspende o seu saber e abre o espaço de fala sem banalizar, desqualificar, interpretar as colocações da mãe ou dos pais. O *terceiro tempo* é o da subjetivação da questão e elaboração da demanda. O sujeito não ignora sua dificuldade, ele somente *quer* desconsiderá-la.

Fazendo uma transposição para a situação que vivemos na escola com os pais de Frederico, mesmo sem ter percorrido os três tempos, conseguimos criar um clima de confiança, que permitiu que a mãe dividisse/relatasse sua suspeita de autismo. Ou seja, conseguimos abrir um espaço de fala, de escuta e um bom vínculo transferencial, como destacado por Graciela Cullere-Crespin. Assim, foi possível para os pais aceitar a possibilidade de outros encaminhamentos.

Desdobramentos

O relatório da escola foi levado ao pediatra, que indicou um neurologista. Este solicitou alguns exames e a avaliação de uma fonoaudióloga. Ela passou a atender Frederico duas vezes por semana e incluiu os pais e a babá nos dez minutos finais das sessões.

O encaminhamento para essa profissional acabou sendo muito satisfatório e nos deixou muito aliviados quanto às nossas inquietações. Logo, ela nos procurou para conhecer a escola, para trocar dados sobre a avaliação e depois, no final do ano, para falar sobre o andamento do atendimento. Suas colocações foram muito ao encontro das observações, intervenções e discussões que tivemos no Espaço de Interlocução. Ela é fonoaudióloga e tem uma formação complementar em psicanálise, o que tem contribuído muito para incluir esses pais no atendimento. Está ajudando a considerar Frederico como sujeito interlocutor e salientar como a função do pai tem sido importante. E tem ajudado, especialmente, a mãe a perceber a importância da alternância de turnos no discurso. Na escola, Frederico está mais ativo, interessado por outras crianças, e está evoluindo muito na emissão dos fonemas. Ainda não conseguimos entender completamente suas colocações, mas ele já consegue compor pequenas frases, está desenhando mais e começou a figurar.

Os pais estão muito satisfeitos com o atendimento. Na última entrevista na escola, a mãe conseguiu falar para nós sobre como é difícil perceber as diferenças do desenvolvimento dele em relação às outras crianças e como estão conseguindo vibrar com as conquistas de Frederico.

Conclusão

O Espaço de Interlocução contribuiu para fazermos encaminhamentos diretos a profissionais especializados em transtornos do desenvolvimento global (psicólogos e psicanalistas) com mais tranquilidade e, no caso de Frederico, embora os encaminhamentos tenham sido focados em médicos especializados e nas manifestações que ele apresentava, o resultado desse processo com os pais e com a criança está sendo muito positivo. Consideramos que o fato da fonoaudióloga ter uma formação que inclui a subjetividade tem feito diferença na condução e orientação do caso.

Concluímos que discutir o desenvolvimento de Frederico nesse espaço multidisciplinar nos possibilitou aprofundar questões sobre desenvolvimento global, ajudou-nos a refletir sobre os encaminhamentos com a família e a criança e, principalmente, ampliou nosso olhar para os indicadores de possíveis transtornos iniciais do desenvolvimento.

PARTE III
Interlocução com a saúde hospitalar

No contexto hospitalar, profissionais e suas equipes, sujeitos em sofrimento e familiares se deparam com desafios extremos na interface entre vida e morte, saúde e doença, esperança e desamparo, superação e limites, luto e ressentimento, evitação e elaboração de desconfortos físicos em sua integração com o psíquico, vulnerabilidade e resiliência para enfrentar adversidades. Nesse campo, dores somatopsíquicas e angústias primitivas requerem um olhar continente, receptivo e transformador, que possa alimentar os vínculos, fortalecendo o potencial criativo e curativo das redes de cuidado. Ao promover a discussão das experiências desses profissionais e dessas equipes, o Espaço de Intelocução se insere nessa rede, ressaltando a relevância das relações, da tolerância à complexidade e ambivalências da experência humana e da diversidade profissional para a promoção de saúde.

7. Contribuições do método de observação da relação pais-bebê para o atendimento de uma criança com câncer

Nathalia Teixeira Caldas Campana

Introdução

Este relato é resultado de minha experiência como estagiária em um hospital que atende crianças e adolescentes com câncer. Na ocasião, cursava o último ano de graduação em Psicologia e iniciava meu segundo ano de observação da relação pais-bebê. A partir do relato de um caso clínico, o objetivo deste trabalho é estabelecer uma discussão a respeito das contribuições que o método de observação proposto por Esther Bick pode trazer para o atendimento de crianças internadas e com poucos recursos para brincar.

A entrada do psicanalista no hospital abre um campo de questionamentos e desafios a respeito das possibilidades e do alcance das intervenções analíticas nesse contexto. Segundo Moretto (2002), argumentos no sentido da impossibilidade do trabalho em psicanálise no hospital consideram a questão da transferência, a saída do *setting* analítico, o curto período de tempo disponível para o trabalho e o fato de, na maioria das vezes, a oferta de atendimento partir do analista.

Nesse sentido, o método de observação proposto por Esther Bick (1948/1967) traz contribuições importantes para o analista hospitalar compreender e exercer sua função. Esse método consiste em observar semanalmente, por uma hora, um bebê junto de pelo menos um cuidador, durante um ou dois anos. A cada observação, um registro detalhado é redigido, e o observador discutirá alguns desses registros no grupo de supervisão, que frequenta semanalmente. Bick (1948/1967) destaca que o problema central do observador é duplo, pois de um lado envolve a conceituação do papel em si, e, do outro, as atitudes conscientes e inconscientes do próprio observador. É necessário que o observador se sinta suficientemente incluído na família, como que para experimentar o impacto emocional sem sentir-se obrigado a desempenhar papéis que lhe são atribuídos. No que se refere aos cuidadores, Silva et al. (2007) destacam que eles costumam se aliar ao observador em sua postura observacional, o que favorece o reconhecimento de alguns aspectos da personalidade do bebê.

Ao observar, não só interferimos emocionalmente com a nossa presença, mas também sofremos interferências. A função ativa do observador é a de manter-se na função de observar. A transferência e a contratransferência não são motivo de interpretação, apenas de reflexão. A partir disso, Mélega (2008) afirma que estar sozinho, tendo que contar com os próprios recursos, é fundamental para o trabalho psicanalítico (tanto do terapeuta quanto do observador). Isso implica uma função continente às identificações projetivas, assim como a mãe aprende a ser continente às angústias de seu bebê. Analogamente ao que ocorre no trabalho psicanalítico ou ao que Bion define como função alfa da mãe com o filho para ajudá-lo a desenvolver seu aparelho de pensar, o observador vai se disciplinando durante essa experiência de observação para tentar compreender suas reações e o significado delas frente às emoções despertadas pela dupla cuidador-bebê e os estímulos provenientes das suas reações subjetivas. Dessa forma, o observador tem a oportunidade de aprender a prestar atenção aos detalhes de uma situação e de fazer uma correlação das condutas manifestas (linguagem oral, gestual etc.) com os estados de mente correspondentes.

Caso Jussara

> *Quando o brincar não é possível, o trabalho efetuado pelo terapeuta é dirigido no sentido de trazer o paciente de um estado em que não é capaz de brincar para um estado em que o é (Winnicott, 1968/1975, p. 59).*

A paciente Jussara, de 12 anos, com diagnóstico médico de glioma de baixo grau de tronco encefálico (tumor presente no sistema nervoso central) e paralisia cerebral, estava fora de tratamento há oito anos, mas, anualmente, passava por consultas de rotina para controlar o tumor, já que esse não pôde ser totalmente retirado. Em uma dessas consultas, foi detectado um cisto ao lado do tumor e Jussara precisou ser operada em caráter de emergência. Em uma semana, ela recebeu alta e foi para casa, mas dois dias depois a mãe notou que estava "saindo um líquido" da ferida cirúrgica da filha e voltou ao hospital para que a menina fosse examinada. Esse era o contexto quando fui ao quarto em que Jussara estava internada para oferecer o serviço de psicologia como parte da rotina hospitalar, pois nem a paciente, nem a família e nem a equipe haviam solicitado atendimento psicológico para o caso.

No primeiro encontro, perguntei a Jussara o que ela gostava de fazer. Ela olhou para mim, sorriu e começou a pensar. Falou que era difícil dizer uma coisa, pediu ajuda para a mãe; parecia que minha pergunta era absurda, mas logo depois ela respondeu: "Escrever!

Adoro escrever números, quando eu crescer, vou ser professora de matemática!". Em seguida, a mãe disse que agora nem isso a filha podia fazer, já que durante a internação os braços da menina ficaram paralisados. Perguntei de que outras coisas ela gostava, e, na mesma hora, Jussara respondeu que adorava ouvir histórias, mas que também não estava fazendo isso. Quando indaguei que tipo de história, ela ficou pensativa e depois respondeu que gostava dos contos de fadas.

Nesse diálogo, a paciente me comunicou seu projeto de vida e de futuro, mas sua mãe foi rápida em mostrar como esse projeto estava interrompido, impossibilitado pela doença. Pensei que a paralisia de Jussara não estava atingindo somente suas pernas e braços, mas também sua condição de criança. O sentimento de inadequação que senti quando perguntei a Jussara o que ela gostava de fazer pode estar relacionado ao fato de, naquele momento, tanto a menina quanto a mãe considerarem impensável fazer algo que não fossem os procedimentos do hospital. Por outro lado, a paciente respondeu a minha convocação e, assim, para além da doença, manifestou aspectos de saúde e de esperança.

No encontro seguinte, levei para o atendimento uma pasta com lápis, papel, tesoura e alguns livros de histórias infantis. A paciente estava impossibilitada de falar devido à traqueostomia, então nossa comunicação se deu por leitura labial. Perguntei o que gostaria de fazer, e Jussara respondeu que queria desenhar – para realizar o desenho, ela me dizia como ele deveria ser e eu o executava. Quando alguém da equipe do hospital se aproximava e perguntava o que estávamos fazendo, eu respondia que estávamos desenhando e que Jussara estava me dando ordens acerca de como queria que fosse o desenho. A paciente sorria cada vez que eu dizia isso.

No nosso terceiro encontro, sugeri à menina que fizéssemos um livro com seus desenhos. Jussara disse que queria fazer a capa e que em seguida ditaria uma história para cada desenho. Quando anunciou que a capa estava pronta, eu disse que estava faltando escrever uma coisa: "Livro da Jussara". Ela sorriu, concordando, e assim o fizemos. Enquanto eu estava escrevendo, a mãe, que até então estava ora cochilando, ora dizendo que o livro estava ficando bonito, aproximou-se da filha e disse: "Ué? Esse livro é só seu? Não pode colocar o meu nome também?". Jussara respondeu timidamente que não, mas a mãe insistiu; então, eu disse, como se fosse a paciente: "Ah, mãe, você pode ver, participar, mas esse é mesmo só meu". O intuito dessa intervenção não foi de excluir a mãe, mas de tentar garantir que elas pudessem estar juntas e, ao mesmo tempo, ter a individualidade e a liberdade da menina preservadas.

Em seguida, Jussara começou a ditar uma história sobre um sítio, mas sua mãe interferiu várias vezes, dizendo o que deveria ter no sítio e dizendo que não queria uma casa pobre. Sugeri que continuássemos a história da seguinte forma: "A mãe da dona do sítio mandou construir uma piscina, churrasqueira...". Jussara riu e aceitou minha sugestão. Pediu que eu desenhasse uma foto sua do lado de fora da casa. Perguntei por que, mas ela não respondeu. Depois, olhou para a mãe e disse que ela a olhava "de cara feia". A mãe se aproximou e disse que não estava "de cara feia", mas Jussara insistiu. Então, a mãe falou que estava preocupada com o que a médica havia dito pela manhã (possível infecção), e a menina respondeu: "Quem tem que ficar preocupada aqui sou eu!". Em seguida, contou que tinha colocado sua foto do lado de fora da casa para mostrar que o sítio pertencia a ela.

Com esse episódio, levanto a hipótese de que a mãe estranhou a disposição da filha de marcar seu próprio espaço, e por mais que ela quisesse esse lugar, sentia que, ao fazê-lo, sua mãe ficaria brava, "de cara feia". Além disso, quando a paciente disse que quem tinha que ficar preocupada com seu estado de saúde era ela mesma, penso que estava se apropriando de sua doença e responsabilizando-se por si. Com isso em mente, eu disse para Jussara que, por mais que ela se preocupasse consigo, sua mãe também se preocupava, mas que eram preocupações diferentes: uma era preocupação de filha e a outra, de mãe.

Jussara pediu a ajuda da mãe para inventar outra história, mas, tranquilamente, a mãe respondeu: "A história é sua, você sabe o que escrever". Penso que as intervenções anteriores produziram um efeito na mãe que, pela primeira vez durante os atendimentos, designou à filha um lugar ativo e de potência. Nesse mesmo dia, as duas histórias que a paciente inventou valorizavam a figura materna, ao mesmo tempo que abordavam aspectos emocionais próprios. Em uma das histórias, ela disse que seu coração era pequeno, pois era coração de criança e nunca ia crescer. Ao ouvir isso, a mãe insistiu com a filha, dizendo que, por enquanto, era de criança, mas que logo ela seria adolescente e seu coração cresceria. Mas Jussara respondeu que não, que seu coração seria sempre de criança. Saí desse atendimento perguntando-me do que a paciente estava falando quando disse que seu coração não cresceria. Morte? Ficar na posição de filha, sendo cuidada pela mãe, já que desde bebê estava doente e dependente dos cuidados maternos?

No encontro seguinte, Jussara pediu que eu lesse a história *Cachinhos dourados e os três ursos*. No fim da leitura, ela disse que a parte da história de que mais tinha gostado foi aquela em que Cachinhos experimentou a cama e a cadeira do papai e da mamãe, mas escolheu sentar e dormir no lugar do ursinho. Falei que ela tinha gostado dessa parte pois Cachinhos era criança e não quis ocupar o lugar dos pais. Movida por minha própria angústia e identificada com a angústia materna frente à possibilidade de morte de Jussara, retomei a história do coração que nunca cresceria, dizendo que a personagem quis ficar no lugar de filha e continuar a ser cuidada por sua mãe, assim como ela disse que não ia crescer para poder ter sempre sua mãe por perto, cuidando dela. Jussara sorriu, piscou os olhos e moveu sua cabeça, dizendo que sim, talvez para não me decepcionar. Ao ouvir isso, a mãe se aproximou e disse: "Ah, então foi por isso que você disse que não ia crescer, para me ter sempre por perto!". Jussara sorriu para a mãe e ela deu um beijo na filha.

O caso apresentado pode ser considerado uma exceção do ponto de vista da psicologia hospitalar, pois essa paciente permaneceu internada por sete meses e, dessa forma, não foi somente sua angústia emergente que foi trabalhada, mas também a relação dela com sua mãe e a posição que ela ocupava no imaginário dos pais. Novas significações puderam ser feitas, tanto por parte dos pais em relação à condição da filha, como por parte de Jussara em relação a si mesma. Os atendimentos ocorreram durante todo esse período, com a frequência de duas vezes por semana. A mãe estava sempre presente e passou a atribuir a Jussara uma posição mais ativa e individual. O pai participou de alguns encontros e aparecia muitas vezes na fala de Jussara.

Com o decorrer do tempo, observei como a mãe passou a valorizar o espaço que criamos: cobrava a minha presença, sempre me recebia com um sorriso, dizendo que estavam à minha espera. Um dia, sentindo-se culpada, resolveu contar o que aconteceu para que o estado de Jussara tivesse se agravado oito anos após a cirurgia. Falou que, em uma das consultas de rotina, o médico disse que Jussara precisava ser operada, pois havia crescido um cisto ao lado do tumor. Mas ela decidira não levar mais a filha ao hospital. Quatro meses depois, o médico entrou em contato e Jussara precisou ser operada com urgência. A mãe estava arrependida, mas, ao mesmo tempo, falou que se sentia cansada e não aguentava mais tantas internações.

Da mesma forma que a mãe, a equipe do hospital mudou a forma de ver e se referir a Jussara. Ela deixou de ser "a menina boazinha, que nunca reclama de nada e está sempre doente" para ser uma menina esperta, que tinha escrito um livro, feito um cartão de dia das mães e que lia muitas histórias.

Quatro meses após ter sido desenganada pelos médicos, Jussara recebeu alta. Segui atendendo a paciente por mais cinco meses, uma vez por mês, para acompanhar como ela estava. Nesse período, a menina engordou e sempre falava o quanto estava feliz por poder voltar a comer; contou sobre as festas de fim de ano e sobre os planos para voltar para a escola.

No nosso último encontro, Jussara quis mostrar seu material escolar e o que estava aprendendo na escola. Feliz e animada, falou-me do trabalho de geografia que tinha que fazer e das aulas de matemática. Ao nos despedirmos, Jussara quis retomar tudo o que havíamos feito juntas e sua mãe pediu para tirar uma fotografia minha com a sua filha. Jussara estava bem, tanto do ponto de vista médico quanto psicológico. Estava descobrindo seu potencial e vivia uma rotina de acordo com a idade que tinha. Contou com desenvoltura como fazia para superar as dificuldades da vida de cadeirante e se tornava mais vaidosa a cada dia.

Um ano depois, a mãe entrou em contato comigo para dizer que a filha estava em coma no hospital e pediu que eu fizesse uma visita. Na ocasião, eu já não estagiava mais no hospital, por isso entrei em contato com a equipe de psicologia e fui informada que Jussara já havia sofrido morte cerebral e que a mãe estava com dificuldade para aceitar o ocorrido, dizendo que a filha acordaria e resistindo à entrada de qualquer membro da equipe do hospital no quarto. Na mesma semana, voltei duas vezes ao hospital, e a mãe me mostrou um registro fotográfico que Jussara fez ao longo do ano que passou em casa – fotos dos passeios que fizera e das coisas de que ela gostava. Todas tinham legendas, como se compusessem um diário. A mãe disse que sabia da condição clínica da filha, mas que quando alguém entrava no quarto dizendo coisas que ela não considerava positivas, tratava logo de negar, pois sua filha sempre foi alegre e a mãe não queria ninguém negativo por perto. Dois dias depois, Jussara faleceu.

Considerações finais

Apesar de o caso apresentado ser uma exceção no que se refere ao tempo de atendimento em um hospital, é possível discutir a partir dele algumas das contribuições que o psicanalista com experiência em observação de bebês pode trazer para crianças internadas em estado grave. Se retomarmos os desafios enfrentados por esse profissional no hospital e os enfrentados pelo observador, podemos encontrar algumas semelhanças, como a transferência fora do *setting* analítico tradicional e a oferta de um trabalho sem demanda dirigida previamente, ainda que o trabalho do observador não tenha finalidade analítica.

As habilidades desenvolvidas na experiência de observação – ou seja, poder reconhecer o impacto emocional provocado no contato com o bebê e seu cuidador e a capacidade de ser continente e prestar atenção em detalhes – auxiliam na captação emocional, que vai para além de uma observação de conduta, e são úteis para o trabalho do psicanalista no hospital, na medida em que, nesse contexto, os pacientes e seus familiares costumam enfrentar situações de extrema vulnerabilidade e forte impacto emocional. O psicanalista também será afetado por esse colorido emocional e deve estar atento às emoções que lhe são despertadas e aos detalhes de interação que ocorrem para poder intervir, tendo sempre em mente que, no hospital, cada encontro com o paciente poderá ser o único.

O atendimento de Jussara demandou que eu "me emprestasse a ela" para que pudesse desenhar, escrever, formular e expressar suas emoções. Mas, para além de ler os lábios da menina, desenhar e observar as expressões sutis que surgiam em seu rosto, era preciso que eu pudesse reconhecer os sentimentos que estavam presentes na interação dela com a mãe. Da mesma forma que na observação de bebês podemos nos identificar ora com a mãe, ora com o bebê, durante o atendimento, eu me surpreendia ora identificada com a menina, sem espaço para criar as próprias histórias, presa à condição de doente, ora com a mãe, cansada e amedrontada com a possibilidade de morte da filha. Reconhecer esses sentimentos e identificações foi importante para que cada uma delas pudesse ter seus sentimentos e necessidades legitimados e para que Jussara se autorizasse a expressar livremente pensamentos e emoções, sem achar que com isso estava excluindo ou atacando sua mãe. Além disso, permitiu que a mãe, por sua vez, também pudesse observar e reconhecer os recursos de sua filha, e perceber que, mesmo com os membros paralisados e sem voz, Jussara conseguia expressar suas opiniões. Com grande surpresa, descobriu, assim, aspectos saudáveis da filha.

O registro que Jussara deixou antes de morrer serviu de conforto para sua mãe, que pôde ler naquelas fotos uma história que a filha escreveu para além da doença e das internações. O câncer não mais definia Jussara: ela tornou-se uma menina que teve um câncer, ao lado de vários outros aspectos que a representavam.

8. Interfaces entre o físico e o psíquico: o olhar relacional pais--bebê/criança na formação dos médicos e profissionais de saúde

Ida Bechelli de Almeida Batista
Mariângela Mendes de Almeida

Introdução

O objetivo desta contribuição é relatar a experiência de ensino teórico-clínico no Setor de Saúde Mental com alunos do quarto ano de Medicina da Universidade Federal de São Paulo. A experiência é parte da disciplina de Pediatria Geral e Comunitária do Departamento de Pediatria, oferecida a fim de facilitar a integração de aspectos físicos e emocionais dos pacientes na formação prática dos alunos. Foi utilizado um método de referência simbólica a partir da realidade dos alunos, construindo conhecimento e desenvolvendo o olhar sobre a pessoa na sua dimensão biopsicossocial. Nesse método, os alunos atendem o caso em grupo, sendo que uma dupla fica responsável pelo contato inicial, mais direto, com os pacientes, crianças e seus pais na primeira consulta no Ambulatório de Saúde Mental. O único critério para o atendimento era de que os alunos seguissem as associações e o raciocínio dos pacientes, tanto em relação aos pais quanto à criança. Há uma utilização de técnicas gráficas expressivas e do espaço para o brincar. Ilustraremos nossa reflexão com um caso clínico.

Qual é o corpo da medicina e qual é o corpo da psicanálise?

Um dos desafios nessa prática de ensino é estabelecer um diálogo entre o homem biológico e a pessoa do inconsciente da psicanálise, um homem que tem conflitos, sintomas e dores, não só físicas, mas também mentais, no contexto de suas relações. Tanto na perspectiva do médico como do paciente, buscamos desenvolver um olhar que integre o homem da medicina, que se organiza em torno da cura, com o homem da psicanálise, paradoxal, conflituoso. Esse homem tem dores que são, concomitantemente, físicas e emocionais, integradas em igual relevância.

Outro aspecto observado é o relacional, ou seja, tudo que permeia as relações entre os pais e a criança e todo o ambiente que a circunda. Sabemos que a criança, desde seus primórdios, necessita de cuidados para que possa se desenvolver, partindo de uma dependência absoluta para gradativamente ir rumo à sua independência. A aquisição de sua autonomia vai se realizando tanto nos aspectos motores, neurológicos e do desenvolvimento físico como em relação a conquistas de independência emocional. Qualquer aquisição de um lado dos marcos do desenvolvimento pode provocar reações nas crianças e nos pais ou na família ampliada. Nesse aspecto, para o humano, o inconsciente é atemporal: a pessoa pode estar bem e regredir ao mesmo tempo, sendo a criança extremamente suscetível a essas relações, pois suas decisões realmente ainda dependem objetivamente do outro. Com relação aos médicos, um olhar e uma escuta diferenciados são de extrema importância, uma vez que, em qualquer especialidade, o contato com seus pacientes favorece o surgimento de novas possibilidades de intervenções.

Descrição da atividade

Oferecida como parte do Módulo de Atenção Integral à Saúde da Mulher e da Criança a alunos de Medicina no início de sua inserção na prática direta com pacientes, essa atividade foi criada e implantada pela Dra. Mary Lise Moysés Silveira, fundadora e coordenadora do Setor de Saúde Mental. No momento da realização do atendimento relatado, o trabalho estava sendo realizado pelas docentes Ida Bechelli de Almeida Batista e Mariângela Mendes de Almeida, sob a coordenação da Dra. Maria Wany L. Strufaldi do Departamento de Pediatria.

Contexto atual: os alunos frequentam um bloco composto por quatro a cinco aulas, dividido em:

- Introdução:
  - apresentação, reflexão sobre escolha profissional;
  - histórico/integração corpo-mente;
  - desenvolvimento do bebê/criança (de 0 a 12 anos);
  - mobilização dos alunos para atenção a aspectos emocionais e relacionais do desenvolvimento humano (experiências e lembranças próprias).
- Discussão de casos atendidos pelos alunos no Ambulatório de Pediatria – enfoque nos aspectos psicológicos e relacionais.

- Atendimentos pelos alunos de casos encaminhados ao Setor de Saúde Mental, com posterior discussão *in loco*. Os pacientes podem ser atendidos junto a seus acompanhantes ou separadamente, levando em conta a idade e autonomia da criança. Após o atendimento, é realizada uma discussão com os alunos sobre a compreensão do caso, aspectos emocionais e relacionais observados e encaminhamento dos pacientes. Na ilustração clínica relatada a seguir, mãe e criança foram atendidas simultaneamente, em salas separadas.

Ilustração clínica

Identificação: Manoela, 11 anos, estudante do quinto ano em escola pública. Filha de M. B., 41 anos, encarregado de manutenção, com segundo grau completo, e E. B., 39 anos, do lar, com segundo grau incompleto.

Encaminhamento

Queixa: colite ulcerativa controlada, dor abdominal e nos membros inferiores, cefaléia e náuseas sem substrato patológico.

Hipótese diagnóstica: dor funcional

Tratamentos e vários exames anteriores nas áreas:

- gastropediatria (dores abdominais recorrentes, diarreia com sangue, náuseas, vômitos, febres, constipação intermitente, várias internações no pronto-socorro entre 1 e 8 anos de idade);

- reumatologia (dores nos membros, baixa densidade óssea);

- nutrição;

– neuropediatria (enxaqueca diária com dor retro-ocular);

– oftalmologia;

– aos 4 anos, diagnóstico clínico de doença inflamatória intestinal – retocolite ulcerativa/doença de Crohn (doenças autoimunes em que o próprio organismo ataca suas defesas, não diferenciando entre seus próprios componentes e ameaças externas).

Queixa atual

Gastropediatria: dor abdominal várias vezes ao dia, acompanhada regularmente desde os 3 anos de idade.

Enxaqueca e dor em membros recorrentes.

Mãe relata dores abdominais da filha – atualmente, sempre antes de ir para a escola.

O tratamento com corticoide, indicado para a queixa de doença inflamatória intestinal, provocava efeitos colaterais como inchaços e redução de glóbulos brancos.

Observação da criança

– contato verbal;

– observação lúdica;

– desenho livre;

– desenho da figura humana.

Figura 8.1 – Desenho livre.

Figura 8.2 – Desenho da figura humana.

Contato com a criança

Garota reservada, só se manifesta quando solicitada. Fala muito com a mãe, mas tem poucos amigos.

Apesar de miúda, tem uma aparência de "mocinha", com unhas compridas pintadas perfeitamente.

Não sabe por que veio à consulta, não faz nenhuma menção às dores.

Contato com a mãe

Pré-eclâmpsia. Criança nasceu bem (3,800 kg), mas chorava muito desde bebê.

Mãe tem dificuldade de lembrar a data de nascimento e escola da filha.

Séria, responde às perguntas de acordo com o necessário, pouco à vontade para falar de seu nome original, sua idade e ocupação ("do lar").

Encaminhamento anterior da criança à psicologia aos 6 anos não foi viabilizado pela família.

Diz que a filha fica muito nervosa em casa. Na escola, é ótima aluna e só conta seus problemas para as melhores amigas. Brincava só de hospital.

Análise do material gráfico e contato com a criança

Ansiedade generalizada frente a conteúdos emocionais intensos desencadeados pelos desenhos (relacionados à identidade, imagem corporal e relações interpessoais íntimas), levando à busca de segurança por meio do retraimento emocional.

Insegurança emocional, acarretando postura defensiva.

Necessidade de segurança e apoio devido à imaturidade emocional aliada à necessidade de desenvolvimento precoce e equilíbrio precário da personalidade.

Preocupação intensa com a construção de sua identidade (o quanto a sente como determinada por sua condição clínica e o quanto se sente livre para construí-la).

Sentimentos confusos quanto aos ambientes familiar e escolar, gerando relutância ao contato.

O que chamou atenção na discussão entre o grupo que atendeu a criança e o grupo que atendeu a mãe?

Intensidade da queixa física no relato da mãe e histórico hospitalar da filha em contraste com total ausência de referência à dor na manifestação da criança. Precocidade e postura adaptativa por parte da criança. Aspectos ambivalentes na mãe: por um lado, comprometimento com o cuidado com a criança; por outro, distanciamento e desapontamento contido. Possíveis aspectos inter e transgeracionais: "dores incrustadas nas barrigas" – várias mulheres dessa família, em várias gerações, tiveram filhos cedo: maternidades e pseudomaturidades precoces.

Interfaces somatopsíquicas

Em contato posterior com a mãe, desvelam-se várias preocupações/dores presentes em vínculos anteriores (casamento, vínculos compulsórios a partir de concepções não esperadas, segredos familiares não compartilháveis, tendência a atuar repetições e desejo de evitá-las), que parecem servir de base para intensas ansiedades evocadas no contato com a doença intestinal de Manoela.

Tais aspectos parecem estar contribuindo para que a sua condição física, mesmo que clinicamente controlada, esteja interferindo no cotidiano familiar e em seu desenvolvimento.

O peso da dor

A dor concreta substitui o sofrimento e as representações psíquicas (exemplo: os desconfortos de Manoela – dor de barriga – levam-na direto para o hospital e evocam as ansiedades mais extremas, em que se misturam riscos reais e ansiedades da criança e dos pais, sem passar por uma exploração mais cuidadosa entre mãe e filha a cada nova situação).

Encaminhamento

Realiza-se o encaminhamento para intervenção nas relações pais-crianças no Setor de Saúde Mental da Pediatria da Unifesp.

Conclusão

Neste trabalho, é possível destacar como principais aspectos de contribuição à formação do médico:

- atenção aos aspectos não verbais e subjetivos, expressão gráfica e lúdica;
- consideração dos aspectos relacionais pais-criança;
- consideração dos aspectos inter e transgeracionais;
- consideração dos próprios instrumentos de observação subjetiva;
- consideração dos aspectos que caracterizam os entornos relacional e emocional na interface com o sofrimento físico (dores localizadas no corpo em associação com o histórico de "dores" psíquicas não elaboradas);

- atenção aos sinais de necessidade de maior investigação ou intervenção preventiva na área do desenvolvimento global e emocional.

Manoela só chegou aos 11 anos, mas sua história começou antes dos 2! Nossa função como psicólogas/psicanalistas é intervir cada vez mais cedo – tanto com o paciente quanto com o profissional médico em formação – em possíveis distúrbios ou cisões na interface somatopsíquica, na tentativa de facilitar o desenvolvimento de recursos simbólicos junto ao indivíduo e ao grupo familiar, assim como ao profissional da saúde, para lidar com os sofrimentos e o adoecer humanos.

Concluímos com a música "O pulso" (Antunes, Fromer, & Belloto, 1989) que, quando apresentada no Departamento de Pediatria da Unifesp e em nosso Espaço de Interlocução, promoveu uma apreensão abrangente desse tema e facilitou a integração sensório--simbólico-metaforizante durante a discussão, aspecto considerado relevante no contato transdisciplinar entre pediatria e psicanálise.

O pulso (Titãs)[1]

O pulso ainda pulsa
O pulso ainda pulsa
Peste bubônica câncer pneumonia
Raiva rubéola tuberculose anemia
Rancor cisticircose caxumba difteria
Encefalite faringite gripe leucemia
O pulso ainda pulsa

---

1 Recuperado de http://www.arnaldoantunes.com.br/new/sec_discografia_sel.php?id=201. Acesso em 22 nov. 2018.

O pulso ainda pulsa

Hepatite escarlatina estupidez paralisia

Toxoplasmose sarampo esquizofrenia

Úlcera trombose coqueluche hipocondria

Sífilis ciúmes asma cleptomania

O corpo ainda é pouco

O corpo ainda é pouco

Reumatismo raquitismo cistite disritmia

Hérnia pediculose tétano hipocrisia

Brucelose febre tifóide arteriosclerose miopia

Catapora culpa cárie câimbra lepra afasia

O pulso ainda pulsa

O corpo ainda é pouco

PARTE IV
Interlocução com intervenções multiprofissionais

As contribuições advindas de vários olhares – em sua diversidade profissional, que expande a presença de participantes para além dos "psis" em suas vertentes clínica e terapêutica – sempre foi um pilar diferencial bastante valorizado nas discussões do Espaço de Interlocução e um dos motores de sua fundação. Fisioterapeutas, pediatras, acompanhantes terapêuticos, fonoaudiólogos, psiquiatras, educadores, psicopedagogos, grupoterapeutas, profissionais de UTI neonatal, obstetras, neuropediatras, assistentes sociais, além de psicólogos, psicoterapeutas e psicanalistas, têm participado do Espaço de Intelocução, apresentando trabalhos ou discutindo suas ideias. Algumas dessas contribuições estão aqui representadas, ilustrando a possibilidade de enriquecimento que a diversidade profissional pode trazer à promoção de saúde e ao aproveitamento das janelas de oportunidade para o desenvolvimento, fortalecendo as redes de cuidado nos âmbitos familiar e institucional.

9. O papel do fisioterapeuta no contexto da relação mãe-bebê

Thais Oliveira Feliciano

Contextualização

O profissional da saúde que atua junto a bebês e crianças nota que, se seu olhar focalizar apenas os pacientes, o tratamento planejado será falho, pois quem realmente convive com suas dificuldades e necessidades é a família. Assim, evidencia-se a importância da participação da família no cuidado com o paciente e a efetiva realização de exercícios que possibilitem um maior desenvolvimento neuropsicomotor, além da compreensão da mãe sobre as necessidades de seu filho – que, nesse caso, serão causa e consequência de uma relação mãe-bebê satisfatória.

Este trabalho pretende compreender alguns fatores envolvidos nas relações pais-filho-terapeuta, a fim de abordá-los de forma mais adequada, tornando mais efetivos os processos de orientação a pais de crianças submetidas a atendimentos fisioterapêuticos contínuos, visando à promoção da qualidade de vida no enfrentamento de patologias crônicas e deficiências.

Desenvolvimento humano

O desenvolvimento humano é constituído de dois aspectos fundamentais e interdependentes: o orgânico e o ambiental. Entretanto, há fatores de risco para tal desenvolvimento, como segue: recém-nascido pré-termo com idade gestacional ≤ 34 semanas; bebês com peso ≤ 1.500 g; desnutridos severos intrauterinos; asfixia severa no período perinatal; afecções neurológicas; afecções genéticas e malformações (Brasil, 2006/2009).

Tanto esses fatores, por requererem períodos prolongados de internação do bebê, como o próprio atraso no desenvolvimento neuropsicomotor (DNPM) oferecem risco de comprometer o vínculo pais-bebê (Gomes, 1996). Observamos que o objetivo de transmitir aos pais informações técnicas a respeito da condição do bebê prematuro não pode restringir-se apenas a informações técnicas. Há necessidade de reflexão e discussão a respeito da situação vivida, sobre as dificuldades dela advindas, e de ajudá-los a conhecer seus bebês e suas necessidades de cuidado, favorecendo a possibilidade de diálogo sobre os medos e incertezas que eles têm em relação à saúde de seus filhos (Sadeck et al., 1986/2006).

É importante que o profissional tenha a pretensão de valorizar a potencialidade dos pais em perceber as necessidades de seus filhos, fortalecendo a função parental, e de estimular o desenvolvimento de recursos internos da família, para que essa se desenvolva como um campo de continência para a tolerância e a compreensão dos conteúdos físicos e emocionais do bebê (Mendes de Almeida, Marconato, & Silva, 2004).

Tal trabalho é bastante complexo, já que o desamparo dos pais é, por vezes, maior que o dos filhos, principalmente pela imagem do filho idealizado durante a gestação e a realidade que se apresenta quando nasce um bebê com algum *deficit* no desenvolvimento.

Assim, é de extrema importância que o primeiro olhar daquele que pretende tratá-lo esteja voltado para os pais, somado à busca pelo diálogo, pois parece que a possibilidade da palavra, muitas vezes, não é dada aos pais de pessoas com *deficits* no desenvolvimento – talvez pelo diagnóstico médico, que antecipa a condenação a uma condição de vida contrária à considerada ideal.

Além da constatação advinda da prática, inúmeros pesquisadores desse tema confirmam a premissa de que o processo (fisio) terapêutico pode ser otimizado quando apoiado e também executado pela família, permitindo a continuidade do tratamento em casa (Borghesan, 2000; Formiga, Pedrazzani, & Tudella, 2004). Porém, quando solicitada tal participação, deve haver consciência dos fatores que podem ser dificultadores para um efetivo envolvimento, tendo em vista que o processo de reabilitação de uma criança com *deficits* do DNPM pode ser longo e acabar exigindo alterações na rotina familiar.

O aspecto motor pode e deve ser considerado na avaliação do processo de interação pais-bebê como prevenção e intervenção. Isso tem sido observado em estudos como o de Amaral, Tabaquim e Lamônica (2005), que comprova a melhoria na condição de respostas e rearranjos na plasticidade neuronal a partir de uma estimulação ativa, minimizando os impactos nos desenvolvimentos estrutural e funcional e proporcionando melhora da qualidade de vida de crianças acompanhadas precocemente com procedimentos de estimulação do DNPM.

No entanto, é necessário ressaltar que não há a intenção de transformar os pais em terapeutas e deixar que recaia sobre eles a responsabilidade pelo sucesso ou insucesso do tratamento de seu filho. Há apenas o desejo de apreender o momento pelo qual a família passa e atuar junto a ela, a fim de viabilizar os recursos necessários para que ocorra efetiva participação no tratamento e, mais internamente, no desenvolvimento e constituição da criança. Além disso, Winnicott (1958/2000) ressalta a necessidade de os pais serem incluídos no desenvolvimento de seu bebê, sendo esse o ambiente propício ao desenvolvimento. Ele chama isso de ambiente suficientemente bom, o qual possibilita ao bebê alcançar as satisfações das ansiedades inatas.

Em suas observações, ele reconhece que

> *A maior parte dos bebês recebe uma boa assistência e, mais importante ainda, a recebe continuamente por parte de uma pessoa, até que se sinta satisfeito em conhecer e confiar em outras pessoas também, que lhe dão amor desta mesma forma capaz de fazer com que se torne confiante e adaptável. Com base [...] nesta experiência de ver satisfeita sua dependência, o bebê torna-se capaz de reagir às exigências que a mãe e o meio ambiente devem, mais cedo ou mais tarde, começar a lhe fazer (Winnicott, 1987/2002, p. 76).*

Esse aumento gradual na possibilidade de relação com o meio ambiente em que está inserido é possível, principalmente, porque a dependência, que a princípio é absoluta, foi aceita como fato e preenchida por seres humanos que se adaptaram às necessidades do indivíduo em desenvolvimento no caminho à independência, nutrindo, assim, um sentimento natural de fazer parte.

Ao reconhecer tal papel essencial da presença da mãe (ou da figura materna, ou seja, presença daquele que cuida) para o desenvolvimento do bebê, há, ainda, outro aspecto fundamental a ser compreendido: muitas vezes, é preciso que não se faça nada além de deixar que os pais sintam o que seu filho necessita – uma adaptação temporária – para que, assim, possam oferecer um contexto no qual o filho possa viver (existir) (Winnicott, 1958/2000). Entretanto, isso não quer dizer que toda informação que a mãe pode ter sobre seu bebê deve ser gerada apenas por ela. Há coisas que ela sabe simplesmente pelo fato de ser mãe, mas há aquelas que ela saberá por aprender com outra pessoa que também lide com o seu bebê. Há espaço para esses dois tipos de conhecimento. É necessário, portanto, incentivar as mães na conservação do conhecimento natural, que não pode ser ensinado; somente a partir dessas experiências primordiais é que elas podem aprender outras coisas com especialistas, ou seja, só conseguirão aprender com segurança o que for ensinado se forem capazes de conservar em si mesmas aquilo que lhes é natural. Talvez a primeira ajuda essencial do especialista seja o incentivo ao reconhecimento desse saber natural da mãe (Winnicott, 1987/2002). Portanto, é uma tarefa difícil, quando se lida profissionalmente com o cuidado de bebês, saber como "evitar perturbar aquilo que se desenvolve naturalmente nas mães, ao mesmo tempo em que as informamos com exatidão sobre os conhecimentos úteis resultantes da pesquisa científica" (Winnicott, 1987/2002, p. 113).

Conhecendo a mãe e seu bebê

Na tentativa de minimizar ao máximo as perturbações na relação mãe-bebê e, ao mesmo tempo, analisar tal relação a fim de identificar fatores favoráveis daquilo que é orientado durante as intervenções para que a mãe possa atribuir o seu significado às orientações realizadas e transforme sua participação no tratamento, foi realizada uma observação com maior atenção aos aspectos da interação mãe-bebê – situação essa que proporciona a possibilidade única de aprender a perceber as peculiaridades e modificações de uma relação em estado nascente.

Passeando um pouco pelo campo da psicanálise, notamos que Kompinsky (2000) destaca que os principais aspectos considerados no contexto da relação pais-bebê são: a própria relação (antes e depois do parto); banho, higiene e troca de fraldas; alimentação, amamentação; a maneira como o bebê é tranquilizado (em situações de dor, angústia, desconforto, fome); o sono; o choro; o brincar, a "conversa", o sorriso, as solicitações, seus símbolos, as descobertas do mundo; a participação de cada membro da família.

Lüdke e André (1986) afirmam que desenvolver a pesquisa no ambiente natural a torna rica em dados descritivos, sendo flexível e, ao mesmo tempo, focalizada na realidade em sua forma complexa e contextualizada. Essa escolha foi feita em decorrência do interesse e da intenção de conhecer mais profundamente os fatos ou fenômenos observados. A experiência direta é uma boa estratégia de verificação da ocorrência de um fenômeno, além de permitir ao observador aproximar-se da perspectiva dos sujeitos, dando a oportunidade de apreender o significado que esses atribuem à realidade que os cerca e às suas próprias ações.

O trabalho aqui descrito ocorreu com a díade mãe-bebê em atendimento fisioterapêutico em um centro de atendimento a pessoas com deficiências situado no município de Mauá, sendo o bebê do sexo masculino, com diagnóstico de paralisia cerebral do tipo tetraparesia espástica. Nos quadros de tetraparesia, quando há comprometimento do eixo (tronco e pescoço) e dos quatro membros (superiores e inferiores), as manifestações clínicas geralmente são observadas desde o nascimento.

Crianças que apresentam esse quadro de paralisia cerebral não seguem as etapas normais do DNPM – de acordo com as tabelas de desenvolvimento (Diament & Cypel, 1990), não conseguem, inclusive, utilizar os membros adequadamente para atividades práticas e manipulação de objetos. Devido à hipotonia de eixo, que dificulta o fechamento da boca, há também dificuldade para deglutir e mastigar, permanecendo a característica da sialorreia (baba constante). Da mesma forma, a fala é bastante prejudicada, podendo, em alguns casos, até ser ausente. Os casos com evolução da forma espástica inicialmente apresentam um período de flacidez, mas o quadro de hipertonia se torna bastante evidente, geralmente, até o primeiro ano de vida, sendo maior nos músculos dos membros.

Foram realizados dezesseis atendimentos no ambiente terapêutico e duas visitas à casa da díade num período total de cinco meses. A descrição desses encontros será feita de acordo com os aspectos mais relevantes na relação mãe-bebê e, consequentemente, importantes ao desenvolvimento do bebê. Nesse caso, a relação terapêutica se deu unicamente com a mãe.

A família: Ricardo chegou ao atendimento de fisioterapia com 19 meses e 12 dias de vida, trazido por sua mãe, Kátia, com 36 anos.

A mãe possui comércio próprio, no qual vende produtos artesanais confeccionados por ela, sendo seu nível de escolaridade ensino médio incompleto. O pai de Ricardo trabalha como zelador em um edifício no município de São Paulo. Ricardo possui uma irmã (materna, com 11 anos), que apenas estuda. O pai nunca compareceu às terapias, e, antes de encerrarmos as observações, ele abandonou o lar.

Gestação e nascimento: a gestação foi planejada. Kátia realizou exames pré-natais do segundo ao oitavo mês de gestação. Ricardo nasceu a pré-termo, no 8º mês; a gestação foi gemelar, porém o outro feto foi natimorto. Passou as primeiras 24 horas de vida na unidade de terapia intensiva, mas a mãe não sabe dizer se ele nasceu cianótico, pois não teve a oportunidade de vê-lo no momento do parto. No relatório de alta oferecido pelo hospital, a medida de Apgar foi de 2 no primeiro minuto, 5 no quinto minuto e 7 no décimo minuto de vida.

Diagnóstico: o diagnóstico de paralisia cerebral foi dado tardiamente, quando Ricardo tinha 8 meses de idade, numa consulta com neurologista. Segundo o médico, esse quadro deveu-se, provavelmente, a uma asfixia crônica por insuficiência placentária e, por esse mesmo motivo, o outro feto não se desenvolveu adequadamente, tendo sido natimorto. Kátia relata ter observado que o bebê era molinho, muito agitado e que chorava muito, por isso procurou consultar-se com o neurologista.

Avaliação neuropsicomotora: segundo Diament e Cypel (1990), a avaliação baseia-se em alguns pontos-chave da evolução neurológica da criança, bem como em alguns reflexos e manifestações sensitivas, como atitude, fala, equilíbrio estático e dinâmico, sincinesias, tônus muscular, movimentação passiva e automática, movimentação involuntária reflexa e motricidade ocular.

No geral, Ricardo apresenta grande atraso no DNPM, com importante *déficit* no controle cervical, pouca movimentação voluntária e predomínio de atividade reflexa primitiva. A mãe relata que Ricardo passa o dia em três situações diferentes: no colo, no carrinho ou deitado de barriga para cima, não sendo oferecidas outras situações.

Conhecer os atendimentos

Dentro do quadro inicial apresentado pelo bebê, foi possível estabelecer como objetivos do tratamento fisioterapêutico a prevenção de posturas e padrões patológicos de movimento, com a inibição de reflexos primitivos e estimulação da motricidade voluntária, sempre considerando as etapas do DNPM.

Além disso, o que leva ao estudo desse caso é, principalmente, a observação que se tem da vivência de um momento de luto e trauma pela notícia da presença de uma patologia e possível não aceitação desta por parte dos pais. Ainda se notou uma grande dificuldade de interação entre os pais e o bebê, mesmo quase um ano após receberem o diagnóstico. Assim, a dificuldade de interação observada torna o processo de orientação em atendimento bastante difícil, pois pode não haver escuta no que se refere à orientação, não sendo observada muita possibilidade para uma relação mais próxima entre terapeuta e pais, bem como entre terapeuta e paciente.

No início dos atendimentos, o acordo estabelecido com a mãe foi de que ela acompanharia todos os atendimentos, nos quais ora a terapeuta executaria os exercícios e manuseios, ora a mãe seria solicitada, tanto para orientação e correção quanto para interação entre ela e o bebê. Além disso, a mãe foi orientada para que realizasse os exercícios em casa e trouxesse as dúvidas e as dificuldades para os atendimentos, para possíveis correções.

Durante o decorrer dos atendimentos, a terapeuta passou, gradativamente, a observar a interação entre mãe e bebê e a intervir menos, fazendo-o somente quando necessário para corrigir algum manuseio ou se a mãe solicitasse. Foi possível observar, durante o desenvolvimento do plano de trabalho, uma aproximação na relação entre terapeuta e família. Esse aspecto se mostrou relevante, principalmente pelos objetivos estabelecidos, que incluíam favorecer a relação mãe-bebê e a autonomia da mãe sobre esses cuidados com Ricardo. De acordo com Coutinho (2004, p. 56), *de uma forma geral podemos dizer que as relações entre pais e profissionais têm sido majoritariamente caracterizadas pelo modelo do especialista, no qual os pais não têm tido participação ativa no processo de intervenção com seu filho, nem na tomada de decisões relativas ao mesmo.*

Segundo Brum e Schermann (2004, p. 465),

A mãe de um bebê de risco necessita de um ambiente onde ela possa ser acolhida em seu inevitável processo de luto; que este possa ser verbalizado e recebido como adequado e necessário pela equipe que trabalha com os pais e seus bebês. Aos poucos, os pais devem passar a receber informações sobre a capacidade dos recém-nascidos de interação e o importante papel da sensitividade e responsividade materna nesse processo de formação do vínculo afetivo. Desta forma, busca-se amenizar o trauma no qual a díade está inserida, preparando a mãe para que possa encontrar o caminho de uma interação precoce com seu bebê, capacitando-a para a construção de um apego seguro com seu filho.

Foi possível notar que a mãe achou que era uma oportunidade de ter alguém que pudesse ouvi-la, talvez dar-lhe alguma sustentação emocional em sua função materna. Além disso, a terapeuta acaba por desenvolver funções continentes atribuídas pela mãe ou pela díade mãe-criança, conforme sugerido em descrições e desdobramentos do campo da observação psicanalítica, a partir de Bick (1948/1967) e Mélega (1990).

Na medida em que o terapeuta compartilha com a família a responsabilidade pelo tratamento, empreendendo formas de facilitar esse processo, ele contribui para a adesão. "No tratamento fisioterapêutico, é necessário compreender as mães das crianças, permitindo que se expressem de diversas formas, pela fala, pelos gestos ou mesmo pelo silêncio, para que o sentimento de empatia se instaure durante as sessões" (Lima, 2006, p. 91). Esse mesmo autor relata que "uma relação satisfatória com o paciente e a família promove a identificação dos pais com o terapeuta que, assim, passam a 'imitá-lo' em sua relação e cuidados com a criança [...] e passam a ver seu filho com os olhos do terapeuta" (Lima, 2006, p. 91).

Segundo Coutinho (2004, p. 56),

> *Modelos de promoção, como os sugeridos pelo conceito de* empowerment, *significam necessariamente mais capacidades, mais responsabilidades e também mais poder para os pais de crianças deficientes ou em risco de desenvolvimento. Implicam também a necessidade de uma colaboração estreita e nivelamento das relações entre pais e profissionais, através do estabelecimento de parcerias efetivas, entre ambos.*

As recomendações feitas à mãe não são relativas somente aos aspectos fisioterapêuticos, mas buscam também estimular a formação de vínculo, o estabelecimento de uma relação mais íntima para o desenvolvimento do afeto, da aceitação e conhecimento da criança. Para Winnicott (1987/2002), existe a possibilidade de estimular as mães que já possuem a capacidade de dar cuidados suficientemente bons a seus filhos a fazer melhor, levando-as a se ocuparem de maneira que reconheçam a sua própria função.

Brum e Schermann (2004) dizem que os cuidados e suporte oferecidos aos pais fazem com que se sintam seguros, cuidados e amparados. E, se isso ocorre, podem, então, repassar esses cuidados aos seus próprios filhos, oferecendo-lhes um ambiente de cuidado e segurança e auxiliando, assim, no desenvolvimento de um apego seguro. Portanto, cria-se uma cadeia em que um dispositivo pode tornar-se capaz de desencadear outros, e assim sucessivamente.

De acordo com Coutinho (2004, pp. 55-56),

> *Interagir, brincar, ensinar e apoiar a criança com problemas de desenvolvimento na aquisição das capacidades básicas em áreas como a autonomia, a comunicação, a motricidade ou o jogo, demora mais tempo e requer um grau de motivação e habilidade não exigido numa função parental mais "normal" [...] A aprendizagem destas crianças é mais lenta, o ensino é menos natural, é necessário mais planejamento, mais persistência, mais motivação e, muitas vezes, os pais sentem-se inseguros sobre o que fazer e como o fazer.*

Interação mãe-bebê

É a partir do meio ambiente que ocorre a maturação das estruturas nervosas do bebê, a mielinização do seu sistema nervoso. Contudo, em se tratando do primeiro ano de vida, de que ambiente falamos? Trata-se do ambiente chamado desejo materno. Falamos isso pois não nos referimos a estímulos externos que irão propiciar o desenvolvimento do equipamento nervoso, mas é a partir da captura desse corpo pelo desejo de um outro, que veja nele para além de um orgânico a ser estimulado, que antecipe aí um sujeito, que se dará esse desenvolvimento (Kamers & Cumiotto, 2002).

Observa-se, aqui, a necessidade da mãe de manter algo do bebê imaginado até então, mas é preciso fazer algumas reestruturações de acordo com as características com as quais o bebê nasce. Essa reestruturação é fundamental para a interação mãe-bebê. Pode acontecer de o bebê imaginado guiar a mãe nas interpretações das necessidades do bebê real, mas também é preciso que a mãe deixe um espaço para o imprevisível, já que será nesse espaço que o bebê surgirá como sujeito diferenciado dela (Ferrari et al., 2007).

Kátia demonstra, por vezes, não compreender que o bebê tem dificuldade de controlar seus movimentos, que não é por não querer que ele deixa de dar a resposta esperada. É possível notar a preocupação da mãe em saber cuidar adequadamente de seu filho. Assim, na medida em que ela o estimula nas tarefas diárias – como enquanto prepara o alimento, o banho, a alimentação etc. –, cria possibilidades simples e eficazes para seu desenvolvimento neuropsicomotor. As pequenas coisas do dia a dia, de uma rotina doméstica e de cada minuto da vida da criança permitem-lhe, conforme suas competências, as possibilidades para se desenvolver, mesmo que não apresentem resultados imediatos ou bem-sucedidos (Lima, 2006).

A díade mãe-bebê é uma unidade essencial para a construção da vida psíquica do ser humano. A mãe tem a responsabilidade de oferecer proteção ambiental, o que, nesse caso, observa-se na manutenção do olhar, atenção e conversa com seu filho. Winnicott (1987/2002) chamou esses cuidados de preocupação materna primária, possível diante da presença de uma mulher que seja figura estável, capaz de dar amor e de compreender e atender às solicitações básicas feitas pela criança. A qualidade desse vínculo influencia diretamente o desenvolvimento físico e emocional do bebê (Souza, 2005).

Durante os atendimentos, enquanto a terapeuta realizava algum manuseio com o bebê, a mãe procurava conversar e interagir com ele, mantendo-se em atitude de cuidado, gerando, assim, um ambiente seguro. Quando os pais são coerentes em seus padrões de cuidados e prestam atenção aos sinais de seu bebê, oferecem um ambiente altamente favorável para que ele os perceba – e também ao mundo – como confiáveis e responsivos às suas necessidades individuais. "Pelo asseguramento repetido de que suas necessidades físicas e emocionais serão satisfeitas, o bebê começa a desenvolver um sentimento de confiança básica e apego que o conduz à construção da independência" (Brum & Schermann, 2004, p. 461).

É possível observar uma área de diferenciação entre mãe e bebê, em que a terapeuta começa a ser notada como um terceiro elemento na relação – movimento que Winnicott (1968/1975) associa à constituição de um espaço potencial. Bowlby (1989 apud Piccinnini & Castro, 2004) afirmou que nas díades em que não fica estabelecido um vínculo de apego seguro, a criança sente-se incapaz de explorar os ambientes, além de sentir-se desprotegida. Como uma das principais funções do apego é a sobrevivência, a insegurança, nesses casos, pode provocar nessas mães e crianças a sensação de que, se separadas, as crianças não conseguem sobreviver. Nos momentos de choro, a mãe conversa com Ricardo e faz carinho para acalmá-lo, mas não o pega no colo e diz que vai fazer o exercício mesmo com ele chorando. Ela acha melhor continuar fazendo o exercício para que ele não se acostume a chorar para que as coisas de que não gosta sejam interrompidas.

Sempre que a mãe fala ou brinca com ele, ele olha para ela e sorri. No momento em que a mãe se afasta para buscar seus brinquedos em uma sacola, ele demonstra não gostar, faz bico e manha para chorar, mas a mãe permanece todo o tempo conversando com ele e dizendo que já vai voltar para perto dele. O conjunto de manifestações do bebê (olhares, sorrisos, vocalizações e outros movimentos) associado às identificações que a mãe faz são constituintes do diálogo que se insere em determinado contexto. E, "embora a estrutura linguística desse diálogo seja uma criação exclusiva da mãe, é a participação do bebê que faz dele uma coprodução e um texto organizado" (Lima, 2006, p. 86).

Com o decorrer da prática, tem sido possível observar que a estimulação precoce pode evitar *deficits* psicomotores e, além disso, se realizado pelos pais, favorece a integração afetiva entre o bebê e sua família (Navajas & Caniato, 2003).

Em um atendimento realizado na casa da díade, quando a terapeuta chega, Ricardo está dormindo enrolado em um cobertor, com um edredom debaixo de suas pernas. A mãe explica que faz esse rolinho com o edredom para dar a ele a sensação de que ela o está segurando em seu colo, para que ele durma mais tranquilo.

Winnicott sugere que, inicialmente, desenvolve-se um processo que denomina *handling*, que implica o segurar oferecido ao bebê, uma experiência cutânea na qual ele se sente sustentado e amparado fisicamente (Winnicott, 1958/2000). Esse significado vai se ampliando à medida que o bebê cresce e que seu mundo vai se tornando mais complexo. Deixa de ser apenas o aspecto físico, passando a ser a forma total do relacionamento mãe-filho, em que este se sente protegido e cuidado (Junqueira, 2003).

A partir das necessidades do bebê identificadas pela mãe, ela

> *presta cuidados ao seu filho respondendo às suas necessidades fisiológicas, portanto, a criança retira desses cuidados um sentimento de continuidade de existir.*

> *Esses cuidados, denominados* holding, *se rompidos, podem levar a criança a um processo de angústia e aniquilação. O que permite ao bebê que sua trajetória de vida seja relativamente contínua é a capacidade da mãe de ir ao encontro das necessidades de seu filho mediante uma comunicação silenciosa, que é repassada ao bebê por meio de sentimentos de confiança e de amparo (Winnicott, 1958/2000, p. 356).*

O que foi possível observar durante todo o período de interação com a díade mãe-bebê é que ocorre um processo de construção de amor, em que esse nasce no dia a dia, em etapas, desde o planejamento do filho até a vida adulta desse. Portanto, o amor a uma criança não depende do vínculo biológico: a maternagem é um processo global de envolvimento mãe-filho (Lima, 2006, p. 85).

A descoberta de uma mãe lúdica

> *Acredita-se na importância de um vínculo forte entre mãe e filho como uma forma de auxílio à recuperação da criança, na busca de um bem-estar. Mas será possível para esta mãe proporcionar uma base segura para seu filho, quando ela própria se encontra fragilizada [...]? Será que o brincar também não pode ser para a mãe um caminho para a elaboração da doença de seu filho e um meio para fortalecer esse vínculo? O brincar poderia intervir nesse vínculo como um agente facilitador, como um espaço potencial capaz de propor-*

cionar um fortalecimento da relação mãe-filho (Junqueira, 2003, p. 194).

Em um atendimento em que Ricardo está chorando no colo da terapeuta, esta oferece à mãe a possibilidade de passá-lo para o seu colo, mas ela não pega o bebê: em vez disso, puxa uma caixa de brinquedos e oferece um chocalho, que o distrai.

No brincar, a mãe encontra um espaço para se colocar sem se sentir cobrada e exigida. Ela, assim como seu filho, tem a necessidade de ser olhada e cuidada, até para que possa cuidar melhor de seu bebê. Além disso, o brincar se estabelece como uma outra possibilidade – de a mãe se comunicar e se relacionar com seu filho, e não somente pela perspectiva da doença. O aspecto saudável evidenciado com o brincar parece facilitar o resgate de uma relação não tão impregnada pela doença (Junqueira, 2003).

Kátia relata que tentou fazer brincadeiras novas com o bebê em casa, como o deixar de pé apoiado na gaveta da cômoda, revelando-se uma mãe criativa. Segundo Winnicott (1968/1975, p. 80), "é no brincar, e somente no brincar, que o indivíduo, criança ou adulto, pode ser criativo e utiliza sua personalidade integral: e é somente sendo criativo que o indivíduo descobre o eu (*self*)". O desenvolvimento do *self* é um elemento de criatividade, elemento de descoberta do bebê e de diferenciação entre ele e sua mãe. Em um dos atendimentos, o bebê permanece tranquilo enquanto a mãe realiza alguns exercícios e canta para ele; entretanto, quando vai para o colo da terapeuta, fica bastante choroso e só se acalma quando a mãe tenta distraí-lo com brincadeiras que, aparentemente, costuma fazer em casa.

É importante que os pais brinquem com seus filhos, pois, assim, aumentam seu vínculo afetivo com a criança. De acordo com Winnicott, a "brincadeira fornece uma organização para a iniciação de relações emocionais e assim propicia o desenvolvimento de contatos sociais" (1964/1982, p. 163). O momento de desenvolvimento motor mais intenso ocorre no primeiro ano de vida; é também o momento em que o bebê começa a se se relacionar com a mãe, seguindo-a com o olhar e acalmando-se quando ouve sua voz; assim, a mãe torna-se a pessoa mais indicada para brincar com a criança nesse período (Yaegashi & França, 2002). O espaço para o brincar, também denominado *playground*, igualmente pode ser evidenciado como um espaço potencial entre a mãe e o bebê.

Essa possibilidade encontrada pela mãe para o brincar reflete um espaço que foi criado entre ela e a terapeuta, em que havia confiança, tolerância e continência e que pode ser denominado espaço potencial entre elas. Da mesma forma que o bebê precisa sentir-se seguro para sair da posição de dependência absoluta da mãe, na relação criada entre a mãe e a terapeuta, há também um estado inicial de dependência absoluta – estado esse que poderá ser transposto somente com a construção de uma relação de confiança (Polity, 2002).

Desenvolvimento neuropsicomotor

Foi possível observar que o desenvolvimento que o bebê apresentou no período de atendimento esteve intimamente ligado ao que foi observado na relação mãe-bebê.

Ricardo lentamente aprimora o controle cervical, que está intrinsecamente ligado ao controle visual, e cada vez mais busca acompanhar os movimentos da mãe com o olhar. Estimulado pela terapeuta a permanecer em posições diferentes da posição supina, inicialmente apresenta grande dificuldade em controlar seus movimentos; mas, lentamente, inicia extensão cervical, movimenta ativamente os membros superiores para tirá-los debaixo do tronco e movimenta a cabeça no sentido de rolar de prono para supino, sempre acompanhando os movimentos e sons da mãe.

A própria mãe propõe que Ricardo tente arrastar-se e o auxilia nessa tarefa, que ainda é muito difícil para ele. Além disso, em casa, proporciona novas atividades, que requerem maior controle motor, oferecendo a ele os apoios necessários às suas dificuldades.

As relações

Diante do conteúdo registrado, foi possível observar, nos seis meses de acompanhamento e observação da díade mãe-bebê, melhora na execução dos exercícios/manuseios pela mãe durante os atendimentos.

Segundo Lamb e Billings (1997), o acolhimento tornou-se viável por influência da mãe e da terapeuta e, por meio desse diálogo, evidenciaram-se três características primordiais: a comunicação, a competência e a confiança.

Comunicação: a importância dessa interação entre mãe e terapeuta, no sentido de favorecer a compreensão da deficiência em seus aspectos técnicos – isto é, compreender o que a paralisia cerebral ocasiona no desenvolvimento do bebê e aprender a lidar com esse novo processo de desenvolvimento. O resultado dessa interação é uma mãe que acompanha continuamente o desenvolvimento de seu bebê e que se posiciona frente a este, tornando-se muito atenta ao seu desenvolvimento, observando cada aquisição ou falha persistente (Lima, 2006).

Confiança: constata-se, por parte da mãe, o desenvolvimento de confiança na terapeuta no que se refere ao tratamento de seu filho, sempre deixando a cargo desta dizer se o que está sendo feito é certo ou, ainda, se é bom para o desenvolvimento do bebê. A relação de confiança entre bebê e terapeuta também apresenta melhora no decorrer dos atendimentos, quando ele demonstra maior segurança na ausência da mãe e alegria na realização dos exercícios/manuseios. As colocações feitas pela mãe evidenciam a importância de acolhimento e do estabelecimento de uma relação de confiança com os pais de crianças com deficiência que ficam aos cuidados de uma equipe técnica. De fato, eles buscam nos terapeutas algo além da técnica (Mélega, 1990).

A relação da díade mãe-bebê mostra-se muito adequada desde o início do acompanhamento, porém é possível observar que a mãe, gradativamente, demonstra conhecer melhor seu bebê e suas necessidades. Observamos o aspecto de maior relevância no desenvolvimento desse estudo: a identificação das *competências* da mãe. De modo geral, a competência da mãe suficientemente boa é desenvolvida e fortalecida na relação observada, pois engloba diversas características presentes que levaram essa relação ao sucesso e, consequentemente, ao desenvolvimento do bebê (Coutinho, 2004). Dentre tais características, ressalta-se a mãe lúdica, ou seja, uma mãe que aprendeu, diante da necessidade de seu bebê (Winnicott, 1964/1982), a utilizar esse recurso, buscando brinquedos, contando histórias e distraindo seu bebê nos momentos em que ele apresentava dificuldade por estar na situação do atendimento. A mãe poderia ter, prontamente, oferecido seu colo nessas situações, mas, diferentemente, buscou algo de fora dessa relação para suprir tais angústias (Winnicott, 1963/1983).

Na observação da relação mãe-bebê, há um sentimento de gratidão por parte da mãe, por ter sido ouvida, pela atenção e interesse ou pela simples presença do observador, que a faz notar a importância de sua relação com seu filho. Nesse aspecto, a mãe, inconscientemente, enxerga-se no observador, já que este deve ser continente da mãe, assim como ela deve aprender a ser continente de seu bebê. É despertando atenção aos mínimos detalhes que se oportunizam as mudanças, assim como a adaptação recíproca da dupla, a potencialidade de crescimento e o progresso da relação.

Reconhece-se, ao finalizar o trabalho, que o efetivo aprendizado da mãe foi em relação ao seu próprio filho. Ela constatou diferentes demandas: a identificação de necessidades próprias do bebê; a criação de possibilidades para atendê-lo em suas necessidades; a compreensão das respostas dele dentro de suas possibilidades motoras e emocionais; enfim, uma relação mãe-bebê saudável, que certamente possibilitará a ambos, continuamente, aproximação e afastamento necessários ao desenvolvimento humano (Ferrari et al., 2007).

Como contribuição ao profissional da fisioterapia – e a toda a equipe de saúde que trabalha com crianças com deficiência –, esta pesquisa serve como um alerta da importante, porém delicada posição dos profissionais envolvidos nessa relação sensível entre mãe e bebê, num momento tão primordial para a formação de ambos como sujeitos únicos, singulares. Que todos estejam dispostos a emprestar o olhar a essas mães. E que seja um olhar de esperança, que identifica as possibilidades dos bebês muito antes das dificuldades inerentes à própria deficiência, pois esse olhar punitivo o meio social já lhes oferece. Que seja um olhar sem a expectativa de modelos ideais, pois senão haverá, inevitavelmente, o desejo de cura em vez de o desejo de proporcionar qualidade de vida (Brum & Schermann, 2004). É importante ressaltar que a figura materna pode ser a mãe ou qualquer adulto que faça a função materna.

A criação e a manutenção do vínculo foram a base para a formação de expectativas e desejos de desenvolvimento, bem-estar e inserção social da criança. A percepção de possibilidades, reais e/ou imaginárias, mantém a esperança das mães e o investimento no tratamento, além de aliviar culpas e contribuir para a inserção social da mãe e da criança e para o fortalecimento do vínculo.

Finalmente, é recomendável que as ações de assistência voltadas para a criança com deficiência sejam estimuladas a priorizar a facilitação e a estimulação da formação e manutenção dos vínculos com a criança – não somente entre terapeuta/criança e terapeuta/mãe, mas também entre mãe/filho, pai(s)/filho e irmãos, pois tais vínculos favorecem significativamente os processos de reabilitação da criança.

A seguir, as Figuras 9.1, 9.2 e 9.3 ilustram situações em que a mãe criou possibilidades para Ricardo brincar, reconhecendo suas dificuldades e potencializando suas capacidades motoras.

Figura 9.1

INFÂNCIA, VÍNCULOS E DIVERSIDADE PROFISSIONAL 167

Figura 9.2

Figura 9.3

10. O pediatra como educador[1]

Mônica Ayres de Araújo Scattolin

> *Na realidade, todo leitor é,*
> *quando lê, leitor de si mesmo*
> Proust (2013, p. 183)

A identidade de um profissional modifica-se à medida que este redefine suas funções e identificações, considera as expectativas do outro e se apercebe da sua postura frente à doença, ao paciente e à família. Ao longo de sua formação, o pediatra questiona suas certezas, redefine posturas. Aprende algumas regras, quebra outras tantas. E, assim, novos conhecimentos modificam a função, o entendimento e a prática. Nesse processo de constante renovação, o pediatra assume diferentes papéis. O papel de educador é um deles.

Em um mundo de amplo acesso à informação, o pediatra deve "dar direção ao esforço educador", como escreveu o professor Pedro de Alcântara em 1932, sendo depois ratificado pelo professor

---

1 Meus agradecimentos a todos da equipe do Instituto da Família, em especial ao Dr. Leonardo Posternak. Participar do curso "Novos paradigmas da Prática Pediátrica" inspirou a escrita deste capítulo.

Marcondes, em 1982. Situar as balizas para o ato educativo, atuar como facilitador, promover a segurança e diminuir a ansiedade são funções que o pediatra deve reconhecer como suas.

Mas o que aconteceria se os pediatras empreendessem todo esse potencial educativo seguindo um manual baseado em evidências, recheado de saberes médicos, que descrevesse o choro do recém-nascido apenas como uma atividade reflexa – um desconforto, fruto da fome, dor ou frio –, e não o início da comunicação com seus pais? Os pais, absolutamente confiantes nesse saber técnico-científico, não veriam nessa atividade reflexa do filho um pedido (de ajuda, contato, amor...) e deixariam de prover à criança as condições necessárias ao seu processo de formação enquanto sujeito? Educação técnica cientificamente correta, porém reducionista. A mesma educação que ensina pode deseducar.

No mesmo sentido, o pediatra pode, ao pensar que serve ao saber e a quem ensina, estar, sem perceber, servindo a quem o constituiu professor: uma escola médica em transformação, mas que ainda carrega consigo o modelo biomédico. Modelo este que, como escreveu George Engel, tem "noções do corpo como uma máquina, da doença como consequência de uma avaria na máquina, e da tarefa do médico como conserto dessa máquina" (Engel apud Capra, 1983, p. 102). Os pais, de maneira semelhante, solicitam ao pediatra exames complementares desnecessários e soluções medicamentosas em excesso. Falam de hiperatividade ou dislexia em lugar do ambiente escolar ou da relação familiar.

São dois os momentos da educação na consulta pediátrica: o guiar antecipadamente, como um preparo dos pais para cada passo esperado do desenvolvimento, e o que podemos chamar de "momento educativo", em que a situação se apresenta e exige ação. Esses momentos ímpares na prática pediátrica não podem passar despercebidos. Devem estar ligados a uma análise crítica e envolvem mais do que discursos prontos. É a informação por meio do diálogo.

Educar sem se passar por mestre? Não julgar, não decidir como os pais devem agir. Na psicanálise, o desejo do analista deve ser escondido para que o desejo do analisado apareça. Já o pediatra caminha por outras estradas: deve demonstrar-se firme defensor da criança, sem deixar de acolher a família. Sua intervenção pode ser mais direta, e também por isso espera resultados mais rápidos.

Na sociedade moderna, cada vez mais, os pais resolvem sozinhos suas dúvidas e angústias. São apresentados a uma infinidade de teorias e manuais, cada um dizendo uma coisa diferente sobre o que é certo e errado. Assistem a programas de TV como a série *Super Nanny* e são levados a atacar o sintoma – retiram a flecha, sem se preocupar com quem as atira. Encontram-se, muitas vezes, sem ninguém para trocar experiências. Seus pais são os seus modelos positivos e negativos. Alguns, na tentativa de contestar a criação de seus pais, caem em um modelo de permissividade – formam filhos mimados ou tirânicos, que foram educados na base do "sejam tudo o que não pudemos ser". Sentem-se inseguros e destituídos de autoridade paterna. É natural que, diante desse quadro, o pediatra seja colocado na função de educador, depositário de um conhecimento a ser adquirido e posto em prática. "E agora, o que é que eu faço, doutor?"

Segundo o *Novo dicionário Aurélio* (Ferreira, 2004), educar é o processo de desenvolvimento da capacidade física, intelectual e moral da criança e do ser humano em geral, visando à sua melhor integração individual e social. Etimologicamente, *educação* provém de dois vocábulos latinos: *educare* e *educere*. *Educare* significa "alimentar", "nutrir", e transmite a ideia de algo externo que se acrescenta ao indivíduo, procurando dar condições para o seu desenvolvimento; *educere*, por sua vez, significa "conduzir para fora", ou seja, preparar o indivíduo para o mundo. Assim, a educação representa a modificação da relação do sujeito frente à realidade, seja ela interna ou externa. São os pais os nossos primeiros educadores, que, com suas exigências, dão a noção de realidade aos filhos: de início, "a realidade à qual a criança tem de se submeter é a vontade dos pais" (Millot, 1987, p. 61).

A criança adquire noções pelas vias de identificação, pelo amor ao educador, pela angústia de perder seu amor e pelo desejo de ser apreciado por ele ao conformar-se às suas exigências. Em outras palavras, a educação exige da criança tolerância a certa dose de desprazer, constituído pela renúncia às satisfações pulsionais imediatas com o intuito de obter outro tipo de prazer. É o amor como recompensa.

Entretanto, se a educação se torna essencialmente repressiva, corre-se o risco da instalação de um falso *self*. O conceito de falso e verdadeiro *self* foi proposto por Winnicott, em 1960. O autor descreve duas estruturas relacionais ligadas ao desenvolvimento e às técnicas adaptativas: o verdadeiro e o falso *self*. Todos temos esses dois aspectos dentro de nós. O verdadeiro *self* está relacionado com o poder de ser autêntico, espontâneo e criativo. Já o falso *self* relaciona-se com o viver adaptativo, com a conciliação e a falta de criatividade. É uma espécie de escudo que protege o sujeito, mantendo sua estrutura onipotente. Ele surge quando a mãe não reconhece as necessidades (não somente a necessidade instintiva) e gestos do filho e o reprime, ensinando-o, com a repetição da experiência de ceder, a conciliar-se com a mãe. Pode, ainda, como maneira de reação interna, passar do ceder para o iludir, levar vantagem.

Freud expõe que o resultado mais desejável da educação é capacitar uma pessoa a amar bem e trabalhar bem. Em "Introdução à psicanálise", Freud (1916/1996) considera: "Quando educamos as crianças queremos simplesmente ser deixados em paz, ver-nos livres de dificuldades, queremos fazer dela uma criança modelo, sem nos perguntarmos se tal maneira de agir é boa ou má para ela" (p. 185).

Completando em "A educação para a realidade", Freud (1911/1976) propõe: "A educação para a realidade consiste em conduzir a criança a levar em conta não apenas a realidade externa material e social e suas exigências, mas também a realidade psíquica, ou seja, a realidade do desejo" (p. 197).

Toda prática educativa depende do contexto, da situação e dos sujeitos envolvidos. Os resultados obtidos serão reflexos dessa interação. O pediatra-educador é aquele que se aproveita dessa interação para propor a transmissão do conhecimento. Coloca-se, na estrutura relacional, na posição de suposto saber, reconhece-se como alguém capaz de ensinar e se depara com a ausência de garantias que limitam a educação. Freud classifica como impossíveis as profissões de governar, psicanalisar e educar, pois nelas não existe a garantia de um desempenho elevado e regular.

A paixão por educar tem motivações inconscientes. O pediatra deve considerar a existência dessas motivações. A fantasia de formar é uma das modalidades específicas da luta contra a angústia e contra as tendências destrutivas, e é por isso que, na sua forma mais pura, ela é uma fantasia de onipotência e imortalidade – e, em sua outra face, encontramos a destruição, a angústia e a culpa. Esse sentimento de onipotência pode levar o profissional a querer dar conta de tudo, a lidar com aspectos afetivos, emocionais e socioeconômicos que a situação não comporta (Silva, 1994).

Freud (1912/1976), em "Recomendações aos médicos que exercem a psicanálise", alerta para o abuso da função educativa: o médico deve saber se dominar e considerar menos seus próprios desejos do que as aptidões do seu paciente. O orgulho educativo seria tão pouco desejável quanto o orgulho terapêutico.

Catherine Millot (1987), em seu livro *Freud, o antipedagogo*, conclui que, pelas diferenças nas formas de funcionamento das duas ciências – a psicanálise e a pedagogia –, o auxílio analítico na educação se reduz à oferta de uma cura psicanalítica a crianças e adultos. Para a autora, pode-se inferir que a psicanálise na educação serve para suspender os recalques na criança. Para o educador, serve para que este não abuse de seu papel e se desprenda do narcisismo, desmistificando a função do ideal.

Balint (1984) aborda o tema quando descreve a "função apostólica do médico", na qual o médico acredita poder ensinar o que é certo para o paciente. É como se o médico se sentisse no dever de converter e educar seus pacientes segundo as suas próprias normas do estar doente. Tais considerações marcam a importância de o pediatra remeter-se à sua própria infância e, posteriormente, à criação de seus filhos para entender o seu exercício profissional. A disposição para um mergulho na história pessoal abre espaço para o entendimento dos muitos aspectos psicodinâmicos presentes na função pediátrica, em especial os processos de transferência e contratransferência.

Em relação à transferência, vale ressaltar que o vínculo que os pais estabelecem com o médico está impregnado por pautas de condutas regressivas infantis. A mãe que procura o pediatra porque seu filho está doente tem necessidade de apoio e continência, assim como uma criança tem essa necessidade em relação à sua mãe. Figuras da infância podem ser reconhecidas na figura do médico, como o pai autoritário ou a mãe dedicada. Encontramos na psicanálise subsídios para o entendimento do vínculo que se forma, tanto dos pais com a criança como do médico com a família. As ações terapêuticas se ampliam, passam a ter como alvo também esse vínculo.

Pensar em paradigmas

A educação tradicional parte da ideia da transmissão do conhecimento de maneira clara e objetiva. Essa proposta supõe uma via de mão única, um educador ativo que exibe as suas convicções e a sua maneira de agir. Ensinar é, em si, um grande problema ético, pois o sujeito, pautado em determinadas "verdades", tem o dever e a autoridade de afirmar o que se deve fazer e pensar.

A mudança do paradigma reproduz a relação horizontal: o educador aprende e ensina. Ensina por meio do exemplo. Abre espaço para a subjetividade, o contexto e a dúvida. As certezas se relativizam e o saber se transmite, também, por uma vertente que escapa do saber consciente.

Segundo Alicia Fernández (2001), a educação tradicional valoriza o que é claro, concreto e conciso. Mudar o paradigma é reconhecer a importância de outros quatro Cs: complexo, contextualizado, conflitivo e questionado (de *cuestionado*, em espanhol). Não temer a confusão e o caos possibilitaria atingir um oitavo C, tão desejado em educação: a criatividade.

A pediatria, utilizando-se dos saberes tanto da psicanálise como da educação, busca o aprimoramento da prática, estimulando a capacidade de identificar as disposições que comprometem o desenvolvimento psíquico da criança. Em outras palavras, instrumentaliza o pediatra para, ao se colocar diante do ideal e do impossível, fazer o seu melhor.

Como detectar as disposições que comprometem o aparelho psíquico? A premissa inicial fundamental foi assim descrita por Winnicott (apud Comparato & Monteiro, 2001):

> *Não é necessário que me lembrem que o valor de qualquer observação que eu faça depende da minha habilidade em conhecer a ação e os limites da doença física. Da certeza de que levei em consideração a doença física depende meu direito em me deixar envolver pelo lado psicológico (p. 68).*

Absorto por esse lado psicológico, o pediatra busca soluções. A psicanálise opera por meio da palavra; o educador, a partir do exemplo. A pediatria beneficia-se dessas duas abordagens em sua prática, mantendo a articulação entre ser, conhecer, transformar e falar.

Em relação ao falar, a falta da palavra verdadeira pode preceder o sintoma. Os não ditos e a ausência de uma comunicação simbólica contribuem como perpetuadores de queixas cotidianas, como "meu filho não come", "não para quieto", "não tem limites", ou de patologias como a enurese. Esses não ditos vêm justamente do fato de os pais não enxergarem os filhos como capazes de ouvir e compreender o que se diz a eles. Da mesma maneira, a criança passa a conviver com o sentimento de que deve esconder certos pensamentos dos pais para não decepcioná-los.

Boltanski (1979) realizou uma pesquisa sobre consultas de pediatria na periferia de Paris, na qual constatou que, de todas as palavras pronunciadas durante as consultas, uma média de 83% eram ditas pelo médico. Destas, 48% eram perguntas à mãe e apenas 3% eram respostas. Esses dados sugerem uma relação médico-paciente pouco propícia ao diálogo.

Costumo pedir às crianças que passam em consulta que façam um desenho. Quando recebo seu desenho, pergunto à criança sobre o que foi desenhado. Em um primeiro momento, o desenho reflete a maturação de sua capacidade visual, espacial e de coordenação motora fina; em um segundo momento, o desenho abre espaço para um diálogo que leva em conta as fantasias da criança – o que ela desenha é simplesmente a sua representação de mundo, o que sente no momento. É lógico que as revelações dos desenhos têm seus limites. Qualquer interpretação a partir de um único desenho seria um erro. Ele é, sim, um instrumento útil para abrir um espaço de escuta da criança na consulta. No caso de crianças menores, fico muito atenta às manifestações não verbais, à comunicação pais-bebê e à qualidade do vínculo que se estabelece comigo. É a partir desses momentos de escuta dos pais e da criança que as prováveis motivações de um sintoma se tornam visíveis ao pediatra e, com isso, orientam a sua atuação. Também é a partir dessa escuta que podemos compreender melhor como a questão demanda-desejo-necessidade se apresenta em cada situação. O caso a seguir é um exercício dessa escuta.

Maria e Gustavo

Quando atendi Gustavo, estava vigiando seu ganho de peso: 2 percentis acima do habitual, ganho que aconteceu nos últimos dois meses de vida. Gustavo está com 9 meses; é o primeiro filho de Maria que, desde que ele completou 8 meses, está tentando o desmame. Maria é dona de casa e pretende começar a trabalhar. Conta que a amamentação foi algo gratificante, mas que chegou a hora de Gustavo deixar o peito. Depois que aponto o ganho de peso acima do esperado, ela relaciona o fato ao leite materno.

Realizamos um diário alimentar em conjunto e fica claro que, para evitar que Gustavo procure o peito, Maria oferece a ele uma série de alimentos calóricos e a mamadeira próximo aos horários habituais de mamada. Aponto esses momentos e ela ouve sem fazer comentários. Explico sobre os tipos de alimentos e como ajustar a dieta.

Reafirmo que o leite materno não é o responsável por esse ganho – a introdução de novos alimentos é necessária após os 6 meses justamente para aumentar o aporte de calorias e nutrientes.

Na amamentação, é o próprio bebê que contribui para regular a produção de seu alimento – ele controla sua ingestão. Quando chega a alimentação de transição, é importante que a mãe perceba que seu filho está bem graças ao seu cuidado e que não se deve forçar a criança a comer.

Gustavo é um menino cativante. Seus olhos "puxados", contribuição paterna, estão atentos a tudo que acontece à sua volta. Chora durante o exame e procura o colo da mãe quando colocado na balança para pesar. Tem dificuldade para se separar. Por duas vezes na consulta, para silenciar seu choro, é colocado no peito, fazendo-o de chupeta. Ele também se mostra agressivo quando a mãe nega o seio. Nesse momento, Maria é firme, mantém a situação sem demonstrar culpa.

O alimento é o primeiro diálogo que se faz entre a mãe e a criança. Maria sentia que para ela havia chegado o tempo do desmame – mas, já que estava deixando de oferecer o leite materno, tinha que oferecer muito mais. E os alimentos pareciam pouco. Eram em grande quantidade, mas, mesmo assim, não eram suficientes – *suficientes* no sentido de acalmar angústias e estabelecer um novo diálogo.

Pergunto a ela como deve ser o desmame de uma criança. Dou-me conta de que não sei a resposta da minha própria pergunta, e Maria reconfirma minhas interrogações quando responde com uma nova pergunta, em tom de exclamação: difícil? Olho para Gustavo e digo que ele tem sorte: sua mãe conseguiu dar de mamar a ele de uma maneira que foi boa para ambos, e agora que está crescendo vai começar a descobrir outras coisas novas além de alimentos. Em todo crescimento, existem perdas e ganhos. Os ganhos serão as novas descobertas, a possibilidade de trocas afetivas não só pela alimentação, mas também por meio do brincar, do contato com os pais e com as primeiras palavras.

Realizo as orientações alimentares e marcamos uma nova consulta. Maria retorna, feliz, e sua primeira frase é: "Conseguimos, Gustavo já não está mais no peito, pode pesá-lo". Quando ouço esse "conseguimos", a princípio, sinto-me incluída na frase, e até contrariada. Meu objetivo não era incentivar o desmame, mas corrigir a oferta dos alimentos de transição. Mas a frase de Maria era mais esclarecedora – ela falava sobre o momento ideal para o desmame de Gustavo. O momento em que os desejos de Gustavo e Maria coincidiram estava expresso naquela frase. Maria ofereceu os alimentos de acordo com as orientações, mas também passou a olhar a relação mãe-filho de maneira diferente. Gustavo já conseguia separar-se da mãe para explorar a sala e brincar com os brinquedos do consultório com a segurança de que a mãe estava disponível.

Maria estava feliz, em contraste com a consulta anterior, quado me pareceu cansada. Também estava mais arrumada e, no meio da consulta, conta que o pai de Gustavo está agora mais participativo, tanto como pai quanto como marido. Nesse momento, ela me passa a impressão que estava difícil para que a mãe e a mulher convivessem no mesmo corpo. Consegue verbalizar o fato em uma terceira consulta, quando o assunto aparece novamente.

Nas consultas seguintes, Gustavo foi se adequando gradualmente ao seu percentil. Sua alimentação e desenvolvimento estão adequados. Na última consulta, agora com 1 ano de idade, está ensaiando seus primeiros passos e já consigo examiná-lo sem choros.

O processo do desmame

Algumas mães vivem o desmame com angústia, outras, com mais serenidade, e outras até com alívio – mas nunca com indiferença. Para a criança, também não é fácil. A perda do seio materno criou substitutos – a chupeta e a mamadeira, além de darem vazão à necessidade de sucção, podem servir como objetos transicionais, capazes de transmitir segurança à criança na experiência que relembra a satisfação inicial plena sentida. É a simbolização do seio.

O relato da consulta de Gustavo é o exemplo de uma situação clínica rotineira, em que se elucidam alguns conceitos importantes:

Necessidade: dirige-se a um objeto específico e só com ele se satisfaz. Nasce do estado de tensão interna e encontra satisfação por meio da ação de procurar o objeto adequado.

Demanda: é formulada e dirigida a outro sujeito, levando em conta a sua linguagem e o seu inconsciente. É, no fundo, demanda de amor.

Desejo: está relacionado a marcas mnêmicas. Encontra sua realização na reprodução alucinatória das percepções que têm se convertido em sinais de satisfação. Nasce da cisão entre necessidade e demanda.

Maria vem ao consultório com a demanda de realizar o desmame. Seus desejos, porém, confundem-se: quer continuar tendo essa ligação intensa, estabelecida desde os primeiros dias de vida de seu filho, e tem o desejo de que Gustavo cresça e explore o mundo de outras maneiras.

As necessidades alimentares de Gustavo devem ser adequadamente supridas e, para isso, desempenho uma função educativa: organizo os alimentos que serão adequados para o estágio em que se encontra, planejamos o início de cada alimento e ofereço parâmetros em relação à quantidade e à qualidade deles. Mas essa função não para por aí: afinal, como educar para o desmame?

Dos 6 meses aos 2 ou 3 anos, a criança é extremamente vulnerável à separação da mãe. Ela sofre por não ter desenvolvido a capacidade de prever a sua volta – a representação desta na sua memória diminui a angústia. Uma das brincadeiras concomitantes ao processo de desmame é o deixar cair os objetos. Com esse jogo, a criança exercita o sentido e a possibilidade do desprendimento e da separação.

A experiência da amamentação terá relação com como o desmame vai ocorrer. Uma criança desmamada de uma mãe deprimida pode sentir um alívio ao passar para a mamadeira – uma relação de menor contato com o sofrimento materno.

Na amamentação, o inconsciente é uma força poderosa. A relação afetiva de inconsciente para inconsciente deve se desenvolver naturalmente. Winnicott afirma que amamentar é algo que não se aprende em livros. Também não se aprende com regras, embora as intervenções técnicas sejam, muitas vezes, fundamentais e decisivas.

Em todo pensar sobre um processo educativo, é essencial que o contexto social e cultural seja ponto de partida para a elaboração de propostas. O homem é o único mamífero cujo desmame não é definido primordialmente pelo instinto ou genética. Da mesma maneira, a presença de códigos culturais diferenciados traz o risco de uma posição etnocêntrica, em que se considera lógico apenas o próprio sistema, relegando os demais à categoria do irracional.

Não existem fórmulas prontas. Os pais podem contar com os caminhos indicados pelo pediatra, que realiza, assim, a função diretiva do educador – aquele que ensina a partir do exemplo – e propõe questões para a escolha de um caminho próprio.

Nesse processo, saber questionar, antes da tentativa de se receber algo daquele a quem se interroga, equivale também à oportunidade de uma construção ativa e participativa. Mantenho as perguntas, aguardo respostas...

Para encerrar, recorro ao poeta Fernando Pessoa (2005, p. 50):

O essencial é saber ver,

Saber ver sem estar a pensar,

Saber ver quando se vê,

E nem pensar quando se vê

Nem ver quando se pensa.

Mas isso (tristes de nós, que trazemos a alma vestida!),

Isso exige um estudo profundo,

Uma aprendizagem de desaprender

11. Psicose, família e inclusão escolar: uma discussão a partir do relato de um acompanhamento terapêutico

Nathalia Teixeira Caldas Campana

Introdução

O trabalho desenvolvido com crianças psicóticas é um disparador de questões a respeito do projeto terapêutico e dos manejos necessários para que o tratamento seja, de fato, terapêutico: a escola é para todos? Podemos pensar em um prognóstico favorável no caso de crianças inseridas em famílias com poucos recursos internos para oferecer sustentação e necessitando, também, de intervenções? Como contribuir para a construção de um lugar de pertinência social para essas crianças? Como caminhar da repetição para o novo? As possibilidades são as mais diversas e a direção de tratamento deve ser pensada caso a caso, porém, é possível buscar sustentação teórica para elaborar um projeto terapêutico.

Os estados mentais psicóticos são compreendidos como uma profunda perturbação na relação entre as realidades interna e externa (Dubinsky, 1997/2000). Trata-se de uma grave perturbação na apreensão da vivência emocional. Nesse contexto, as crianças apresentam sofrimento psíquico intenso, já que os estados psicóticos ocorrem como resposta a um sofrimento mental acima da capacidade de tolerância do ego – seja pela natureza da experiência ou pela imaturidade da personalidade. Quando essa forma de resposta se torna habitual, o desenvolvimento da personalidade fica profundamente afetado, a experiência emocional é caracterizada, prioritariamente, como evacuativa por meio de mecanismos como a projeção ou retenção como recordação "não digerida" (Dubinsky, 1997/2000). Assim, as intervenções terapêuticas devem considerar as deficiências da compreensão emocional do paciente.

Pensar a respeito de como as famílias dessas crianças serão incluídas no tratamento se constitui como tarefa importante, pois a psicose centra-se nos conflitos da vida em família (Vilhena, 1991). Compreende-se que, nesses casos, houve, na organização familiar primitiva, uma espécie de triunfo ilusório da fantasia mais arcaica do ser humano: a de fusão, transformada em ato por meio da impossibilidade de diferenciação entre os membros da família (Vilhena, 1991). Assim, é fundamental levar em conta o sofrimento familiar e auxiliar a vivência, pelos indivíduos, da separação, sustentando a subjetividade de cada um.

Silva (2003) afirma que a transmissão transgeracional refere-se a um material psíquico inconsciente que atravessa diversas gerações, sem possibilidade de transformação e simbolização, o que promove lacunas e vazios na transmissão e impede a integração psíquica. Nesse sentido, o enfoque das intervenções familiares deve buscar a compreensão do sintoma dos pacientes a partir dos fenômenos transgeracionais, com o objetivo de estimular os processos de subjetivação.

Outro tema com o qual nos deparamos quando pensamos no projeto terapêutico das crianças é o da inclusão escolar, visto que a escola é o lugar social da criança por excelência. A escola e a aprendizagem se constituem como ferramentas de trabalho no tratamento de crianças autistas e psicóticas ao oferecer a possibilidade de emergência do saudável e propiciar o aumento da circulação social e do repertório cognitivo (Kupfer, 2005).

Kupfer (2005) afirma que todas as crianças devem ir para a escola, onde deverão ser tratadas como iguais, para que, a partir disso, possam surgir as diferenças subjetivas na apreensão do mundo. Porém, destaca que as crianças psicóticas somente irão se beneficiar desse espaço se este funcionar como operador de instalação da igualdade, da Lei – que para essas crianças ainda não existe. Para isso, "deverão ser tratadas como os outros, na medida do possível, sempre tendo em vista que não se trata de fazê-los seguir regras, mas ajudá-los a incorporar uma lei que é, antes de tudo, simbólica" (Kupfer, 2005, p. 24).

Dos avanços da clínica das psicoses, surgiu a prática do acompanhamento terapêutico como alternativa complementar ao tratamento psiquiátrico. No Brasil e na Argentina, esse trabalho tomou expressão na década de 1970, seguindo a influência dos movimentos antipsiquiátricos que tinham sido iniciados na Europa e nos Estados Unidos na década de 1960. Nessa clínica, as intervenções terapêuticas se dão nos espaços públicos da cidade, com o objetivo de ampliar o lugar de pertinência social do acompanhado.

Segundo Mendonga (1999), não faz sentido falarmos em reinserção social, pois o indivíduo nunca deixa de estar inserido no social – mesmo que seja como "o doente da família", "o louco do bairro" ou "o paciente da instituição". Sendo assim, o desafio que se coloca para o tratamento desses pacientes é o de possibilitar "novas inserções", saindo do campo que o autor denominou de "social psiquiatrizante" para o "social socializante".

Inicialmente conhecido como auxiliar voluntário, passando a amigo qualificado e, mais tarde, acompanhante terapêutico, esse profissional sofreu mudanças em sua designação em virtude das evoluções que o trabalho sofreu até se constituir como prática que leva em consideração o fazer terapêutico a partir da relação, do acompanhar e do vivenciar junto.

Uma das características fundamentais do trabalho do acompanhante terapêutico (AT) é que a intervenção não é só para o acompanhado, mas também para os demais presentes na cena – vizinhos, professor, colegas de classe, família – já que o entorno social do indivíduo também é sensível ao que ocorre na relação entre o acompanhante e o acompanhado (Parise, Accioly & Garrafa, 2008).

Mendes de Almeida (2008a) destaca que os objetivos do acompanhante terapêutico são estabelecer um vínculo significativo com o acompanhado e ampliar as mínimas tentativas lúdicas e a possibilidade de interação social, o que contribui para a intensificação da vivência emocional e a representação simbólica. Além disso, destaca a importância de o AT facilitar o desenvolvimento das capacidades de comunicação e contato da criança com o meio externo, e enfatiza a contribuição que a formação em observação psicanalítica (Esther Bick) pode trazer, no sentido de facilitar que o AT compreenda o que se passa com o acompanhado e possa oferecer continência a seus estados de mente.

Para ilustrar essa articulação teórica, relatarei o acompanhamento de um garoto de 12 anos, que chamarei de Tony. O trabalho foi desenvolvido no contexto de um programa de estágio extracurricular, durante minha Graduação em Psicologia.

Caso Tony

Tony foi encaminhado para acompanhamento terapêutico por um Centro de Convivência e Cooperativa (CECCO). O trabalho teve a duração de um ano e um mês, com a frequência de duas horas semanais. O menino havia frequentado o CECCO alguns meses antes, acompanhado por sua antiga AT (que trabalhou com ele durante dois anos e meio, por indicação do Centro de Atenção Psicossocial Infantil – CAPSi), mas, desde que o contrato dela terminou, Tony só havia retornado uma vez ao CECCO, acompanhado de sua mãe. Segundo a psicóloga da instituição, o garoto precisava dar continuidade ao trabalho e, já que ele não estava frequentando o CECCO, a nova AT poderia ir até a casa dele para conhecê-lo e trazê-lo de volta para a oficina de estimulação infantil.

O primeiro contato e a configuração do trabalho

Quando entrei em contato com a família de Tony para propor a continuidade do tratamento, a mãe demonstrou interesse, mas teve dificuldade para informar seu endereço completo, e precisei solicitar a informação ao CECCO.

O primeiro encontro foi no pátio do condomínio em que a família mora. Assim que Tony me viu chegando, saiu correndo em minha direção para me abraçar, como se já me conhecesse há muito tempo. A mãe veio caminhando atrás dele. Em um primeiro momento, foi possível observar o quanto Tony era pequeno para sua idade – aparentava ter 7 anos – era magro e tinha uma barriga imensa. Tinha sido diagnosticado com uma doença rara chamada mitocondriose, que consiste em uma insuficiência do pâncreas. Além disso, vestia três camisetas, duas calças, duas meias... Por isso, era conhecido no CAPSi como "menino-cebola".

Mãe e filho disputaram a minha atenção: enquanto Tony pedia que eu desenhasse um banheiro e que saísse com ele para passear, a mãe falava sobre sua vida pessoal. Contou que moravam de favor com a sogra, já que nem ela nem o marido trabalhavam, e que estava muito infeliz com essa situação, pois dizia ser maltratada pela sogra. Para resolver esse impasse, queria mandar uma carta para um programa de televisão que ajudava pessoas carentes, pedindo ajuda para conseguir uma casa própria. Ainda nesse primeiro encontro, convidaram-me para conhecer o apartamento onde moravam. O pai estava lá, mas não disse uma palavra – mantinha o olhar fixo em um ponto do chão e era inexpressivo. A avó era uma senhora estrangeira que mantinha uma postura altiva e dizia estar muito aflita com o problema do neto.

Os acompanhamentos seguintes se deram na oficina do CECCO, mas foram caóticos: Tony não queria sair do banheiro, jogou seu tênis na privada, quebrou utensílios da cozinha do CECCO, jogou pedra nos cachorros do parque e não queria permanecer na oficina. Fui dando-me conta da impossibilidade de trabalhar com Tony naquele espaço enorme, no qual os estímulos vinham de toda parte, e o trabalho se resumia a dizer *não* para todas as ações que ele realizava. Então, priorizando o estabelecimento de um vínculo significativo com ele, propus que o trabalho seguisse na casa da família, passasse ao espaço do condomínio e, posteriormente, às ruas da cidade.

Evolução do trabalho

Tony não ia à escola há mais de um ano. Já havia passado por duas escolas, mas as experiências foram relatadas pela mãe como traumáticas, pois disse que os educadores não tinham paciência com seu filho. Ela permanecia o tempo todo ao lado de Tony em sala de aula e, frequentemente, ele brigava com ela, mandando-a embora. Em uma dessas discussões, a escola chamou a polícia, alegando que o menino mataria sua mãe, e convidou ambos a se retirarem. Sendo assim, a rotina de Tony se resumia a ficar em casa e ir ao CAPSi, que frequentava desde os 6 anos, uma vez por semana.

Eu estava acompanhando Tony há quatro meses quando ele conseguiu uma vaga em uma sala especial de uma escola pública. A partir daí, os acompanhamentos passaram a se alternar entre os contextos de condomínio, do bairro e da escola.

Durante todo o trabalho, era comum que Tony expressasse seus estados de ansiedade gritando, socando sua cabeça, falando palavrões, quebrando o que visse pela frente e pedindo para ir ao banheiro. Parte importante do trabalho foi nomear as angústias de separação e aniquilamento que ele expressava dessa forma. O assunto *banheiro* era frequente, tanto nos desenhos como nos passeios. No início, ele queria passar o acompanhamento todo dentro do banheiro, disparando a descarga, abrindo as torneiras e desparafusando a tampa da privada. Em todos os lugares aonde íamos (parque, padaria, *buffet*, salão do prédio, escola, supermercado etc.), a primeira coisa que perguntava era se tinha banheiro, e dizia com insistência que queria conhecê-lo. Após sucessivas experiências de nomeação e continência para os estados desorganizados de Tony, as idas ao banheiro foram diminuindo.

Tony gostava de sair para passear na rua, desenhar e andar de elevador. No início, ele tinha medo: queria subir até o último andar, mas, quando ia, começava a gritar, pedindo proteção. Logo ele foi perdendo o medo, mas sempre ficava excitado e segurava seu pênis quando andava de elevador. Também costumava se olhar no espelho e sorrir.

Apesar de propor atividades de desenho, Tony se recusava a pegar no lápis, mas gostava de ditar o que queria que eu desenhasse, ou seja, ele trazia os conteúdos, mas cabia a mim dar representação a eles. Com frequência, pedia para ver o álbum de quando era bebê, e no decorrer do acompanhamento, esse movimento pôde ser compreendido como um pedido para saber mais sobre sua história e a sua família. Marquei encontro com os pais, para que contassem a história de Tony para ele, mas o pai não participou da conversa – segundo a mãe, ele estava ocupado.

Sair do apartamento para ir à padaria, à salinha de desenho (sala de reunião do prédio, que ficava disponível no horário do acompanhamento) e passear pelo condomínio eram oportunidades para Tony expandir sua rotina e conversar sobre os sentimentos despertados pela experiência imediata. Entretanto, não era uma tarefa fácil, já que ele mexia com as pessoas na rua – xingava, passava a mão nas mulheres e, raramente, nos homens, jogava pedra nos cachorros, tentava bater nos bebês que encontrava e disparava as campainhas das casas. Além disso, mais de uma vez, tentou se jogar na frente de um carro, dizendo que queria morrer para poder descansar. Era comum que as pessoas que estivessem ao redor perguntassem se ele era meu filho, e, nessas ocasiões, Tony respondia que éramos amigos.

Com a escola, pôde incluir em sua rotina uma atividade que não se resumia a tratamento, e sempre se mostrou satisfeito com isso. Entretanto, demonstrava incômodo com o fato de a mãe ficar sentada no pátio do colégio em vez de ir para casa: "Vai embora daqui mãe! Some da minha vida!". Além disso, chateava-se por não ter lição de casa como seus colegas. O foco do trabalho era construir, junto com Tony, um espaço para ele expressar seus recursos, levando em conta suas dificuldades.

Concomitante ao período em que voltou para a escola, Tony expressou alternativas para lidar com sua angústia, fazendo planos para o futuro e buscando soluções – por exemplo, dizia que quando estivesse com 20 anos ia morar e viajar sozinho. Também costumava perguntar se poderia ir embora da escola com outra mãe.

Ao longo do trabalho, Tony experimentou várias formas de aproximação comigo em alguns momentos, principalmente no início do trabalho, era como se ele me testasse para ver o que eu aguentava: quebrava o que via pela frente, tentava passar a mão no meu corpo e xingava. Se recorrermos ao referencial psicanalítico, sabemos que o processo de construção de um continente, de um psiquismo, passa pelo objeto poder tolerar a agressividade, sobreviver e nomear as angústias. Em um segundo momento, Tony passou a se aproximar de uma maneira menos provocativa, propondo passeios e tentando uma aproximação física não invasiva.

Tony sofria constantemente uma invasão concreta em seu corpo: a mãe lhe passava Hipoglós nos genitais, limpava-o durante o banho e, com frequência, ele era submetido a lavagens intestinais (por conta da mitocondriose), das quais se queixou diversas vezes para a mim. Eram frequentes as demonstrações de recurso intelectual e emocional por parte de Tony, o que me fez pensar em ajudá-lo a se responsabilizar por si mesmo, por seu corpo – a tomar banho sozinho, amarrar seus sapatos, vestir-se e usar o banheiro sem a ajuda de sua mãe. Por mais que eu trabalhasse a importância de Tony poder realizar essas tarefas por conta própria, a mãe não conseguia parar de se relacionar com o filho dessa maneira invasiva.

A família

Quando estava em casa, Tony costumava acompanhar a faxineira em seus afazeres, assistir à televisão, desparafusar a tampa da privada e recortar, junto com sua mãe, gráficos, pessoas famosas e o Boneco Feio[1] das crônicas de José Simão para colar em um caderno – ele tinha muitos cadernos repletos de colagem.

Tony não tinha quarto na casa, apenas uma caminha de armar, que ficava na antiga biblioteca do avô (já falecido), cômodo que a avó se recusava a transformar em um quarto para o neto. O quarto

---

1 Ilustrações que acompanhavam semanalmente as colunas de José Simão na *Folha de S.Paulo*.

dos pais era repleto de brinquedos para crianças pequenas – urso de pelúcia, boneca da Mônica, entre outros. A mãe costumava mostrá-los com uma fala estereotipada, como se fosse criança: "Olha que lindo esse ursão! A minha bonequinha é linda!".

A todo momento, Tony era convidado por sua mãe a manter com ela uma relação fusionada. No início do acompanhamento, ele falava como ela, tinha medos semelhantes aos dela – por exemplo, andar de elevador – e gostava das mesmas coisas que ela – xampu, programa de televisão, bronzeador, entre outros. Quando olhava seu álbum de fotografias e via alguma foto em que estava sem a mãe, logo perguntava: "Cadê a mamãe?". Além disso, estavam sempre juntos – em casa, no médico e mesmo na escola, onde ela permanecia mesmo que a coordenadora, o CAPSi e eu a orientássemos a ir embora. Várias vezes, Tony me disse que estava tomando banho com sua mãe e dormindo entre os pais, e, em seguida, perguntava: "Pode tomar banho com a minha mãe? Pode dormir com ela?". O pai, por sua vez, era como um "morto-vivo" dentro da casa e não interferia.

No decorrer do acompanhamento, Tony teve a oportunidade de experimentar novos relacionamentos e, aos poucos, foi se diferenciando da mãe. Esse processo de separação começou com ele fazendo "coisas feias", como falar palavrão, fazer bagunça cada vez que sua mãe me solicitava na hora do acompanhamento. Depois, começou a bater a porta na cara da mãe, mandando, aos berros, que ela fosse embora. Ela, por sua vez, parecia não entender o que o filho estava comunicando, e dizia: "É assim, Tony, você não gosta de mim, vou ficar doente e morrer por sua causa". Diante disso, o menino começava a chorar e a abraçá-la com força. Nessas ocasiões, o trabalho centrou-se no oferecimento de suporte necessário para que uma singularização pudesse se processar, traduzindo para a mãe o que o filho estava tentando comunicar. A relação dos dois era baseada em culpa: a mãe atribuía todos os seus problemas a Tony, inclusive marcos importantes de sua vida, como a perda de uma filha que morreu ao nascer.

Depois de seguidas experiências que puderam ser nomeadas e contidas no contexto do acompanhamento, Tony desenvolveu recursos para sustentar a separação da mãe. Em um dia específico, pôde se opor ativamente ao convite da mãe e manteve firme sua posição de dar limite às invasões dela no horário do acompanhamento, não cedendo nem mesmo diante das chantagens que ela fez. Porém, depois de sustentar a separação, ficou ansioso e disse que sua mãe devia estar chateada com ele, porque tinha feito "coisa feia"; por isso, era melhor voltar para sua casa, pois ela estava achando que eu o tinha levado embora. Em seguida, tentou se jogar na frente de um carro, e eu precisei segurá-lo pelo braço – não consegui dizer nada a respeito naquele momento, e ele também não disse uma palavra. Tony já tinha tentado se jogar na frente de carros outras vezes, mas dessa vez pareceu diferente; não era birra, não anunciou a ação e nem saiu correndo, como costumava fazer. Era como se a angústia e a culpa que sentiu por ter feito o corte o tivessem aniquilado. Nesse momento, fiquei tão impactada com a concretude de seu ato que não consegui oferecer, de imediato, representação pela palavra.

A mãe queixava-se do filho, dizendo que ele passava a mão em seu seio e que era "doente da cabeça". Ao mesmo tempo, vivia em função do que identificava como sendo a doença do filho; não tinha nenhuma atividade que não fosse vinculada a ele, e quando via algum aspecto saudável em Tony, fazia questão de destacar as dificuldades dele. Era frequente que Tony a chamasse de "puta".

Com relação ao pai, a única coisa que Tony dizia era: "Meu pai morreu de câncer! Meu pai morreu de aids! Meu pai se jogou do décimo sétimo andar e está morto, está enterrado no cemitério!

Odeio meu pai, porque ele me chama de Toninho". Na presença do pai, Tony o xingava de "filho da puta" e dizia que ia visitá-lo no cemitério; diante disso, o pai ria e saía de perto. A participação do pai na vida do filho era, de vez em quando, levá-lo ao hospital, e, quando isso acontecia, Tony ia sob protesto, dizendo que não queria a companhia dele, que preferia a mãe ou a faxineira. Mais tarde, a AT soube que o pai havia sofrido um surto há alguns anos. A ausência da função paterna era evidente e Tony tentava convocá-la a todo momento.

A avó era a dona da casa, quem sustentava a família e dava as ordens. Tony costumava dizer: "A vovó tem pinto". Ela tratava o neto ora como se ele fosse um bebê de colo, falando em "mamanhês", ora com raiva, dizendo, por exemplo, que não saía com ele porque se fossem ao zoológico, ele ia se juntar aos chimpanzés. O que avó e neto faziam juntos todos os dias era ver o Boneco Feio da crônica de José Simão.

A relação dos adultos dentro da casa era difícil: avó e mãe falavam mal uma da outra o tempo todo, marido e mulher já não viviam como casal – sendo que, no último encontro, a mãe contou que já tinha sido espancada pelo marido diversas vezes no passado – e a avó tratava seu filho, pai de Tony, como se ele fosse criança, dizendo, por exemplo, a roupa que ele deveria usar para não pegar um resfriado. Dessa forma, podemos pensar que a avó assume o lugar todo poderoso nessa família, impedindo a manifestação da potência do pai de Tony, e o sintoma do menino denuncia essa situação.

Na semana combinada para o encerramento do acompanhamento, Tony foi internado em virtude de uma crise convulsiva, evento que nunca havia ocorrido e que fez com que o trabalho se prolongasse por um mês. Sua mãe insistia para que ele permanecesse internado e, quando os médicos davam alta, ela voltava a interná-lo em outro hospital. Diante disso, perguntei à mãe se estava difícil cuidar dele sozinha, e ela respondeu que sim; foi a primeira vez que conseguiu reconhecer sua dificuldade em relação ao filho e, a partir desse ponto, foi possível falar com ela a respeito da necessidade de iniciar um processo terapêutico.

Considerações finais

Tony obteve muitos avanços no sentido de ampliar seu lugar no campo social: passou a frequentar e aproveitar a escola, fez amigos por lá, fez planos para o futuro e experimentou momentos de diferenciação. Nesse sentido, foi fundamental que ele pudesse ter seus estados de mente contidos, "digeridos" e nomeados. A partir disso, podemos pensar que os comportamentos de "descarga" – que eram atuados concretamente pelo menino no banheiro – diminuíram, pois um significado pôde ser atribuído às experiências antes inomináveis.

Além disso, a escola foi, de fato, terapêutica para essa criança, já que pôde recebê-la, propondo desafios, mas, ao mesmo tempo, respeitando suas dificuldades. Para isso, foi necessário que eu acolhesse as angústias que as educadoras traziam pelo contato com uma criança tão diferente das demais e ajudá-las a pensar a respeito das potencialidades e dificuldades de Tony. As educadoras responsáveis se autorizaram, então, a exercer seu papel perante o aluno, diminuindo a frequência com que solicitavam meu auxílio. Mas, apesar de a acompanhante sempre reconhecer os recursos e conquistas do menino, é difícil pensar em um prognóstico favorável sem que haja um atendimento familiar regular inserido no projeto terapêutico dessa criança.

Nessa família, tudo se passa no concreto – o fato de Tony não possuir nem quarto nem brinquedos na casa é a expressão da falta de lugar simbólico que ele tem no psiquismo dos pais. Por mais que eu tenha trabalhado com a família no sentido de dar sustentação às manifestações de diferenciação que Tony expressava e às convocações que ele fazia para que o pai interditasse as invasões que sofria, pouco pôde ser mudado nessa dinâmica. Após a revisão deste trabalho, chamou minha atenção o fato de eu praticamente não fazer referências ao pai de Tony, o que vai ao encontro da percepção da ausência de função paterna nessa família – que, por sua vez, gera a ilusão de fusão a partir da impossibilidade de diferenciação entre mãe e filho. Nessa linha, podemos pensar que, quando o menino afirma que "a avó tem pinto" e que "o pai morreu", está, ao mesmo tempo, denunciando a problemática familiar e convocando o pai.

O término do atendimento foi definido de acordo com a carga horária do estágio, mas é evidente que existia a necessidade de dar continuidade ao tratamento – inclusive, aumentando a frequência, fortalecendo a rede de cuidados e incluindo a família no tratamento. O projeto terapêutico deveria, então, ser reformulado pelo CAPSi, onde ele seguia em tratamento levando em conta essa indicação.

PARTE V

Interlocução com a família

A família, tomada como grupo primário de pertinência, em suas mais variadas configurações, é a célula *mater*, berço de nossas relações interpessoais e laboratório para nossas experiências de crescimento e enfrentamento de dificuldades, crises e desafios. O Espaço de Intelocução para Trabalhos com Pais-Bebês/Crianças divulga, aqui, algumas das apresentações por nós compartilhadas acerca de abordagens que potencializam a participação da família na promoção da saúde: intervenção conjunta pais-criança, grupo terapêutico e de acolhimento pais-crianças e análise da criança integrada ao trabalho precedente de entrevistas conjuntas com a família. Ressalta-se o potencial transformador e a incidência na transversalidade dos vínculos em momentos de crise e urgência na demanda de acolhimento que tais intervenções promovem, ao mesmo tempo que colaboram para a possibilidade de continuidade do trabalho terapêutico e para fundamentar as bases que nos sustentam ao longo da vida.

12. Sobre análise de criança pequena: relato de uma experiência

Sonia M. C. Marchini

> *... nós mesmos, com o tempo, seremos recompostos*
> *sob novas espécies, e o fato de não termos consciência*
> *física da permanência na transformação não impede*
> *o seu alegre desenvolvimento.*
> Andrade (2004, p. 45)

Já há vários anos, quando pais me procuram para o atendimento de uma criança, proponho-lhes, na entrevista inicial, uma ou mais entrevistas com a participação de todo o grupo familiar. Tenho como objetivo fazer uma avaliação e aclaramento das interações existentes entre seus membros, para não só avaliar o(s) sentido(s) da demanda como também implicar os pais de uma forma mais compreensiva em um eventual atendimento. Além disso, pode ocorrer que esse trabalho inicial dispense o atendimento da criança. Parto do modelo proposto por Mélega (1998, 2002) de "intervenções terapêuticas conjuntas pais-filhos", que preconiza que se realize, no mínimo, quatro encontros conjuntos, ainda que eu não siga estritamente essa condição. Esse modelo é inspirado no método de observação da relação mãe-bebê de Esther Bick. Consiste em intervenções que buscam esclarecer a interação dos pais em suas funções materna e paterna para com os filhos, de modo a ampliar a comunicação e a compreensão entre eles, e tem como referência teórica as ideias kleinianas sobre a atividade lúdica como expressão do mundo psíquico da criança, os trabalhos com grupos de Bion e os desdobramentos teóricos sobre as relações pais e filhos que Meltzer e Harris fizeram a partir desses estudos precursores.

João e sua família

Os pais de João buscaram ajuda porque as dificuldades do filho, surgidas com o nascimento do irmão, tornaram-se mais agudas com a saída da família de sua cidade natal, algo que ocorrera fazia dois meses. A família viera para São Paulo devido à transferência e promoção do pai no trabalho, e João, que era uma criança tranquila, que se desenvolvia bem, transformou-se num brigão, agressivo e "reclamão" (ele costumava dizer, segundo a mãe, que não tinha direito a nada). Passou a roer as unhas das mãos e dos pés. Por outro lado, a mãe o apresentou como muito inteligente, com excelente capacidade de verbalização e "muito intenso e preocupado com as coisas ao seu redor". Os pais se preocupavam também com o fato de João se identificar sempre com os personagens maus das histórias.

Entrevistas conjuntas

Foram realizadas duas entrevistas conjuntas com João, que tinha então 3 anos e 9 meses, pai, mãe e bebê, de 11 meses. Na primeira entrevista, tanto João quanto o bebê logo se põem à vontade e brincam com os materiais e brinquedos que lhes dispus. João fica muito contente quando acha a cola, com a qual gruda um palito de sorvete numa folha e completa desenhando "a parte certa da Malévola". Mostra sua produção ao pai, que a aprova. O bebê se interessa pela massinha e a mãe o ajuda a abrir a caixa em que está guardada; ele pega a massinha preta, mas João a tira da mão do irmão e a coloca fora do seu alcance, alegando que "ele come". Penso que, ao cuidar do irmão, ele também guarda a massinha para si e que, portanto, ainda que diga que não tem direito a nada, ele se defende. O bebê parece não se importar, interessando-se por outro brinquedo. João desenha, então, o "Metal Humano", sentado no chão perto de mim. Olha para mim e aponta para o bebê, dizendo: "Máquina de morder". Respondo que pode ser o jeito que ele tem para mostrar que está bravo. O pai me corrige, dizendo que é o jeito do bebê de mostrar que gosta dele. Concordo, colocando como indagação que morder talvez fosse seu modo de dizer, de um jeito forte e sem palavras (porque ele não sabia falar), tanto uma coisa como a outra. O pai concorda, então. Minha intervenção visou mostrar que tanto a expressão de amor quanto a de hostilidade são saudáveis.

Enquanto o pai dá atenção às crianças, a mãe fala de sua família de origem. Ela é estrangeira, veio para o Brasil quando criança, seu pai é brasileiro. Ela cresceu longe do pai. Foram seus avós que deram suporte à sua mãe para criar dois irmãos maiores e ela. Na ocasião da mudança, os dois avós ainda eram vivos e ela era muito apegada a esse núcleo de origem.

Após desenhar as duas figuras, João passa massinha preta sobre elas, dizendo que é cocô. Não se passam nem três minutos e a mãe percebe que o bebê evacuou. Ela, alegando não ter trazido o trocador, fica visivelmente sem jeito. O pai se adianta, dizendo que o "superpai" troca. Coloca o bebê sobre o divã e diz à mãe que agora ela pode trocá-lo. Enquanto a mãe troca o bebê, aponto que foi preciso apenas que o pai lhe indicasse o caminho para que ela se sentisse à vontade para fazê-lo. Mas, em seguida, a mãe não sabe onde colocar a fralda suja, e eu preciso lhe mostrar o banheiro.

João acha o barbante e pede para o pai cortar um pedaço. Com o pedaço que corta, o pai faz uma mágica. João ri muito e depois tenta fazer igual. O bebê vai engatinhando até a mesa, que é alta para ele, e empurra a cadeira. João tenta impedi-lo, mas o pai intervém imediatamente, sem que haja tempo para se verificar se se tratava de proteção ao irmão ou de um gesto possessivo em relação aos objetos da mesa.

De qualquer modo, João está muito contente e pergunta à mãe se eles podem "ficar mais mil horas ali". Ele captara que "ali" era um lugar em que cabia cocô, agressividade, hostilidade, todos poderiam se sentir mais à vontade. Queria que o tempo parasse por isso? E o bebê, ao evacuar? É interessante a sincronia com que os dois se expressaram, cada qual conforme seu momento de desenvolvimento.

Então, espontaneamente, o pai passa a falar de sua família de origem. Ele tem um irmão mais velho, também casado, que tem uma filha um pouco mais velha que João.

João encontra uma xícara na caixa e mostra, animado, aos pais. O pai diz que o Pierre vai cozinhar. Pergunta-lhe se ele quer rigatoni. Contam que Pierre é o apelido do pai, porque ele gosta de cozinhar. A hora termina.

Na segunda entrevista, o bebê entra primeiro. João o segue, sorridente. A mãe colocara o bebê no chão à entrada do consultório, e ele, engatinhando, vai direto para a caixa, na qual encontra a boneca-avó e diz: "Bobó". Estaria ele identificando ali a casa da vovó, onde encontram mais permissão para serem eles mesmos?

João pega a cola e mostra aos pais, dizendo: "Olha a primeira coisa que eu pego", sempre rindo. Ele parece expressar que precisa da cola para poder restaurar o que sente rasgado ou fragmentado com a mudança de cidade. Então, ele pega papel, palito, tesoura e giz de cera e vai para a mesa, compenetrando-se em sua produção. O bebê continua ocupado com os brinquedos da caixa.

Pergunto aos pais sobre o relacionamento com seus irmãos. A mãe conta que apanhava muito do irmão do meio, até que a avó o colocou em período diferente na escola e ele melhorou, ainda que sentisse saudade dos outros. João quer saber como ele fazia quando estava com saudade, talvez buscando um indício de como poderia lidar com as suas saudades dos avós, da escola. Ela imita choro, ri e diz: "Ele ficou triste".

O pai se dava bem com o irmão mais velho. Na verdade, ele era mais brigão que o irmão. A mãe conta, então, que eles têm um anjo em casa, a D., sua funcionária. Uma amiga sua se mudou para o exterior e a deixou "de herança". Agora, eles têm podido sair à noite. João, ao escutá-la, diz que tem um cetro. Pergunto como ele é, e a mãe explica que é o cetro de um personagem mau. João a corrige, dizendo que é o cetro do rei. Dirigindo-me a João, digo que ele não deve gostar nem um pouco de que o papai e mamãe saiam só eles; parece que gostaria de ser o rei da casa para impedi-los, mas eles precisavam de uma hora só deles para poderem ficar contentes e cuidar bem dele e do irmão.

No primeiro contato, os pais estavam inseguros, culpados (a mãe) e excessivamente empenhados em mostrar cuidado com as crianças (o superpai, o mágico, o *chef* Pierre). Talvez insegurança e culpa por terem ocasionado tantas mudanças na vida de João. Penso que a recém-mudança parece ter sido uma perda tanto afetiva quanto profissional para a mãe, o que explicaria, em parte, sua insegurança. Ela teve várias perdas: separou-se da família de origem, abandonou um trabalho no qual já se encontrava razoavelmente estabelecida, além do incremento da perda da criança tranquila que era João antes do nascimento do irmão. Quanto ao pai, o deflagrador da mudança, defendia-se de eventuais sentimentos de culpa, apresentando-se como onipotentemente capaz e até rivalizando com a mãe em suas funções.

Já no segundo encontro, todos pareciam se apropriar mais de suas funções, sinalizando-as: o bebê brincando na casa da "bobó", João mostrando que precisava de muita cola e os pais falando de seus passeios noturnos. A essa altura, por observar a resposta favorável dessa família relativamente funcional e considerando que os pais, como casal, estavam interessados em atender João em suas necessidades específicas, avaliei que poderia propor, então, a análise de João, interrompendo, assim, as entrevistas conjuntas. Além disso, eles haviam chegado com uma indicação de ludoterapia para João por uma psiquiatra infantil e psicanalista.

Foi assim que entrei na vida dessas pessoas nesse momento crítico. Mas por que foi João o escolhido para ser atendido? Ainda que não desconsidere a dinâmica do grupo familiar como um dos determinantes dessa escolha, privilegio aqui a investigação das características da personalidade de João que o levaram a ocupar esse lugar. Foi ele quem se rebelou mais ruidosamente, demandando dos pais a busca de ajuda. Além disso, a mudança tornou mais explícita a crise anterior (chegada do irmão), da qual João não se recuperara. E, também, sua mãe tinha destacado sua natureza indagativa, conforme citado anteriormente.

Mais sobre João

A princípio, atendia João duas vezes por semana e via os pais mensalmente – na maioria das vezes, solicitada por eles. Após alguns meses, eles aceitaram aumentar a frequência para três sessões semanais. Penso que, por se sentirem menos ameaçados e mais confiantes, puderam partilhar comigo os cuidados com João. O fato de terem passado a me solicitar menos foi, provavelmente, consequência disso. É possível, também, que João, tendo encontrado continência para suas angústias com a análise, tenha liberado um pouco os pais dessa função.

Já nos primeiros contatos, pude observar a força expressiva e a urgência da demanda de atendimento de João. Suas questões essenciais e as criadas pelas circunstâncias familiares foram logo colocadas na análise – a problemática edípica, da qual a ansiedade de castração e a rivalidade com o irmão destacavam-se, mas também aspectos da sua relação com o objeto primário, ou seja, sua ansiedade de separação. No que se refere a esta última, despedidas e retornos eram vividos intensamente, em especial no reencontro após férias.

Outra questão que se colocou durante vários meses foi como lidar com o contato físico entre nós, de modo a compreender seu significado. Isso porque, com frequência, esse contato lhe provocava ereção peniana e ele acabava ficando muito aflito e fragmentado (atirava longe os brinquedos e me desafiava com a "bagunça que vou fazer!"). Penso que o acolhimento e compreensão da expressividade pulsional física da criança rumo à expressão psíquica para lidar com desamparo e erotização é um trabalho muito delicado. Uma forma de abordar essa questão foi dizer-lhe que ele queria tanto se sentir bem juntinho de mim que, para ele, o único jeito de fazer isso era como um homem grande que quer ficar com uma mulher; só que aí ele se via pequeno e eu, grande, e isso o deixava muito aflito e com raiva. Ele parecia não me escutar, mas, aos poucos, passou a usar a minha poltrona (pedia que eu a liberasse) e o divã nos momentos de maior desamparo, como se fossem "colos", não refutando tal ideia quando eu assim sugeria. Sua pesquisa da relação homem-mulher foi amplamente explorada nas cenas que me propunha, e o uso da erotização desapareceu. Deixou de roer as unhas depois de três meses de trabalho, possivelmente por diminuição da ansiedade genital.

Um dia, João me propôs que falasse o que a boneca, na qual ele batia, estava sentindo, "como se" eu fosse ela. De outra feita, disse que eu "era" sua ajudante. Certa vez, aflito por tentar lembrar-se de cenas de um filme, aliviou-se com a ideia de que aquele era o "seu" filme e que, portanto, poderia fazer como quisesse. Ali também poderia ser um teatro, onde eu ficava olhando e falava do que acontecia. Soube pelos pais que ele dissera à sua professora que eu conversava com ele sobre o que ele sentia. Em momentos de confronto, afirmava que era ele quem mandava, mas também houve momentos em que colocava isso como questão, um pedido de ajuda, como no material clínico que se segue. De uma maneira ou outra, esses modos de estar comigo evidenciam o quanto a criança se beneficia de um espaço para o qual possa transferir e projetar suas necessidades e experiências.

Sem me deter no sentido mais específico dessas observações, pois este está vinculado às diferentes situações em que ocorreram, delas destaco o que têm em comum, a necessidade de investigar quem ele é, se podemos ser iguais um ao outro e o que temos de diferente (discriminação entre *self* e o outro). João parecia saber que precisava que eu lhe traduzisse em palavras suas vivências, que fosse sua intérprete (porta-voz), mas, principalmente, que eu vivesse com ele todos os seus dramas e enigmas, que eu interpretasse os muitos papéis de seu teatro particular (dirigida por ele), e nisso era implacável; percebia o menor recuo (momentos em que eu buscava me situar, provavelmente de modo defensivo), olhava-me fixo nos olhos e, peremptório, dizia: "Não pensa, faz!". Havia um componente sádico evidente nessa sua exigência, o que me colocava à prova e me levava, algumas vezes, a me sentir acuada. Mas penso que se tratava, muitas vezes, da estreita ligação entre sadismo e necessidade de conhecer, como demonstrada por Klein (1928/1981). Do vértice de Winnicott (1969/1975), podemos dizer que a peremptoriedade de João era um modo de demonstrar sua necessidade de que eu sobrevivesse às suas injunções impulsivas, uma vez que só assim poderia se sentir existindo separado de mim. Ao verbalizar qualquer percepção e consequente interpretação (visando ao *insight*),[1] eu não só adiaria a ação como teria me retirado de campo – simbolicamente, eu morreria para ele. Ou seja: sendo peremptório, ele me sinalizava que eu estava me adiantando e que, portanto, era precoce qualquer tentativa de compreensão.

Essa característica de buscar veementemente alguém com quem pudesse viver, vir a conhecer e para quem, consequentemente, pudesse nomear suas angústias – ou seja, sua necessidade tão intensa de ser compreendido – foi o que me estimulou originalmente a refletir sobre as origens e o desenvolvimento da capacidade de pensar, de conhecer as qualidades psíquicas de si mesmo e dos outros, o que Bion denominou "função psicanalítica da personalidade" (Bion, 1962b/1990). Segundo o autor, existe uma pré-concepção da função psicanalítica da personalidade que faculta ao indivíduo a possibilidade de adquirir autoconhecimento a partir da interação com outra personalidade.

O material clínico com o qual Klein se deparou no contato com seus primeiros pacientes crianças a levou a equacionar as perguntas relativas à vida sexual, ao sadismo e à inibição. Ela considerou a necessidade de conhecer (epistemofilia) como pulsão componente da libido, conforme já formulado por Freud (1916/1996), que

---

1 Destaco aqui os três sentidos/funções de interpretar, quer seja: a de porta-voz, a de interpretante/dirigido e a de partícipe opinativo, consequência da interpretação psicanalítica.

a relaciona à escopofilia (voyeurismo e exibicionismo). Para ela, haveria um conhecimento inato do pênis e da vagina e do relacionamento entre os dois órgãos, teoria que despertou controvérsias, pois é de difícil comprovação.

A partir de seus estudos sobre os distúrbios de pensamento nos pacientes psicóticos, Bion (1962b/1990) formula uma teoria das origens dos processos do pensar, dando seguimento aos estudos de Klein, em especial ao seu texto "Notas sobre alguns mecanismos esquizoides" (1946/1978). Ele postula que das trocas emocionais entre a mãe e o bebê se constitui a primeira forma de pensar do bebê, sendo o pensar uma das ligações fundamentais entre os seres humanos, ao lado do amor e do ódio. Assim, o bebê necessita tanto de uma dotação inata para aprender, como de uma mãe que possa pensar nele com amor, que o possa compreender e, consequentemente, lhe nomear seus sentimentos, de modo a que ele possa conhecê-los. Nessa teoria, está implícito que a necessidade de conhecer psicologicamente o mundo antecede a necessidade de conhecê-lo fisicamente (O'Shaughnessy, 1981/1990). Nas palavras de Bion:

> um sentido de realidade é importante para o indivíduo da mesma forma que o são a comida, a bebida, o ar e a excreção de produtos residuais. O fracasso em comer, beber ou respirar apropriadamente tem consequências desastrosas para a própria vida. O fracasso em usar a experiência emocional produz um desastre comparável no desenvolvimento da personalidade (Bion, 1962b/1990, p. 67).

Voltando a João, situo as dificuldades iniciais apresentadas quando seus pais me procuraram no encontro/desencontro da sua vitalidade, curiosidade e consequente natureza indagativa, que lhe são inerentes com a mãe insegura de suas competências para ser sua mãe, sem desconsiderar a posição do pai junto aos dois, pois este tendia a procurar suprir as carências maternas (para suplantá-la, talvez). Penso que a mudança da família de cidade desestabilizou uma estrutura familiar que já era precária para o desenvolvimento emocional de João. É possível que essa mudança apenas tenha precipitado a busca de atendimento, tamanhas a demanda e a precocidade desse menino.

Analista e João trabalhando

Apresento, a seguir, uma sequência de sessões que se interligam por estar em jogo o processo de elaboração de uma situação da vida familiar de João.

O bisavô materno fora hospitalizado na sua cidade de origem e sua mãe passou a se ausentar com alguma frequência para ir visitá-lo. Apesar de João ter dito apenas *en passant* que o bisavô estava muito velhinho, por ocasião da primeira viagem da mãe, ele passou mal e vomitou na sala de espera ao chegar.

Primeira sessão

João me parece ansioso e tenho a impressão equivocada de que perdeu o primeiro incisivo superior. Sem nem mesmo tentar, queixa-se que o carrinho que ele trouxe, um *Transformer,* não pode entrar embaixo do divã porque ficaria entalado. Sua turbulência/transformação não caberia dentro da garagem/analista? Pergunto-me, mas não digo nada. Deixa o carro de lado e fica deitado no chão durante vários minutos, com as pernas flexionadas, voltadas para o divã, e braços cruzados sob a cabeça. Em uma espera inquieta, bate os pés no chão, olha-me, desvia o olhar. Aponta um furo em sua meia. Sim, penso então, havia mesmo um buraco, um vazio, mas qual? Pergunta-me se tenho alguma ideia do que fazer. Respondo negativamente, acrescentando que juntos talvez pudéssemos encontrar algo.

Ainda deitado, mexe na caixa. Tira o leão, joga-o na minha direção com certo desdém. Sentindo-se impotente, o leão de nada lhe serve (um leão desdentado?), mas ele o endereça a mim. Passa a manusear a jamanta durante algum tempo e, de repente, exclama, contente: "Olha o que eu consegui! Abri tudo". "É mesmo! Você descobriu como abrir as janelas", confirmo e paro aí. Ele, sequioso por algo que ainda não identificamos, pergunta-me: "Teve alguma ideia?".

À minha segunda negativa, espirra, soltando catarro pelo nariz. Estendo-lhe o lenço, ele o pega e, refeito, alega, incisivo: "Eu disse que estava precisando de lenço". Sua reação psicossomática me leva a pensar que ele não suportou perceber que somos separados, pois eu deveria adivinhar sua necessidade, como se fosse continuidade sua. Penso ter havido uma ruptura no seu sentimento de existir (Winnicott, 1983). Por outro lado, ainda que o lenço tenha servido por ora, ele se refaz rapidamente e enfatiza que já dissera que precisava de algo. Do estado de desamparo inicial, João mostra-se potente, então, buscando um alívio de outra ordem que não a concretude do lenço em si. Penso em Bion, na busca de uma experiência emocional que dê sentido ao que está vivendo. Penso na pré-concepção em busca de realização, busca de um continente que transforme sua angústia em conhecimento (Bion, 1962b/1990; Sandler, 2005).

A seguir, João pergunta se é ele quem dá ordem ali. Antes que eu responda, tem a ideia de brincarmos de escolinha, o que não acontece. Por não conseguir decidir quem vai ser quem, comenta: "Estou sentindo que esta brincadeira não vai ser legal". Está sinalizando que não suportaria novo confronto nesse momento, porque isso evidenciaria nossa separação? Digo, então, que está muito difícil encontrarmos alguma coisa que faça ele se sentir melhor. Ele se anima e tem a ideia de brincar de massinha (do informe a, quem sabe, a justa forma?). Comento que, mesmo com um carro tão bacana, ele preferiu encontrar alguma coisa ali na sua caixa. Responde: "Eu só brinco com o carro em casa, porque não tenho com quem brincar". "Não...", prossigo, "não do jeito que brinca aqui, com alguém que te ajuda a compreender o que está sentindo".

Ele faz uma cobra e eu, espontaneamente, um quadrado vazado de massinha. Diz que o quadrado é um "círculo de fogo", coloca a cobra dentro e aperta: "Xi! Ficou entalado!", diz. É interessante que surgiu aqui o equivalente ao contato sexual: do quadrado banal e inofensivo, porém estéril, ao círculo de fogo, perigoso, mas que incita coragem e criatividade. Só que essa virada não se sustenta: a cobra/pênis entala no quadrado/círculo de fogo. Estamos ambos tateando... Como sair da esterilidade à criação?

João amassa tudo e diz que virou uma bola, um pato, o pato chocando o ovo. Faz, em seguida, uma pizza e, animado, oferece-me um pedaço. Enquanto "comemos pizza", digo: "Vai nascer um patinho! Então, vamos comer pizza!". Ao sair, João deixa o carro. Apesar de não ter sido possível nomear suas angústias, penso que o contato emocional lhe propiciou algum alívio, podendo esquecer-se do *Transformer*. Além disso, vejo uma transformação da angústia claustrofóbica (a busca desesperada de um continente levando ao temor de aprisionamento) em angústia de castração (cobra entalada), depois em fantasia de nascimento para terminar com uma refeição (símbolo da celebração da vida?). Terminamos juntos, mas, naquele momento, não saberia dizer se discriminados ou se esse foi um movimento regressivo. De todo modo, no entanto, destaca-se sua busca por me oferecer subsídios para pensar.

As sessões seguintes

Em outra sessão, sou eu que devo procurá-lo, como bruxa com sua vassoura. Porém, fracasso a cada tentativa, porque ele "gruda" a minha vassoura no chão por meio de um gesto com sua varinha mágica, ou "vai" para outra dimensão. João revive ativamente comigo a experiência de separação da mãe. Ele me propõe, via identificação projetiva, que eu viva a impossibilidade de encontrá-lo, para saber como lido com minhas limitações. É certo que ele usufrui sadicamente da brincadeira. Mas o faz por vingança, porque acredita que o outro o abandona por maldade? Não seria essa uma encenação mais sofisticada (tem agora 5 anos) do jogo do netinho de Freud com o carretel, de fazer a mãe desaparecer e reaparecer?

Entretanto, esse jogo não lhe basta para dar conta de suas angústias, pois, no dia seguinte, chega impotente, falando como uma criancinha. Expressa sua raiva ao atacar e matar o pato com sua nave (feitos de massinha). Depois, faz o pato ir para dentro de uma bola, e eu digo que é "como se ele voltasse pra dentro do ovo... fosse morrer e nascer de novo" (aqui, novamente aparece um ovo, só que introduzido pela analista). Ele protesta: "Não! Este é o caixão dele. Vou enterrar". Mas para, pega rapidamente a tesoura e começa a cortar tudo que fizemos. Atira longe os pedaços, rindo nervoso. Quando termina, pede-me para ajudá-lo a catar e juntar os pedaços. Foi demais para ele prosseguir no "enterro", mas, sentindo-se fragmentado, nomeia que precisa de um continente.

Na sessão subsequente, surge o "fantasma da sujeira" (massinha colocada na água) – o homem que assim se transformou porque queria a lagoa só pra ele (queria a mãe só para ele?). É atacado por terríveis monstros. Morre muitas vezes. Comenta: "Nesta brincadeira morte é sono". Poder morrer, muitas vezes, é sinal de imortalidade! Como discriminar finitude de destrutividade?

João prossegue, assim, na tentativa de elaborar sua angústia diante de seus sentimentos de ódio e raiva do irmão, dos pais e da analista. Seriam fatais? No mesmo dia, fico sabendo que não virá à sessão seguinte porque seu bisavô morreu, e compreendo, então, que ele também estava tentando lidar antecipadamente com a angústia despertada pela ideia da morte do bisavô.

Quando retorna, traz um helicóptero, um Kinder Ovo® (o ovo, pela terceira vez!) com um índio e sua oca e um boneco, por ele apresentado como um "rapazinho não adulto". Mostra-me, contente, que a casa do índio tem porta. Digo que "assim o índio pode ficar protegido e também entrar e sair". Quando mostra o helicóptero, digo: "Que baita helicóptero, hein!". E ele, animado: "Você disse 'baita' porque tá achando ele grande?". "Muuuito grande", eu prossigo, "mas eu acho que você trouxe tantas maravilhas de casa pra fazer de conta que você está bem, que não fez nenhuma falta não ter vindo aqui". Ele abaixa os olhos, diz baixinho, sério: "Eu não vim porque estava sem os meus pais". Aqui, busquei acolher suas fantasias onipotentes, reconhecendo-as como seu empenho em se utilizar de seus recursos infantis para enfrentar os últimos acontecimentos, sem deixar, contudo, de assinalar a fragilidade que estes trouxeram. Atribuí à porta o sentido de proteção por compreender que sua existência remete à passagem, à transitoriedade, o que pode ser reconfortante diante da morte.

A seguir, o índio, uma "criancinha muito forte", começa a medir força com o boneco, agora adulto, que perde sempre e decide "ir embora desta cidade. Aqui fraco é expulso". Lembra-se, então, que vai ver o filme *Putz! A coisa tá feia*. E eu: "Mesmo quando a criancinha é muito forte, sem adulto por perto a coisa fica feia."

Ele, rindo desafiadoramente, começa a atirar-me as partes do Kinder Ovo®. Digo: "Quanta raiva você deve ter sentido de mim, que não fiz nada pra você vir me ver na quarta, quando você precisava tanto". Ele acreditava que eu teria o poder de salvá-lo do desamparo, da dor e da tristeza, o que não ocorrera, daí a raiva? Optei, aqui, por desfocar sua raiva momentânea (provavelmente em reação ao que eu acabara de dizer) para estendê-la de modo mais abrangente aos últimos acontecimentos.

Acaba se arranhando involuntariamente com a fita adesiva, acusando-me de tê-lo machucado. Aponto que o machucado no braço poderia estar servindo para ele não sentir o que estava doendo por dentro e menciono a viagem dos pais, perguntando se eles tinham lhe contado como foi na viagem. Digo que sabia por que eles tinham ido para lá. Responde-me com o olho marejado que ele também sabia. "Meu bisavô morreu e a vovó está bem triste. A mulher dele também, a minha bisavó". Indago-lhe, então, o nome do seu bisavô. Ele diz e comenta que "o cabelo dele era cinza de tão velho que ele era".

Como se contasse uma história, digo: "Um dia o seu bisavô se casou com sua bisavó...". Ele vai acrescentando os nomes enquanto vou escrevendo no papel sua árvore genealógica. Ele se anima. Conta-me que a avó materna se casou de novo com um homem que tem o nome dele, a quem ele se refere no aumentativo. Diz que um dos tios maternos se casou com outra J. (nome da sua mãe). Segue nomeando as pessoas e acaba contando que ganhou um priminho.

A meu ver, essa sequência fecha um ciclo. Os acontecimentos da vida de João invadem a sala de análise e ambos procuramos identificar suas fantasias e sentimentos estimulados por eles. Ele se ressentiu muito das ausências da mãe na fase terminal do bisavô. Sua angústia de separação é reativada. O ódio, na medida em que é gradativamente despido de onipotência e do medo de retaliação, pôde ser expresso, assim como as questões relativas ao nascimento, vida e morte. Situar João na cadeia de gerações, uma inspiração advinda de sua própria fala a respeito dos sentimentos da avó e da bisavó, favoreceu alguma aproximação ao que, no fundo, ele parece se indagar: de onde viemos e para onde vamos? Nos termos de Bion, penso que houve uma evolução dos vínculos amor e ódio para conhecimento da relação vida e morte e da discriminação entre o *self* e o outro, expressando sua função psicanalítica em desenvolvimento. Dos ovos ao nascimento do priminho, estivemos os dois nos fertilizando mutuamente, de modo a levá-lo a fazer uma aproximação da transitoriedade da vida diante da perspectiva da finitude de um ente querido.

Para finalizar, é importante dizer que, se o contato com João – desde a intervenção conjunta pais-criança até sua análise – exigiu-me corpo e alma de modo imediato e intenso, foi também uma experiência que pôde ir se ampliando e se revelou marcante e transformadora para todos nós.

13. Consultas terapêuticas conjuntas pais-crianças: um continente para momentos de crise?

Ana Rosa C. de A. Pernambuco

Neste texto, compartilho uma experiência de atendimento clínico baseada num modelo de atendimento chamado de intervenções terapêuticas conjuntas pais-filhos, desenvolvido por Marisa Pellela Mélega, do qual tenho me utilizado nos últimos anos de minha prática clínica.

No início de minha atividade profissional com crianças, quando uma criança era encaminhada, primeiro eu atendia os pais, colhia informações a respeito da criança e deles e escutava relatos; depois, via a criança separadamente e, então, voltava a falar com os pais.

Enquanto estou com todos eles juntos, como família, tenho acesso a interações que não surgem na narrativa dos pais e, à medida que algumas condutas são pontuadas, elas podem favorecer uma nova maneira de olhar a questão, fazendo com que cada membro possa reconhecer a sua participação nessa ocorrência.

Vou relatar um atendimento que realizei com uma família composta por pai (44 anos), mãe (40 anos) e dois filhos, que chamarei de Leonardo (10 anos) e Miguel (7 anos).

A procura pelo trabalho foi feita pelo pai, pedindo-me para avaliar as crianças porque ele e a mulher estavam na iminência de se separar e ela gostaria de saber se os filhos estavam bem para enfrentar essa situação. Fiz a proposta de virem os quatro juntos.

Descreverei alguns fragmentos de algumas consultas conjuntas.

Primeira consulta conjunta

Leonardo estava montando um Lego® e Miguel andava no meio das pessoas, repetindo algumas palavras que seus pais diziam e, talvez por terem significados que ele desconhecesse, falava outra palavra que não existia – por exemplo, certa hora, o pai disse "parafernália", e Miguel repetiu "pararagália".

Então, Miguel senta-se no chão com dois bichos na mão (acho que o touro e a vaca) e diz: "Era uma vez Romeu e Julieta, eles se conheceram e se gostaram, então se casaram e depois se separaram...". Nessa hora, olho para os pais e pergunto se a situação já havia sido explicitada, e os dois, com olhos meio arregalados/amedrontados, dizem que não. Pergunto se eles não acham que aquela brincadeira do Miguel poderia estar demonstrando que, de alguma maneira, ele já sabia. Ficam surpresos e não respondem.

Nesse primeiro encontro, algumas coisas me chamaram a atenção: Miguel parecia ser quem "expunha" as situações familiares e, ao mesmo tempo – ou exatamente por isso –, ele se apresentava com mais dificuldade para se envolver numa brincadeira; às vezes, era difícil ele expressar uma ideia e parecia também um tanto acelerado.

– Leonardo dava a impressão de "querer parecer" distante, desligado, mas não estava. Expunha-se pouquíssimo e falava com uma voz extremamente mansa, delicada.

– A mãe se mostrava em poucos momentos: de maneira geral, parecia "seguir" os movimentos do marido; respondia de forma sucinta quando algo lhe era perguntado diretamente.

– O pai era alguém que aparecia quase o tempo todo. Mostrava-se bastante exigente e centralizador.

Segunda consulta conjunta

Leonardo e Miguel estavam jogando dardos. Miguel foi desenhar e Leonardo continuou jogando. Ele jogava com força e em muitos momentos acertava a porta. O pai já havia pedido umas duas ou três vezes para que ele jogasse com menos força por causa do barulho do dardo, principalmente quando batia na porta.

Leonardo continuava jogando e, algumas vezes, jogava com mais força ainda. Até que, num determinado momento, o pai disse: "Leonardo! Meu ouvido!", e Leonardo jogou ainda mais forte.

Caracterizei a passividade/agressividade de Leonardo dizendo que parecia que ele se sentia mais "forte" no desafio.

Comentários:

– Foi interessante ver o "Leonardo desafiador" contrapondo-se ao "Leonardo passivo". Pareceu que havia um cansaço em relação às normas do pai, uma vontade de se rebelar.

– Nesse encontro, a participação da mãe foi maior e mais ativa. Interferia sem precisar ser solicitada e parecia ter discernimento e clareza em várias situações.

– Miguel continuou agitado, um pouco menos que na visita anterior, mas mostrava muita dificuldade em se ater a um interesse.

Dados familiares colhidos durante as consultas

O pai é maestro, vive de dar aulas em universidades de música e empresas (coral). A mãe é engenheira por formação, mas trabalha numa área administrativa. Segundo o pai, o casamento já não vem bem há cinco anos e faz tempo que ele quer se separar. A mãe é contra a separação – até hoje – e acha, inclusive, que o pai não é claro quanto a isso, dizendo, às vezes, que eles precisam de uma "separação de casa", justificando que ele não consegue compor e estudar ali, junto com eles.

Leonardo, 10 anos. É um menino bastante inteligente. Os pais relatam que ele nunca teve nenhuma dificuldade em termos de aprendizagem, mas muitas em termos de sociabilidade. Quando tinha por volta de 4 ou 5 anos, agredia as crianças na escola; procuraram atendimento psicológico, que ele fez por um ano e pouco e foi interrompido porque se mudaram para um bairro mais distante.

Ainda segundo os pais, a agressividade de Leonardo tinha melhorado, mas ele continuava com dificuldades para se relacionar (apesar de não agredir mais ninguém) e mostrava-se extremamente obsessivo – não conseguia parar nada no meio, não terminava a lição de casa e muitas vezes não conseguia terminar a lição na classe.

Miguel, 7 anos. Mostra-se bastante sensível, mas um tanto confuso. Tem tido muitas dificuldades de aprendizagem, está terminando a primeira série sem ter dominado a leitura e a escrita.

Apesar de serem crianças bem diferentes, ambos estão com problemáticas emocionais bem intensas.

As do Leonardo se dão no sentido do enfrentamento da realidade, do prejuízo no desenvolvimento de si mesmo de uma maneira mais autônoma e integrada e apresenta um *deficit* muito grande nas trocas sociais e afetivas.

As dificuldades do Miguel parecem ser mais na linha de distúrbios do pensamento, com expressiva dificuldade em desenvolver seus recursos a favor de si mesmo (ele é muito inteligente, muito sensível) e com um risco grande de se desorganizar.

Após essas consultas conjuntas e um encontro com cada um dos meninos, constatei:

- a necessidade de encaminhar cada um deles para uma terapia individual;
- a dificuldade do casal em lidar com a própria separação e com a dos filhos;
- a troca de escola das crianças (nem as crianças nem os pais gostam da escola atual; além disso, o Miguel terá que refazer a primeira série, e acham melhor que seja em outra escola);
- a mudança de casa (com a troca de escola e a provável separação, a mãe não quer ficar isolada, longe da mãe dela, e os meninos também querem ficar mais perto da avó paterna). Pretendem mudar-se em pouco mais de um mês;
- a dificuldade financeira.

Achei que talvez pudesse ser um auxílio maior se, nesse momento de tanta turbulência, eles, como grupo familiar, tivessem um espaço em que pudessem refletir sobre as mudanças que estavam acontecendo e as que estavam por vir. Poderíamos ter uma chance de trabalhar um pouco com os recursos de cada um, a fim de dar subsídios para enfrentarem o momento e, então, depois de as situações estarem "minimamente digeridas", as crianças poderiam ser encaminhadas.

Foi essa a proposta que fiz aos pais na entrevista em que estive a sós com eles, que aceitaram e me pareceram até aliviados.

Desde então, tivemos três encontros com o propósito de intervenção.

A sessão a seguir é relativa ao segundo desses encontros.

Segunda sessão de intervenção

Quando vou chamá-los, Miguel começa a dizer algo que ele precisaria de uma mesa para mostrar (quando ele me encontra, já está no meio da frase, no meio do pensamento) e aponta para a mesa onde há água e café. A mãe o interrompe e diz: "Primeiro fala boa noite, né?". Ele fala, eu respondo e digo que lá na sala tem uma mesa e que pode ser que aquela também sirva. Ele vai correndo na frente. Leonardo diz a mim e ao pai que queria continuar o cartão que estava fazendo na semana anterior, que ficara no carro. Pergunta se pode ir buscá-lo, eu digo que tudo bem e o pai fala que então vão buscar.

Nisso, a mãe e Miguel já estão na sala, e o garoto começa a fazer uma "batucada" na mesa, olhando para mim. Exclamo: "Ah! Que legal! Então era essa batucada que você queria mostrar?". Ele sorri e diz: "É!". A mãe pergunta: "Onde você aprendeu isso?", e ele responde que foi no acampamento da escola.

Então, vai até a caixa, abre um saco que tem dinossauros, mas pega papel e lápis de cor e senta-se para desenhar. A mãe fala que eles estiveram na escola (na sexta-feira anterior, eles iam fazer uma experiência na escola nova, passando a tarde toda lá, cada um na classe correspondente à série/ao ano que frequentava). Pergunto como tinha sido, e Miguel responde que foi muito legal; a mãe fala que, a princípio, parece que tinha ido tudo bem.

Voltam o pai e Leonardo; o menino imediatamente se senta na frente de Miguel para continuar seu cartão, e o pai senta-se na poltrona, perto da mãe.

Explico que a mamãe estava falando sobre eles terem ido à escola nova e pergunto ao Leonardo o que ele achou, e ele afirma que tinha sido legal.

O pai diz que provavelmente vão fazer a matrícula lá mesmo, que eles gostaram do modo como foi apresentada a metodologia da escola etc.

Pergunto à mãe se havia encontrado pessoas que ela conhecia (é a mesma escola onde a mãe estudou), e ela respondeu que viu uma (não me lembro da função).

Então, a mãe diz que o Miguel vai fazer o segundo ano (ou seja, refazer a primeira série – esse foi o ano em que houve a mudança de oito séries para nove anos nas escolas). Nisso, ela me olha de certa maneira e entendo o que queria dizer: que estava temerosa em contar ao Miguel que ele repetiria o ano.

Ela diz às crianças que vão fazer a matrícula daí a dois dias. Miguel pergunta o que é matrícula e o pai explica. A mãe diz que o menino vai ficar no segundo ano. Ele fica todo feliz (e todos nós achamos que ele estava feliz porque entendeu que seria a segunda série). Leonardo olha para a mãe. Então, julgo importante esclarecer e pergunto: "É o segundo ano/primeira série, o mesmo ano que o Miguel está fazendo?". A mãe responde que sim, e o garoto fica transtornado, bravo e grita: "Ah! Não! Nessa classe eu não vou, eu só vou para a outra classe!". A mãe tenta acalmá-lo, dizendo que ele e o irmão têm três anos de diferença, então eles têm que ter três anos de diferença na escola também; que essa escola em que eles estão hoje é que o "adiantou" em um ano, e agora vão ficar certos.

Miguel continua transtornado, dizendo que nessa classe ele não vai, que essa classe ele não quer – diz isso mostrando um grande sofrimento.

Leonardo está numa atitude muito amorosa/colaboradora e pergunta ao irmão se ele não quer saber fazer a lição, entender o que a professora dá, e diz que se ele fizer a primeira série de novo, vai conseguir.

O pai também tenta fazer com que ele veja os ganhos que terá.

Então, eu digo que achava que o Miguel estava chateado porque ele tinha vontade de ir para a segunda série, e o que todos estavam falando era da necessidade de ele refazer o ensino para ter mais condições de ir em frente. Digo que eu acreditava que nesse momento ele estava com dificuldade em concordar com a necessidade, porque estava frustrado em sua vontade.

O menino fica um pouco mais tranquilo, e a mãe reforça que ele vai encontrar a J. (a mãe explica que a J. é uma menina da classe do Miguel que se mudou no meio do ano). Aí, Leonardo diz que a J. vai à escola no período da manhã, mas a mãe esclarece que tem o período integral. Então, Leonardo quer a garantia de que vão fazer o integral; a mãe diz que o horário matutino (que é opcional) pode ser a partir das nove horas, duas ou três vezes por semana. Leonardo deixa claro que gostaria de ir todos os dias e desde às sete e meia. O pai diz que ele tem as aulas de piano com a avó paterna e, na escola de música, violino e coral, e pergunta se ele queria continuar; ele faz que sim com a cabeça.

Pergunto se essa vontade do integral que o Leonardo está demonstrando ter não se relaciona com a dificuldade que os pais contaram que tem sido em casa com a empregada, todas as manhãs. O menino fica quieto; a mãe diz que acha que ele está acostumado que o orientem, decidam por ele nas atividades, que ele gosta que digam: agora é hora da lição, agora é hora de brincar etc., como era na antiga escola (escola em que eles estiveram matriculados antes da escola em que estão agora).

Então, o pai diz: "Bom, tem uma outra coisa que o papai e a mamãe querem contar a vocês: é que o papai e a mamãe vão ter casas diferentes, vão ter quartos diferentes... Na mudança, vocês dois e a mamãe irão para o apartamento novo... mas vamos continuar nos encontrando...".

Leonardo arregala os olhos e pergunta: "Por quê?". O pai fala que isso é coisa dele e da mamãe, que disso eles não têm que participar, mas que estarão sempre juntos.

O menino volta a perguntar "por quê?", muito enfaticamente, mais umas três ou quatro vezes, e a resposta do pai é sempre a mesma, reforçando que os ama muito. O pai está bastante preocupado em garantir que tudo vai continuar sempre igual, eles se encontrando...

Leonardo pergunta onde ele vai morar e o pai responde que, por enquanto, na casa da avó (mãe dele). E enfatiza que eles não vão perder, vão ganhar: agora vão ter duas casas.

Miguel está chorando muito, muito mesmo.

A mãe também está chorando. Miguel corre até ela e "se joga" em seu colo.

Leonardo fica calado. O pai ainda tenta contar as atividades que farão quando estiverem juntos. Digo-lhes que, nesse momento, eles demonstravam estar muito tristes pelo fato de as coisas terem que ser assim.

Depois de um tempo, a mãe pergunta se Leonardo não quer falar, e ele balança a cabeça, dizendo que não, Miguel vai até o colo do pai e fica lá, abraçado com ele. A mãe indaga se Leonardo não quer mesmo falar nada, mas ele frisa: "Não tenho nada para dizer...". E ele continua chorando.

Depois de um tempo, Miguel vai até a mesa, desenha e pinta um coração, corta-o ao meio e dá metade à mãe e metade ao pai. No coração, ele escreveu corretamente: "Eu amo vocês de verdade".

Digo que Miguel consegue expressar bem a situação, e parece que ele está se sentindo dividido, que por enquanto é difícil ver ganhos.

O pai acentua: "Mas cabe muita gente no coração, não cabe? E a vovó... e o vovô... e não sei quem...".

Então, Miguel faz um coração para a avó materna e a bisavó, corta-o ao meio e dá à mãe; faz um para os avós paternos, corta-o ao meio e dá ao pai. Faz outro e dá para mim.

A mãe volta a interrogar se Leonardo não quer falar nada e diz: "Você está aí se segurando...", mas ele continua a pintura em silêncio.

A mãe se levanta, vai até ele, passa-lhe a mão nas costas... e depois volta a se sentar.

Miguel volta ao colo da mãe, depois vai ao colo do pai, retorna à mesa e me pergunta se não tenho purpurina; respondo que não, mas digo que talvez tenha estrelinhas e lantejoulas. Ele corre até o armário e os dois meninos querem o material que encontro. O menor espalha cola sobre o papel, em dois lugares paralelos, e sobre a cola dispõe estrelinhas e lantejoulas.

Leonardo prega estrelinhas em seu cartão de Natal. O irmão quer levar sua colagem para casa a todo custo, e tanto o pai quanto a mãe o convencem a deixar o trabalho secando. O outro leva o cartão.

Combinamos de nos encontrar na próxima sexta-feira, no meio do feriado, para não ficarmos com um intervalo de quinze dias.

Continuamos com o trabalho de intervenção por mais três meses para melhorar as ansiedades relativas à separação dos pais, à mudança de casa e ao início da nova escola, oferecendo possibilidades de discriminação e acolhimento em contexto de continência conjunta para a turbulência natural que se manifesta em situações de crise.

Depois disso, os meninos foram encaminhados para terapias individuais. A mãe já se encontrava em análise antes do início do trabalho. O pai, que durante as sessões de intervenção percebeu um pouco mais a necessidade das crianças e da ex-esposa, disse que iria procurar uma antiga terapeuta, de abordagem diferente.

14. Grupo terapêutico com crianças e o trabalho de vínculo com os pais

Carla Lam

Proponho refletir sobre o trabalho que aborda a questão dos vínculos de pais e filhos quando o atendimento das crianças é em grupo terapêutico.

Essa reflexão é feita com base nos registros e lembranças que tenho dos atendimentos realizados no Setor de Saúde Mental do Departamento de Pediatria Geral de uma universidade, no qual trabalhei durante seis anos com um grupo terapêutico de crianças.

Porta de entrada no Setor de Saúde Mental

Uma das principais fontes de encaminhamento aos serviços do Setor de Saúde Mental é a demanda dos médicos pediatras ligados ao Departamento de Pediatria da universidade – em especial do Departamento de Gastropediatria e do Departamento de Genética. Escolas que já tiveram alunos atendidos por nós também nos faziam encaminhamentos. Assim, a maioria das queixas estava relacionada a um sintoma orgânico da criança (por exemplo, encoprese) ou à dificuldade de aprendizagem na escola.

Após triagem, a criança realizava um psicodiagnóstico individual ou grupal e, quando se constatava a necessidade de psicoterapia, elas eram encaminhadas para os grupos terapêuticos – salvo algumas exceções, que eram encaminhadas para a psicoterapia individual ou de família.

Grupo terapêutico

Vale a pena citar, aqui, algumas considerações feitas por Zimerman sobre o trabalho com grupo.

No grupo, todos os integrantes estão reunidos em torno de uma tarefa e de um objetivo comum ao interesse de todos eles; o grupo não é mero somatório de indivíduos: ele se constitui como uma nova entidade, com leis e mecanismos próprios e específicos; e, apesar de o grupo constituir-se como uma entidade, com uma identidade grupal própria e genuína, é também indispensável que fiquem claramente preservadas, separadamente, as identidades específicas de cada um dos indivíduos componentes do grupo (Zimerman, 1999). O autor ainda nos diz:

> O campo grupal constitui-se como uma galeria de espelhos, onde cada um pode refletir e ser refletido nos e pelos outros [...] essa oportunidade de encontro do self de um indivíduo com o de outros configura uma possibilidade de discriminar, afirmar e consolidar a própria identidade pessoal (p. 442).

O grupo terapêutico de crianças ocorria semanalmente e estava sempre aberto – novos componentes podiam sair e entrar a qualquer momento, dependendo do número de vagas e da avaliação dos terapeutas.

Concomitantemente ao grupo terapêutico de crianças, ocorria o grupo com os responsáveis, e ambos eram precedidos em todas as sessões por um encontro em que todos – pais, crianças e terapeutas – se reuniam.

Grupo com os pais/responsáveis

Em sua proposta inicial, o grupo era composto por mães e avós, caso estas tivessem a guarda dos netos. Não era permitida a participação de outros "acompanhantes" da criança. O objetivo era comprometer os responsáveis pelo cuidado no atendimento. Assim, o grupo era homogêneo quanto aos seus participantes: mães ou avós que naquele momento se configuravam como responsáveis pelas crianças encaminhadas ao grupo terapêutico, e que garantissem sua presença no grupo em todos os encontros semanais.

A proposta era conversar sobre as crianças e sobre as relações e vínculos que as mães/avós tinham com elas, e, assim, o grupo se configurava como grupo temático. Observou-se que esse espaço era um momento em que as mães falavam de suas preocupações e angústias. Cabia aos psicólogos acolhê-las, mas mantendo o foco no vínculo mãe/avó-criança.

Com o passar do tempo, sentimos necessidade de inserir, nesse grupo, pais e irmãos, pois nem sempre as mães e avós podiam garantir a presença constante das crianças. Assim, o grupo deixou de ser um grupo de mulheres para ser um grupo mais heterogêneo, o que possibilitou maior discussão de questões relacionadas às crianças, além de questões internas trazidas pelas mães/avós, ampliando o foco do grupo temático.

Nesse tipo de modalidade de atendimento, os psicólogos do grupo de pais e os psicólogos do grupo de crianças devem estar afinados; por isso, é muito importante a participação de todos no grupo com pais e crianças.

Grupo com pais e crianças

Esse momento grupal não se configurava nem como grupo terapêutico nem como grupo temático: era um espaço de acolhimento que possibilitava a interação de todos – pais, crianças e profissionais – e permitia o surgimento de assuntos, questionamentos ou angústias que, posteriormente, poderiam estar ou não presentes no grupo terapêutico das crianças e no grupo com os pais/responsáveis.

O grupo era um momento privilegiado para ver como os pais e seus filhos se relacionavam – ou, dizendo de outra forma, como eram os seus vínculos. Sobretudo, os participantes podiam se perceber na "galeria de espelhos" no encontro de *self*, como citado anteriormente, e ainda podiam conhecer e vivenciar diversas maneiras e modelos de relacionamento (vínculo).

Utilizarei vinhetas de um encontro desse grupo e da sessão de grupoterapia que ocorreu em seguida a este para refletir a importância do atendimento do grupo com pais e crianças, bem como do trabalho de grupoterapia com crianças, cujo foco são os vínculos estabelecidos. Mas, antes, faz-se necessário expor o que entendo por vínculo e falar sobre sua importância para o psiquismo.

Vínculos

Para Zimerman (1999), nas inter-relações pessoais, os vínculos são mais importantes do que as pessoas separadamente. Ele considera que as propriedades (os recursos) não estão *nas* pessoas, mas, sim, *entre* as pessoas e no intercâmbio entre elas. O autor lembra que, para Green (1988), na expressão "relação objetal", a palavra "relação" é mais importante. Da mesma maneira, Tabak de Bianchedi (1999) diz que o fundamental não são os objetos que estão ligados, mas, sim, a ponte que os liga. Devemos, assim, ater-nos ao que transcorre quando duas mentes estão em contato.

Para pensarmos no desenvolvimento do bebê, precisamos considerar que os recursos não estão na mãe e nem no bebê, mas no vínculo estabelecido entre eles, embora esse vínculo estabelecido dependa dos recursos de cada um, mãe e bebê.

Bion (1962a), em seus estudos, ressalta que o desenvolvimento psíquico inicial do bebê se dá na sua interação com a mãe, sendo por ele chamado de uma relação de continente-conteúdo. Na relação inicial com o bebê, a mãe (ou outra pessoa que tenha essa função) serve de "continente" aos conteúdos de angústia do bebê.

Zimerman (1999) entende que para Bion essa interação ocorre por três vias principais: 1) comunicação primitiva – identificações projetivas maciças que o bebê emite à mãe, na expectativa de que esta possa ser continente à elas; 2) formação de vínculos – elos entre duas ou mais pessoas (ou de partes da mesma pessoa) acompanhados de emoções e fantasias inconscientes; 3) a forma de respostas às frustrações – que está ligada à capacidade de tolerar a frustração e de responder de maneira mais ou menos construtiva/destrutiva.

Para Fernandes (2003a), "Vínculo é a estrutura relacional em que ocorre uma experiência emocional entre duas ou mais pessoas ou partes da mesma pessoa" (p. 44), e "Comunicar significa compartilhar com o outro informações de qualquer espécie, o que permite a ambos terem algo em comum, estabelecerem um vínculo" (p. 46). E acrescenta que, se no conceito de vínculo obrigatoriamente ocorre experiência emocional, pode-se dizer que no vínculo as partes envolvidas estão sempre em comunicação.

Segundo Della Nina (2002), na teoria de Bion, a continência é a capacidade afetiva e de transformação dos afetos em elementos simbólicos, e essa transformação está relacionada à capacidade de *rêverie* materna, em que a função α (alfa) está presente. A função alfa tem como objetivos: 1) transformar um elemento sensório bruto (elemento beta) em um elemento psiquicamente significativo e 2) transformar estados anímicos insuportáveis em suportáveis. Para Camargo (2000), "Reverie se refere à tentativa materna de proporcionar continência que possibilite compreensão da realidade do bebê, a fim de apoiar sua perda de onipotência" (p. 100).

Para Zimerman (1999), a psicanálise sempre evidenciou em sua história dois vínculos – do amor e do ódio –, e estes estão relacionados com as pulsões de vida e de morte. Assim, o trabalho analítico vinha priorizando o conflito e a ambivalência entre as duas pulsões. Porém, Bion mostrou que na mente existe, também, uma função vinculadora, que dá sentido e significado às experiências emocionais: o vínculo K, que chamou de "vínculo do conhecimento". Para o autor, a partir das evidências de Bion, a maneira de entendermos o conflito psíquico teve uma mudança, sendo agora enfatizado como o indivíduo se vincula com a verdade (com o conhecimento) contida nas relações amorosas e agressivas.

Para Tabak de Bianchedi (1999), a relação primária entre a mente da mãe e a do bebê é o protótipo do vínculo do conhecimento, ao considerarmos essa relação como um vínculo compreensivo-emocional entre os sentimentos e emoções do bebê e a resposta materna de compreendê-los, decodificá-los e agir – melhor ou pior, de forma adequada ou não.

A função de "continente" não diz respeito apenas à capacidade do sujeito de conter as projeções de outro sujeito, mas também é a capacidade de um indivíduo "conter" as suas próprias angústias e experiências emocionais, de modo a não ter que negar, atuar, somatizar ou repeti-las indefinidamente.

Vínculo R

Zimerman (1999) propõe considerarmos, para além dos vínculos de amor, ódio e conhecimento, outro tipo de vínculo, que denominou vínculo de reconhecimento (R). Este tem quatro manifestações: 1) reconhecimento das verdades pré-existentes contidas nas pré-concepções – próxima ao vínculo K formulado por Bion; 2) reconhecimento do outro – capacidade do indivíduo de perceber o outro como autônomo e com ideias e valores diferentes de si; 3) reconhecimento aos outros – capacidade de considerar e de ser grato ao outro; 4) ser reconhecido pelos outros – necessidade que todo indivíduo tem de ser amado, valorizado, desejado e reconhecido pelo outro como alguém que de fato existe. A necessidade de ser reconhecido pelos outros está ligada às necessidades da posição narcísica e às manifestações da sexualidade. A necessidade de ser reconhecido pelos outros pode ser tão grande a ponto de impedir a pessoa de compreender os outros, de se sentir compreendida ou mesmo de ser como os outros, pois isso levaria a uma profunda ferida narcísica, o que poderia levar à transgressão dos costumes da família e da sociedade.

Material clínico

O grupo terapêutico era composto por duas psicólogas em co-terapia, duas psicólogas observadoras e cinco crianças participantes, sendo todos meninos. O material utilizado neste trabalho é de um atendimento que ocorreu durante as férias escolares. Nesse dia, compareceram apenas três meninos: dois que já participavam do grupo há mais de um ano e um que vinha pela primeira vez. Farei uma breve apresentação dos participantes e utilizarei nomes fictícios.

João, 9 anos, vem acompanhado pela mãe. Foi encaminhado pelo gastroenterologista por apresentar encoprese sem comprometimento orgânico. Os pais são separados e seu contato com o pai é muito esporádico, embora morem no mesmo bairro, encontrando-se com ele apenas em ocasiões em que necessita de dinheiro extra (por exemplo, para comprar remédio). Quando a mãe está brava com o João, ameaça-o, dizendo que vai deixá-lo com o pai, e João, por vezes, ameaça a mãe, dizendo que vai morar com o pai. A mãe trabalha como empregada doméstica e, às vezes, dorme no trabalho.

Rafael, 10 anos, vem acompanhado pela avó paterna. Foi encaminhado pela escola por ter reações explosivas com os colegas. Mora com a avó paterna e não tem contato com sua mãe – esta mora em outra cidade e, segundo a avó, está envolvida com o crime e nunca se preocupou com o filho. O pai é casado e tem filhos, e quase não tem contato com o Rafael.

Hélio, 8 anos. É a primeira vez que vem ao grupo e vem acompanhado pelo pai. A mãe ficou em casa com a filha mais nova do casal. Ele foi encaminhado por ter encoprese. É uma criança muito inteligente e perspicaz, e seu contato com outras crianças é permeado pelo deboche e sarcasmo.

Vinhetas

Grupo de pais e crianças

As crianças e seus responsáveis entram na sala e sentam nas cadeiras colocadas em círculo. João senta no colo da mãe, Rafael, do lado da avó, e Hélio, ao lado do pai. Por ter novos participantes (Hélio e seu pai), todos se apresentam dizendo o nome.

A mãe de João explica sua ausência na semana anterior e diz que, embora João a tenha acordado para vir, ela estava muito cansada.

João diz que, na semana anterior, dormiu no trabalho da mãe e que quando ele quer dormir, a mãe não deixa, mas quando é ele que a acorda, ela não quer acordar. João diz que as aulas vão começar na próxima semana e que serão no período da manhã (mesmo horário que acontece o grupo terapêutico). A mãe dá um beliscão nele –parece-nos um castigo por contar algo que não era para sabermos. João reclama da dor.

A avó de Rafael diz que ele continuará no período da tarde na escola e que vai poder vir ao grupo.

João está no colo de sua mãe e esta, durante todo o tempo que os demais participantes conversam, brinca de mordiscar o pescoço do filho, sendo o contato bastante erotizado.

A avó de Rafael e pai de Hélio falam do horário da escola e dos gastos com os materiais. João se incomoda com o barulho que vem da rua e se levanta. Rafael o acompanha e os dois vão até a janela.

No grupo, todos os integrantes estão reunidos em torno de uma tarefa e de um objetivo comum ao interesse de todos. Neste material, acredito que a tarefa desse grupo era conversar sobre os papéis de cada um nas relações familiares: quem é mãe, filho, marido, namorado etc. A entrada do pai (homem) no grupo foi sentida como ameaçadora às relações já estabelecidas. A mãe de João o coloca numa posição que não é a de filho, mas de companheiro – diz que dormiram juntos, que ele tentou acordá-la para vir na semana anterior e, com João no colo, brinca de mordiscar seu pescoço, o que provoca mal-estar nos demais participantes, inclusive nas psicólogas observadoras. Podemos afirmar que João e sua mãe mostraram algo de si com essa fala e comportamento, mas também representam uma questão grupal: o que significa ter um pai/homem nas relações?

Grupo terapêutico das crianças

João pede a chave do armário onde está a caixa lúdica do grupo.

Rafael: Sai daqui João. Eu que vou pegar a caixa.

Hélio fica isolado, observando o movimento das outras crianças, que tiram os brinquedos da caixa.

Rafael: João, você vai arrumar tudo isso que você colocou fora da caixa. Eu acho que vou desenhar um barco.

João tenta montar o castelo de brinquedo, mas diz que está difícil.

Psicóloga: parece que hoje está difícil. Será que é porque tem um novo participante?

João: Talvez eu não vá vir na semana que vem. Não, eu vou vir sim.

João mostra que quer "comandar" o grupo – pegar a caixa lúdica para todos. Rafael o reprime, diz que é ele quem vai "comandar" e depois manda João arrumar a bagunça que fez, colocando tudo de volta no lugar. Parece uma continuação do grupo de pais e crianças: a troca de papéis de João na relação com sua mãe parece ter trazido uma desordem para o grupo, que precisava ser arrumada.

Hélio observa atentamente as peças do jogo que João coloca no chão.

Rafael: João, por que você não escreve uma carta para a sua namorada?

João: Eu não! Eu não tenho namorada.

Rafael: João, quando você vai casar?

João: Cala a boca, moleque.

Rafael: Seu fedido! Vou escrever o nome no papel.

João: Não é para você escrever o nome do meu pai, senão eu vou te rasgar.

Psicóloga: Por que não pode colocar o nome do pai?

As crianças ficam caladas.

Hélio vai até a caixa e pega massinha com todas as cores misturadas. Na semana anterior (quando Hélio ainda não estava no grupo), essa massinha tinha sido misturada pelas crianças, que disseram ser parecida com cocô.

João brinca com as peças do castelo e Rafael brinca de dobradura com o papel.

João pega a tesoura e pergunta se Rafael precisa dela. Rafael diz que ele já cortou.

João pega uma bandeira do Brasil de dentro da caixa e pergunta a Rafael para qual time de futebol torce.

Rafael: São Paulo!

João: Ih! Bambi. O meu é o Corinthians.

Psicóloga: Parece que quando falam de times e do que cada um é, querem se conhecer.

Hélio pergunta para a psicóloga qual o seu time e diz que acha que ela é palmeirense.

Rafael fez um jogo "boca de leão" com o papel e pede para Hélio escolher um número e uma cor, para que possa ler o que o jogo vai dizer que ele é.

Rafael: Deu que você é rei.

João e Rafael começam a colocar apelido um no outro, e, por fim, Rafael vai pra cima de João, e eles ameaçam se bater.

Hélio: Vai acabar com um chorando.

Rafael pergunta a João de seu namorado e João responde não ter namorada. As crianças investigam sobre as relações amorosas sem conseguir discriminar o feminino do masculino. João diz para Rafael não escrever o nome de seu pai – com isso, diz para não "trazê-lo" à sessão (à conversa).

Depois, tentam se conhecer: querem saber do time (ou se gostam de homem ou de mulher). Com o jogo "boca de leão", podem investigar o que cada um é (rei ou gay) sem comprometimento – afinal, é o jogo que diz o que o outro é.

Embora apareçam disputas e rivalidades, observamos o vínculo de conhecimento (K) descrito por Bion. As crianças investigam quem é cada um na procura de si. A pergunta é "quem eu sou?" e, para se conhecer, é preciso se diferenciar do outro – é preciso que se reconheçam como diferentes, mesmo que de forma pouco amorosa.

João pede para ir ao banheiro e sai da sala antes da resposta da psicóloga.

Hélio: Mas ele vai embora?

Psicóloga: Às vezes fica difícil seguir as regras.

Rafael (para Hélio): Você sabe jogar dominó?

Rafael e Hélio jogam dominó.

João não volta para a sala e fica na recepção. Uma das psicólogas sai da sala para chamá-lo. Rafael sai atrás dela e diz a João, ainda na recepção, que se ele não voltar, vai apanhar.

Rafael e Hélio não são indiferentes à saída de João. Interrogam o acontecido e vão buscá-lo, ameaçando-o. Precisam dele para continuar a conversa. Talvez João tenha saído da sala para que pudesse ser buscado, reconhecido como importante para o grupo – o mais importante. Nesse momento, as crianças não podem ser gratas aos colegas, mas buscam o reconhecimento de seu valor.

Considerações finais

Quando nos propomos a atender um grupo terapêutico de crianças, precisamos ter claro como será a comunicação com os pais e como criar um espaço de interação. No Setor de Saúde Mental, optamos por ter um grupo com pais concomitante ao grupo terapêutico de crianças e um espaço de interação anterior entre eles. Assim, há a possibilidade de trabalharmos com o mesmo tema nos dois grupos, se esse surgir no grupo em que estão todos e continuar nos grupos separados. Também introduzimos um encontro semestral dos profissionais com cada criança e seus pais, para atualização da queixa e o direcionamento a seguir.

Procurei mostrar, neste relato, como é importante que os psicólogos sejam continentes ao grupo, trazendo significado às experiências emocionais presentes e possibilitando que as angústias sejam mais suportáveis – e, ainda, que os integrantes, ao se sentirem pertencentes ao grupo, possam usufruir de novos vínculos.

PARTE VI

Interlocução com a clínica dos transtornos alimentares

As relações alimentares representam a primeira janela clínica por meio da qual podemos entrever as potencialidades e as dificuldades de "digerir" e metabolizar o que recebemos de nossos cuidadores desde nossas primeiras parcerias. Desde o bebê e ao longo do desenvolvimento, as experiências com a alimentação, por sua proximidade com os temas vida/morte, sobrevivência/ameaça e vulnerabilidade, resiliência e risco, prestam-se a cenário e espaço de acolhimento para as mais intensas transmissões de ansiedades, sensibilidades, receios e fantasias que abalam a confiança na capacidade de prover e sustentar recursos favoráveis que possam nutrir o desenvolvimento físico e emocional entre as gerações. O Espaço de Interlocução para Trabalhos com Pais-Bebês/ Crianças traz, aqui, tocantes relatos e propostas de investigação, incluindo a contribuição de experiências desenvolvidas além-mar e alimentadas pela ponte Londres-São Paulo, oferecendo um olhar clínico-terapêutico e preventivo ao se buscar favorecer a resiliência dos indivíduos e das relações diante de dificuldades que podem ameaçar – às vezes de forma severa, como na situação de anorexia aqui ilustrada – a existência física e psíquica. Por outro lado, como também relatado nesta parte, justamente por serem, muitas vezes, evidenciadas tão inicialmente, tais dificuldades podem viabilizar um olhar atento e uma atenção relacional, permitindo-nos, então, vislumbrar uma porta de entrada para a reflexão e cuidado no contexto do desenvolvimento das capacidades de internalização e das interações vinculares.

15. O *self* aprisionado: desdobramentos no processo psicanalítico (compreender o *self* aprisionado: um jeito diferente de domesticar)

Jeanne Magagna

Tradução: Tania Mara Zalcberg
Revisão: Mariângela Mendes de Almeida

Introdução

Este artigo descreve algumas dificuldades do trabalho do psicoterapeuta com jovens que sofrem de anorexia nervosa. A anorexia nervosa consiste em um conjunto de proteções primitivas usadas em lugar do funcionamento reflexivo em que a pessoa contém suas emoções por tempo suficiente para lhes dar um nome e pensar a respeito delas, de maneira que esses sentimentos possam ser psicologicamente contidos. Algumas proteções primitivas usadas na anorexia nervosa são a onipotência primitiva e a onisciência primitiva. A negação da hostilidade também é muito prevalente. O uso do controle onipotente em lugar da continência se mostra por meio de uma série de comportamentos, inclusive:

- necessidade obsessiva de controle do peso, que resulta em rápida perda de peso (sem importar qual seja o peso da pessoa);

- necessidade obsessiva de controle da presença de alimento dentro do corpo para controlar a gordura e evitar o desenvolvimento sexual;

- o controle da gordura pode ser feito por meio de dietas, vômitos, uso de laxantes ou por exercitar-se de forma obsessiva;

- senso de discrepância entre a idade cronológica e a maturidade emocional da pessoa.

A presença de *onisciência primitiva* implica que parte do *self* intelectual é escindida do *self* vulnerável, dependente e que tem sentimentos. Isso significa que o jovem pode ter um bom funcionamento intelectual, mas o *self* dependente, vulnerável, não estará ligado com o *self* intelectual, que pode falar das experiências emocionais, mas sem estar conectado com elas.

Ao mesmo tempo, o *self* emocional aprisionado usará *acting out* tanto dentro quanto fora das sessões para dar expressão a uma experiência emocional que é inconsciente e, talvez, parte de uma experiência não verbal ainda não presente em forma simbólica.

É preciso haver um psiquiatra especializado em transtornos alimentares atendendo o jovem para monitorar sua condição médica. É preciso haver um terapeuta atendendo, em terapia, o casal parental ou a família para trabalhar as ansiedades da família que possam suscitar abuso emocional ou que impeçam de levar em conta a gravidade da condição física do jovem anoréxico. Tanto Bryant-Waugh e Bryan Lask quanto Gianna Williams têm livros sobre transtornos alimentares que são muito úteis para uma melhor compreensão a respeito dessas questões, e serão incluídos nas Referências deste livro.

Descreverei, agora, um encontro com uma jovem anoréxica e algumas questões terapêuticas que eu, sua terapeuta, enfrentei.

O encontro com Hanna

"Ela me odeia", eu disse à equipe quando descrevi minha sessão psicoterapêutica com a jovem Hanna, de 13 anos. Sofrendo de anorexia nervosa, Hanna acabara de ter a quarta sessão de psicoterapia durante sua internação. Entretanto, senti-me constrangida de mencionar que nada que eu pudesse dizer ou fazer parecia ser bom para ela. Aparentemente, sou como "peixe envenenado", "nada de bom", uma intrusa indesejável em sua vida.

Às vezes, fora do horário da sessão, quando passo por ela no corredor e a cumprimento, Hanna caminha ao meu lado com os olhos baixos. Ela não sorri para mim, não me olha: toda a sua postura corporal permanece inalterada, como se eu não existisse, não tivesse falado. "Por que mereço isto?", eu me pergunto, "Quase não falei com ela, ela não me conhece". "Mais uma vez me sinto 'nada de bom', jogada fora como uma peça de roupa inútil, há muito descartada. Sou evitada tal qual Hanna evita comida."

Na verdade, vejo-me refletindo com frequência sobre esse tipo de situação como profissional. O que tem de tão atraente em trabalhar num centro para transtornos alimentares que tem vinte jovens de 9 a 18 anos? Por que me aventuro em psicoterapia com jovens que frequentemente "se entrincheiram", fechando-se para os pais, amigos, enfermeiras, médicos e psicoterapeutas e para si próprios?

Inicialmente em meus encontros com jovens pacientes, como nessa ilustração, o *self* vulnerável permanece inconsciente e frequentemente aprisionado dos jeitos mais dramáticos. A Figura 15.1 é um exemplo de um desenho feito por outra jovem anoréxica[1] em psicoterapia comigo.

---

1 Ainda que 25% dos jovens anoréxicos sejam do sexo masculino e haja muitos homens terapeutas, usarei o pronome feminino por conveniência.

Figura 15.1 – Um urso preso numa cela.

Voltando a Hanna: a princípio, tinha parado totalmente de comer e de beber. Isso fora precedido pelo uso de "não pensar", passando a não conhecer seus sentimentos, um tipo de congelamento do acesso tanto ao seu autoconhecimento consciente quanto inconsciente. Por exemplo:

- Hanna tinha dificuldade de dormir, mas não tinha acesso a seus sonhos;
- Hanna era solitária, mas não tinha acesso a palavras para suas emoções;
- o corpo de Hanna era frio e cansado, mas ela não parecia ter sensações de calor, frio ou cansaço.

Continuei tentando falar com Hanna durante a quinta sessão. Não fiz isso propondo perguntas, pois eu entendia que perguntas me tornariam uma figura exigentemente curiosa e intrusiva; ao contrário, continuei a refletir sobre como ela estava sendo, como seria para ela estar na minha presença. Fora alguns comentários irritados e frios para me corrigir, Hanna ficou firmemente de costas para mim, com o rosto invisível, olhando pela janela. Depois, dobrou-se em posição fetal, com a cabeça escondida no corpo. Parecia estar protegendo, de forma bastante concreta, o acesso ao seu coração.

Depois dessa sessão, mais uma vez me vi conjeturando: "Por que escolhi trabalhar numa situação em que, de início, sou tão constantemente rejeitada? Por que escolhi ficar de fora, no frio, no silêncio, enquanto 'dou voz aos meus pensamentos para eles apenas despencarem no chão'?". Sinto que não posso ir adiante com Hanna até entender minhas vivências contratransferenciais e minha decisão de trabalhar com ela e com esses jovens que, fora sua entrada inicial obediente no consultório, por um período de tempo, secreta ou visivelmente, rejeitam a mim e ao que eu represento, totalmente. Acredito que todo terapeuta precise questionar o significado pessoal de concordar em atender certo paciente em psicoterapia.

Estudei uma literatura bastante diversa relativa à anorexia nervosa e psicanálise. Os profissionais no campo da anorexia nervosa com frequência focalizam as formas de ajudar as jovens a ficarem motivadas a tomar a responsabilidade de comer novamente: trabalhar na mudança dos comportamentos alimentares das jovens. Há discussões sobre calorias, métodos de ganhar peso, comorbidade, perfeccionismo, questões transculturais, terapia comportamental cognitiva, manuais de terapia familiar, predisposição genética à anorexia nervosa. Todas essas questões podem ser importantes, mas geralmente não abordam a *questão central da paciente* a respeito da relação específica com a terapeuta e o *self* nuclear, vulnerável, emocional e dependente. E muitos profissionais também não abordam a questão de por que qualquer um de nós quer fazer esse trabalho tão difícil com jovens como Hanna, que se matam de inanição, agridem a si próprios, arranhando-se, e aparentemente rejeitam a psicoterapia.

Há vinte anos, era fascinante aprender a respeito de todos os diversos aspectos da anorexia nervosa; mas atualmente fiquei entediada e com excessiva familiaridade à monotonia do "clube insalubre" da anorexia nervosa, em que todos os membros parecem estar unidos no desempenho de padrões similares de inanição, contagem de calorias, exercícios, ódio aos seus corpos, sentidos como feios e gordos, odiando a si próprios. Eu me pergunto: "Que graça tem ficar exposto a isso, dia após dia? Nenhuma! Deve haver algo bem mais importante para mim, para preferir trabalhar com jovens com transtornos alimentares do que ter um emprego em que posso ser útil e ter um salário condizente para ser terapeuta psicanalítica tanto individual quanto de famílias".

Assim, pergunto-me de novo: "O que é?". Por que me exponho a tanta falta de amor por si e por mim? Às vezes vocês provavelmente se pegam fazendo a mesma pergunta. Para cada um de nós, haverá respostas diferentes, todas potencialmente importantes. Tatearei meus pensamentos e sentimentos para tentar responder subjetivamente à questão: "Por que você ou eu escolhemos trabalhar com tanta rejeição a quem nós somos ou ao que temos a oferecer de nós mesmos?".

À medida que fui permitindo que meus pensamentos vagassem, lembrei-me do poema não publicado de Rilke:

Ai, minha mãe me derruba

Pedra sobre pedra eu colocava para o self

E me erguia como uma casinha

Com o grande dia se deslocando em torno,

Mesmo sozinho...

Agora chega minha mãe

Chega e me derruba

Ela me derruba com seu jeito de olhar

Ela não vê que alguém constrói.

Justo através do meu muro de pedras ela anda

Ai, minha mãe me derruba[2]

E, a seguir, lembro o poema de Emily Dickinson que eu recitava quando adolescente:

Eu sou Ninguém. Quem é você?

Você é – Ninguém – Também?

Então há um par de nós.

Não conte! Eles advertiriam – você sabe!

Como é triste ser Alguém

Como é público – como uma Rã –

---

2 *Oh woe, my mother knocks me down*
   Stone upon stone I'd laid towards the self
   And stood like a small house
   With the big day moving around it,
   Even tho alone...
   Now comes my mother
   Comes and knocks me down
   She knocks me down with her way of looking
   She does not see that someone builds.
   Right through my wall of stones she walks
   Oh woe, my mother knocks me down.

Dizer o próprio nome – o dia todo

Para um Pântano admirado

(Dickinson, 1861, p. 133)[3]

Apesar de ter tido um grupo bem chegado de amigos da escola, deve ter havido alguma agressão à minha mãe e aos seus filhos para eu me identificar com esse sentimento de "eu sou ninguém", e não alguém.

Revejo, então, minhas diversas observações espontâneas de bebês e crianças em casa com suas mães e seus pais:

Observo Jane, de 1 mês de idade, radiante enquanto olha nos olhos da mãe. Nos braços da mãe, ela está extasiada enquanto sente a beleza de ser recebida pelo olhar desta. A mãe está radiante de ter dado à luz uma bebê saudável, que responde tão bem ao seu amor.

À medida que as semanas passam, observo Jane chorando quando a mãe sai da sala. Quando ouve o som dos passos da mãe andando pelo corredor em sua direção, Jane para de chorar.

Quando Jane, aos 8 meses, começa a engatinhar, segue a mãe da sala para a cozinha ao lado. Jane olha atentamente a mãe conversando com o pai, que faz chá e, a seguir, senta-se à mesa para ajudar seu irmão, Jeremy, com um quebra-cabeça.

Quando a mãe não está observando cuidadosamente seus filhos, Jane é agredida pelo irmão de 18 meses, Jeremy. Mas Jane não chora mais quando isso ocorre: ela para de respirar, permanece imóvel e soluça.

---

3 *I am Nobody. Who are You?*
   Are you–Nobody–Too? Then there's a pair of us. Don't tell! they'd advertise –you know! How dreary to be Somebody How public–like a Frog– To tell one's name– the livelong day To an admiring Bog.

A mãe está achando difícil dar a Jane o que ela precisa, pois está preocupada em não incitar ciúme em Jeremy. Jane é deixada sozinha com frequência enquanto a mãe lê historinhas e brinca com Jeremy.

Certo dia, Jane derruba o cereal em cima da sua cabeça e sai da mesa. Aos poucos, ela para de seguir a mãe, porque acha que ela está brincando com Jeremy. Jane se volta para seu cobertor azul, que contém todos os deliciosos cheiros dela e da mãe juntas. Deixada só com frequência, antes de 1 ano, "lê" seus livrinhos de história.

Com o passar do tempo, Jane começa a desenvolver uma relação diferente com a mãe. Com 1 ano, é perfeitamente capaz de brincar sozinha. É descrita como "uma boa bebê", que raramente chora. Aos 17 meses, Jane desenvolveu uma ampla gama de palavras e interesse por livrinhos de gravuras e alguns brinquedos. Com pouco menos de 2 anos, Jane consegue falar sentenças completas.

O intelecto de Jane segue se desenvolvendo de modo impressionante. Ela é a primeira da classe no primário. Em seu entendimento, ela precisa ser a primeira ou se sentirá fracassada. Precisa fazer cada frase da sua lição de casa com perfeição, soletrando perfeitamente, ou se sentirá novamente fracassada. Refaz de forma obsessiva seu projeto escolar sobre o território da Grã-Bretanha até ficar bonito e perfeito. Jane é extremamente esforçada, precisando ter reconhecimento constante e notas "A+". Por meio das melhores notas, ela espera obter o amor dos pais e dos professores que as atribuem.

Depois, percebo que Jane escindiu uma parte do seu ego. Essa parte do seu ego emocional vulnerável está em estado diferente do seu *self* intelectual bem-sucedido. Essa parte não amadureceu. Ainda é como o bebê de 10 meses que Jane foi. Esse *self* está ferozmente protegido por uma estrutura protetora pseudomadura, onipotente, do tipo "posso tomar conta de mim". Jane usou seu intelecto e a onisciência primitiva para sobreviver à adolescência. Seu *self* emocional vulnerável não tem maturidade para enfrentar o problema de ter um corpo igual ao da mãe, e ela não tem capacidade emocional de sobreviver, enquanto adolescente, em um grupo de colegas fora da família.

Recordo-me dessa observação da infância da bebê Jane quando Hanna, de 13 anos, diz que gostaria de ter 5 anos novamente, pois conseguiria brincar com seus brinquedinhos de pelúcia. Ela diz que tem sido adulta há muitos anos, que era boa quando pequena. Mas ninguém notava como ela se sentia. Agora, ela vai permanecer anoréxica, daí a mãe poderá alimentá-la e cuidar dela para sempre. Antes de ser hospitalizada devido à anorexia, Hanna não se separava da mãe, que precisava ficar com ela durante todas as refeições e tinha de cuidar dela todo o tempo. Sentindo ciúme, Hanna agrediu a irmã de 14 anos quando esta tentou chamar a atenção da mãe para conversar com ela.

Hanna afirma não ter espaço na família. Vai com frequência para o quarto e fecha a porta: lá ela tem espaço físico, mas isso não significa que tenha espaço na família. A mãe conta que quando Hanna era pequena, tentava abraçá-la, mas Hanna não deixava. Hanna diz que, às vezes, a mãe entra no seu quarto para tentar falar com ela ou encorajá-la a descer para ficar com a família, mas ela rejeita a mãe. Ela sente que não tem espaço na família porque a família é muito caótica. Hanna se sente só, mas criou um *self* onipotente, do tipo "posso cuidar de mim", que fica ameaçado, e se defende de todo gesto afetivo ou compreensivo da mãe ou meu; porém, em um instante surpreendentemente cooperativo, Hanna faz um desenho (Figura 15.2).

INFÂNCIA, VÍNCULOS E DIVERSIDADE PROFISSIONAL   255

Figura 15.2 – Uma menina com um cachorro enrolado.

É o desenho de uma moça de 22 anos que tem ao seu lado um cachorro enrolado. Quando olho o desenho, penso na observação da professora de Hanna: "Ou ela tem 18 anos ou tem 5; não há maturidade para que ela possa ter 13 anos, a idade dela".

Onipotência primitiva

Gostaria de pensar em Hanna em termos da *onipotência primitiva*. Há uma parte infantil da personalidade dela que sente sua pele muito fina e frágil. Essa parte incorpora as emoções aterrorizadas, medrosas, amorosas, odiosas e raivosas de Hanna. Os olhos da jovem de 22 anos se mostram preocupados. Seus sentimentos são excessivos e assustadores em sua intensidade porque são emoções infantis que nunca foram suficientemente vivenciadas de forma consciente ou exprimidas abertamente quando Hanna era bebê. Hanna, como a bebê Jane, retratada anteriormente, foi descrita como "uma bebê boa e calma". Agora, quando Hanna deixa seus sentimentos saírem, eles são arrasadores para ela e para a mãe. Ela grita, chora e bate na mãe. Fala comigo rispidamente, mas com um leve tom de queixa, dizendo: "Você não me entende, como poderia me entender? Você apenas finge que me conhece. Você não sabe realmente quem eu sou! Eu não gosto de você, não gosto de estar aqui. Não gosto da minha casa. Não gosto de quem eu sou. Não gosto de ser eu!".

O cachorro enrolado e Hanna, enrolada atrás do divã, contêm medos de desintegração, de despedaçamento, de dissolução em um estado de inexistência: não existir, sem corpo, sem *self*. A jovem de 22 anos parece representar um *self* que usa repetidamente *onipotência* e uma série de mecanismos primitivos de proteção. Esther Bick (1968), psicanalista em Londres, descreve como esses mecanismos primitivos de proteção são usados na primeira infância para manter certa coesão do *self*. Os mecanismos primitivos de proteção são colocados em funcionamento quando há uma ruptura do vínculo com a mãe ou na ausência de uma mãe emocionalmente empática, amorosa, compreensiva e que sustente fisicamente.

Esses mecanismos primitivos de proteção usados por meninas que sofrem de anorexia nervosa incluem:

- negação;
- constrição e erotização do corpo;
- onisciência;
- onipotência;
- aderência a partes patológicas tirânicas do *self*;
- inanição e autoagressão.

Escrevi a esse respeito em meu artigo sobre dificuldades alimentares graves em *Surviving space: papers on infant observation*[4] (Magagna, 2002), editado por Andrew Briggs.

Em um momento de crise ou conflito, a criança – ou pessoa de qualquer idade – pode se voltar para a mãe interna ou externa, emocionalmente receptiva ou compreensiva, ou para qualquer um desses mecanismos primitivos de proteção. O uso excessivo de qualquer um desses mecanismos primitivos de proteção implica não se voltar para a mãe compreensiva ou na indisponibilidade de uma mãe que possa reconhecer e tolerar a dor psíquica, amor e anseio, bem como ódio e raiva. Por exemplo, a criança pode voltar-se para o superego severo e fazer uso excessivo das funções intelectuais, da autoagressão ou da anorexia nervosa como parte de uma operação de salvamento quando o *self* teme a desintegração. Esse é, geralmente, o modelo das jovens com anorexia nervosa.

A *autoagressão da jovem anoréxica como parte da transferência total*

Avaliarei, agora, os arranhões de Hanna e minhas ideias acerca da autoagressão em jovens anoréxicas. A autoagressão pode ter feito parte da história da jovem antes de ela ter iniciado a psicoterapia. Uma vez começada a psicoterapia, é essencial que a terapeuta considere o arranhar, cortar, tomar overdoses e passar fome como formas de autoagressão na transferência total. Com isso, quero dizer que a totalidade da resposta emocional da criança ao ambiente de internação (o *setting*, os procedimentos institucionais, a gama das funções da equipe) precisa ser entendida como parte da relação total de transferência com a terapeuta. Quando Hanna fala de

---

4 Espaço de sobrevivência: artigos sobre observação de bebês (tradução livre).

estar "engaiolada" e "trancada", eu presumo que ela esteja falando de estar aprisionada não só por ideias anoréxicas, ou pela decisão dos pais de interná-la e das enfermeiras de cuidar dela, mas também por embarcarmos em uma viagem de psicoterapia individual.

Em minha experiência, surge um risco maior de autoagressão quando a jovem começa a ter mais consciência da utilidade da terapeuta e do aumento da sua vulnerável dependência, da compreensão da terapeuta como fonte de alívio e compreensão. Nesse momento da terapia, a jovem começou a se libertar de parte da onipotência primitiva envolvendo negação de sentimentos e o controle obsessivo, presente no ser anoréxica, no exercitar-se e no passar fome. Como consequência, pôde haver um aumento da autoagressão se a jovem se sentir inundada pela onda de sentimentos infantis liberados quando a terapeuta está ausente durante as férias. Por isso, é importante que, antes das férias, a terapeuta busque traços de pânico ou de dor devido à sua ausência – imaginada ou real, curta ou longa – e os discuta.

Tenho notado que as respostas das psicoterapeutas à autoagressão das jovens anoréxicas com frequência envolvem grande necessidade de serem amadas pelas pacientes, a dificuldade de tolerar ser uma figura persecutória má e a tendência de "cindir a transferência" da jovem, de forma que a terapeuta receba a transferência amorosa e fale a respeito do mundo externo mau (descrito pela paciente como os pais, os amigos, os professores, a equipe de enfermagem). Não conseguir abarcar a raiva, a hostilidade e o sentimento de abandono da jovem na transferência total à terapeuta pode levar a atuações graves da parte vulnerável, dependente, da paciente em relação tanto à equipe do hospital quanto aos pais. Pode, também, levar a jovem a se arranhar, a se cortar e a sofrer uma *overdose*.

Há diversos fatores que tendem a seduzir a psicoterapeuta a reunir a transferência positiva, amorosa, da jovem anoréxica, ao mesmo tempo que permite que a transferência negativa seja dissociada e dirigida ao pessoal auxiliar, aos pais, professores e colegas. Eis alguns fatores:

1. A terapeuta supõe falsamente que a paciente tem um apego seguro com ela, enquanto, simultaneamente, sua necessidade de se sentir amada pela paciente a impede de reconhecer a hostilidade dela.

2. A paciente com apego ambivalente não confia que a terapeuta aceite sua hostilidade e teme ser rejeitada se for hostil. Eventos inconscientes ocorrem de tal modo que a paciente *nega* sua hostilidade – aparentemente, dá-se bem com a terapeuta, enquanto a ataca internamente. Como consequência, no mundo interno da paciente há uma terapeuta vingativa que aparece, por exemplo, em pesadelos nos quais a paciente está sendo atacada pela psicoterapeuta. Na Figura 15.3, temos um desenho de um pesadelo sugestivo disso.

Figura 15.3 – Terapeuta-bruxa com dentes que mordem e unhas que arranham.

A paciente que fez esse desenho tem medo do que possa acontecer em seu relacionamento com a terapeuta se reconhecer ou demonstrar sua hostilidade e destrutividade abertamente.[5] Uma menina, inclusive, ocultou o fato de se cortar, dizendo: "Eu queria que você pensasse bem de mim. Eu estava com medo do que você iria pensar se eu lhe contasse".

3. A paciente anoréxica com apego ansioso é francamente possessiva. A terapeuta não integrou de forma suficiente suas próprias vivências de rejeição e sua própria destrutividade latente diante disso; fica, portanto, cega para o desamparo da paciente, seu sentimento de desespero total de ser abandonada e sua hostilidade e raiva em relação à terapeuta que abandona.

4. A evitação de apego da paciente anoréxica pode apresentar, ainda, maiores dificuldades para a terapeuta trabalhar de forma terapêutica, pois ela pode se enganar a respeito do verdadeiro estado das coisas: a paciente pseudocompetente, intelectualizadora e rejeitadora pode ter aprisionado o *self* necessitado, dependente, apegado e secretamente vinculado à terapeuta. A forma de observar a comunicação inconsciente da paciente que se sente secretamente largada é examinar suas atuações[6] e os temas das narrativas e dos sonhos da paciente.

Alguns sonhos relatados pelas pacientes que preveem e descrevem as reações vigentes ao sentimento de serem largadas pela terapeuta:

- noite após noite, sonhei que estava caindo da escada;

---

5   Devo acrescentar que, em certo momento, seis das oito jovens pacientes anoréxicas de um grupo que atendo estavam com medo do ataque de aranhas! Penso que isso representa o ódio dirigido à mãe interna.

6   *Acting out.*

- sonhei que estava em um hotel e não conseguia encontrar meu caminho;

- sonhei que fui para a estação de trem, mas, quando cheguei, descobri que meu trem estava partindo;

- sonhei que todas as meninas e a equipe gostavam da alegria de Sarah, mas ninguém gostava de mim.

Com frequência, depois de dois a quatro meses de psicoterapia que está indo razoavelmente bem, ocorrem diversos fenômenos virtualmente ao mesmo tempo: a paciente começa a confiar mais na capacidade da terapeuta de ser útil para ela e a psicoterapeuta tira férias. É uma ocasião em que *a terapeuta deve tomar um cuidado especial* de preparar a jovem para a separação e entender o sentimento desta de que quando terapeuta e paciente não estão juntas, a terapeuta será sentida como mãe rejeitadora, evocando todas as vivências infantis de figuras rejeitadoras do passado. É essencial que a terapeuta entenda cuidadosamente seus próprios sentimentos e suas *respostas contratransferenciais* ligados ao fato de deixar a paciente entre as sessões, em lapsos da empatia durante a sessão ou em resposta ao fato de tirar férias.

Frequentemente, a terapia está progredindo sem aumento da autoagressão (a não ser a inanição), até que a primeira pausa na programação terapêutica ou a primeira crise interna da terapeuta afete sua empatia em relação à paciente. A falta de empatia e de compreensão, bem como a separação da terapeuta, pode levar a paciente a se sentir arrancada, jogada fora devido a essa falta de compreensão, de empatia, ou à ausência física para férias. Fúria por necessidades não satisfeitas, mas também fúria possessiva e pânico a respeito de separação ou de não conexão emocional na sessão são frequentemente questões evitadas, mas que precisam ser abordadas no trabalho psicoterapêutico com jovens com transtornos alimentares.

Entender a própria contratransferência em relação a uma jovem anoréxica

Frequentemente, eu me vejo, ou a algum supervisionando, dizendo: "Tenho um paciente difícil que precisa ser compreendido". No momento em que isso é dito, já avisto um problema. Deixe-me dar um exemplo:

A paciente anoréxica Lorna, de 14 anos, está agarrada a mim de forma adesiva, com apego ansioso. Ela é muito possessiva em relação a mim e, por meio de um sonho a respeito de um cão pastor da raça *Old English* em um jardim, percebo que ela descobriu o endereço da minha casa e está visitando meu cão no jardim com regularidade quando estou no trabalho. Achei sua intrusividade e possessividade tão opressoras que fiquei sonolenta e fui para um tipo de não pensamento durante uma sessão com ela. Na noite seguinte, ela tomou uma *overdose* de paracetamol e precisou de uma lavagem estomacal.

Não foi simplesmente o fato de eu ter uma paciente difícil, mas, sim, minha dificuldade contratransferencial de aceitar que Lorna estava totalmente dependente, agarrando-se possessivamente a mim. Devido à negação dos meus próprios apegos possessivos, não consegui conscientizar, entender nem tolerar a relação possessiva que fazia Lorna agarrar-se a mim.

Ao investigar sua *overdose* e o que precisava mudar para que isso não acontecesse de novo, descobri que eu era, de fato, a única pessoa de quem Lorna podia depender. Ela estivera tendo relações sexuais com o namorado alcoolista de sua mãe. Os fatos de trair sua mãe e de a mãe não perceber o abuso sexual levaram Lorna a temer rejeição por parte de todos em sua vida caso ela se mostrasse realmente como era, apegada e possessiva. Ela também temia o que poderia acontecer se revelasse a relação sexual com o ex-namorado da mãe, que acontecera dois anos antes. Eu estava assustada e incapaz de tolerar a total dependência de Lorna para comigo, que era quem, na ausência da família, poderia lhe dar apoio e proteção. Eu tinha um problema contratransferencial que me levou à negação da dependência de Lorna para comigo.

A *overdose* dela me fez perceber a necessidade de fornecer apoio constante aos pais e à equipe que dava cobertura à jovem anoréxica em terapia. Percebo que, geralmente, o problema não é apenas "uma paciente difícil", mas minha dificuldade contratransferencial de estar aberta à verdade dos sentimentos onerosos, cruéis, dolorosos, vulneráveis e dependentes de Lorna, de Hanna e de todos os outros jovens com quem eu trabalho em terapia. Na verdade, agora reconheço que o *self* emocional vulnerável de ambas, psicoterapeuta e jovem anoréxica, está frequentemente "aprisionado" de diversas formas; portanto, não só é necessário o conhecimento intelectual sobre anorexia nervosa, mas também o espaço emocional para a psicoterapeuta penetrar nas profundezas do seu próprio ser e entender o que a jovem anoréxica está ativando nas profundezas da sua psique.

O espaço emocional é essencial para que a psicoterapeuta possa investigar sua própria psique para compreender os conflitos contratransferenciais que precisam ser entendidos acerca de questões como:

- Por que a paciente anoréxica está fugindo justamente na hora combinada para ter uma sessão comigo?

- Por que a paciente anoréxica está tomando uma overdose justamente na hora da nossa sessão?

- Como a paciente anoréxica se sente a respeito de me deixar e de sair da internação na qual estou oferecendo psicoterapia, já que ela não tem apoio externo adequado quando sai?

- Por que a paciente fica sem comer, arranha-se, corta-se e toma overdoses mais nos fins de semana, quando eu e os outros profissionais responsáveis por ela não estamos por perto?

Com a agenda apertada, parece melhor escolher ler livros sobre anorexia e relaxar lendo romances do que pensar nos conflitos contratransferenciais que estão no cerne da questão do desenvolvimento psicológico conjunto da paciente e da terapeuta. Em particular, se a terapeuta tiver muitos pacientes em psicoterapia, há o risco de se dar pouco tempo para examinar a transferência individual profunda da paciente e a resposta da terapeuta e suas dificuldades de manter uma ligação aberta, empática e compreensiva com a paciente. O livro de Heinrich Racker (1982), *Transferência e contratransferência*, o de Herbert Rosenfeld (1987), *Impasse e interpretação*, e a própria autoanálise em que o terapeuta associa livremente ao que a paciente trouxe, durante a sessão, são ajudas especialmente importantes para reparar a ligação danificada entre psicoterapeuta e paciente.

Negação

Um dos principais problemas de trabalhar com Hanna é que a jovem de 22 anos, rejeitadora e de costas para mim, fala comigo por meio de linguagem corporal, silêncio e poucas palavras. A parte "cachorrinho enrolado" dela está conscientemente pouco disponível a ela, se estiver. Recentemente, recomendei aos pais de uma criança pequena que não comia que observassem a brincadeira espontânea da criança e escutassem seus sonhos, pois, em lugar de falar diretamente, essa é a maneira pela qual uma criança pequena elabora seus conflitos emocionais com os membros da família e se comunica.

No caso, a parte "cachorrinho enrolado" de Hanna não fala diretamente, mas atua[7] as questões conflituosas comigo. Acho que fiquei tão arrasada pela "Hanna rejeitadora de 22 anos" que me foi até difícil ver os sentimentos positivos, de apego da Hanna "cachorrinho enrolado". Por isso a supervisão é tão útil.

Em nossa reunião de revisão semanal da equipe multidisciplinar, a professora principal ressaltou a parte "infantil enrolada" de Hanna, dizendo: "Você diz que ela odeia você, mas há muito mais do que isso". A professora notara que, muitas vezes, Hanna ficara de pé ao lado da mesa de refeições da equipe, observando-me cuidadosamente enquanto eu comia e conversava com os colegas. Essa observação oportuna me alertou para os sentimentos interessados, curiosos, dependentes e amorosos da Hanna "cachorrinho enrolado": seu *self* infantil, vulnerável, está aprisionado por trás da Hanna rejeitadora de 22 anos – "de costas para mim".

Depois de seis semanas de terapia com Hanna, precisei trocar uma sessão para ir a uma reunião. Ela não deu uma resposta verbal imediata a isso; porém, na sessão seguinte, disse que tinha de fazer lição de casa de espanhol: tinha que fazer e queria faltar à sessão para isso. Quando sugeri conversar sobre seu dilema em lugar de deixar de vir à sessão, Hanna ficou furiosa comigo.

Não pude entender sua mensagem: "Estou ocupada demais para você" – mensagem que inclui a reprojeção da minha rejeição quando eu decidi ir à reunião. Não entendi porque só pude ver a mensagem da Hanna "dura e rejeitadora". Não entendi imediatamente a comunicação mais latente da parte infantil dela. Deixei de perceber que Hanna sentiu que eu quebrara o ritmo das nossas sessões e a abandonara no dia combinado da sessão.

---

7 *Acting out.*

"Arranjar" sessões em dias e horários diferentes, ainda que sejam boas, jamais podem ser iguais às sessões habituais, no ritmo habitual da semana. Os pacientes mais verbais me contam isso repetidamente.

Entender a transferência total da paciente significa dar sentido aos sentimentos negados do "*self* aprisionado" que surgem em sonhos e em atuações ou nos sentimentos inconscientes expressos nas narrativas de eventos externos. Por isso é tão importante observar a comunicação inconsciente do "*self* aprisionado" ao terapeuta: o "*self* aprisionado" fala por meio do conteúdo inconsciente latente subjacente aos conteúdos verbais manifestos das comunicações da paciente. Tenho achado muito útil ver as assim chamadas "resistências" da paciente como sua armadura protetora: protegendo-a da agonia da transferência infantil.

"Amar é tornar-se uma mendiga", diz Kathryn Harrison, ex-anoréxica, em seu "cartão do Dia das Mães". Ela escreve:

> *Sonho ainda com você...*
>
> *Até no sono fico paralisada de desejo.*
>
> *Como posso ter você? Como posso manter você?*
>
> *Acordo exaurida pela agitação da sua presença.*
>
> *Há muito, o amor me transformou em mendiga, grata pelo vislumbre da bainha do seu vestido roçando. Senti sua falta minha vida toda!*[8]

---

8   *Mother's Day Card*
    "*I still dream of you. Even in sleep I'm paralyzed by desire. How can I hold you? How can I keep you? I wake exhausted from the excitement of your presence. Long ago love made me a beggar, grateful for a glimpse of the hem of your dress brushing past. I have missed you all my life!*". Harrison, K. Mother's Day Card.

Uma criança que ama sofre imediatamente a agonia da falta. A jovem anoréxica, enquanto anseia profundamente ser amada, em geral, teve, consciente ou inconscientemente, uma relação ambivalente com a mãe. Um diálogo aberto tanto com "o funcionamento protetor da armadura de 22 anos" como com o "*self* infantil aprisionado" da Hanna de 13 anos é essencial em algum momento, mas é tudo uma questão de "compreender bem". Lembre-se que sob a anorexia existe o "*self* cruel perfeccionista", que não é exigente apenas com o paciente, mas também exige a "comunicação correta" da terapeuta.

Estou começando a entender, cada vez mais, que o "*self* aprisionado" atua os conflitos inconscientes em lugar de falar diretamente comigo. Porém não tenho certeza de que o "*self* aprisionado" tenha idade suficiente para entender ou usar palavras. A bebê de 2 meses que vi há alguns dias chorou quando a mãe tirou o seio. A mãe estava distraída e não notou como a bebê estava enraivecida. Quando a mãe, tardiamente, devolveu o mamilo para a bebê que gritava, ela afastou sua cabeça, aterrorizada, como se o mamilo fosse uma espada que a invadia. Ela gritava e durante um bom tempo não pôde ser consolada. Essa bebê ainda não entende palavras: todas as suas comunicações estão em níveis comportamentais, sensoriomotores e sensorioafetivos.

Igualmente, suponho que, embora eu tente usar palavras apropriadas ou, de preferência, imagens para a experiência do "*self* aprisionado", a Hanna "dura, blindada" de 22 anos dificilmente compreenderá o que estou discutindo. Por isso, é essencial estar ciente de todas as comunicações não verbais e também de como eu sintonizo com elas por meio das minhas respostas ao seu tom de voz, gestos, brincadeira, toque, contato visual. O "*self* infantil aprisionado" é quase tão estranho para ela quanto é para mim. Ela insiste que não há nada dentro. Mas eu sei que há uma "língua estrangeira" do *self* infantil com mensagens ininteligíveis – estrangeiras tanto para Hanna quanto para mim. Não posso ver a transferência infantil, e ela certamente não tem consciência de qualquer dependência para comigo que envolva sentir-se abalada devido à alteração do ritmo das nossas sessões. Teremos que compreender a "língua estrangeira" e, juntas, deslindar seu significado. Eu também tenho lição de casa para fazer depois da sessão para que eu possa pensar na maneira de comunicar o que eu sinto na contratransferência relacionada ao "*self* aprisionado" de Hanna. Senti-me rejeitada pela decisão dela de me ignorar em favor da decisão de fazer a lição de espanhol, mas como eu deveria falar a respeito disso?

As experiências contratransferenciais contêm mensagens do "*self* aprisionado" que não são conscientes para Hanna. Ela está apertando meu coração sem palavras. Presente no "*self* aprisionado" não está apenas o sentimento de rejeição por uma terapeuta egoísta, que só pensa no que quer fazer, como ir a uma reunião ou a uma conferência, tirar férias ou se distrair pensando em um evento da sua vida pessoal ou do trabalho. Não é apenas o sentimento de ser rejeitada porque a terapeuta simplesmente não entende o que está acontecendo no "*self* aprisionado" e parece "uma terapeuta obtusa". Além disso, frequentemente, há anos de hostilidade negada contra os pais e os irmãos e, nesse momento, contra a terapeuta presente no "*self* aprisionado".

Por exemplo, também em resposta à primeira troca do horário da sessão, Hanna arranhou levemente seus pulsos e se recusou a comer durante o fim de semana. Seria conveniente que eu pensasse: "Bem, não tem nada a ver comigo. Eu não estava presente durante a interação entre ela, a equipe e os pais". Talvez seja este o caso, mas considerar que o comportamento de uma paciente internada simplesmente diz respeito a outra situação me despoja da responsabilidade de estar na transferência total, representativa da instituição e de pais presentes para compreender e cuidar do "*self* aprisionado*"* de Hanna. Com certeza, sinto que Hanna também tem responsabilidade, porém ela não conhece as emoções do "*self* aprisionado*"*. Essas emoções são estranhas para ela, pois foram projetadas ou aprisionadas por muito tempo! Voltam à vida na transferência infantil comigo para poderem ser reconhecidas, entendidas e integradas na personalidade, de maneira que ela possa crescer e não precise ter 5 anos ou ser como alguém de 22!

Penso que, ainda que eu consiga ter um *rapport* melhor com a "Hanna de 22 anos", terei muita dificuldade de falar ao seu "*self* infantil aprisionado*"*. No momento, tudo que eu posso fazer é pensar alto ou contar histórias com ou sem os bichos de pelúcia e fantoches que eu trouxe para a sessão comigo. Conto histórias de outros, não dela. Às vezes as histórias são sobre animais, porque eles são exemplos menos ameaçadores do que os humanos, próximos demais para ficar à vontade. Por exemplo, eu lhe contei a seguinte história:

"Sabe, Hanna, eu tive uma cachorra. A cachorra aparentemente aceitava tudo o que eu fazia e tudo o que acontecia. Era tão estranho. Tive que ensinar minha cachorra a latir. A cachorra e eu ficamos muito amigas. Então viajei em um feriado e arranjei outra pessoa para cuidar dela. Ela parou de comer. E mastigou meu sapato, coisa que nunca tinha feito antes. Foi um enigma. Fiquei imaginando por que isso ocorreu. Não percebi que minha ausência teria um efeito tão grande nela."

Nessa etapa da terapia, sinto que deveria simplesmente me sentar silenciosamente com minhas vivências contratransferenciais. Porém, por meio da história da cachorra, descobri um jeito de reconhecer algo que eu, na verdade, não entendera: que, embora Hanna estivesse me rejeitando abertamente, eu era importante para ela! Quando desarrumei a semana dela, provavelmente tudo com o que ela se deparou aumentou seu limiar de irritação. Neuro-fisiologicamente, seus níveis gerais de excitação subiram, e, na falta de uma figura autorregulatória boa, sua autoagressão poderia ser entendida como uma tentativa pouco salutar de autorregulação. Se não for possível entender o que eu quero dizer com perturbações, pense em uma briga com um amigo próximo ou parceiro e pense em como isso pode afetar seu dia de trabalho!

O que agora me vem à mente é uma menina como Hanna. A menina de 9 anos teve um sonho em que caía de um penhasco. O sonho ocorreu depois que não entendi quanto eu era importante para ela e não observei que a rejeição dela estava ligada ao fato de se sentir abandonada por mim. Quando eu não a entendi total-mente de novo, em uma etapa posterior da terapia, ela disse, no dia seguinte: "Sonhei que um bebê estava caindo de um penhasco. Depois percebi que eu tinha um equipamento de salvamento, e era capaz de resgatar o bebê. Acho que o sonho é porque me senti mal ontem, pois você não me entendeu".

O sentido da vida da paciente aparece localizado em seu so-nho. Os sonhos, para além do comportamento da vida de vigília, facilitavam o acesso a um quadro mais verdadeiro do mundo in-terno da jovem. Agora, pudemos observar juntas e explorar de que modo poderíamos compreender o "self aprisionado". Nesse caso, ficou evidente que ela estava preocupada de que a melhora pudesse significar o fim da terapia e, ainda assim, também era verdade que ela estava conseguindo ter responsabilidade de pensar sobre seu self infantil. Ela se sentiu abandonada por mim, mas pôde tentar falar a respeito desse sentimento comigo.

"Juntar-se" e reparar, separar, estar ligada, escolher um caminho e perdoar a terapeuta

"Sinto-me gorda e feia. Não mereço ter qualquer prazer. Eu me afasto se você diz alguma coisa boa para mim, não sei por quê. Não gosto de mim. Sinto que não quero existir. Sonhei que eu não existia. Estou confusa. Não consigo lembrar. Eu não sei." Essas são afirmações feitas por Hanna durante sua psicoterapia. Cada uma dessas afirmações merece uma vasta reflexão, mas geralmente refletem a estrutura psíquica interna da jovem, a mãe inadequada e danificada, compreensiva, continente para cuidar dos conflitos da criança, seu sentimento de ser incompreendida, de ser abandonada. A mãe e o pai internos necessitam ser reparados. A jovem se sente gorda porque não tem limites ao redor dos seus sentimentos – eles estão fora de controle. Os pais internos estão danificados e frágeis e não conseguem apoiá-la internamente, o que a leva a se sentir feia. No processo de pensar acerca da relação com a psicoterapeuta, acredito ser importante permitir que os sentimentos fluam livremente. Não podemos escolher o que sentimos, mas podemos responder aos sentimentos que temos, pensar a respeito deles e escolher como agir em resposta a eles.

Eis, nas Figuras 15.4 e 15.5, alguns desenhos de jovens anoréxicas de 14 anos em terapia.

Figura 15.4 – Pendurada na cruz.

Figura 15.5 – Hitler decretando destruição.

Os dois desenhos mostram o sentimento das jovens de que não há liberdade de escolha, que são forçadas a se submeter à parte destrutiva do *self*, forçadas a se submeter pelas vozes anoréxicas que decretam a inanição. Uma jovem disse: "É preferível a anorexia a ser saudável, pois ter que ser perfeita e tirar 'A com estrelas' é ainda pior". A voz do perfeccionismo é ainda mais cruel, mais exigente e mais difícil de contentar.

No espaço pensante da psicoterapia, tento tolerar a ansiedade intolerável e o medo da fragmentação da jovem. Entendo que no momento da ansiedade, assim como no momento do afogamento, há necessidade de se agarrar a algo, a qualquer coisa, para ficar vivo. Quando teme a dissolução, confusão ou loucura dos estados mentais psicóticos, a jovem se agarra a qualquer coisa para sobreviver.

Essa "qualquer coisa" a que a jovem se agarra adesivamente pode ser:

- as vozes anoréxicas decretando morrer de fome, exercitar-se e vomitar;

- os pensamentos de autoagressão prometendo salvação da dor psíquica, da perda de identidade e da confusão psicótica;

- o superego cruel, rigoroso, decretando perfeccionismo;

- fantasias perversas e eróticas fornecendo excitação;

- o *"aparelho de não pensar"* prometendo negação, despojamento da vida emocional e de conhecer, pensar e lembrar as experiência emocionais, deixando a pessoa sem saber o que pensa ou sente.

Em outro artigo, "Apego ao falso objeto", Barbara Segal e eu (Magagna & Segal, 1990) investigamos a noção de que se pode ajudar a jovem a permanecer ligada à psicoterapeuta e à figura que dá apoio, fora da terapia, aos pensamentos úteis discutidos na terapia.

Até para as pacientes mais doentes, eu digo: "No instante em que os pensamentos de autoagressão, anoréxicos e perfeccionistas se apresentam, você tem escolha. Você pode escolher escutá-los, seguir o conselho deles, dar-lhes força recorrendo e se submetendo a eles ou você pode se esforçar para encontrar sua mãe ou pai, seu cuidador, uma amiga, seu diário, os pensamentos que compartilhamos e se agarrar à jangada salva-vidas que criamos para segurá-la nesses momentos tempestuosos de solidão e separação de mim".

Sugiro, também, que é possível ter um diálogo significativo com as vozes que a estão ameaçando, dizendo-lhes que a deixem em paz, sugerindo que ela necessita de apoio, não crueldade.

Acredito que a jovem, de algum modo, sabe se a terapeuta a mantém ou não em mente fora da sessão de psicoterapia: tanto quanto a paciente pode manter sua família em mente.

O *self* onipotente destrutivo ataca a jovem que está tentando manter a esperança de que se agarrar à jangada salva-vidas da terapia será útil, afinal. Em crianças menores, manter a esperança de que a terapeuta pode ser útil aparece frequentemente simbolizado pela presença de um barco ou de um pássaro nos desenhos. O pássaro e o barco sugerem algo a respeito da confiança na presença pensante oferecida pelo suporte da terapeuta. Isso sugere a introjeção de uma terapeuta compreensiva, o que permite o desenvolvimento da capacidade de dar à terapeuta liberdade de ir e vir. Também implica amor suficiente pela terapeuta e pelo *self* para tolerar separação e ambivalência em relação à terapeuta quando esta realmente não a entende de forma adequada.

Figura 15.6 – O barco com o pássaro perto.

Conclusão

Assim, finalmente, volto à minha questão original: "Por que eu faço este trabalho psicoterapêutico com pacientes anoréxicas, que envolve tanta rejeição?". Como Jane, a bebê retratada, e como Hanna, a paciente descrita, eu também enfrentei rejeição da minha mãe. Pouco antes do meu nascimento, ela perdeu seu primeiro filho. Como Jane e Hanna, cuidei de parte da minha personalidade infantil por meio de onipotência e onisciência primitivas, negação. Ainda permanece uma parte minha muito dependente, entrincheirada por livros e conhecimento sobre anorexia, entrincheirada pelo uso de realização profissional, entrincheirada por meio da rejeição da intimidade comigo mesma e com outros significativos, mascarando meu desamparo e dependência infantis. Reconheço que "congelo" emoções quando temo que minhas necessidades emocionais não possam ser totalmente satisfeitas, seja por mim ou por outras pessoas significativas; em particular, que a hostilidade em relação ao *outro rejeitante* me leva a encapsular partes do meu *self* que sente e, assim, perder acesso a ele. Posso usar o conhecimento obtido na preparação dessa reunião com vocês defensivamente: blindando-me, para tentar motivar, curar e controlar a Hanna anoréxica; ou integrando o conhecimento das respostas transferenciais das jovens anoréxicas e as respostas contratransferênciais da terapeuta em minha personalidade e, ao mesmo tempo, abrindo meu coração ao ódio e ao amor de Hanna e de todas as outras jovens anoréxicas que eu atendo.

Entretanto, abrir meu coração a Hanna significa aceitar totalmente a dependência dela à minha empatia, minha compreensão, minha presença física. Preciso reconhecer totalmente seu medo, seu ódio, seu afastamento hostil ou assustado em relação à sua estrutura onipotente, que ocorrem quando eu não tenho empatia, sou intelectual demais, ausente ou obtusa para compreendê-la.

Ao escrever este artigo, percebo mais claramente que faço esse trabalho para me tornar mais plenamente humana, mais integrada comigo mesma; para ser menos hostil e perdoar melhor a rejeição; para ser mais amorosa e compreensiva diante do ódio. Assim, posso usar meu autoconhecimento maior para ajudar os outros a se sentirem conhecidos e compreendidos. Estar presente para Hanna, compartilhar e estar sintonizada com ela representa "um jeito diferente de domesticar" o *self* infantil solitário. É esse reconhecimento da dependência da jovem em relação à terapeuta – essa terapeuta única, tão única para a paciente de psicoterapia quanto a mãe, que liberta o *self* infantil da jovem anoréxica para dar nascimento à consciência e integração da personalidade – que estimula o amor e o desenvolvimento na personalidade para ela e para mim.

16. O fantasma adormecido: um trabalho com pais-bebê numa situação de dificuldade alimentar

Stephania Batista Geraldini

A alimentação é, literalmente, uma questão de vida e morte. A criança que não se alimenta suficientemente ou adequadamente morre. É responsabilidade dos pais manter o bebê vivo (Daws, 1993). Infelizmente, dificuldades de alimentação não são incomuns e sempre deixam os pais e profissionais preocupados, dado o risco de a criança não prosperar, não se desenvolver.

De acordo com Skuse e Wolke (1992), tanto a literatura pediátrica quanto a da psicologia do desenvolvimento têm prestado pouca atenção à questão da alimentação e suas dificuldades, já que o tema é discutido de forma tão extensiva em livros sobre cuidados com as crianças que parece se tornar pouco "respeitável", a ponto de não ser investigado por clínicos ou pesquisadores. No entanto, outras abordagens, especialmente a teoria psicanalítica, têm dedicado mais atenção ao assunto, indo além das necessidades fisiológicas da criança, a fim de entender e oferecer formas de intervir quando necessário. Essa teoria enfatiza que o desenvolvimento infantil como um todo não pode ser pensado de forma isolada, mas, sim, como parte do relacionamento da criança com seus pais. Por isso, quando as coisas não vão bem, é essa a relação que precisa ser investigada (Briggs & Priddis, 2001).

Este artigo pretende refletir sobre os fatores emocionais que puderam levar à dificuldade de alimentação no caso de Felipe. Usarei a literatura psicanalítica, em especial as teorias de Klein e Bion, como norte. A dificuldade de alimentação será endereçada como um sintoma da relação pais-bebê.

A maior parte do tempo em que o recém-nascido está acordado diz respeito à alimentação. É por essa experiência que ele começa a se desenvolver física e psicologicamente. É por meio da boca que os bebês começam a conhecer o mundo. Nesse contexto, a alimentação não é entendida apenas como a ingestão de leite e outros alimentos, mas também como tudo aquilo que envolve os aspectos emocionais presentes no primeiro relacionamento da criança com sua mãe (geralmente, o seu primeiro cuidador), fundamental para as relações posteriores (Freud, 1905). Portanto, a qualidade dessa relação, como a mãe e o bebê se comunicam, é de vital importância para o desenvolvimento emocional do bebê e para a sua capacidade de se relacionar com os outros.

Desde o nascimento, os bebês são capazes de emitir sinais que indicam suas necessidades, como as de comida e de atenção. Por sua vez, as mães estão aptas a ler e responder a esses sinais. Assim, o relacionamento entre eles, inicialmente, gira em torno da necessidade do bebê e de como ela é atendida (Briggs & Priddis, 2001; Skuse & Wolke, 1992). Quando a mãe fornece ao seu filho o que ele necessita, ele tem a chance de se sentir compreendido. Aos poucos, o bebê passa a buscar mais do que o alimento nessa relação: ele busca amor, companheirismo, compreensão e, posteriormente, prazer, como mostraram Freud, nos seus "Três ensaios sobre a teoria da sexualidade" (1905), e Klein (1936, 1952). A necessidade de alimento é correspondente à necessidade psicológica, que também é vital para a saúde do bebê e para a sua sobrevivência, como Lisa Miller (1999) ilustra:

O bebê precisa de comida, ele precisa ser segurado e ser mantido aquecido, e precisa de cuidados com a sua higiene. Essas três necessidades – comida, colo e higiene – têm correspondentes psicológicos que não são menos vitais para a sobrevivência da criança (p. 34, tradução livre).

Quanto mais a mãe e o bebê têm momentos de intimidade e passam a conhecer um ao outro, mais a relação entre eles se desenvolve (Briggs & Priddis, 2001; Daws, 1989). Há uma troca entre eles. Ao mesmo tempo que os bebês precisam de ajuda para regular os seus sistemas biológico e psicológico, eles oferecem algo ao mundo, pois não são seres humanos passivos. Eles nascem para se relacionar com os outros e têm a sua maneira particular de fazer isso (Selwyn, 1993; Skuse & Wolke, 1992). Briggs e Priddis (2001), citando Alvarez (1992) e Tronick (1989), destacam que os bebês têm capacidade de regular o tempo e o ritmo quando se relacionam com os outros. Eles também citam Trevarthen e Aitken (2001) para enfatizar que os bebês têm uma maneira distinta e individual de comunicar suas sensações e sentimentos, o que influencia a maneira pela qual as pessoas vão se relacionar com eles. "O relacionamento interpessoal durante a alimentação vai ser influenciado pelas características individuais de ambos, do lactente e do cuidador" (Skuse & Wolke, 1992, p. 1, tradução livre).

Klein (1952) foi uma das pioneiras no desenvolvimento dessas ideias ao afirmar que os bebês nascem com características inatas e diferentes ansiedades pertencentes aos mundos interno e externo. Alguns bebês têm um instinto de morte mais apurado do que outros, o que terá um impacto diferente em seus relacionamentos. Eles podem se sentir mais perseguidos devido a um medo enorme de aniquilação. Em termos da interação durante a alimentação, pode-se dizer que essas crianças têm maior probabilidade de ser intolerantes à ausência do seio ou mamadeira, mesmo quando esta é breve, e de vê-los como objetos maus. Nas palavras de Klein (1952):

> *Os vários fatores que levam à criança a se sentir satisfeita, como a diminuição da fome, o prazer de sucção, o sentimento de estar livre de desconforto e tensão, ou seja, de privações, e a experiência de ser amado - todos estes são atribuídos ao seio bom. Por outro lado, cada frustração e desconforto são atribuídos ao seio mau (perseguidor) (p. 63, tradução livre).*

A criança pode vir a projetar seus sentimentos persecutórios nos objetos, fazendo-os parecer ainda piores. A interação entre seus mundos interno e externo irá permear a forma como aceita o que está sendo oferecido, o que, por sua vez, influencia a forma como a mãe reage às suas respostas, oferecendo-lhe alimento e amor (Skuse & Wolke, 1992).

Mas não apenas as características do bebê influenciam a forma como a mãe responde às suas necessidades e se relaciona com ele. A personalidade da mãe e a sua própria história desempenham um grande papel nessa relação com o bebê. A sua infância e o seu relacionamento com seus pais, especialmente a relação da alimentação, são extremamente importantes quando ela se torna mãe, começa a alimentar o seu bebê e se sente mais ou menos ansiosa quanto às suas responsabilidades nesse novo papel (Briggs & Priddis, 2001; Daws, 1989, 1993, 1997, 2008; Mendes de Almeida, 2004; Selwyn,

1993; Skuse & Wolke, 1992). Fraiberg, Adelson e Shapiro (1980) mostraram em seu artigo "Ghosts in the nursery: a psychoanalytic approach to the problems of impaired infant-mother relationship" que quaisquer necessidades não atendidas durante a infância da mãe podem influenciar a maneira como ela responde ao seu filho no presente.

Se a mãe teve as suas necessidades atendidas na infância, ela provavelmente foi capaz de introjetar um objeto bom e se sentir contida, o que pode levá-la a fornecer um "ambiente seguro" (Winnicott, 1987/2002) ao seu bebê agora que se tornou adulta. Ao fazer isso, ela se volta totalmente para as necessidades deste, identificando-se com ele. Como Bick (1968) sugere, dessa forma, a mãe mantém o bebê em sua mente e age como uma "pele psíquica", entendendo-o e permitindo que ele se sinta amado e compreendido.

A "pele psíquica", como o próprio termo sugere, é um processo psicológico. Ele também é alcançado por meio do *holding* sugerido por Winnicott (1987/2002), que é uma ação física que reduz as possibilidades de o bebê se sentir "caindo para sempre" ou "se desfazendo" (Bick, 1986). Essas ansiedades primitivas, como Klein (1952) discutiu, são comuns nos primeiros dias de vida, especialmente quando as necessidades da criança não são atendidas. Portanto, o *holding* e a função da "pele mental" são importantes, pois possibilitam que o bebê se sinta "contido" (Bion, 1962b/1990) e alcance um estado menos persecutório, o que, por sua vez, leva-o a introjetar um objeto bom e permite que ele se relacione com os outros de maneira mais saudável e se desenvolva bem.

A função "continente/contido", nos termos em que Bion (1962b/1990) sugere, pode levar a mãe a estabelecer uma relação, incluindo a alimentar, mais estável e saudável com o seu bebê:

> *O bebê experimenta a sensação de continência quando a mãe, primeiro, se deixa ser permeada pelo seu estado emocional e pelas suas experiências, dando sentido ao que lhe é comunicado antes de respondê-lo com palavras, gestos e ações. A mãe transmite para o bebê a sensação de que entendeu suas necessidades (Briggs, 1997, p. 19, tradução livre).*

Quando a mãe não pôde introjetar um objeto "continente" no passado ou quando ele está ausente no presente, a troca – o dar e o receber dentro da relação mãe-bebê – pode ser distorcida, como destacado por Mendes de Almeida (2004); quando trata da relação alimentar, "a dificuldade em metabolizar a comida real [...] parece corresponder a dificuldade mental de 'digerir' as experiências emocionais, como foi expresso pelos pais e observado na relação pais-bebê" (p. 37, tradução livre).

Williams (1997c) desenvolveu essa ideia e disse que a mãe pode projetar seus próprios sentimentos não processados, como ansiedades e medos, no bebê, levando-o a se tornar um receptáculo para essas projeções, o que faz com que haja uma inversão na relação "continente/conteúdo" e, em vez de função alfa/*rêverie*, há uma "função ômega", que aparece em alguns casos de dificuldades com a alimentação.

> *A função ômega deriva da introjeção de um objeto que não é apenas impermeável, mas é tanto impermeável como repleto de projeções. Assim como a introjeção da função alfa é útil no estabelecimento de conexões e na organização da estrutura mental, a introjeção da função ômega tem o efeito oposto, rompendo e/ou*

fragmentando o desenvolvimento da personalidade (Williams, 1997c, p. 126, tradução livre).

Felipe

Falarei sobre o caso de Felipe, um bebê de 1 ano que atendi em meu consultório junto com seus pais, Olívia e Gustavo, durante cinco encontros.

A família foi encaminhada pela pediatra à Rede de Atendimento Psicanalítico e, posteriormente, para mim. Na época, fazia parte da Rede, que era um grupo composto por trinta analistas, com consultórios em diversos bairros da cidade de São Paulo e que recebiam encaminhamentos advindos dos mais variados lugares.

O primeiro encontro

Liguei para a casa de Felipe e falei com a sua mãe, Olívia. Apresentei-me e perguntei se ela desejava marcar um encontro para que pudéssemos conversar melhor e entender o que estava acontecendo com eles. Ela aceitou e quis saber um pouco sobre como funcionava o trabalho. Disse-lhe que esse primeiro encontro era com toda a família, e então pensaríamos qual seria a melhor forma de continuarmos com o trabalho. Ela concordou e pediu para o encontro acontecer no sábado, já que Gustavo participaria.

No dia e horário marcados, eles chegaram em meu consultório. Felipe dormia no colo de Olívia. Ele era bem "gordinho", tinha bastante cabelo, os olhos eram puxadinhos (era japonês), estava bem arrumado e com o semblante tranquilo. Ela era baixinha, muito "magrinha", branquinha, de olhos claros e cabelos curtos e encaracolados. Gustavo era alto, magro, cabelos pretos e japonês, como o filho. Ele carregava as bolsas de Felipe e da esposa.

Olívia me cumprimentou com a voz bem baixa e sentou-se no lugar indicado por mim, uma poltrona, ficando bem na minha frente. Felipe parecia pesado demais para ela. Gustavo me cumprimentou com um aperto de mão. Sua voz era igualmente baixa. Ele sentou-se próximo de sua mulher, no divã. Estava ao meu lado, mas mais distante. Os dois pareciam bem tímidos.

Pedi para eles me contarem um pouco sobre o que estava acontecendo. Olívia disse que desde julho, quando introduziu a comida sólida no cardápio de Felipe, ele parou de comer. Ele tinha 8 meses na época. Não comia nada, não bebia nada e mamava muito pouco em seu seio.

Decidiram procurar um profissional após dois meses, pois ele estava deixando de se desenvolver e o que era pior: estava regredindo no desenvolvimento. Durante esses dois meses, ele não cresceu, não ganhou peso e estava emagrecendo. Isso a deixou "desesperada".

Eles já haviam tentado de tudo: ofereciam algo para Felipe de dez em dez minutos (orientação dada pela pediatra), olhavam no relógio para se orientarem quanto ao tempo em que deveriam oferecer comida; Felipe foi colocado no cadeirão com diversos brinquedos ao seu alcance, os pais se revezavam para alimentá-lo – um tentava distraí-lo enquanto o outro lhe dava a colher com a comida, que era amassadinha; enfim, muitas tentativas em vão. Felipe se recusava a abrir a boca e, quando o fazia, tinha ânsia de vômito.

Perguntei ao pai por que ele achava que isso estava acontecendo, a fim de chamá-lo para a conversa, já que ele se encontrava quieto desde o início. Gustavo riu e falou que "mais atrapalhava do que ajudava". Toda vez que ele estava por perto, Felipe comia menos ainda. Ele tentava distraí-lo e não adiantava nada. Felipe queria brincar e sequer comia as duas colheradas usuais de comida.

Olívia concordou. Falou que o filho comia um pouquinho quando ela o alimentava, pois persistia mais. Lembrou da história de Felipe com a alimentação (descrita a seguir). Enquanto isso, ele continuava dormindo sossegado em seu colo. Parecia confortável, pois não se mexia muito.

Após cinco dias do seu nascimento, Felipe quase foi internado por desidratação. Segundo Olívia, ele só mamou o líquido "menos consistente" – colostro – que saiu do seu seio antes do leite. Ele chorava e ela achava que era de fome, mas as enfermeiras diziam que não. Depois de três dias, foram para casa, e ele continuou chorando. Dois dias se passaram até que ela e Gustavo decidiram ir até o pediatra, que falou para eles lhe darem leite Nan® além do seio. Olívia acreditava que o seu leite não o alimentava. A partir desse dia, sempre complementou as mamadas com uma mamadeira de Nan®.

A família de Gustavo, irmã e mãe, aconselharam que eles mudassem de pediatra, pois o que os acompanhava era muito "tradicional". Segundo elas, ele queria que Olívia começasse a oferecer chá e suco para Felipe quando o menino estivesse com 3 meses, o que julgavam ser "coisa antiga". Refletindo posteriormente, Olívia concluiu que teria sido diferente se tivesse continuado com ele. Ela teria introduzido a comida sólida antes e não estaria tendo problemas agora.

Nesse momento, Felipe acordou. Logo sorriu para a mãe e se levantou. Ela o colocou no chão e ele me olhou. Sorri, disse o meu nome e comentei que estávamos falando dele. Ele também sorriu e andou até mim, fazendo um gesto com a mão, como se estivesse me chamando. Gustavo o pegou. Os dois se sentaram no chão e começaram a mexer nos brinquedos que estavam ali, num dos cantos da sala.

Toda vez que Felipe levantava e começava a andar, Gustavo segurava a sua blusa, como se o impedisse de continuar. Ele balbuciava – o que me levou a questionar se aquilo era um jeito de ele protestar –, mas de nada adiantava. Após um instante brincando, Gustavo e Felipe se sentaram no divã. Felipe quis descer e Gustavo não deixou. Felipe, então, começou a chorar e não parou mais. Olívia o pegou e ele se acalmou por um instante. Ele voltou a chorar e ela lhe ofereceu uma mamadeira. Felipe a tomou inteira.

Olívia voltou a falar e comentou que gostava muito da pediatra atual, mas que isso não a impedia de ter os seus momentos de desconfiança em relação às orientações dela – pensei se isso era um indicativo de que não confiaria em mim também. Olívia comentou, mais uma vez, que todas as orientações da médica foram em vão. Eles brincavam na hora de comer, ficavam quietos, forçavam, não forçavam, ficavam muito tempo sem oferecer comida, ofereciam diversos alimentos num curto espaço de tempo, mas nada adiantava. O máximo que Felipe comia eram duas colheradas em cada refeição e tomava um pouquinho de água na colher, porque ele não aceitava nada na mamadeira – a não ser o leite, que toma de manhã, de tarde e de noite. Nesses períodos, ele também mamava no seio.

Olívia disse estar exausta. Fica chateada por não conseguir fazer nada e sente que as pessoas acham que ela está inventando história, já que Felipe é bem "gordinho". Ela conta com a ajuda da sogra e da cunhada (que é casada, mas não tem filho), mas, às vezes, sente que elas a julgam. Tem duas irmãs que moram em São Paulo, mas longe. Os demais membros da sua família moram no Nordeste, inclusive a sua mãe.

Olívia ainda lembrou que já deixaram Felipe uma noite sem comer, e mesmo assim ele não quis tomar café no dia seguinte. Ela acredita que ele já sabe o que é comida e o que provoca nos pais quando não quer comer (sentimento de impotência, exaustão e raiva). "Felipe tem consciência do que faz", disse Gustavo, completando que só não entendia por que ele fazia isso. Olívia concordou.

O casal parecia cúmplice. Gustavo ajudou Olívia com a mamadeira e ela não reclamou do jeito dele de lidar com Felipe, não o deixando circular pela sala, brincar etc. Por outro lado, em alguns momentos, eles pareciam não concordar, o que aparecia de forma velada. Quando Olívia falou da família de Gustavo, por exemplo, ele riu timidamente, parecendo não concordar, mas também não disse nada a respeito.

No fim, Olívia falou que o filho estava dormindo com eles, e que de uma em uma hora ela acordava para ver se ele estava respirando. Nesse momento, pela primeira vez, ela deixou mais claro seus sentimentos em relação ao marido. Pelo que disse, parece se ressentir com Gustavo por ele não fazer o mesmo. Completou explicando que ele vira de lado e dorme a noite inteira. Cada um dorme numa das pontas da cama e o berço de Felipe fica aos pés desta.

Combinamos de nos encontrar dali a três dias.

Os demais encontros

No segundo encontro, só Gustavo compareceu. Ele disse que Olívia não conseguiu chegar a tempo, pois levou Felipe para tomar vacina e eles se atrasaram. Como ele trabalha ao lado do meu consultório, veio sozinho. Pensei se isso seria uma tentativa de Olívia fazer Gustavo falar mais ou até mesmo uma retirada dela, o que poderia significar uma abertura maior para Gustavo entrar na relação mãe e filho.

No entanto, Gustavo pouco falou. Parecia bem sem graça e mais repetiu algumas coisas ditas no primeiro encontro. Ressaltou que seria melhor eu conversar a sós com Olívia, pois "a questão era dela. Ela era muito ansiosa". Acredito que, ao mesmo tempo que Olívia não dava muito espaço, Gustavo abdicava do espaço quando existia uma abertura.

Após algumas tentativas, Gustavo falou um pouco de si. Disse que quando ele era pequeno não podia ser criança. Não podia brincar pela casa, desenhar, cortar papel, falar alto etc. Apesar do tom arrependido, disse acreditar que dá para ser criança com essa educação. Apontei que o mesmo aconteceu lá, no primeiro encontro, quando ele "grudou" em Felipe e não o deixou correr, brincar etc. Ele concordou com a cabeça.

Olívia me ligou um dia depois para marcarmos o terceiro encontro. Comentou que teria que ficar para a semana seguinte, pois eles estavam muito atarefados com os preparativos da festa de 1 ano de Felipe, que seria no sábado próximo. Pensei se Olívia não estava receosa de que eu fosse apenas mais uma a dizer o que ela deveria ou não fazer.

No dia em que marcamos, Olívia compareceu com Felipe. No início, parecia sem graça, mas, aos poucos, foi falando e se abrindo. Disse que confiava em mim e sabia que eu estava ali para ajudá-la. Contou que a sua sogra e a sua cunhada a recriminam muito. Sente que elas a olham como uma mãe "insuficiente", "uma mãe diferente das mães japonesas", que parecem saber de tudo, que parecem "completas". Por outro lado, sabe que elas também a ajudam. As três trabalham juntas num *pet shop* da família. Toda vez que precisa sair, ela conta com a sogra para ficar com Felipe, embora saiba que esta não tem paciência com ele, principalmente para alimentá-lo. Percebo a oscilação em relação a elas e penso, mais uma vez, como é difícil alguém entrar na relação mãe--filho. Também penso se era difícil para Olívia ser dependente de alguém ou até mesmo se era difícil para ela enxergar a figura da mãe como um objeto bom.

Sobre si, falou que também não gosta muito de se alimentar. Quase não sente fome. Sobre o seu relacionamento com Gustavo, disse que eles não estão muito bem. Repetiu que ele não ajuda em quase nada com Felipe. Toda hora ela tem que pedir para ele fazer algo, porque ele não tem iniciativa. Além disso, eles nem estão tendo mais momentos de intimidade, pois Felipe está no quarto.

Disse-lhe que parecia ser bem difícil para ela, vinda do Nordeste, entrar para uma família de outra cultura. Parecia que ela se sentia julgada por todos, até por Gustavo. Assim, por um lado, ela queria mostrar como era boa mãe; por outro, talvez por esse mesmo motivo, não deixava ninguém entrar muito na relação dela com o filho. Olívia concordou.

Felipe pareceu mais à vontade nesse encontro. Andou pela sala, brincou, sorriu, teve a fralda trocada ali mesmo e, no fim, dormiu. No quarto encontro, Olívia, Gustavo e Felipe vieram juntos. Felipe dormiu o tempo todo. Gustavo ficou calado e Olívia falou sobre si.

Contou que quando tinha 10 anos cuidava de uma irmã de um 1 ano e 2 meses. Um dia, todos os seus irmãos foram passear no centro da cidade e ela ficou com a mãe e essa irmãzinha. Ficou ao lado desta o tempo todo e, no fim da tarde, decidiu brincar um pouco. Nesse instante, sua mãe foi alimentar a pequena e deu um grito quando constatou que ela estava morta. Olívia se culpa muito. Acredita que, se tivesse continuado ao lado da irmã, ela não teria morrido.

Tanto ela quanto Gustavo ficam muito emocionados. Apontei que Felipe estava quase com a mesma idade que a irmãzinha de Olívia quando ela morreu e que aquela lembrança ainda parecia estar muito viva para ela. Isso poderia estar influenciando a sua relação com ele e a alimentação dele, já que a constatação de que a menina estava morta se deu quando esta seria alimentada.

No fim, ambos comentaram que Felipe era muito diferente das outras crianças. Ele estranha todo mundo, não quer ir com ninguém e chora muito. Agiu assim durante a sua festa, na semana anterior. Quando não estava chorando, estava dormindo. Penso que isso não acontecia ali: ele sempre estava sorridente e tentando manter contato quando não dormia.

Depois desse encontro, Olívia me ligou e disse que não continuariam mais com o trabalho – "não tinha certeza se daria certo". Além disso, ela voltaria a trabalhar, e Felipe começaria a fazer natação. Eles teriam menos tempo. Mesmo assim, marcamos mais um encontro para fecharmos o trabalho.

O último encontro

Olívia e Gustavo chegaram pontualmente. Eles não levaram Felipe, o que me fez pensar se eles estavam podendo ser mais casal, uma vez que Olívia parecia poder ficar menos ansiosa ao se separar do filho. Eles repetiram o que já haviam dito ao telefone, mas acrescentaram que Felipe estava bem melhor e já estava aceitando alimentos sólidos.

Falei que durante os nossos encontros havia observado e escutado algumas coisas. Uma, que me parecia fundamental para o entendimento da questão que eles trouxeram, era a história de Olívia com a sua irmã. A morte dela pareceu ser traumática para Olívia e, de alguma forma, ela parecia acreditar que o mesmo aconteceria com ela no momento em que se tornou mãe – a mãe que perde a criança. A fantasia de que Felipe morreria talvez a deixasse ansiosa, o que a levava a ficar muito próxima dele, dificultando a entrada de mais alguém nessa relação, por mais que ela quisesse. Sua angústia de morte também parecia contribuir para o sentimento que ela tinha de ser uma mãe "insuficiente", que não conseguia nem alimentar o próprio bebê. Esse sentimento parecia levá-la a se sentir cada vez mais julgada por todos. Por outro lado, Gustavo teve uma educação mais contida, segundo ele, mas que ele considerava adequada, por isso educava Felipe assim. Talvez isso contribuísse para ele chorar e estranhar tanto quando outras pessoas se aproximavam. Gustavo também parecia se sentir impotente diante da questão do filho e isso o ajudava a ficar mais distante dele e de Olívia, além de provocar uma certa irritação em relação a Felipe, fato que pôde ser pensado por meio de sua fala de que o menino tinha consciência do que fazia.

Olívia e Gustavo me ouviram atentamente e balançaram a cabeça em concordância a cada vez que eu falava. A postura deles foi um tanto passiva, e cheguei a me questionar o quanto tudo o que eu estava apontando de fato fazia sentido para eles e se eles confiavam em mim.

Por fim, pensei que eles poderiam procurar outro trabalho psicoterápico no futuro, em que pudessem pensar a relação deles, o papel que tinham enquanto pais, e no qual Olívia pudesse pensar e elaborar a história da sua infância, principalmente o episódio com a irmã. Ambos me agradeceram e disseram que entrariam em contato, caso precisassem.

Algumas reflexões

Problemas com a alimentação são atravessados por diversas questões. No caso de Felipe, entendi que existia uma ansiedade por parte de Olívia e Gustavo em relação a um novo papel em suas vidas: o de se tornarem pais. Essa ansiedade contribuiu para a crença de que eles não dariam conta da tarefa que tinham pela frente, o que se concretizou por meio da alimentação, que é algo vital para o desenvolvimento do bebê. Isso, parecia provocar uma angústia de separação, principalmente em Olívia, como se ela precisasse ficar grudada em Felipe o tempo todo – caso contrário, ele não sobreviveria.

A passagem para o alimento sólido é algo delicado, pois representa uma separação concreta entre mãe e filho após a primeira e maior separação, que é o nascimento. É uma separação não só do seio ou mamadeira, mas também da pessoa com quem o bebê teve a primeira relação íntima, próxima. Além disso, a passagem para a comida sólida também merece atenção, por representar um momento para resignificar os conflitos da relação pais-bebê que surgiram durante a amamentação, como ressaltou Daws (1993).

No caso de Felipe, acredito que o fato de Olívia nunca ter visto o seu leite como bom e suficiente, tendo de completá-lo com uma mamadeira de leite Nan®, foi potencializado no momento em que ele passou a comer outros tipos de alimento. Parece que ela acreditava que o que vinha dela e o que era preparado por ela não eram bons. A cada vez que Felipe recusava o que lhe era oferecido, esse ciclo parecia ser revivido por ela.

Por outro lado, parecia que o alimento sólido representava concretamente que Olívia podia ser dispensada, então a comida passou a ser vista como um intruso na relação mãe e filho. Gustavo parecia assumir esse papel também, bem como qualquer outra pessoa que tentava ajudá-los ou que se colocava entre essa díade. Além disso, por uma questão do próprio pai – talvez seu medo de errar enquanto pai (parecia acreditar que o modelo dos seus próprios pais não era bom, apesar de negar isso) ou de ferir ainda mais a esposa –, havia um impedimento por sua parte em se colocar entre Felipe e Olívia.

Phillips (1999) sugere que é importante que a mãe mostre para a criança que o alimento sólido é tão bom e interessante quanto o leite. Isso facilita bastante o desmame. Entretanto, acredito que, no caso de Felipe, esse processo foi dificultado porque havia a fantasia de que ele não sobreviveria. Era quase impossível para Olívia se separar dele. Assim, por mais que o seu leite não fosse suficientemente bom, ele representava uma maior proximidade entre mãe e filho. Era melhor mantê-lo do que apresentar qualquer outro alimento como interessante.

A fantasia de não sobrevivência e a angústia de separação estavam diretamente conectadas com uma situação passada na vida de Olívia. Como abordado anteriormente, qualquer situação presente ou passada que cause muita ansiedade na mãe pode levá-la a projetar seus sentimentos na criança. O momento da alimentação e a própria comida se tornam vias concretas para essas projeções. Se a mãe está deprimida, está atravessando problemas conjugais ou até mesmo se vive um luto não elaborado, como apontam Briggs e Priddis (2001) (citando Daws, 2008; Murray et al., 2003), ela pode vir a se sentir insegura e incapaz de ler as necessidades de seu filho. A sua capacidade de "*rêverie*" se encontra bloqueada e o bebê passa a não se sentir "contido", tornando o momento da alimentação difícil e obstruído.

Penso que o sentimento de culpa de Olívia pela morte da irmã a impedia de ouvir, dar sentido e devolver de forma metabolizada as necessidades de Felipe. A alimentação provavelmente foi a via para que isso acontecesse porque a sua irmã morreu no momento em que seria alimentada. Talvez Olívia tenha introjetado uma mãe incapaz de ser "suficiente" no que diz respeito à leitura das necessidades de seu bebê e parecia ter se identificado com ela. Ouvi que Olívia se sentia assim e também se culpava por isso. As suas defesas pareciam ser a projeção – então outras mães eram vistas como insuficientes, como a sua sogra –, a não dependência e a não permissão para a entrada de um terceiro na sua relação com Felipe.

Um ciclo vicioso se instalou: Olívia se sentia culpada e acusada, o que lhe causava ainda mais ansiedade. A sua relação com Gustavo sentia os reflexos dessa ansiedade, bem como Felipe, que demonstrava, no momento da alimentação, que algo não ia bem. Isso, mais uma vez, deixava Olívia, e também Gustavo, vulneráveis.

Mendes de Almeida (2004) explicita bem essa ideia de algo que é oferecido para a criança de forma não metabolizada, sendo, assim, devolvido, levando a um ciclo vicioso:

> Os pais estavam prontos para agirem, oferecendo comida como o "grande pacificador", não apenas por causa do estresse da criança, mas também por causa de suas próprias ansiedades, que eram sentidas por eles como difíceis de conter e pensar sobre. Um modelo de recusa e escape ao invés de continência – de "ação" ao invés de reflexão – era oferecido para ser internalizado pela criança. Essa dificuldade em "conter e digerir mentalmente" refletiu-se, possivelmente, no problema de alimentação, já que a criança teve dificuldade de metabolizar não apenas a comida oferecida, mas também os modelos de evacuação dos pais ao lidarem com essa experiência (p. 40, tradução livre).

Acredito que Felipe não se sentia contido por seus pais, pois a ansiedade deles os impedia de entendê-lo, e ele respondia de forma que os levava a sentir mais ansiedade e menos confiança em sua capacidade como pais. A recusa em introjetar o que era oferecido por meio do alimento o colocava numa situação em que algo que poderia ser visto como um "objeto bom", uma boa experiência, também não era introjetado. Além disso, ele não se permitia ser dependente. A passagem para o alimento sólido pode ter sido sentida por ele como uma perda irreparável do seio e da mãe; assim, o melhor jeito para evitar a inevitável separação em relação ao primeiro objeto de amor foi, justamente, colocar-se distante e não dependente, como explicaram Briggs e Priddis (2001).

Acredito que quando algumas coisas puderam ser colocadas em palavras (inclusive na presença de Felipe), como o fantasma da morte da irmã de Olívia, a insegurança desta e o seu sentimento de ser responsabilizada pela dificuldade alimentar do filho, bem como a dificuldade que o casal estava enfrentando para se adaptar a um terceiro, as defesas diminuíram. Olívia e Gustavo puderam começar a pensar em suas vidas, em seus papéis enquanto pais e em seu relacionamento, e isso parece ter sido o início de uma mudança a partir da qual Olívia se afastou mais de Felipe, permitindo que Gustavo ficasse mais próximo deles; em contrapartida, Gustavo assumiu uma postura mais firme como terceiro nessa relação. Assim, menos projeções eram dirigidas a Felipe, que pôde começar a crescer – não só física, mas, sobretudo, emocionalmente.

Ainda penso ser importante ressaltar que a minha presença como alguém que pôde escutá-los e contê-los, em vez de ser mais um a dizer o que eles deveriam fazer, autorizou-os enquanto pais. Isso talvez tenha sido introjetado, o que os deixou mais seguros em seus papéis.

Dessa forma, entendo que o trabalho de intervenção na relação pais-bebê cumpriu seu papel, uma vez que trouxe à luz os aspectos transgeracionais (Lebovici, 1986) dos pais, bem como os fantasmas da infância (Fraiberg et al., 1980) de cada um, que estavam presentes na relação que tinham com o filho e que eram transmitidos a ele de forma inconsciente, via interação (Stern,

1992, 1997). À medida que esses aspectos e fantasmas eram elucidados, uma observação detalhada das respostas de Felipe a eles era feita e verbalizada, objetivando-se oferecer *links* para que as emoções presentes na relação pais-bebê pudessem ser metabolizadas pelos pais – que ajudariam, posteriormente, o filho a metabolizá-las também – e o sintoma, dissolvido.

17. Metáfora e matriz: dificuldades alimentares infantis como janela clínica dos transtornos na relação pais-bebê

Mariângela Mendes de Almeida

Cardápio

Descreve-se, nesta contribuição, o desdobramento e ampliação do estudo clínico realizado com pais e bebês com dificuldades alimentares iniciais: *A clinical study of early feeding difficulties: risk and resilience in early mismatches within parent-infant relationship*.[1]

Na investigação clínica inicial, sugeriu-se a correspondência entre modos de continência psíquica presentes na relação pais-bebê e problemas iniciais de alimentação. Foi realizada a análise de material clínico detalhado, registrado ao longo da intervenção clínica com seis bebês de até 18 meses de idade, atendidos com seus pais num serviço de saúde mental infantil ligado à pediatria de um hospital geral. Pais e bebês foram acompanhados em contatos

---

1 Tese de mestrado pela Tavistock Clinic e University of East London, realizada em 1993 no North Middlesex Hospital (Child and Adolescent Psychiatry Department), Londres, Inglaterra, sob a orientação de Maria Rhode, psicanalista e membro da Tavistock Clinic.

na internação pediátrica, em sessões clínicas periódicas no serviço ambulatorial e em uma visita domiciliar a cada família.

O treino anterior em observação psicanalítica da relação mãe-bebê, modelo Esther Bick (1948/1967),[2] em seus desdobramentos junto ao campo das intervenções clínicas/terapêuticas com pais e bebês, foi utilizado como referencial para o trabalho realizado e como instrumento básico para a tentativa de compreensão das problemáticas apresentadas. Minha intervenção consistia em oferecer escuta e acolhimento às ansiedades parentais e manifestações da criança e em conter internamente, elaborar e compartilhar percepções emergentes durante o contato, na tentativa de facilitar a comunicação pais-bebê e fortalecer a função parental e o funcionamento da família como um "campo de continência" (refiro-me, aqui, a uma rede de relações receptivas ao sofrimento psíquico, que facilita a elaboração e tolerância a conteúdos emocionais).

Situações de jogo simbólico e de alimentação puderam ser consideradas, na medida em que se explorava com os pais suas preocupações, ansiedades e potencialidades de sintonia com as necessidades infantis, no contexto dos distúrbios alimentares apresentados.

Demonstrou-se como desencontros inicialmente transitórios podem, na ausência de fatores de plasticidade e resiliência, evoluir para uma possível tendência à cristalização no contexto das relações iniciais pais-bebê.

---

2 Realizado com Marisa Mélega no Centro de Estudos Psicanalíticos Mãe-Bebê-
-Família, em São Paulo, e na Tavistock Clinic, em Londres.

Metáfora e matriz

Ao longo do contato com bebês com dificuldades de alimentação, observa-se o delinear de um cenário em que as relações alimentares entre os bebês e seus pais, mais do que de uma simples maneira metafórica, parecem refletir modalidades de continência, "digestão" e processamento de conteúdos emocionais experienciados no contexto do relacionamento pais-criança.

Problemas alimentares durante o desenvolvimento inicial apresentam-se constantemente como uma fonte de preocupação para pais e profissionais de saúde envolvidos com os cuidados no início da vida. Dificuldades como pouco ganho ou redução de peso, recusa a aceitar alimentos ou resistência a mudanças no tipo de alimentação, pouco apetite, dificuldades de engolir e metabolizar alimentos e vômitos constantes podem apresentar-se de forma transitória ou persistente. Intensas angústias e receios de perda são mobilizados nos pais e processos de culpabilização podem vir a fazer parte da cena.

Os resultados do estudo inicial apontam para a confirmação de que problemas não orgânicos de alimentação, como os apresentados pelos bebês atendidos, poderiam corresponder a dificuldades no processamento da experiência emocional, conforme expresso pelos pais e pela relação pais-bebê.

Demonstra-se, assim, uma correspondência entre a capacidade de continência mental, digestão e elaboração psíquica de conteúdos emocionais e a possibilidade de digestão de experiências alimentares pelo bebê.

As experiências alimentares, como primeira janela clínica (Stern, 1997) para se compreender e, se necessário, intervir no desenvolvimento inicial das relações, constituiriam, dessa forma, ao mesmo tempo, matrizes e campo para expressão de modalidades de trocas relacionais vivenciadas pelo bebê e seus pais. Tais modalidades dinâmicas de troca configuram-se, assim, como base importante para o contínuo desenvolvimento das interações pais-crianças.

Ingredientes projetivos

A atribuição a outros de sentimentos, estados de mente, pensamentos e representações presentes em nosso próprio mundo interno é um processo bem conhecido da psicanálise. Ampliando a visão de projeção para além de um mecanismo exclusivamente patológico, Bion (1962a) enfatizou a função da continência materna e a transformação das identificações projetivas normais como essenciais para o desenvolvimento da capacidade de pensar do bebê. Brazelton e Cramer (1991) referem-se à função adaptativa da projeção como facilitando a empatia e o reestabelecimento natural dos antigos laços parentais com o passado por meio do relacionamento com seus filhos. De acordo com esses autores, o amor parental só é possível porque tem raízes em ligações anteriores: a empatia e a sintonia com o recém-nascido são ampliadas pelo reconhecimento de estados e sentimentos presentes em relacionamentos anteriores. Entretanto, é de concordância geral que, quando a projeção de conteúdos pessoais é massiva, desconsiderando a individualidade do bebê, a distorção da realidade pode interferir no relacionamento. Segundo Brazelton e Cramer (1991), isso é particularmente verdadeiro quando aspectos hostis e agressivos do *self* são projetados.

A partir dos casos investigados, poderíamos dizer que os fatores que contribuíram para o estabelecimento das dificuldades alimentares foram altamente potencializados quando projeções de hostilidade e medos relacionados à morte encontraram um campo fértil para desenvolvimento.

Os medos relacionados à morte surgiram como tentativa de evitar a repetição de experiências de perda não metabolizadas ou como uma resposta ansiosa a um evento com a criança que tinha uma ligação íntima com uma ameaça catastrófica real (fome e morte de parentes na Somália, por exemplo). Nesse contexto, o bebê era visto como parte do *self* dos pais em sua relação primitivamente modulada com o objeto perdido. Nesses casos, mecanismos de controle (expressos também nas modalidades de alimentação) e negação pareciam ser dotados de um magnífico poder para assegurar que a ameaça não se materializasse.

Quando o bebê se torna o recipiente das projeções de hostilidade, ele é sentido como dirigindo agressão e hostilidade para o cuidador. Os desconfortos do bebê podem ser, então, interpretados como um ataque à capacidade dos pais de nutrir a criança, como punição ou rejeição pessoal dos pais pela criança. Sentimentos de agressão recíproca, fantasias de dano mútuo, culpa e interpretação das dificuldades da criança como retaliação parecem ter aprisionado alguns desses pais e bebês numa espiral de trocas altamente sobrecarregadas. Para eles, o desengajamento e o distanciamento relacional parecem produzir um alívio e senso de proteção contra trocas representadas como potencialmente nocivas.

Tentando pensar sobre as experiências do bebê, talvez possamos imaginar uma ligação entre as dificuldades alimentares e suas manifestações (recusar alimentação, balançar a cabeça, cuspir, regurgitar, vomitar, preferência por líquidos e alimentos pastosos, dificuldade de engolir) e as modalidades pelas quais os bebês recebem ou recusam nutrientes parentais, tanto física quanto emocionalmente. Se as projeções são massivas e intrusivas, o bebê a ser alimentado será o bebê da mente dos pais, mais do que o bebê que expressa seus próprios sinais e necessidades; o alimento a ser oferecido será misturado com as expectativas parentais e ansiedades, e talvez até com sentimentos hostis, expressos na maneira como o(a) cuidador(a) olha, toca e fala com o bebê enquanto oferece a alimentação e na maneira como interpreta as dicas quanto ao ritmo, quantidade e duração da oferta alimentar. A recusa do bebê poderia, então, também ser dirigida a essas projeções oferecidas "à força" (numa analogia com a alimentação forçada) e a essa experiência de anticontinência, que inclui a comida de fato e os componentes psíquicos indigestos que fazem parte desse "alimento".

Fraiberg et al. (1980) referiram-se às projeções e reedições dos conflitos primitivos dos pais em seu contato com os filhos como "fantasmas" interferindo em suas relações e cuidados iniciais (*"ghosts in the nursery"*). Como visitantes não convidados de um passado não lembrado, esses fantasmas podem ser intrusos temporários ou podem ter estado presentes por duas ou mais gerações numa família, fixando residência e clamando precedência sobre a construção de uma relação única com cada criança em particular. Brazelton e Cramer (1991) apontam esses fantasmas intrusivos como uma grande fonte de descompasso entre pais e filhos, como uma tela interposta entre eles, interferindo em toda a percepção e sintonia com a criança presente ou com questões específicas, como comer, dormir e estabelecer disciplina.

Brazelton e Cramer (1991) sugerem possíveis temas frequentes e variações clínicas da representação subjetiva dos pais a respeito dos filhos. Esses temas podem ser resumidos como: 1. a criança representando uma pessoa importante do passado parental; 2. reedição e recolocação em cena de modalidades antigas de relacionamento; 3. a criança representando uma parte reprimida do próprio *self* parental, uma parte do inconsciente dos próprios pais.

INFÂNCIA, VÍNCULOS E DIVERSIDADE PROFISSIONAL   303

Quadro 17.1 – Indicadores de risco e indicadores de resiliência

INDICADORES DE RISCO	INDICADORES DE RESILIÊNCIA
Gravidez, parto e pós-parto conflituosos, representados como sobrecarga emocional	Dificuldades não se avolumam como sobrecarga emocional
Desistência da amamentação ao seio, mudanças no tipo de alimentação ou desmame abruptos	Acompanhamento do ritmo do bebê, transições graduais
Estados maternos de tristeza e humor deprimido	Capacidade do bebê de "reavivar" a relação com a mãe
Intenso investimento emocional atribuído à questão alimentar	Investimento emocional comum atribuído à questão alimentar
Perdas/lutos não elaborados	Capacidade parental de tolerar a própria dor e se identificar com o bebê
Desvalorização da figura materna	Apoio e respaldo à figura materna (por exemplo, por pai e avós)
Tensão e/ou falta de suporte nos relacionamentos familiares	Recursos de continência na família – campo de continência
Tendência do bebê à autossuficiência	Bebê aceita depender do outro
Evitação e defesa contra entradas externas	Bebê aceita entradas externas (cuidadores não invasivos)
Inibição das atitudes exploratórias (orais e gerais)	Desenvolvimento das atitudes exploratórias, contando com o estímulo dos pais
Alimento como resposta imediata a qualquer desconforto	Pais disponíveis para explorar os sinais do bebê
Modalidades de relacionamento anticontinente (evacuação de ansiedade e ação) Reversão da relação de continência: bebê como receptáculo	Modalidades de relacionamento continente (receptividade e metabolização de conteúdos emocionais)
Falta de outros relacionamentos continentes para o bebê	Suporte de relacionamentos continentes alternativos
Dificuldade em ver o bebê real devido à atribuição de sentimentos e estados mentais dos pais ao bebê: projeções intensas de iminência de morte, culpa e hostilidade, difíceis de serem metabolizadas	Permeabilidade das projeções ao impacto da realidade, da experiência com o bebê de fato Capacidade do bebê de sustentação de sua identidade
Estímulo parental à autossuficiência do bebê	Aceitação da dependência infantil

Sistematização das categorias de risco e resiliência

O Quadro 17.1, começado no estudo inicial e complementado ao longo dos correntes desdobramentos, indica aspectos de vulnerabilidade e de resiliência (risco e proteção) que podem dificultar ou facilitar a superação de adversidades nas primeiras dificuldades alimentares, potencializando tendências à cristalização ou viabilizando sua transitoriedade. As gradações de cinza indicam (em sequência discriminada para fins didáticos) aspectos parentais, aspectos referentes ao bebê e aspectos relacionais.

Perspectivas

Em um projeto de continuidade do estudo inicial, discutido no Research Training Programme da International Psychoanalytical Association, realizado na University College London (2006), tenho aprofundado o estudo desses indicadores a partir da inclusão de mais casos clínicos e refletido sobre a possível formulação de instrumentos para sensibilização de profissionais de saúde para a percepção e acompanhamento desses sinais.

Considerando-se os indicadores de risco e resiliência sugeridos pelo estudo inicial, buscou-se aprofundar a investigação a respeito da qualidade e intensidade de projeções parentais em sua relação com a sintomatologia apresentada pelos bebês a partir da primeira janela clínica das experiências alimentares no contexto da relação com seus pais.

Buscou-se refletir sobre possíveis parâmetros para aprofundar a compreensão das qualidades presentes nas projeções parentais e seu impacto peculiar na relação pais-bebê e no desenvolvimento infantil de acordo com as nuances afetivas predominantes. Haveria correlações entre a qualidade das projeções parentais e a expressão sintomática "escolhida" pelo bebê? Os indicadores de risco e resiliência sugeridos a partir das dificuldades alimentares se manteriam para outras sintomatologias? Haveria diferenças significativas e modalidades qualitativas diferentes quanto à presença dos indicadores de risco e resiliência em pais-bebês com problemáticas diferentes? Espera-se que tais desdobramentos facilitem o reconhecimento da necessidade de intervenção oportuna em problemas alimentares infantis no contexto das relações iniciais pais-bebê, nos casos em que haja risco de interferência significativa e desestabilizadora para o desenvolvimento infantil.

Aspectos de resiliência, fatores de proteção descritos no Quadro 17.1, seriam, então, fortalecidos, promovendo tentativas de equilíbrio junto aos fatores de risco, também indicados, rompendo circuitos cristalizadores e facilitando a retomada de ciclos de desenvolvimento na relação pais-bebê. Estaria fortalecida, também, uma rede de cuidados multiprofissionais de suporte aos vínculos pais-bebês.

Pretende-se que a continência oferecida pelos profissionais na detecção e acompanhamento de dificuldades alimentares com potencial de risco e cristalização possa multiplicar-se e reverberar na capacidade dos pais para digestão e metabolização de sua experiência emocional, gerando capacidades de oferecimento de alimentos "menos contaminados" ao bebê e favorecendo a constituição de bebês-indivíduos com capacidade de conter e aproveitar os alimentos e nutrientes psíquicos oferecidos.

Mapear o campo de continência e rastrear riscos para promover saúde emocional no contexto da relação pais-bebê

O quadro de indicadores de risco e resiliência (Quadro 17.1) deu origem a uma sugestão de questionário que poderia rastrear a presença de aspectos de vulnerabilidade relacional presentes nos 18 meses iniciais de vida, expressos por meio da janela clínica das primeiras trocas alimentares.

Apresento, a seguir, a versão corrente do questionário em aplicação, aperfeiçoado após aplicações piloto por dois aplicadores em simultaneidade (com registros independentes, para verificação de confiabilidade) e decorrentes reflexões.

Questionário

Nome do bebê: _____

Nome da mãe: _____

Nome do pai: _____

Data de nascimento do bebê: _____

Nascimento a termo: SIM ___ NÃO ___   Prematuro: _____ semanas

Data da aplicação do questionário: _____

Local de contato: _____

Dados para contato: _____

_____

Você tem alguma preocupação com o desenvolvimento do seu bebê?
NÃO ___   SIM ___

Quais?

_____

_____

_____

_____

1) Como foi a gestação?

Não teve problemas ___   Teve problemas ___

1a) (Se teve problemas) Quais?

_____

_____

_____

2) Como foi o parto?

Não teve problemas ___   Teve problemas ___

2a) (Se teve problemas) Quais?

_____

_____

3) Como foi o pós-parto?

Não teve problemas _____ **Teve problemas** _____

3a) (Se teve problemas) Quais?

_____

_____

4) Como foram as mudanças na forma de aleitamento?

Não teve problemas _____ **Teve problemas** _____

4a) (Se teve problemas) Quais?

_____

4b) Como o bebê foi amamentado?

_____

4c) Por quanto tempo?

_____

4d) Por que ocorreu o desmame?

_____

4e) Como foi o desmame?

_____

4f) Quando foi introduzida a mamadeira?

_____

4g) Como se deu a aceitação da mamadeira pelo bebê?

_____

4h) Quando foram introduzidos outros alimentos?

_____

4i) Quais?

_____

4j) Como se deu a aceitação pelo bebê?

_____

5) A mãe sentiu-se deprimida durante a gestação?

NÃO ____   SIM ____

5a) Por favor, especifique:

_____

_____

5b) A mãe sentiu-se deprimida no pós-parto?

NÃO ____   SIM ____

5c) Por favor, especifique:

_____

_____

5d) A mãe sente-se deprimida no momento atual?

NÃO ____   SIM ____

5e) Por favor, especifique:

_____

_____

5f) (Se SIM em alguma das anteriores no item 5) Como o bebê reagiu aos estados de depressão da mãe?

_____

_____

_____

6) Você tem ou já teve dificuldades alimentares?

NÃO ____   SIM ____

6a) Por favor, especifique:

_____

_____

7) Houve abortos anteriores?

NÃO _____   SIM _____

7a) Por favor, especifique:

_____

_____

**7b) Houve alguma perda, morte ou ameaça de perda/doença/aciden-
te com alguém significativo próximo ao momento da gestação ou início de vida do bebê?**

NÃO _____   SIM _____

7c) Por favor, especifique:

_____

_____

**7d) Você se sente preocupada com alguma perda importante viven-
ciada em qualquer outro momento de sua vida (pais, irmãos, filhos
ou outros relacionamentos significativos)?**

NÃO _____   SIM _____

7e) Por favor, especifique:

_____

_____

**8) Como se sente em relação à sua função de mãe? Sente-se criticada,
desvalorizada, não reconhecida em sua função de mãe?**

NÃO _____   SIM _____

8a) Por favor, especifique:

_____

_____

9) Existem dificuldades no relacionamento do núcleo familiar?

NÃO ___ SIM ___

9a) Por favor, especifique:

_____

10) Você sente falta de ajuda de outras pessoas no cuidado com o bebê?

NÃO ___ SIM ___

10a) Quem ajuda no cuidado com o bebê?

_____

10b) Com quem o bebê mantém bons vínculos?

_____

11) O bebê demonstra excessiva independência/autonomia (ex.: brinca muito sozinho, solicita pouca ajuda)?

NÃO ___ SIM ___

11a) Por favor, especifique:

_____

12) Se respondeu SIM à questão 11, o que você acha dessa independência?

_____

_____

13) Como o bebê explora brinquedos e objetos por meio da boca?

Não tem dificuldade ___ Tem dificuldade ___

13a) Por favor, especifique:

_____

_____

13b) Como está se desenvolvendo a expressão oral do bebê (balbucio, início da fala, exploração de sons?)

Não tem dificuldade ___ Tem dificuldade ___

13c) Por favor, especifique:

14) Como seu bebê demonstra desconforto?

14a) Como você responde a ele nessas situações?

15) Como você descreveria o seu bebê?

15a) Se existem dificuldades no desenvolvimento de seu bebê (ex.: alimentação, sono, humor etc.), como você entende essas dificuldades?

15b) Há algo que você gostaria de comentar ou acrescentar?

Autorização para a utilização dos dados do questionário para fins científicos de pesquisa

Ass.: _____

Autorização para filmagem de interação livre pais-bebê para fins científicos de pesquisa

Ass.: _____

Indicadores significativos

1. Gestação conflituosa — Sim ___ Não ___

2. Parto conflituoso — Sim ___ Não ___

3. Pós-parto conflituoso — Sim ___ Não ___

4. Dificuldade de adaptação às mudanças de alimentação — Sim ___ Não ___

5. Depressão materna (5, 5b, 5d)* — Sim ___ Não ___

6. Investimento na questão alimentar — Sim ___ Não ___

7. Perdas significativas não elaboradas (7, 7b, 7d)* — Sim ___ Não ___

8. Desvalorização da figura materna — Sim ___ Não ___

9. Tensão familiar — Sim ___ Não ___

10. Rede de suporte precária — Sim ___ Não ___

11. Autossuficiência do bebê — Sim ___ Não ___

12. Estímulo à autossuficiência do bebê — Sim ___ Não ___

13. Inibição, evitação oral — Sim ___ Não ___

14. Anticontinência parental — Sim ___ Não ___

15. Intensas projeções parentais — Sim ___ Não ___

Total ___ ___

Total de indicadores diretos (presença de marcadores positivos SIM para possíveis sinais de risco) ___ **em 15**

Apreciação qualitativa:

_____

_____

Seguimento:

_____

_____

* O entrevistador deve circular quais dessas questões entre parênteses tiveram resposta afirmativa.

A partir da inclusão de mais casos clínicos, tem-se aprofundado a investigação sobre a especificidade ou abrangência dos indicadores de risco e resiliência para diferentes expressões sintomáticas. Junto ao Departamento de Pediatria da Universidade Federal de São Paulo (Unifesp), realizo a aplicação desse questionário, a partir dos indicadores iniciais, para pais com bebês de 0 a 18 meses em que se manifestem: a) problemas alimentares; b) outras dificuldades (sono, irritabilidade etc.); c) ausência de queixas.

A utilização e discussão desse questionário relacionado a risco e resiliência em dificuldades iniciais na relação pais-bebês pode ser oferecido como elemento de contribuição psicanalítica na sensibilização de profissionais de saúde para a percepção e acompanhamento de sinais de risco, facilitando o acesso, o quanto antes, a recursos de intervenção nas relações iniciais.

Tais desdobramentos fizeram parte da tese de doutorado acerca do tema (Mendes de Almeida, Wechsler, Suano, Solé, 2018) e foram também desenvolvidos em artigo compartilhável na interface profissional (Mendes de Almeida, Wechsler, Taddei, Suano & Solé, 2018).

PARTE VII

Interlocução com a clínica pais-bebê

Ao atender pais e crianças pequenas conjuntamente numa proposta de intervenção nas relações iniciais pais-bebê, oferecemos uma oportunidade única para ouvir as comunicações e ansiedades dos pais sobre seus filhos, enquanto observamos ao vivo a criança brincando e interagindo com eles. Nesse *setting*, aprendemos com a experiência sobre as modalidades relacionais de cada família, em seu desenvolvimento inicial e emergente. Nossas intervenções, enriquecidas por nossas observações no aqui e agora sobre as maneiras de ser da criança, ajudam a iluminar as percepções dos pais sobre a criança real e a, gradativamente, facilitar a discriminação da experiência real com aquela criança em particular, do que pode ser percebido, muitas vezes, por meio de projeções, identificações inconscientes ou expectativas narcísicas.

Por que alguns bebês choram muito? Por que não dormem, não comem ou se agitam? Por que não se deixam consolar pelos pais, muitas vezes bastante devotados, mesmo sem algo orgânico? O que reclamam esses bebês?

Por meio de situações clínicas, nestes capítulos, procuramos responder a essas questões a partir de intervenções nas relações iniciais pais-bebê. Ao escutarmos as histórias infantis dos pais, podemos oferecer novas redes de sentido para as dificuldades presentes na relação pais-bebê ali, no momento da intervenção, favorecendo o desenvolvimento dos vínculos iniciais e o exercício da parentalidade.

18. Redes de sentido: evidência viva na intervenção nas relações iniciais com pais e crianças[1]

Mariângela Mendes de Almeida
Magaly Miranda Marconato Callia
Maria Cecília Pereira da Silva

Atendemos Tony, um garoto de 2 anos e 8 meses de idade, num *setting* de intervenção nas relações iniciais ao longo de cinco sessões. Seus pais buscaram ajuda devido ao atraso na fala da criança. Tony é extremamente ligado à sua mãe – nem mesmo nos nota durante os encontros iniciais. Durante a segunda sessão, Tony chega com sua mãe, enquanto o pai vem mais tarde. Quando o pai entra na sala, Tony, que está perambulando e brincando de maneira transitória com alguns lápis ao lado de sua mãe, olha para o pai e sorri levemente. O pai pede um beijo, preparando-se para receber Tony em seus braços. Tony está a caminho, andando rapidamente, mas, de repente, para no meio de seu movimento, rigidamente dá a volta em direção à sua mãe e, com a mesma velocidade com que estava indo na outra direção, para o pai, volta para beijar a mãe.

---

1 Este artigo fez parte do trabalho "Pathways to change: clinical interventions with infants, young children and their families", apresentado na International Conference da Tavistock Clinic (Londres) nos dias 25, 26 e 27 de março de 2004. Posteriormente, foi publicado em 2004 na *Revista Brasileira de Psicanálise*, 38(3), 637-648.

Então, ele faz o caminho de volta em direção ao pai e somente aí pode se permitir ser beijado e abraçado por este também.

A cena surpreende a todos nós, provocando um riso empático entre os pais e as terapeutas. Não é possível ignorar a clara expressão de Tony de hesitação e deliberada mudança de rumo nesse possível pictograma das posições e dos movimentos do garoto dentro de sua família. Comentários espontâneos das terapeutas, ainda numa atmosfera de humor evocada pela cena, enfatizam esse momento e amplificam o convite para olhar além da ação motora, para considerar a cena como uma janela que permite acesso a configurações possivelmente importantes nessa família: "Papai não pode ser beijado se a mamãe não ganhar um beijo antes também?... Será que Tony queria ir para o papai, mas ficaria preocupado em deixar a mamãe sozinha?".

Como um paradigma, cenas desse tipo, que nós chamaremos de aglutinações de sentido ou redes de sentido, condensam aspectos de comportamento manifesto com uma irrupção inegável de conteúdos primitivos que ainda não foram elaborados, mas que emergem insistentemente em nossa experiência.

Na intervenção nas relações iniciais com pais e crianças (ou bebês), colocamo-nos numa posição de conter e abrigar essa massa de material complexo conforme ele começa a tomar forma por meio dos fatos observados, que se aglutinam ao redor de algumas questões centrais. Durante as sessões, procuramos: oferecer continência às angústias dos pais na relação com o filho; colocarmo-nos receptivos às identificações projetivas nem sempre verbalizáveis, contendo-as mentalmente antes que elas possam ser "pensamentos pensáveis" pelos pais; clarificar as projeções parentais pela contraposição às evidências experimentadas no contato com a criança ali presente, facilitando novas perspectivas na forma de ver a criança; estimular a discriminação entre as vivências dos pais e a experiência da criança; valorizar a potencialidade dos pais para perceber as necessidades infantis, fortalecendo a função parental; e estimular os recursos internos de cada família para funcionar como um "campo de continência" para a tolerância e a compreensão dos conteúdos emocionais (Mendes de Almeida, 1993, 1997). Muito mais do que quando conversamos com os pais sobre seu filho (quando há uma mediação relativamente mais organizada por meio do discurso dos pais), há, num enquadre de intervenção nas relações iniciais com pais e crianças juntos, uma possibilidade de contato direto com essas redes de sentido; há uma oportunidade de enfatizá-las e compartilhar nossas percepções com os pais e as crianças no próprio aqui e agora da sessão, preservando a proximidade com o material primitivo exposto pela própria relação pais-criança, com a qual também nos encontramos envolvidos.

A cena descrita no início deste artigo é uma metáfora paradoxalmente concreta. Ela sugere uma imagem simbólica: o garotinho simbioticamente fundido com sua mãe, não existindo como uma identidade separada, com receio de permitir espaço para um terceiro elemento (o pai, representando aqui, também, outras presenças externas à relação primária). Ao mesmo tempo, essa cena é uma manifestação banal expressa em forma de comportamento cotidiano. Sem a amplificação fornecida pelo enquadre e pelos terapeutas, essa cena poderia ser facilmente ignorada. Além disso, para um observador não treinado, ela pode não merecer qualquer atenção especial – é comum, e pode não trazer nenhuma "revelação psicanalítica profunda"! Entretanto, o fato de que ela representa um *enactment* da dinâmica familiar e de que ela se oferece como uma cena observável, sobre a qual todos os participantes podem ficar intrigados e refletir juntos, converte-a num possível caminho para mudança.

Informações anteriores sobre uma primeira entrevista com os pais e outras observações de seu relacionamento com a criança durante as sessões se aglutinam em torno de questões sobre estados maternos de depressão e solidão (incluindo períodos em que a mãe se sentia muito sozinha num país estrangeiro durante os anos iniciais de Tony, quando ele já estava demonstrando dificuldades relacionais). Um outro aspecto dessa rede de sentido, expressa em afirmações conscientes e interações nem sempre tão conscientes dos pais com a criança, parece estar relacionado à insistência destes em considerar as dificuldades de Tony como problemas leves de fala ou confusão entre idiomas mais do que *deficits* comunicacionais e relacionais mais amplos. Nossa tarefa nessa intervenção é a de ajudar os pais a se permitirem um contato maior com os *deficits* de Tony, a olhar para a criança que de fato está frente a eles, que inicialmente nem mesmo parece notar as duas terapeutas desconhecidas conversando com eles e, mesmo depois, às vezes claramente, evita contato conosco. O reconhecimento das necessidades de Tony seria um estágio essencial antes que eles pudessem procurar e aceitar, de fato, o tratamento intensivo propriamente dito em psicoterapia (em vez de continuar reagindo aos seus transtornos de desenvolvimento insistindo em "ensiná-lo" a repetir mecanicamente números, cores e letras).

O enquadre de intervenção nas relações iniciais fornece um campo privilegiado para a expressão dessas manifestações de diferentes níveis de conteúdos psíquicos, na medida em que facilita a comunicação e a continência tanto de material consciente, organizado por meio da experiência relatada, como de elementos inconscientes, em estado bruto, que clamam por comunicação e integração. Os dois níveis de discurso são colocados instantaneamente juntos, e é parte do papel do terapeuta deixar-se surpreender pelo que parece óbvio ou já cristalizado como padrão familiar. D. Winnicott (1971/1984), quando se refere às suas consultas terapêuticas, enfatiza nossa capacidade de sermos surpreendidos como permitindo que um "momento sagrado" ocorra na sessão. Nesse sentido, momentos de sincronicidade e sintonia emocional entre terapeutas e pacientes, nos quais importantes significados emergem, fornecem representação para aspectos que não estavam integrados anteriormente. Essa noção também enfatiza o trânsito e a permeabilidade entre os elementos conscientes e inconscientes que emergem durante a sessão. A presença da criança relacionando-se com os adultos (ou não se relacionando, como às vezes ocorria com Tony, com seus traços do espectro do autismo) e o uso de mediações como o brincar e o material lúdico facilitam a irrupção de conteúdo mais primitivo, que busca representação. Nas intervenções conjuntas com pais e crianças, poderíamos dizer que a interação pais-criança que de fato ocorre na sessão (incluindo toda e qualquer forma de manifestação) corresponde à associação livre na sessão analítica do adulto e ao brincar na análise de crianças.

De acordo com Serge Lebovici e Storelu (1983), que desenvolveram as ideias de D. Winnicott (1971/1984) em relação às consultas terapêuticas, no trabalho conjunto com crianças e pais, um procedimento de intervenção nas relações iniciais geralmente ocorre a partir de um sintoma específico manifesto pela criança ou pelo bebê que, de alguma forma, está interferindo em seu desenvolvimento ou demonstrando um transtorno em sua interação com seus pais.

Cada sessão consiste, então, em uma observação multidimensional que permite acesso a: sintomas da criança e suas formas de funcionamento, o fenômeno inter e transgeracional que caracteriza a relação pais-criança-família, o ambiente que cerca o cuidado parental, a personalidade da mãe e a do pai, os aspectos familiares e a dimensão sociocultural. Os pais podem falar sobre seu filho e expectativas em relação a ele, sobre eles mesmos, sobre suas famílias, sobre seu passado, sobre comportamentos que se repetem, sobre noções e valores estabelecidos.

O terapeuta, enquanto observa a interação pais-criança, tenta compreender, com ajuda dos pais (e por que não também com ajuda da criança?), as motivações conscientes e inconscientes de seus comportamentos e conceitualizações. Enquanto ouve os pais falarem sobre seu relacionamento com a criança e enquanto observa o que vividamente ocorre no aqui e agora da sessão, o terapeuta tem acesso à criança imaginária na mente dos pais, que pode abrigar fantasias latentes relacionadas aos elementos transgeracionais e necessidades e conflitos infantis reeditados na relação pais-criança. Ao se identificar com os diferentes parceiros na interação, o terapeuta transforma sua experiência em palavras de valor metafórico, que são então compartilhadas com a família. O que era até aquele momento impensável e somente expresso por meio de ações, descargas individuais ou sintomas pode encontrar uma representação por meio de pensamentos e palavras compartilháveis.

Para Serge Lebovici, o terapeuta se coloca num estado de "empatia metaforizante", caracterizada por uma ligação emocional e perceptiva com o sofrimento da família, que até aquele momento ainda não foi nomeado e representado, mas que, ao ser contido e metabolizado pelo terapeuta, pode ser lidado, também pela família, como pensamento e representação. Os comentários e as intervenções do terapeuta podem dirigir a atenção ou condensar aspectos de observações de interações e percepções de conteúdos transgeracionais inconscientes, permitindo contato, portanto, com uma área desconhecida das personalidades dos participantes.

Nesse contexto, as mudanças nem sempre são produzidas (pelo menos não diretamente) nos pais ou na criança. É o relacionamento, a interação, que muda. No enquadre de intervenção nas relações iniciais, conforme os pais ampliam o contato com a criança observada, podem vir a modificar sua tendência a projetar suas próprias fantasias, expectativas e confirmações narcísicas sobre a criança. A intervenção nas relações iniciais com pais e criança promove um ato de incisão, que pode ser metaforicamente representado por uma cirurgia. Ela pretende transformar o fluxo de interferência obliterativa dentro da interação e relacionamento familiar, de maneira que, com uma abordagem mais realística e menos contaminada dos incômodos da criança (às vezes dificuldades reais, como as de Tony), estes possam ser lidados de maneira a facilitar um desenvolvimento mais saudável.

No caso de Tony, o que faz com que sua família procure ajuda é a afirmação de que "Tony não consegue falar. Algo precisa ser feito para que ele fale". Durante as cinco sessões de intervenção nas relações iniciais, tentamos reformular essa demanda para: "Tony não consegue se relacionar – portanto, ele não consegue falar. Alguma coisa está acontecendo que precisa ser compreendida, de forma que algo possa ser feito para ajudá-lo". Ou: "Nesse momento particular nessa família, Tony não consegue mostrar quem ele é (nesse sentido, ele não tem voz). Ele está sendo visto como não tendo sido propriamente 'treinado' a falar, enquanto de fato ele tem dificuldades bem maiores que precisam ser notadas. Este é Tony".

A família retorna para a quarta sessão depois de um curto período de férias, no qual tanto a mãe quanto o pai estiveram muito próximos de Tony. Eles comentam de maneira triste, mas muito mais articulada, como eles notaram que Tony é diferente de outras crianças, como ele se isola e não solicita outras pessoas – como a pequena sobrinha deles faz –, como ele não brinca e não olha para as outras pessoas – como eles percebem outras crianças fazendo. A mãe, então, permite-se mencionar que ela notava isso desde que ele era um bebezinho e que ela já estava preocupada com isso. Nós ficamos extremamente sensibilizadas pelas percepções dos pais e comunicamos a eles como eles parecem estar muito mais próximos ao Tony de fato e a possibilidade de eles o ajudarem quando se permitem notar as sérias dificuldades do filho, por mais doloroso e triste que isso possa ser. Comentamos, também, que eles parecem muito mais juntos como casal quando notam as dificuldades básicas de Tony, sem acusar um ao outro por não o estimular adequadamente (por exemplo, discordando sobre se Tony deveria estar numa escola bilíngue ou não) ou dirigir um ao outro altas expectativas em relação a solucionar os problemas de Tony.

Nós os atendemos juntos mais uma vez para discutir nossas sugestões a respeito do transtorno global de Tony e da continuidade do tratamento. Ao longo de nossos encontros, Tony demonstra uma consciência crescente de nossa presença, que ele passa a reconhecer e não precisa evitar. Ele pode aceitar proximidade física e pode trocar brinquedos conosco. Ele também está requisitando o pai muito mais do que antes e se movimenta da mãe para o pai de uma maneira muito mais natural. Tony passa algum tempo dessa sessão olhando atentamente para si mesmo no espelho. Talvez pudéssemos dizer que, ao fim dessa fase de intervenção, facilitamos a Tony e sua família um olhar para o que ele realmente é.

Uma outra cena significativa que, como uma nova aglutinação de sentido, condensa elementos de diferentes níveis e integração é a sua saída ao final do encontro: antes de sair da sala, Tony junta as mãos do pai e da mãe e sai ao lado deles. Ele não precisa excluir o pai aderindo-se à mãe; os pais parecem ser sentidos como um casal que pode cuidar dele, mas dos quais ele pode ter uma identidade separada.

Enquanto Tony não consegue falar, Maria Clara, uma outra garotinha atendida por nós num *setting* de intervenção nas relações iniciais, não conseguia dormir. Ela foi encaminhada pelo pediatra quando tinha 1 ano de idade e foi vista durante quatro sessões com seus pais e sua irmã de 11 anos. Maria Clara vinha sempre apresentando um sono agitado, acordando várias vezes durante a noite e procurando pela atenção de sua mãe – inicialmente, sendo apaziguada somente ao sugar o seio. Durante seu primeiro ano, a mãe tinha dormido com Maria Clara no quarto da criança, enquanto o pai dormia com a filha mais velha no quarto do casal. Quando foram encaminhados, estavam todos dormindo no quarto do casal – o pai com a filha mais velha e a mãe com Maria Clara. As mesmas dificuldades em dormir foram relatadas como tendo acontecido com a filha mais velha até os 3 anos de idade, o que tornara os pais muito ambivalentes sobre ter um outro filho.

Conforme falávamos com a família e observávamos suas interações, as aglutinações de sentido que se desenvolveram enfatizaram temas como ansiedade de separação, medo de morte e necessidade de proteção contra solidão enraizados nas histórias dos pais e reeditados em seu relacionamento com as filhas. Por meio dos relatos do pai, foram criadas em nossas mentes cenas de um filho mais velho (o próprio pai) tendo que crescer muito rapidamente e tendo, muito precocemente, que tomar conta de sete irmãos, mas precisando sempre estar rodeado de pessoas, barulhos e movimentos para se sentir seguro e acompanhado. Seu medo de se ver sozinho em casa, no trabalho, com seus "barulhos internos", fez com que sua filha de 11 anos declarasse muito vividamente: "Eu acho que ele está com medo de dormir sozinho...". O comentário de uma das terapeutas amplificou o movimento de reversão: "Então é você que põe seu pai para dormir!". A mãe, então, demonstrou entusiasmo e ressonância com as conexões e desenvolveu a ideia: "É isso mesmo, ela põe o pai para dormir! E quando eu acordo durante a noite e olho ela está agarradinha com ele e ele está agarradinho com ela!". Nós pudemos observar nesse fragmento a rica rede de expansões e ramificações que foi acionada pelos comentários que surgiram, tocando simultaneamente em diferentes camadas de funcionamento psicológico, incluindo aspectos objetivos do comportamento manifesto e aspectos subjetivos inconscientes, permitindo, também, áreas de reflexão sobre fantasias edípicas.

Investigamos um pouco mais sobre os medos do pai: "... É medo de assombração, medo de coisas reais, da vida, como é?". Então, ele nos diz: "... Eu sempre tentei proteger a N. (filha mais velha) do que eu tinha medo... O medo era desse ritual, ritual de passagem. Falando da morte por exemplo, se eu fosse num velório eram quinze dias sem conseguir dormir... Até hoje você vê como é o trauma, como que é, ah, nós temos que ir num velório, eu vou no velório, mas eu não vou lá ver a pessoa, eu não vou não...". A partir desse momento, a mãe e N. se discriminam, dizendo que não têm medo de defunto. Pôde-se, então, identificar que o medo do pai era o medo da morte e que ele precisava envolver a família num medo que era mais dele.

Nesse momento, uma rede de sentidos se revelou quando uma das terapeutas disse: "... E dormir... Morto parece que está dormindo, né?". Foi possível observar que os sintomas de Maria Clara e de N. expressavam o sintoma do pai. Talvez o significado de cada sintoma fosse singular, mas a expressão era a mesma.

Em outra sessão, a mãe surpreendeu a todos nós – incluindo o pai e talvez até ela mesma – trazendo memórias tocantes de extrema ansiedade envolvida com situações de separação infantil. Ao ser perguntada sobre a sua relação com os avós, a mãe se recordou de sua infância. Ela vivia numa grande casa de dezoito quartos numa espécie de sítio, no interior de São Paulo. Nesse sítio, havia mais duas casas: numa morava seu avô paterno, que era muito doente, pois havia tido um derrame; na outra morava sua avó materna, com duas tias que eram anãs, sendo uma delas deficiente mental.

Emocionada, a mãe comentou sobre a impossibilidade de consolar o choro desesperado e incontrolável de suas tias quando a mãe delas morreu e elas foram retiradas da família para serem institucionalizadas. Nós pudemos, então, ter uma noção acurada de como as separações e as necessidades expressas por meio do choro encontravam uma reverberação intensa na mente da mãe.

Ao final desse relato, ficamos mobilizadas pelo choro emocionado da mãe, dirigindo nossos olhares, nosso silêncio empático e nossa continência a ela. Ao mesmo tempo, observamos um rápido e tímido movimento do pai de acariciar a cabeça de Maria Clara. Essa maior aproximação do pai no cuidado do bebê se confirma no cotidiano da família e parece revelar a possibilidade de desenvolvimento de sua função paterna também no suporte aos processos emocionais regressivos vividos por sua esposa com a maternidade.

Esse diálogo gerou uma nova rede de sentidos: a angústia da mãe diante das situações de choro de suas filhas e a situação traumática que vivera com as tias anãs puderam, então, encontrar uma representação. Tal intervenção representou uma situação de empatia metaforizante efetiva. Assim, os fenômenos transgeracionais puderam ser revelados e desvendados: discriminaram-se os medos do pai e as angústias de separação da mãe.

Maria Clara, por sua vez, apresentava-nos, desde o início, um quadro diferente e uma qualidade de demanda singular. Enquanto o discurso manifesto estava sendo sobre quão difícil era para ela dormir, em várias ocasiões durante sessões ela tentou se acomodar com as almofadinhas no meio da sala ou explorou com curiosidade a textura macia do divã. Quando, em uma dessas ocasiões, uma das terapeutas e a irmã mais velha notaram isso, o seu desejo de dormir foi verbalizado pela terapeuta. Maria Clara chegou perto da terapeuta e pegou as almofadinhas que ela ofereceu. Então, ela se deitou como se fosse dormir. Maria Clara parecia estar demonstrando com sua atitude seu desejo de ser confortada e de dormir, bem como sua confiança possível em seus recursos para fazer isso quando auxiliada por um *setting* no qual ela pudesse ser discriminada das demandas inconscientes dos pais para ficar acordada.

Estávamos observando, então, o que pensamos ser um *enactment* – em outras palavras, uma maneira de atribuir sentido a uma emoção por meio de uma mensagem pré-verbal, uma forma de expressão inconsciente da vida psíquica, um movimento contínuo entre o mundo interno e o mundo externo. Ao fim de nosso segundo encontro, uma das terapeutas, conversando com Maria Clara, expressou muito vividamente o que nós também poderíamos identificar como uma rede de sentidos, na medida em que integrou todas as diferentes camadas que estávamos tentando atingir nesse trabalho, incluindo o nível observacional, o relacional e o transgeracional. Ela fez um comentário de maneira que foi, ao mesmo tempo, uma formulação interna (mostrando seu próprio processo de pensamento e de transformação do que estava sendo comunicado), uma comunicação para a criança e um convite para todos compartilharem a formulação. Seu comentário foi: "Ei, Maria Clara, você gostou dessa conversa hein! Esse seu nome, Maria Clara, tem tudo a ver com essa conversa. Porque, Clara! Tudo Claro! Você veio clarear as ideias, iluminar, trazer luz, veio para explicar as coisas, tem muito trabalho para você, hein!".

Na última consulta terapêutica (a quarta), um mês e meio depois da primeira, os pais vieram com Maria Clara e mostraram-se calmos. Eles nos contaram que ela estava dormindo muito bem em seu próprio quarto. Ela tem acordado uma vez por noite, quando toma uma mamadeira. Inaugurou-se o processo de separação com a instalação do desmame.

Os pais comentam que estão se sentindo mais atentos a si mesmos e aos outros na família, estão reparando e dizendo coisas entre eles nunca faladas ou observadas antes, o que nos faz pensar que o *setting* ofereceu continência e serviu como modelo para que cada membro se discriminasse e ocupasse seu lugar psíquico na família, e para que se constituísse um casal criativo.

O pai nos contou que tem se percebido com menos medo, tem ficado sozinho no trabalho e na própria casa, o que indica que está desenvolvendo sua capacidade de ficar só. Observou que as filhas não têm medo – os medos são dele. A mãe brincou com Maria Clara durante a consulta como se pudesse ter recuperado algo que havia se perdido com a internação das tias anãs. Os pais observaram que podem criar a própria história e se livrar de mandatos transgeracionais, que não precisam perpetuar-se.

A menina-bebê era a depositária de fantasias, de vivências violentas, de medos terroríficos que diziam respeito a outras gerações. A resultante dessa dinâmica inconsciente familiar era o sintoma de Maria Clara: transtorno de sono. No entanto, mais do que isso, esses aspectos inconscientes transmitidos por meio das gerações terminavam por prejudicar seu desenvolvimento emocional e a própria constituição de seu psiquismo. N., a outra filha, também estava fundida nessa patologia familiar, embora tenha demonstrado que tinha recursos para se diferenciar assim que as fantasias foram nomeadas, localizadas e assumidas por seus genitores durante as consultas.

Maria Clara não podia dormir: acordava para lembrar sua mãe de que ela ainda não tinha ido embora, acalmando-a diante de suas angústias de separação; e chorava para lembrar seu pai de que ela não estava morta, tranquilizando-o diante de seus medos aterrorizadores. E também poderíamos dizer que Maria Clara já estava identificada com as angústias e os medos aterrorizadores de seus pais e, com tudo isso, não podia dormir. Não havia um ambiente que facilitasse o seu desenvolvimento. A intervenção nas relações iniciais possibilitou que os fenômenos transgeracionais fossem falados, conhecidos e reconhecidos como tais, e parece que cada coisa foi para o seu devido lugar – criou-se um "berço" afetivo para Maria Clara. No momento em que essas novas redes de sentido puderam se revelar, cada membro da família pôde ocupar seu lugar psíquico, assumir suas funções materna, paterna e fraterna.

David Tuckett (1994), que apresenta a noção de *clusters of clinical facts* (aglutinações de fatos clínicos), ideia que, de alguma maneira, inspirou esse nosso trabalho, detalha níveis de apreensão de processos clínicos como: a) um nível mais primitivo possível, de conteúdo básico (fatos clínicos – experiência particular próxima das observações que resultam de um foco bastante geral a partir da atenção flutuante); b) um nível mais conceitualizado, de coleções de fatos que se associam (*clusters* – aglutinações); c) um terceiro nível, de seleções mais focadas (*working orientations* – orientações de trabalho); d) um quarto nível, ainda mais focado e mais organizado, caracterizado pela ligação de observações num modelo mais generalizável (*grounded hypotheses* – hipóteses fundamentadas: a experiência relativa a formas de conhecer e traçar conclusões mais generalizáveis sobre os fatos, que podem ser constantemente sujeitas à validação clínica).

A ideia de Tuckett, aglutinações de fatos clínicos, apresenta uma similaridade com o conceito de Bion (1962a) de fato selecionado: "O fato selecionado é o nome da experiência emocional, a experiência emocional no sentido de uma descoberta de coerência; seu significado é portanto epistemológico e não se deve supor que a relação entre os fatos selecionados é lógica" (p. 104). Elementos dispersos são, então, reunidos numa representação dentro da mente do analista, que é utilizada como uma hipótese disponível para reconstrução constante e contínua.

Percebemos, em nossa experiência clínica, como elementos aparentemente soltos, uma vez ativados por algum nível de integração, parecem criar um campo no qual uma rede associativa continua a se expandir em nossas mentes, associando imagens, palavras, iluminando frações da experiência que se ligam a outras ramificações presentes, intensificando aglutinações em formação ou justapondo-as.

Muitos de nós podem ter passado por uma modalidade similar de experiência ao escrever artigos como este. Inicialmente, encontramo-nos entre uma enorme quantidade de ideias dispersas, surgidas de várias fontes – como material clínico, pacientes diferentes, conversas com colegas e coterapeutas, discussões em supervisões, questões teóricas de fundo –, que mantemos juntas em nossas mentes mesmo que elas não façam sentido instantâneo como um corpo integrado. Assim que elas encontram uma trilha inicial de integração, nós podemos nos surpreender pensando sobre ramificações dessas redes de sentido quase involuntariamente, durante os momentos mais inusuais.

Quando esse processo é ativado, capturamos nossas mentes fazendo ligações durante um banho de chuveiro, enquanto dirigimos ou quando acordamos... Um observador leigo poderia comentar: "Esta aí está em alfa!", quando estamos completamente absorvidos em algum processo mental contínuo! Se esse processo (ou o que se encontra subjacente a ele) tem algo a ver com a função "alfa" de Bion, isso permanece uma questão para nós discutirmos, mas claramente essa maneira de conectar-se à experiência parece ser muito útil para nós quando tentamos integrar os elementos clínicos com pacientes e colegas. Percebemos essas ligações habitando nossas mentes, clamando para serem elaboradas, emergindo insistentemente em nossa vida mental (o pensamento que precede o pensador, como Bion (1962b/1990) aponta).

Como um outro exemplo do poder desses processos, quando estamos nos esforçando para terminar um trabalho, como uma tese ou um livro, talvez tenhamos que fazer esforços deliberadamente conscientes para interromper o fluxo contínuo de pensamentos com o qual estivemos intensamente envolvidos e que poderia nos fazer continuar sempre trabalhando e trabalhando em novas possíveis associações e desenvolvimentos! Associações e aglutinações ou redes de sentido parecem se desenvolver parcialmente num nível invisível, não racional, inconsciente, ao qual não temos acesso; mas, de tempos em tempos, fragmentos de elaboração se anunciam e podem ser integrados por meio de pensamentos que podem ser narrados, escritos e compartilhados, como estamos fazendo agora.

Trazendo de volta nossos pequenos Tony e Maria Clara com suas famílias, a possibilidade de passar pelos mesmos processos com eles, permitindo espaço para aspectos primitivos da experiência eventualmente evitados e aguardando para que possam ser formulados num processo de pensamento, como um caminho para a mudança, é talvez a experiência mais enriquecedora a ser com eles compartilhada.

19. Embalando o choro de pais e bebês: a demanda por uma escuta em rede

Maria Cecília Pereira da Silva
Mariângela Mendes de Almeida

Esta contribuição surgiu a partir de uma cena e atmosfera sonora que vivemos com uma bebê de 5 meses que chorou intensamente, parecendo-nos que fora por uma eternidade. Os pais nos disseram que o motivo era sono, e o pai a segurou no colo, movimentando-a vigorosamente para fazê-la dormir. A mãe aguardava, aflita, que ela se acalmasse. Nós, as terapeutas, um tanto surpresas com o desdobrar dos acontecimentos, acompanhamos a cena, oferecendo continência e nomeando que Carmem, com seu choro intenso, estava nos contando o que acontecia em sua casa.

Estávamos diante de uma bebê irritadiça e com choro intenso.

O que escutamos?

A partir dessa cena, nós pudemos experimentar os mesmos sentimentos dos pais diante do choro da bebê. Os pais nos procuraram quando a bebê estava com 5 meses e meio, na expectativa de que pudéssemos ajudá-los com essa segunda filha, tão diferente da primeira, com 1 ano e 9 meses, que sempre fora mais tranquila.

Contam que Carmem tinha dificuldade para dormir e chorava muito. Chorava no primeiro e no segundo mês e achavam que isso ia passar, mas não passava. "O que eu quero é que passe!", comenta a mãe. "Se tem alguma coisa que eu posso fazer eu quero fazer. Não é nenhum problema físico, é o temperamento dela que é um desafio. Até que ponto é choro de manha ou é necessidade de acolhimento? Ela tem um soninho de passarinho, quinze minutos durante o dia. Não tem sono de duas horas." A mãe prossegue: "Eu fico aflita quando fico sozinha. A irritação dela é que me preocupa. Não consigo oferecer o que ela precisa. Eu descompenso. O pediatra diz para deixar chorar e a gente não aguenta. Carmem não era esperada com essa rapidez, foi um processo difícil, mas depois foi muito querida. Ela é mais ligada, acorda chorando, não é cólica, e demora muito para se acalmar. Tem uma natureza mais intolerante, uma irritabilidade, chora o dia inteiro. Com 2 meses comecei a completar com Nan® porque não tinha leite suficiente. A gente brinca que ela é nossa filha Almodóvar, é muito carinhosa e muito brava, exagerada, chora e esperneia".

Por que chora a pequena bebê? Por que chora tão forte e de maneira tão insistente? Há algum incômodo físico? Há algo que não esteja funcionando bem? Ao exame clínico-pediátrico, nada se apresenta. São feitas hipóteses iniciais de que solicita mais leite. De fato, o choro é, antes de tudo, uma solicitação que mobiliza os pais e profissionais a se voltarem ao bebê, imaginando quais possam ser suas possíveis necessidades. A complementação com a mamadeira e, depois, o alargamento do furo da mamadeira quando a bebê ainda não parece totalmente satisfeita parecem dar conta das ansiedades desses pais nesses momentos iniciais. Mas a bebê continua irritadiça, dorme pouco e acorda várias vezes à noite, lembrando-lhes de que nada é assim tão fácil. No contato conosco, a bebê se movimenta bastante, vira-se com agilidade, tentando alcançar os brinquedos que colocamos à sua volta, leva-os à boca de maneira vigorosa. Durante a consulta, além de seu choro vivo e intenso, presenciamos também sua demanda ágil e intensamente convocatória.

A movimentação de nossa bebê suscita questões que usualmente também preocupam pais e profissionais em início de história vincular: "Ela é muito agitada, não para um segundo, será que tem algo de errado com ela?", perguntam-se os pais. "Há sinais de hipersensibilidade? Haveria uma tendência à hiperatividade? Estaríamos diante de alguma instabilidade em termos neurológicos?", perguntam-se os profissionais.

Tais percepções podem nos colocar no campo dos desdobramentos de imbricação sutil entre aspectos constitutivos, neurológicos e psicológicos vinculares, área em que, cada vez mais, o trabalho conjunto da medicina pediátrica, das neurociências, da psicologia do desenvolvimento e da psicanálise das relações pais-bebês tem se mostrado bastante útil. Pais aflitos muitas vezes procuram e se acalmam com orientações de especialistas sobre o que fazer concretamente, na prática, diante de situações que literalmente lhes tiram o sono. Muitas vezes, na formação dos profissionais de saúde, cultiva-se a crença de que orientações objetivas aprendidas e transmitidas aos pais podem dar conta das demandas explícitas que se apresentam na clínica pediátrica. "Não estamos conseguindo dormir. Ela acorda muitas vezes. Ela chora sem parar. Há uma orientação do pediatra de deixar chorar, mas a gente não consegue", contam-nos esses pais.

Como no caso de várias famílias que chegam aos nossos cuidados na Clínica 0 a 3 ou com as quais temos contato em ambulatórios de pediatria, nem sempre faltam orientações, mas, muitas vezes, há carência de uma base de sustentação emocional para que as orientações possam ser seguidas ou para que possam ser consideradas como significativas ou adaptáveis para cada momento da relação pais-bebês. A escuta dirigida a aspectos emocionais e relacionais, cerne de nossa formação, convida-nos a ir além da orientação e dos aspectos funcionais para captar outras queixas – menos concretas, mas não menos basais no discurso e na vivência parental: "Me sinto sem recursos para saber o que ela quer. Acho que não vou dar conta", diz essa mãe. A escuta e o olhar psicanalíticos também nos instrumentam, nessa observação *in loco* da relação em movimento, para acompanhar o "passa-passa" da "bebê-batata-quente" em choro intenso da mãe para o pai, que é sentido como quem pode, então, dar conta da sobrecarga de cuidar de todas as meninas da casa (mãe e filhas) – como, aliás, o pai sempre fez em sua vida, desde criança, dando conta de várias responsabilidades desde bem cedo.

Observamos o chacoalhar intenso do pai, em pé, chacoalhando também todo o seu corpo, tentando calar o choro da bebê ou então embalando um pré-julgado sono que a estaria fazendo chorar. "Você está com soninho?", pergunta o pai quando a bebê se assusta com situações inesperadas e chora forte. Algo precisa dormir, calar, acalmar-se. Algo grita tão forte – num primeiro momento, além dos recursos de possível continência compartilhável por esses pais e das possíveis orientações e sugestões profissionais. Propiciamos, então, um *setting* que oferece espaço e tempo para a expressão de sentidos envolvidos nas formas de manifestação de angústia utilizadas pelos pais ao longo de sua história pessoal e atualizadas na relação do casal e no contato com aspectos imaginários e fantasmáticos emergentes da relação com as bebês (Mendes de Almeida et al., 2004).

Permeando nosso contato interativo verbal e lúdico com essa família, passamos por questões como estas: como se sentem frente ao choro da bebê, vivenciado por eles como inconsolável? Como se dão as "separações" familiares nos momentos de ausência do pai (em viagem) durante nosso trabalho? Como os pais lidaram com separações primitivas em momentos significativos de seu desenvolvimento pessoal? Como expressavam seu choro e angústia infantis? "Punham a boca no trombone", como a bebê, ou se calavam em pseudomaturidade ou emudecimento? Quais aspectos não falados e ainda não apaziguados falam por intermédio do choro da bebê e ainda clamam por acolhimento e continência?

Ao longo de cinco sessões de atendimento, as mudanças são mais relativas à forma como acolhem e compreendem o choro da bebê, que passa a ser menos insistente (provavelmente porque passou a ser mais acolhido e mais discriminado de seus próprios choros), do que a um desaparecimento do choro convocatório. A mãe se sente com colo para as duas pequenas garotas e pode exercer a função materna que, não sendo totalmente delegada ao pai, é agora compartilhada como parte da função parental desempenhada pelo casal junto às diferenças expressas pelas bebês, sejam elas mais ou menos ágeis ou vigorosas, mais ou menos sensíveis, mais ou menos autônomas ou solicitadoras (Silva, 2008).

Nesse contexto, com os aspectos-infantis-em-choro dos pais e bebês sendo acolhidos e trabalhados, acreditamos contribuir para fortalecer os recursos parentais para o contato com aspectos reais de seus bebês em processo de subjetivação, contribuindo para o desenvolvimento da saúde mental da criança e da família.

Intervenção na relação pais-bebês: fortalecer a função parental

Durante as primeiras consultas, foi possível observar os dois, pai e mãe, desdobrarem-se para atender às demandas das duas meninas, tão pequenas. Foi interessante notar como os pais compararam as duas filhas, mesmo sabendo que eram distintas. Parecia que não havia um lugar subjetivo para cada uma. As diferenças não tinham lugar no universo psíquico desses pais e os seus aspectos turbulentos estavam sendo projetados/identificados com os choros de Carmem, demandando que fossem rapidamente acalmados. Os aspectos precocemente "resolvidos" estavam sendo associados à filha mais velha (que chamaremos aqui de Serena), uma mocinha antes dos 2 anos que pôde, ali nas sessões, redescobrir que era ainda criança-bebê e também podia demandar. Tais precocidades – motora em Carmem e social em Serena – poderiam ser indicativas de que, como os próprios pais, estivessem também as meninas antecipando seus aspectos de independência para cuidar de si mesmas e dos outros (Mendes de Almeida, 2009; Silva, 2010).

Nesse contexto, os choros – inicialmente de Carmem, depois de Serena e dos próprios pais (seus aspectos internos em demanda de continência) –, ao serem acolhidos pelo *setting* das sessões de intervenção e pela escuta das terapeutas, puderam promover mudanças importantes na capacidade de acolhimento parental exercida pelo casal e na capacidade de continência interna de cada um dos membros da família.

Durante as consultas terapêuticas, procuramos conectar a queixa trazida com a narrativa das histórias infantis dos pais ligadas a mudanças, turbulências ou angústias pouco digeridas. Eles também narraram as histórias das gestações e falaram sobre os medos de possíveis patologias acometerem seus bebês. Falar sobre os aspectos geracionais, junto com nosso assinalamento das competências das filhas, permitiu que os pais falassem de segredos e reconstituíssem a história das meninas, estabelecendo novas redes de sentido (Mendes de Almeida et al., 2004).

Com isso, parece que Serena pôde aceitar a chegada da irmãzinha, e os pais aceitaram que Carmem era uma menininha saudável, desfazendo, assim, alguns temidos fantasmas parentais. Nos momentos em que Carmem chorou, os pais logo interpretaram como sono, e o pai a embalou, contendo-a em seus braços de uma forma bem forte até que ela adormecesse.

Sabemos que a capacidade do recém-nascido de ser apaziguado e consolado por uma intervenção do adulto varia de um bebê a outro, e, se considerarmos que a função materna é provavelmente muito dependente da capacidade de o bebê se consolar, as diferenças de cada criança vão intervir para facilitar ou para dificultar a construção do vínculo mãe-bebê. Em nossa observação ao longo das consultas, o que víamos era que a mãe se sentia, de certa forma, sem recursos emocionais para regredir e se identificar com as necessidades da bebê e exercer sua função materna. Ela estava transferindo essas funções para o marido, que embalava suas filhas e ela própria, como mais um bebê. Nosso trabalho fora o de restaurar essa função para que a mãe pudesse maternar. Filtrados os ruídos presentes na comunicação entre pais e filhas, já na terceira consulta, a mãe nos contou que Carmem passou a dormir bem, acordando somente duas vezes por noite para mamar e voltando logo a dormir. Serena correu feliz pela casa após as consultas, alternando entre ser uma mocinha que já vai à escola e a vontade de ser bebê, deitando por alguns minutos no berço de Carmem. "Eu sou pequenininha, eu sou pequenininha!", dizia a garotinha. A mãe relatou que após as consultas surgira aquele "encantamento" entre mãe e bebê. A mãe, gratificada em seu narcisismo, sentiu-se mãe de sua bebê. Assim, cada criança mostrara diferenças individuais, que se encadearam com o desejo dos pais. A reclamação de Carmem encontrou o olhar apaixonado da mãe e se acalmou, pois o que se refletia do olhar materno não era mais uma mãe aflita, tomada por angústias recheadas de fantasmas infantis e pelo medo de que sua bebê não fosse saudável. Pudemos ver uma mãe que não sucumbira à reclamação como queixa de Carmem e pôde se vincular à reclamação como convocação de sua filha-bebê.

Parece que as expectativas de uma função materna idealizada puderam se abrandar e a mãe encontrou disponibilidade emocional para atender as duas filhas. Além disso, houve uma recuperação do espaço do casal: eles foram ao cinema e jantaram a sós. Carmem reclamava, reivindicava um olhar vivo e vital de sua mãe. Sua inquietude buscava continência e acolhimento parentais. O *setting* da intervenção na relação pais-bebês favoreceu a criação de um ambiente facilitador para o desenvolvimento emocional e para que os aspectos em sofrimento dos pais pudessem ser ressignificados e contidos, deixando de ser projetados sobre as bebês. Criou-se um espaço mental para que os pais pudessem também parentalizar Carmem e subjetivá-la enquanto distinta de Serena e deles próprios.

Na quarta consulta, a mãe veio sozinha com as meninas porque o pai não pôde sair do trabalho. Ela disse: "Os atendimentos foram uma contribuição importantíssima, agora tenho espaço para as duas, tem colo para todo mundo e tudo está melhor em casa". Relatou que Carmem estava mais tranquila, ficava envolvida com seus brinquedos e de vez em quando olhava quem estava por perto. Durante a noite, estava dormindo bem melhor, acordando uma vez, quando mamava. Os pais a acolhiam e ela voltava a dormir. O fato de a mãe ter vindo sozinha e ter acolhido as duas meninas em seu colo nos chamou a atenção, configurando mais uma transformação no interior psíquico da mãe e na dinâmica de continência parental do casal do que uma transformação localizada no externo: Carmem ainda acordava, mas os pais – e, principalmente, a mãe – confiavam mais em sua capacidade de acolhimento. Realizara-se um trabalho de parentalização, o que se confirmou na consulta de *follow up* realizada após um ano. Nessa consulta, as meninas se aconchegaram no colo da mãe e escorregaram por ele. Observamos que havia um mundo do brincar de faz de conta instaurado entre eles para lidar com as diferenças.

Pudemos observar a reapropriação da função materna de uma forma genuína, espontânea e criativa. A mãe nos disse: "Cada hora aparece uma coisa diferente. Vêm as angústias novas. Mas o que eu sinto de diferente, que para mim é tão importante, é que agora eu me sinto com muito mais recursos para passar por tudo isso. É a personalidade que já não assusta mais, a gente passou a ter mais tranquilidade para entender, para conhecê-la também. Estou mais tranquila, estou mais fortalecida para tomar iniciativas que acredito serem as melhores". Em um primeiro momento, não havia diferença entre gerações: as três mulheres pareciam filhas do papai. A mãe tinha perdido sua capacidade de consolar suas filhas, atribuindo ao pai essa função. Nessa última consulta, observamos que se instaurou no pai a capacidade de embalar a mãe nos momentos de estresse, permitindo que a função materna fosse resgatada e fortificada. Então, pudemos ver todos subjetivados, com papéis definidos: pai, mãe e filhas. Trazendo novamente a fala da mãe: "Uma das coisas que a gente procurou aqui com vocês foi um espaço, era uma busca de parcerias... A gente tinha uma sensação de solidão, assim de achar que sozinhos não íamos conseguir". Nosso papel no processo de parentalização torna-se, então, não aquele de dizer como é preciso ser pai ou mãe ou mesmo como é preciso fazer, mas, sim, o de permitir que as capacidades dos pais surjam e que nós as sustentemos, dando sentido aos percalços cotidianos da relação pais-crianças e prevenindo a instalação e cristalização de um sofrimento.

Conclusão: oferecer uma rede

A configuração espacial da família nos momentos finais da sessão de *follow up*, após um momento de desconforto e demanda da bebê, sugere a formação de uma rede de continência em que a mãe, recebendo as duas filhas em seu colo, busca a mão do pai. Após um pequeno tropeço, Carmem ainda chora alto, mas se consola rapidamente. Serena abraça Carmem no colo com a mãe. Os pais manejam a situação oferecendo brinquedos e conversando, de uma forma muito diferente do observado nas primeiras consultas. O choro é consolável e embalável, sem chacoalhos para calar e dormir. O casal parental, fortalecido em sua função adulta e acolhido em suas necessidades, também infantis, pôde acolher e embalar o choro de suas filhas-bebês.

Em nosso diagrama da Clínica 0 a 3 do Centro de Atendimento Psicanalítico da Sociedade Brasileira de Psicanálise de São Paulo (SBPSP), mãos de cuidadores, pais e profissionais se articulam, oferecendo acolhimento a um bebê, representação do infantil em todos nós, pais ou crianças. As mãos articuladas sugerem, também, um suporte em rede: rede parental e profissional, rede de conexões em expansão, rede como instrumento de uma boa pescaria em mares nem sempre tão serenos e rede também para embalar sonos e sonhos. São essas redes que quisemos tecer também em nossa escrita, aqui compartilhada com vocês.

20. Cada um no seu lugar: intervenção na relação de uma mãe com as suas duas filhas

Maria Teresa Ferriani Nogueira
Stephania Batista Geraldini

Esta contribuição pretende mostrar e acentuar a importância do trabalho de intervenção na relação pais-bebê a partir de um caso clínico com um contexto particular.

A intervenção nas relações iniciais é uma abordagem de curta duração e que tem um foco de trabalho relacionado à problemática trazida. Essa abordagem pode ser pensada quando nos deparamos com um quadro de distúrbios não estruturados na criança e quando se considera que este é de natureza relacional. O *setting* psicanalítico sofre uma alteração, já que pais e criança são atendidos em conjunto, e, com isso, a técnica psicanalítica também (Silva, Callia, & Mendes de Almeida, 2011).

O objetivo desse tipo de atendimento é favorecer a comunicação, trazendo à luz as relações familiares e pensando juntos sobre estas – qual é o lugar real e imaginário que cada um ocupa e o que é repetido na história da família, tendo em mente que os pais organizam e constroem suas relações com a criança sobre a base de preceitos e regras inconscientes, incluindo fenômenos transgeracionais e fantasmas da própria infância. Também tem como objetivo observar o que é repetido ali, com o psicoterapeuta, nos movimentos transferenciais, ajudar os pais a expandirem a compreensão que têm quanto à linguagem pré-verbal e lúdica da criança e promover a construção da "parentalidade"[1] (Lebovici, 2004), a fim de melhorar o vínculo e trabalhar o sintoma que se manifesta por meio deste (Silva, Callia, & Mendes de Almeida, 2011).

Dilys Daws (2008) ressalta como a observação e o uso da "transferência" e da "contratransferência" no trabalho de intervenção nas relações iniciais são importantes. O profissional tem a chance de observar, a partir de um bom treino de observação das relações iniciais (Bick, 1948/1967) pais e bebê juntos no aqui e agora da sessão. O terapeuta ocupa uma posição privilegiada, já que pode conhecer todos os indivíduos da família, como cada um se comporta e os estados emocionais presentes nessa relação, bem como a percepção dos pais acerca do bebê, o que pode ser influenciado pelas suas próprias experiências de vida. Fraiberg et al. (1980) mostraram em artigo intitulado "Ghosts in the nursery: a psychoanalytic approach to the problems of impaired infant-mother relationship" como as necessidades não respondidas da mãe durante sua infância podem influenciar a sua relação com seu bebê.

Portanto, por meio da observação, o profissional se torna testemunha das transferências que existem na família – os sentimentos que cada um transfere para o outro e que estão relacionados a uma figura do passado (Freud, 1912/2001b). O uso desse fenômeno, bem como do fenômeno da "contratransferência" – que são os sentimentos evocados no profissional a partir do que os pais comunicam (Freud, 1910/2001) –, permite que ele ouça o bebê e os pais de outra forma, desnudando os estados mentais de cada um e encorajando os pais a perceberem que o estado mental do bebê pode ser

---

1 Toma como fio condutor a exploração da árvore da vida, assim como a narração que se constrói no momento da consulta.

diferente dos seus (Daws, 2008). Ao fazer isso, o profissional ajuda os pais a fazer conexões e a separar as suas experiências das experiências do bebê. É importante enfatizar que o profissional deve, também, focar no que existe de saudável nessa relação e reforçar o lado resiliente de ambas as partes (Mendes de Almeida, 2004).

Apresentamos, aqui, um trabalho de intervenção nas relações iniciais no qual era evidente um distúrbio relacional entre mãe e filhas. O método de observação proposto por Esther Bick (1948/1967), bem como as consultas terapêuticas segundo as ideias de Winnicott (1971), serviram de base teórica e prática nesse atendimento. Logo, uma observação minuciosa e cuidadosa do mundo interno de cada indivíduo dessa relação norteou o estabelecimento de um *setting* em que o *"holding"*[2] (Winnicott, 1987/2002) e a capacidade de "continência"[3] (Bion, 1962b/1990) foram oferecidos – os psicoterapeutas foram mais ativos sem ser invasivos. Também serviu como base inspiradora a proposta de Gianna Williams (n.d.) em "Observação participativa como uma forma de prevenção". Segundo essa autora, as ansiedades da mãe são recebidas pelo observador participativo como um andaime que fortalece o tecido conjuntivo psíquico materno ao desenvolver sua capacidade para conter e pensar a relação com seu filho.

Ao todo, tivemos dez encontros, com um enquadre de duas psicoterapeutas, a mãe, Viviane, de 23 anos, a bebê, Esther, de 1 ano e 3 meses, e a irmã mais velha, Raquel, de 3 anos e 11 meses. A flexibilidade foi a regra nesse caso, no qual a filha maior foi incluída. A queixa principal estava relacionada à bebê, Esther, que, segundo a mãe, era uma menina que passava o tempo todo

---

2 Uma ação física – a mãe que segura o bebê em seus braços – que pode reduzir as chances de o bebê sentir que está "caindo no vazio".

3 A mãe é continente quando ela se permite experenciar o que o bebê está vivenciando, a fim de dar sentido para as comunicações dele antes de respondê-lo.

dormindo, que ainda nada falava, emitindo poucos sons, e que se acreditava que não estivesse se desenvolvendo como o esperado.

Conhecendo Viviane, Raquel e Esther

Após desmarcar o primeiro encontro, Viviane e Raquel compareceram·na semana seguinte. Esther estava doente e havia ficado com a avó paterna, que é vizinha da família. Esse fato nos chamou a atenção, já que a queixa era em relação à Esther, e nos fez pensar que talvez essa bebê ainda não existisse como um ser separado e distinto e não ocupasse um lugar de sujeito nessa família.

Viviane chegou desculpando-se pelo atraso e começou a "falar sem parar", deixando-nos com a sensação de que um "trator" havia entrado na sala e de que talvez não existisse lugar para as emoções, apenas para palavras possivelmente não processadas. Mãe e filha nos surpreenderam pela beleza e pela forma como estavam bem-vestidas e com os cabelos arrumados.

Logo a seguir, Viviane lembrou que já havia sido atendida por um terapeuta naquela mesma sala, durante a gravidez da Esther, pois não estava bem: só chorava e já havia tentado se matar. O trabalho terapêutico não se estendeu por muito tempo, pois era um terapeuta homem e ela se sentiu intimidada e envergonhada diante dele. Seria essa lembrança uma porta de abertura para a resistência?

Enquanto ela falava, Raquel brincava de encaixar as peças de um brinquedo, referindo-se sempre a uma das psicoterapeutas. Desejava ela entender o quebra-cabeça da sua vida em família? Seria apenas Esther a demandante de um atendimento como esse? Ela ficou a maior parte do tempo sem falar nada, parecendo-nos uma menina séria. Esse comentário foi feito e Viviane concordou, dizendo que a filha era sempre assim. Os movimentos de Raquel durante a fala da mãe nos levaram a pensar a respeito da capacidade da criança de entrar em ressonância com a linguagem e as declarações dos adultos. Isso porque a criança "compreende" a entonação da voz, os gestos e as mímicas da mãe, então ela manifestará precisamente o problema que sua mãe acaba de pôr em palavras.

Quando Viviane foi questionada sobre a época lembrada por ela mesma, quando estava muito triste e quase se matou, ela contou que não sabia qual era o motivo para tal coisa. Talvez isso tivesse acontecido porque ela não queria engravidar pela segunda vez. Ela acrescentou, sem dar muitos detalhes, que quase perdeu Esther e foi a partir daí que passou a desejá-la como nunca. Enquanto a ouvíamos, lembramos de que Viviane fazia parte de uma pesquisa com mães que apresentavam indícios de depressão pós-parto e nos perguntamos: "Quando a depressão da mãe reflete no desenvolvimento da criança – podendo até levar esta última a se deprimir também?". Isso fez com que ficássemos atentas à dinâmica familiar e aos vínculos estabelecidos entre mãe e filhas, e não somente à queixa relacionada à Esther.

Ainda nessa sessão, Viviane contou que, desde o começo do ano, Esther passou a frequentar a creche, onde fica o dia todo. No início, ela chorava muito, mas depois se acostumou. Esse fato trouxe alívio para Viviane, já que ela se sentia mais livre para fazer as coisas do seu dia a dia. Ao mesmo tempo, ela se sentia muito só, o que a levava, muitas vezes, a ir para o portão da creche muito antes do horário de saída das crianças para esperar pela filha – uma mãe que também chorava a ausência da filha?

Já perto do horário de encerrarmos, Viviane, mais uma vez, disparou a falar. Contou-nos boa parte de sua história familiar e de como conheceu o seu marido. Lebovici (2004) afirma que, em algum momento da consulta, convém fazer a árvore de vida da criança e, para isso, os pais devem falar de sua própria infância, de suas reações à educação recebida e sobre o julgamento que fazem de seus pais. Não foi preciso perguntar. Recebemos muitas informações e nos sentimos inundadas e paralisadas. Era difícil pensar em tudo o que foi dito. Estávamos "identificadas projetivamente"[4] (Klein, 1946/1978) com Viviane?

Viviane nos conta que foi exilada de sua infância muito precocemente: casou-se aos 15 anos para fugir de uma situação muito hostil e sufocante e teve Raquel aos 19 anos. Aos 13 anos foi expulsa da casa da mãe e passou a morar com uma vizinha. Isso aconteceu porque sua irmã, que era casada, acreditava que Viviane e seu marido pudessem "ter um caso". Após a irmã conversar com a mãe, que a apoiou, ficou decidido que Viviane deveria sair de casa. Com a vizinha, passou fome, dormiu com treze cachorros, pegou sarna e seu cabelo virou "uma bucha". Conheceu seu marido nesse novo lar. Ele a viu na laje. Como era amigo da dona da casa, entrou e se informou sobre ela. Disse que a tiraria de lá e cumpriu com sua palavra. No início, a família dele foi contra o relacionamento, pois achavam Viviane muito nova. Depois, viram que ela era séria e dava conta de cuidar da casa.

Enquanto Viviane falava, Raquel começou a falar também, mas num tom mais alto. Estaria ela sentindo o que estávamos sentindo? Ou era difícil para ela processar toda essa história dolorida de sua mãe? Depois, brincou de fazer comidinha. No final da sessão, ela pegou uma fraldinha na mochila e chegou perto da mãe, que a ajudou a assoar o nariz. Raquel se "aninhou" no colo de Viviane sem nada dizer. Queria carinho e acolhia a mãe ao mesmo tempo?

Nos encontros posteriores, Esther esteve presente e passou a maior parte do tempo no colo de Viviane. Quando esta tentava colocá-la no chão, perto dos brinquedos, ela ficava inquieta e

---

4 Identificação projetiva é um mecanismo inconsciente descrito por Klein, em que o sujeito projeta no objeto partes de seu *self*.

parecia incomodada. Voltava-se para a mãe e parecia pedir seu colo novamente. Viviane sempre dizia: "A Esther é grudada em mim". Certa vez, após dizer isso, Viviane contou que no dia anterior havia buscado Esther mais cedo na creche, pois estava com saudades dela. Essa sua fala coincidia com seu movimento ali na consulta, de pegar a filha no colo e logo depois coloca-la no chão. Seus movimentos de pegar e deixar a filha eram bruscos e rudes. Mais uma vez, pensamos: "Quem precisava de quem nessa dupla?". Esther parecia ter um "apego inseguro"[5] (Ainsworth, Blehar, Waters, & Wall, 1978; Bowlby, 1969), já que parecia muito estressada com a mínima possibilidade de afastamento da mãe, o que não diminuía mesmo que pudesse ver que esta não ia tão longe. Qual era a qualidade desse apego para Viviane? Talvez ele pudesse estar sendo demasiado pesado para ela carregar. Viviane parecia se espantar, muitas vezes, com o fato de Esther ser tão dependente dela, apesar de dar indícios inconscientes de que também precisava dessa dinâmica.

A partir desse comentário, decidimos perguntar sobre a rotina das meninas em casa. Viviane nos contou que, quando as três estão juntas, tranca todas as janelas, fecha tudo e elas assistem televisão. Pensamos que ela nos contava de um sentimento de reclusão, de falta de vitalidade e, quem sabe, de um sufocamento. Além disso, quando relatou que se sentiu muito sozinha no nascimento de Esther, pois nem o marido e nem a sogra estavam lá para apoiá-la, sentimos que ela também contava de um sentimento de solidão e

---

5 Ainsworth identificou diferentes padrões de apego por meio de um experimento chamado "situação estranha". O apego ao qual nos referimos aqui é o inseguro/resistente, em que a criança oscila entre buscar e resistir ao contato com a mãe, além de se mostrar mais colérica ou passiva do que a criança com apego seguro e inseguro/esquivo. É importante esclarecermos que não acreditamos que Esther se enquadrava totalmente nesse padrão; mas, a princípio, ela mostrou características que nos levou a pensar que seu apego era mais inseguro, já que não podia ficar longe de Viviane e se mostrava muito colérica quando se reunia a ela.

abandono. Na verdade, os sentimentos pareciam bem ambíguos: ora as filhas pareciam um fardo – não quis engravidar de Esther, achava que esta era muito grudada nela etc. –, ora representavam a "salvação" de Viviane.

Aos poucos, fomos tentando responder a todas essas perguntas que nos surgiam e fomos oferecendo cada vez mais um *"holding"* e um espaço de "continência", no qual as emoções e os vínculos podiam ser falados e pensados a partir do momento em que eles apareciam no discurso e também nas ações, além de serem digeridos por nós, psicoterapeutas, antes que pudéssemos colocá-los em palavras de forma que fizesse sentido para Viviane, Esther e Raquel.

O desenrolar do trabalho de intervenção nas relações iniciais

Não demorou muito para Esther sair do colo de Viviane a fim de explorar e brincar com o material que estava ao seu redor. O semblante sério, com a chupeta na boca, foi dando lugar a um sorriso amplo. Na tentativa de chamarmos a atenção de Viviane para essa vivacidade da filha caçula, passamos a falar, por exemplo: "Como a Esther fica bonita quando ri!". O intuito aqui era romper com a "identificação"[6] maciça que parecia existir entre elas – Esther parecia deprimida como a mãe.

Já Raquel parecia ficar no lugar do "objeto mau" (Klein, 1946/1978) por meio da "projeção"[7] (Klein, 1946/1978) de Viviane.

---

6 A identificação se refere ao relacionamento com um objeto, com base em semelhança percebida com o ego. No nível primitivo da fantasia, objetos que são semelhantes são encarados como o mesmo, e essa forma onipotente de fantasia dá origem a uma confusão entre *self* e objeto.

7 Klein empregou a expressão "projeção" com alguns significados: projeção do objeto interno, desvio da pulsão de morte, externalização de um conflito inter-

Não era difícil ouvirmos esta comentando que a filha era "exibida" quando Raquel se mostrava mais ativa, brincando e falando bastante – a menina séria, assim como Esther, também havia desaparecido. Certa vez, Viviane comentou que o nome dela, Raquel, era o nome de um dos cachorros que teve, o que também nos levou a pensar em "projeção" (Klein, 1946/1978).

Por outro lado, Raquel, igualmente, pareceu assumir o lugar da filha que cuida da mãe. Em nenhum momento ela demonstrou não aguentar as projeções de Viviane, o que poderia levá-la a não se sentir contida. Williams (1997c) fala sobre o processo de inversão da "relação continente/contido"[8] (Bion, 1962b/1990), o que pode levar a uma distorção da função "*alpha/rêverie*"[9] (Bion, 1962b/1990), transformando-a em "função ômega".[10] Para essa autora, isso ocorre quando os próprios sentimentos da mãe, como ansiedade e medo, não são processados e são, pelo contrário, projetados no bebê, que se torna um receptáculo para esse tipo de projeção.

Raquel passou algumas sessões "fazendo comida" para todos, exercendo um papel de alimentar essa mãe que deprimiu. Ela tinha que ser a mãe da mãe, e esta se parecia mais com uma filha que "preferia ver televisão e não gostava que ninguém a atrapalhasse" ou com uma criança, quando veio de uniforme escolar para a sessão, apesar de não estudar.

---

no e projeção de partes do *self*.

8 Bion usou o modelo da relação boca-seio para caracterizar as identificações projetivas que se processam entre as necessidades e ansiedades do bebê (conteúdo) projetadas na mãe e a capacidade desta em contê-las (continente).

9 A *rêverie* é um componente da função alfa da mãe, capaz de colher as identificações projetivas da criança, independentemente de serem percebidas por esta como boas ou más.

10 Termo usado por Gianna Williams para designar a função pela qual o objeto introjetado é impérvio e inundado por projeções. A introjeção dessa função é fragmentária para o desenvolvimento da personalidade.

Daws (1996) descreve que há dois caminhos possíveis quando um bebê convive com uma mãe que está deprimida: um é parar de tentar obter atenção dessa mãe e se recolher, o que pode se perpetuar mesmo quando a depressão for tratada; o outro é passar a ser cuidador da mãe e até mesmo a estimulá-la. Parecia que Esther se enquadrava no primeiro caso, enquanto Raquel ocupava o segundo papel.

Ao mesmo tempo que percebíamos a dinâmica familiar e o lugar de cada filha na relação com essa mãe, também percebíamos uma necessidade grande de Viviane em ser olhada, principalmente nos momentos em que nos contava suas vivências infantis ou sobre sua relação com o marido, que, apesar de fazer café da manhã para elas, passava muito tempo trabalhando, ia à igreja sozinho quando estava de folga e chegou a ter uma amante e a se interessar pela cunhada, irmã de Viviane.

Acreditamos ser importante ressaltar aqui que a história de Viviane foi marcada por abandonos – primeiro do pai, que saiu de casa, depois da mãe, que a expulsou de casa, e por último, em certo ponto, do marido, que raramente estava em casa. Isso nos levou a pensar em como deve ser difícil para ela exercer a "função materna"[11] (Winnicott, 1962). Viviane parecia ter dificuldade de atender às necessidades emocionais de suas filhas e de vê-las como crianças e como seres separados, já que possivelmente nunca tivera suas próprias necessidades atendidas.

Winnicott (1987/2002) também falou a respeito de um estado muito particular, que ele denominou de "preocupação materna primária". Este fala de uma capacidade e vontade da mãe de desviar o interesse de seu próprio *self* para o bebê. Winnicott pensou

---

11 Nos estágios iniciais, essa função é descrita por meio do estado de preocupação materna primária, que vem a ser um estado psicológico no qual nada importa mais do que as necessidades do bebê.

nessa condição como algo que quase se assemelha a uma doença, embora seja indicativo de boa saúde. A mãe, estando nesse estado tão particular, torna-se vulnerável e, portanto, é importante existir uma rede de proteção em torno dela. Podem existir enfermidades da mãe ocasionadas, em parte, por um colapso dessa cobertura protetora. O desenvolvimento da criança poderá ficar prejudicado se existir uma sucessão de reações a colapsos ambientais. Sabemos que bebês que recebem apoio egoico inadequado ou patológico tendem a apresentar comportamentos como inquietação, apatia e inibição. A apatia de Esther também poderia estar relacionada a isso, a uma impossibilidade de Viviane alcançar o estado de "preocupação materna primária" e exercer a "função materna".

O fato de talvez não ter tido uma "mãe suficientemente boa"[12] (Winnicott, 1962) a levava a repetir a sua própria história. O "mandato transgeracional" (Lebovici, 1993) e os "fantasmas" da infância (Fraiberg et al., 1980) de Viviane estavam presentes na sua relação com as suas filhas. Lebovici assinala que:

> A história transgeracional inclui os elementos da história dos pais, dos avós, frequentemente dos conflitos, mas também, inclui a criança mítica. Todos esses elementos vão se concentrar no mandato transgeracional transmitido à criança. Quando procuramos um mandato transgeracional, vemos que os pais se uniram para fazer um filho portador desse mandato. E os avós têm um papel primordial nesse assunto (Lebovici, 2004, p. 22).

---

12 A mãe suficientemente boa é aquela que satisfaz as necessidades de dependência do bebê e intermedia as relações objetais deste.

Viviane parecia ter uma ideia de mãe modelada a partir da mãe que teve. Também parecia facilmente estabelecer uma relação com seu marido baseada na relação dos seus pais, tendo como figura paterna alguém que é pouco presente. Além disso, ele parecia desautorizá-la, de alguma forma, como mãe, já que, por exemplo, não a deixara registrar as filhas em seu nome. Sobre as relações das outras gerações, nada soubemos.

Faltava um modelo de "mãe suficientemente boa" para Viviane. Tentamos trabalhar com ela a questão da "parentalidade", na qual ela fosse mãe de duas meninas diferentes dela, e que eram diferentes, também, porque eram crianças. O primeiro passo foi irmos para o chão para brincar. Depois, passamos a reforçar como Esther conseguia brincar e não só ficar no colo de Viviane. Além disso, apontamos como Esther era forte e conseguia mostrar o que queria – por exemplo, por seu choro –, e como Raquel cuidava de todos, não podendo ser criança, além de ser a porta-voz dos conflitos familiares.

A mãe, que talvez só conseguisse cuidar das questões físicas – como já foi apontado, todas as três andavam muito bem arrumadas e com os cabelos bem penteados –, parecia começar a prestar atenção em outras necessidades de suas filhas. É importante ressaltarmos que, apesar de a mãe "suficientemente boa" não ser só a que cuida das necessidades fisiológicas do bebê e da aparência deste, acreditamos ser importante marcar esse cuidado com o físico por parte de Viviane. Vimos aí uma oportunidade de mostrar que ela podia oferecer algo de bom e, assim, fomos narcisizando-a. Viviane foi percebendo que Esther não era de todo frágil e que Raquel não era "exibida". Chegou a dizer que a primeira era muito "dengosa" e que a segunda acabava ficando "de canto". Ela, como nós, também foi para o chão para brincar com as filhas – disse que agora conseguia brincar de faz de conta – e, em uma das sessões de "comidinha", ensinou Raquel a fazer um bolo.

As meninas pareciam evoluir nas brincadeiras e na forma pela qual se comunicavam. Passaram a brincar juntas, a dançar e cantar. Esther começou a falar mais, expressando seus sentimentos para conosco, psicoterapeutas, e parecia mais segura com as separações, não mais chorando quando terminávamos a sessão. Raquel cobrou o seu lugar de criança e até chegou a dizer: "Não pode mãe, eu sou criança", diante de uma situação exigida por Viviane. Além disso, demonstrou que também pode ser frágil e que necessita de cuidados.

No final dos atendimentos, uma situação muito angustiante se fez presente para todas elas, principalmente para Viviane, já que envolvia a sua mãe e o seu irmão mais novo. Viviane precisou cuidar da mãe, que estava doente e se mudou para a sua casa temporariamente, e do irmão, que precisava se esconder da polícia. Com isso, ela pôde se separar um pouco mais de Esther, que passou a ficar mais com as avós e na creche.

Parece que algumas "reparações" (Klein, 1935) por parte de Viviane puderam ser feitas. Ela reconheceu que as suas filhas tinham pai e que este estava fazendo muitas coisas para ajudar a sua família, então ela não precisava dar conta de tudo. Também chegou a dizer que sua mãe se preocupava com ela quando era pequena – em uma das sessões, Viviane comentou que ficara um tempo internada, quando pequena, não sabe por que, e sua mãe só a visitava quando seu pai deixava o hospital e lhe garantia que a menina estava bem –, reconhecendo o "lado bom do objeto" (Klein, 1935). Não tivemos a oportunidade de nos aprofundar nessa questão, já que logo em seguida uma das psicoterapeutas avisou que estava de mudança para outro país e Viviane decidiu encerrar os atendimentos, que já chegavam a dez, pois considerava que estava melhor e andava ocupada com sua situação familiar.

Não sabemos se Viviane se sentiu abandonada com essa mudança, mas pensamos que, se sim, apesar de não ter podido falar sobre isso, talvez tenha transformado uma possível raiva e sentimento de abandono em cuidado e ocupação do seu tempo – cuidado com a sua família. Além disso, agora ela parecia ter encontrado outra saída para a sua relação com a sua mãe. Em vez de se deprimir, encheu-se de energia e passou a ser cuidadora.

Nos últimos atendimentos, tentamos colocar em palavras essa situação angustiante, já que Viviane não tinha explicado para as filhas o que havia acontecido, apesar de nos contar na presença delas. Ela também não acreditava que as meninas pudessem entender. Mostramos para ela como Raquel estava brincando de transformar bichos em colheres e garfos, o que parecia meio "sem pé nem cabeça". Pontuamos que ela estava contando, por meio do brincar, como se sentia. Como não sabia o que estava acontecendo em sua casa, mas via que a rotina havia mudado, pois sua avó estava lá e sua mãe estava mais atarefada, provavelmente se sentia confusa e angustiada, meio "de cabeça para baixo". Viviane pôde entender isso e contou, do seu jeito, essa história toda para Raquel.

Considerações finais

O efeito do conversar e do brincar sobre o sintoma é inegável, mas como precisá-lo? Fica difícil, muitas vezes, determinarmos todos os ingredientes que concorrem para a cura, uma vez que vários fatores podem intervir simultaneamente.

O que podemos concluir é que esse trabalho de intervenção nas relações iniciais possibilitou um arranjo diferente dentro de uma dinâmica já estruturada, restaurando a função materna, narcisizando a mãe, inaugurando a diferença e a separação do binômio mãe-bebê e ampliando as competências das crianças, que também passaram a dizer não para o lugar em que eram colocadas. A relação da mãe com as filhas parece ter passado a ser de melhor qualidade para ambas as partes.

Como as sessões passaram a ser esperadas com interesse – principalmente por Raquel, que nos qualificou como "as médicas dos brinquedos" –, pensamos que esse trabalho também serviu como espelho para Viviane e as meninas. Algo novo pôde ser construído. Então, a intervenção nas relações iniciais parece ter atingido o seu objetivo, apesar de acreditarmos que um trabalho para Viviane aprofundar as questões que tinha com a mãe e com o marido poderia beneficiá-la ainda mais.

21. Embalando a relação pais-bebê: oferecendo continência às fantasias parentais[1]

Maria Cecília Pereira da Silva

Nesta contribuição, apresento uma das queixas mais comuns que se apresentam na Clínica 0 a 3: a dificuldade de dormir e a necessidade de embalarmos a relação pais-bebê para aliviar as ansiedades parentais e para que todos possam descansar. A partir do modelo terapêutico de intervenção nas relações iniciais pais-bebê, ilustro como transcorreu o trabalho com três bebês/crianças pequenas que não conseguiam dormir: Theo, João e Maria, junto com seus pais.

No primeiro caso, os pais de Theo não aguentavam mais. Disseram-me que no início era refluxo, depois, intolerância à lactose, e, até o momento, aos 6 meses de Theo, ele não dorme, acorda a noite inteira e, quando o faz, urra desesperado.

No segundo caso, a família de Maria e João chega ao meu consultório totalmente desorganizada. As crianças só adormecem quando toda a casa vai se deitar e despertam várias vezes durante a noite – Maria, em especial, com um choro desesperado e

---

1 Este trabalho foi publicado em 2013 pela *Revista Berggasse 19*, *(4)*, 83-100.

inconsolável. Por um lado, os pais estão exaustos e não têm espaços individuais e nem mesmo de casal; as crianças, por outro, com seus olhinhos fundos de falta de sono, choram por qualquer coisa.

O que impede um bebê tão pequeno de dormir? O que o impede que relaxe e descanse entre as mamadas ou durante a noite? Por que não se consola e não se acalma com as cantigas ou mesmo com a presença dos pais, muitas vezes tão dedicados e disponíveis? Que fantasmas (Fraiberg et al., 1980) assombram o quarto do bebê? Seria reflexo da combinação de aspectos emocionais presentes na relação pais-bebê? Seria fruto da projeção de aspectos inconscientes dos pais (não contidos) ou das características do bebê? Há algum incômodo físico? O que reclamam (Alvarez, 1994a) esses bebês?

Assim, repletos de dúvidas, os pais chegam ao consultório querendo a paz de criança dormindo, como canta Dolores Duran.

A partir das situações clínicas, destaco como a função de continência do analista é fundamental para lidar com todas as transferências projetadas na sala de análise. Mostro a importância da função de *rêverie* do analista, função esta que engloba a elaboração dos sentimentos contratransferenciais e os processos intersubjetivos despertados no aqui e agora da sessão junto com os conteúdos projetados sem significado.

Enfatizo como a função de continência e a função de *rêverie* (Bion, 1962a) do analista possibilitam novas redes de sentidos (Mendes de Almeida et al., 2004) para as dificuldades presentes na relação pais-bebê ali, no momento da intervenção, favorecendo o desenvolvimento dos vínculos iniciais e o exercício da parentalidade.

Em geral, nada se encontra no exame pediátrico. De fato, a dificuldade de se acalmar e dormir e o choro intenso são, antes de tudo, uma solicitação que mobiliza os pais e profissionais a se voltarem ao bebê, imaginando quais possam ser suas possíveis necessidades. O bebê inconsolável angustia os pais e toda a família (Silva & Mendes de Almeida, 2009).

Por outro lado, cada vez mais nos deparamos com dificuldades de comunicação entre pais e bebês. Em tempos modernos, os pais optam por ter filhos mais tarde e, muitas vezes, como projetos narcísicos[2] e mais distantes de suas vivências infantis. Ao lado disso, as solicitações externas competem com a entrada no estado de preocupação materna primária ou não favorecem o desenvolvimento das capacidades de *rêverie* e continência maternas (Silva, 2010). As representações que se constroem na mente dos futuros pais, de uma criança fantasmática, imaginada e narcísica, são muito distintas de uma infância autêntica. As representações coletivas atuais da infância fazem do bebê uma criança preciosa e relativamente tardia na vida dos casais, demandando-se inconscientemente que seja perfeito e rapidamente autônomo (Golse, 2004b).

---

2 Manzano, Espasa e Zilkha (1999/2001) propõem o uso do conceito de narcisismo no seu sentido geral de narcisismo secundário, conforme descrito por Klein (1946/1975), Rosenfeld (1964) e Kernberg (1984), que requer a existência de uma representação do outro do tipo objetal, que passa a se tornar o próprio *self* do sujeito por meio de fantasias de identificação projetiva e introjetiva que podem obliterar total ou parcialmente os vínculos entre o *self* e o objeto. Acreditam que essa concepção oferece uma explicação para a coexistência de um relacionamento narcísico (amor pelo *self* no outro) e um relacionamento objetal genuíno (amor pelo outro como diferente do *self*). Para esses autores, a descrição dos roteiros narcísicos da parentalidade ilustra essa formulação do relacionamento narcísico dos pais com o(a) filho(a) (como uma representação deles mesmos) coexistindo com um relacionamento objetal no qual o(a) filho(a) é amado(a) como um ser separado – modos de narcisismo encontrados em proporções variadas em todos os relacionamentos de pais-filho(a). Muitas vezes, nossa função é permitir que um relacionamento predominantemente narcísico seja gradualmente substituído por um relacionamento objetal no qual o(a) bebê possa ser conhecido(a) e amado(a) predominantemente como um indivíduo diferente.

Diante dos desencontros afetivos entre pais e filhos, os bebês expressam sua insatisfação reivindicando que suas necessidades sejam atendidas. Descartadas as fantasias parentais de uma possível patologia física, o choro e os gritos do bebê geralmente são interpretados pelos pais como braveza ou raiva e, no extremo, por comportamentos agressivos, muitas vezes ocorrendo de os pais projetarem seus aspectos inconscientes sobre os bebês. Eles têm dificuldade em distinguir o que é uma reclamação (Alvarez, 1994a) e o que é expressão de agressividade, sucumbindo diante dos ruídos de comunicação na relação com seus filhos (Silva, 2010).

Parece não fazer parte do repertório das expectativas parentais que filhos tão pequenos possam ser capazes de reclamar ou mesmo de expressar alguma insatisfação de uma forma tão incisiva e veemente, o que faz com que os pais transformem rapidamente essa forma de comunicação em um sintoma. Por outro lado, na luta para atender o desamparo do bebê, os pais experimentam emoções primitivas muito desconfortáveis diante da efusiva reclamação de seus filhos, tendo que conter a própria agressividade ou projetando-a sobre o bebê. Quando encontramos esse tipo de ruído na comunicação entre a criança e seus pais, há fortes riscos de que se desenvolva alguma patologia no bebê (Silva, 2010).

De acordo com Serge Lebovici e Storelu (1983), que ampliaram as ideias de D. Winnicott (1971/1984) sobre as consultas terapêuticas, no trabalho conjunto com crianças e pais, um procedimento de intervenção ocorre a partir de um sintoma específico manifesto pela criança ou pelo bebê – sintoma este que, de alguma forma, está interferindo em seu desenvolvimento ou demonstrando um transtorno em sua interação com seus pais.

Portanto, a intervenção nas relações iniciais pais-bebê oferece campo privilegiado para diferentes níveis de conteúdos psíquicos, favorecendo a comunicação e a continência de material consciente, por meio da experiência relatada, combinada a elementos inconscientes, em estado bruto, que clamam por integração e comunicação. Os dois níveis de discurso são colocados instantaneamente juntos. Surpreender-se pelo aparentemente óbvio ou para além do cristalizado como padrão familiar faz parte do trabalho do terapeuta, permitindo que um "momento sagrado" (Winnicott, 1971/1984) ocorra na sessão. Nesse sentido, momentos de sincronicidade e sintonia emocional entre terapeutas e pacientes, nos quais importantes significados surgem, fornecem representação para aspectos não integrados anteriormente. Enfatiza-se o trânsito e a permeabilidade entre os elementos conscientes e inconscientes emergentes durante a sessão. A criança presente e relacionando-se com os adultos e o uso de mediações como o brincar e o material lúdico favorecem a irrupção de conteúdo mais primitivo, que busca representação. As manifestações da relação pais-criança, que ocorrem na sessão de intervenção em suas várias modalidades de expressão, correspondem à associação livre na sessão analítica do adulto e ao brincar na análise de crianças (Mendes de Almeida et al., 2004).

Cada sessão consiste, então, em uma observação multidimensional que permite acesso aos sintomas da criança e suas formas de funcionamento, aos fenômenos inter e transgeracionais que caracterizam a relação pais-criança-família, ao ambiente e ao cuidado parental, ao jeito de ser da mãe e do pai, aos aspectos familiares e à dimensão sociocultural. Os pais podem falar sobre seu filho e expectativas em relação a ele, sobre eles mesmos, sobre suas famílias, sobre seu passado, sobre comportamentos que se repetem e noções e valores estabelecidos (Silva, 2002).

O terapeuta, enquanto observa a interação pais-criança, no aqui e agora da consuta, tenta compreender, com ajuda dos pais e do bebê, os aspectos conscientes e inconscientes de seus comportamentos. Enquanto ouve os pais e observa seu relacionamento com a criança, o terapeuta tem acesso à criança imaginária na mente dos pais, que pode abrigar fantasias latentes relacionadas aos elementos transgeracionais e necessidades e conflitos infantis reeditados na relação pais-criança. Como aponta Gianna Williams (1997b, 1999), funcionamos como a bonequinha russa *matrioshka*: vamos contendo e dando sentido às fantasias de diversas gerações, uma dentro da outra, dentro da outra, permitindo que os bebês não sejam receptáculos de corpos estranhos, aspectos inconscientes projetados pelos pais, mas constituam um continente emocional com seus conteúdos próprios.

O terapeuta, ao empatizar com cada um dos membros da família, transforma sua experiência em palavras de valor metafórico e as comunica. O que era até aquele momento inominável e somente expresso por meio de ações, descargas individuais ou sintomas encontra uma representação por meio de uma comunicação simbólica compartilhável (Mendes de Almeida et al., 2004).

A partir desse *setting*, as mudanças nem sempre são visíveis diretamente nos pais ou na criança. É o relacionamento, a interação, que muda. Ao se aproximar do mundo infantil nas consultas de Intervenção na Relações Iniciais os pais podem encontrar alternativas para suas próprias projeções, fantasias e expectativas narcísicas sobre a criança.

Como uma ato cirúrgico, a intervenção conjunta promove um ato de incisão e transforma a interferência obliterativa nas relações familiares. Essa abordagem permite uma aproximação ao bebê real, facilitando um desenvolvimento mais saudável (Mendes de Almeida et al., 2004).

Retomando os casos

Theo

Quando Theo chegou ao meu consultório, encaminhado pelo pediatra, aos 5 meses e meio, sua mãe não encontrava uma forma de fazê-lo dormir. Sentia-se desvitalizada e incapacitada de exercer a função materna. Ela me contou que, no início, Theo apresentava refluxo, depois, se suspeitou de intolerância ao leite materno. A mãe procurou mudar a própria alimentação para evitar qualquer desconforto ao bebê, mas Theo continuava acordando várias vezes à noite e dormindo vinte minutos durante o dia. A mãe ainda relatou, aflita, que ele sempre acordava gritando muito forte, de modo assustador. Na primeira consulta, Theo chegou dormindo e, quando acordou, sorriu para mim e se entreteve com brinquedinhos até o final da sessão.

Na troca de olhares, observo que ele faz movimentos circulares com a língua de forma frequente. Estaria Theo numa experiência sensorial, preenchendo toda a sua cavidade bucal como uma forma de apagar sua percepção da falta (Fonseca & Bussab, 2008; Fonseca, 2011), ou seria resultado de um desencontro com um objeto que não atendia às suas necessidades?

Na segunda consulta, o bebê também chegou dormindo e acordou tranquilo, sorrindo para mim como se reconhecesse meu tom de voz e minha sala. Ao longo da sessão com os brinquedinhos, ficou mais impaciente, a tonicidade de seu corpo era mais intensa e reclamava o olhar dos pais; fez cocô. Entretanto, os movimentos de língua já não apareciam.

Investigo com os pais se havia alguma preocupação com relação ao filho. O pai disse que não, mas a mãe, com a voz trêmula e angustiada, contou-me que aos 20 anos foi operada do coração.

Apresentava um defeito congênito, mas que não indicava sopro. Ela se sentia muito cansada para subir escadas ou fazer educação física, mas não sabia que isso tinha relação com algo do coração. Teme que Theo tenha algo parecido, mas só poderá se certificar quando ele estiver com 1 ano. Quando perguntei sobre a cirurgia, ela se recordou de sua infância e disse que quando tinha 11 anos sua mãe se separou de seu pai e foi morar com o namorado. Ela foi criada pelo pai, que, após a separação litigiosa, alimenta ódio e não divide o mesmo espaço com a ex-esposa até hoje. Nesse momento, ela se emociona e mostra seu ressentimento de ter sido deixada pela mãe: "Uma mãe não deveria ser assim com uma filha de apenas 11 anos". Já adulta, quando o pai se casou novamente, ela foi morar com a mãe por rivalidade com a madrasta. Na época de sua cirurgia, seu pai, que é médico, ficou transtornado por não ter identificado o problema da filha e não conseguiu ficar ao seu lado durante e após a intervenção cirúrgica. Foi acompanhada pela mãe e por sua irmã. "Meu pai é muito difícil", ela confessa. Pude conversar sobre a falta de um modelo de continência para as diferenças, desconfortos, desencontros e frustrações e como os gritos do Theo reatualizam suas experiências com as "bravezas" de seu pai, que tanto a assustam; ao mesmo tempo, os desconfortos de Theo frustram o modelo de mãe idealizada que construiu para si. Além disso, pude apontar como Theo a reassegura de que ele tem um coração bem forte e vigoroso todas as vezes que acorda e grita forte.

Esse diálogo com a mãe de Theo nos lembra como

> *o processo de ter um bebê requer um enorme ajustamento: novas introjeções, novas identificações por parte da mãe, não somente pela perda de sua identidade anterior e pela perda do bebê em seu interior, mas também pelo processo de digestão, de absorção do fato*

do nascimento, que é, a seu modo, tão chocante quanto a morte (Alvarez, 1994b, p. 142).

Durante essa consulta, também pude assinalar as competências de Theo, desfazendo os fantasmas de que houvesse alguma patologia presente. Ela, então, queixa-se de se sentir desamparada quando o marido viaja, dizendo que Theo sente falta do pai.

De fato, a função paterna é a de embalar a dupla mãe-bebê (Barriguete et al., 2004), que, na sua falta, se desmantela. Nós sabemos que o pai constitui um dos polos da tríade familiar. Ele introduz a diferença nas trocas afetivas entre mãe e bebê, contextualiza e enquadra essas interações, ao mesmo tempo que representa uma separação no binômio mãe-bebê. Diferentemente do vínculo do bebê com a mãe, a ligação paterna é marcada por um ato de reconhecimento, um ato de vontade. A mãe reconhece o pai, e este, por vir a ser pai, reconhecerá a criança e se associará na sua linhagem.

Há, no pai, capacidades que vão facilitar a maternagem por meio das interações diretas e indiretas com seu bebê. Barriguete et al. (2004) denominou-as capacidade de embalar e de apaziguar. Assim, por exemplo, quando o bebê chora e a mãe está fatigada pelas atividades do dia, não conseguindo acalmar a criança, o pai pode intervir, pegando o bebê no colo. Este fica surpreso com a diferença dos gestos e do tônus do pai e descobrirá um braço diferente do braço da mãe, e, por sua vez, a mãe se sentirá aliviada pelo conforto oferecido por seu marido. Essa capacidade de embalar está diretamente relacionada à flexibilidade do pai, que permitirá um novo modelo de relação com seu bebê; mas a função materna do pai não deve suplantar aquela fundamental da mãe – ao contrário, deve contribuir para sustentá-la.

Em outra situação, quando me contaram sobre a chegada de Theo, o pai disse que, quando sua esposa desistiu da empresa em que trabalhava, perguntou a ela se não seria aquele o momento de engravidar. Ele sempre adorou crianças e já não era tão moço para ter um bebê (estava com 40 anos). Intuí que havia alguma angústia de morte presente nessa declaração e, na quarta consulta, quando relatou um pouco de sua história, pude compreender. Ele é o caçula de uma prole de quatro filhos. Sua mãe teve uma gravidez que não se completou, pois o feto morreu. No nascimento de sua irmã, também houve complicações no parto e ela ficou com sequelas emocionais e cognitivas. Na sua adolescência, angustiava-se quando seus pais brigavam e pensava que iriam se separar. Ao falar de seus pais, ele se emocionou ao se recordar que recentemente seu pai teve um derrame e que se suspeita que ele esteja com Alzheimer. Pudemos pensar como a alegria de ser pai convivia simultaneamente com o processo de elaborar a perda de seu pai. Enquanto conversávamos sobre os fantasmas de morte do avô, Theo chorou. Nesse momento vivo, no aqui e agora da sessão, pudemos constatar como o bebê é capaz de perceber a aflição do papai e assinalar que "o papai estava bem forte para cuidar dele". Então, Theo começou a balbuciar e contar suas histórias.

Esse momento ilustra como o bebê pode se tornar receptáculo das angústias parentais. Gianna Williams (1997b, 1999) aponta que, nas situações em que os pais possuem patologias graves ou são incapazes de conter suas projeções sobre o bebê, este torna-se um "receptáculo" (e não um continente) desses "corpos estranhos" dos pais (em vez de conteúdos), pois ele ainda é incapaz de metabolizar esses aspectos. Nesses casos, a falha da capacidade de continência é extremamente danosa e pode originar o "terror sem nome", como o reverso do modelo continente/contido (Bion, 1962a). Então, tanto o observador como o terapeuta no trabalho de intervenção nas relações iniciais vão facilitar o processo de separação e de discriminação entre as projeções de aspectos inconscientes dos pais e o bebê/criança pequena, enquanto uma pessoa com necessidades próprias (Silva, 2014).

Após essa consulta, os fantasmas parentais que assombravam o quarto do bebê puderam ser nomeados. Theo passou a dormir mais durante o dia, entre duas e três horas, e à noite. Seu pai pôde desfazer seus fantasmas de morte, e Theo pôde viver com sua mãe o campo de ilusão ao sentir que seu pai poderia embalar esse momento fusional inicial da dupla mãe-bebê. Sua mãe, por sua vez, desfez seus fantasmas de perder seu bebê e ampliou sua continência, ficando mais em casa e oferecendo uma rotina mais constante, o que permitiu ao bebê construir a confiança no objeto, pois a constância, como diz Winnicott (1983), é fundamental.

Maria e João

Quando a família de João e Maria chega ao meu consultório, também encaminhada pela pediatra, seus integrantes mostravam, cada um à sua maneira, um estado de profundo desespero e sofrimento.

Converso primeiramente com a mãe. Fico sabendo que os pais moram em São Paulo, mas que suas famílias de origem moram em outras cidades. Os pais, casados há oito anos, trabalham o dia todo com muitas responsabilidades profissionais, restando pouco tempo para a vida familiar. Apesar disso, eles procuram levar e buscar as crianças na escola, a mãe almoça algumas vezes em casa e brincam com os filhos quando retornam do trabalho. João, com 4 anos, e Maria, com 2, estudam meio período. A mãe me conta que Maria é parecida com ela: esperta, descolada, atirada. João é mais parecido com o pai: tímido, retraído, inseguro, grita e chora quando contrariado, mas é "muito organizado, arrumadinho, meticuloso, mais adulto que criança. Ele é muito sério, não acha muita graça das coisas e fica ofendido facilmente. Maria é muito agitada e João é mais tenso, mais sensível".

Relata que a pequena Maria acorda à noite chorando desesperada e arranca toda a roupa, custando a se acalmar. Durante o dia, isso também acontece, e ela não aceita colocar roupas de frio. Ela tem crises de asma e bronquite constantes, às vezes necessitando de internações. O mais velho, João, tem tido momentos de fúria com rompantes de agressividade, atirando coisas e, às vezes, machucando sua irmã.

A mãe, muito aflita, não sabe o que fazer nem por onde começar. Conta-me um pouco da história do casal e da chegada das crianças. Ela é a caçula de uma prole de cinco filhos, três homens e duas mulheres. Seu pai faleceu muito rapidamente ao ser diagnosticado com câncer quando ela era jovem. Descreve sua mãe como multiprofissional: pianista, pedagoga, psicodramatista e terapeuta. Embora ela me conte que desde pequena já cuidava dos sobrinhos, indicando uma identificação com a função materna, escuto nas entrelinhas de seu discurso uma rivalidade com a figura materna, com quem não pôde contar como aliada na chegada de seus filhos.

O pai me conta que seu pai é muito difícil, cria problemas para sua mãe, "a maltrata, é muito bravo". Aos 14 anos, começou a trabalhar com ele, mas relata que o pai não era nada afetivo. Imagino que, com essas identificações masculinas, deveria ser difícil para ele ser espontâneo ao brincar com seus filhos e exercer a função paterna.

Durante as duas gravidezes e os primeiros meses das crianças, os pais viveram vários conflitos conjugais e profissionais. Além disso, quando Maria nasceu, o avô paterno teve problemas sérios de saúde.

Compreendo que, na época do nascimento dos filhos, tanto a mãe como o pai não puderam contar com uma rede parental que

pudesse embalá-los nos momentos de estresse e de angústias do recém-nascido e no processo de construção das funções parentais. A
distância geográfica e emocional de suas famílias ampliadas deixaram esses pais muito solitários e sobrecarregados diante das demandas infantis. Ao mesmo tempo, a chegada dos dois filhos coincide
com períodos difíceis de trabalho e de relacionamento conjugal.

Na primeira consulta terapêutica com os pais e as crianças,
num primeiro momento, eu me senti "pulando de um lado para
outro": as crianças me perguntavam sobre os brinquedos com uma
demanda de atenção exclusiva; a mãe, com sua listinha de dúvidas,
interrogava-me de tempos em tempos; o pai, com o corpo todo
empertigado, observava essa cena com um olhar assustado de
quem se sente com as mãos atadas.

Todo esse cenário de urgência fazia com que me sentisse na
porta de entrada de um pronto-socorro infantil. Aliás, é assim a
demanda da Clínica 0 a 3: quando os pais nos procuram, em geral,
sua necessidade de ajuda clama por urgência e continência emocional para as dificuldades presentes na relação com seus bebês.

Aos poucos, vou contendo a demanda de cada um e cria-se um
espaço de brincar. O pai, sentado na cadeirinha mais próxima de
João, vai indicando para seu filho o que tem na sala, mas sem se
aproximar e brincar com ele. Desperta seu interesse verbalmente de
longe, de seu lugar. A mãe, sentada no chão, aproxima-se das crianças, especialmente do filho, e se intriga com os brinquedos da sala.

Maria, com seu lindo vestido e meia-calça, deixa sua mãe
preocupada para que não se suje, mas é bem descolada, explora
as canetas, desenha, brinca na casinha. João explora os carros de
polícia e de bombeiro. Durante a sessão, os dois vão ao banheiro
(esvaziando-se ou aliviando-se de suas angústias?). Durante a sessão, não havia uma brincadeira entre pais e filhos. Parecia que os

pais não conheciam profundamente as crianças e seus interesses e exploravam o *setting* oferecido, cada um à sua maneira.

No final desse encontro, as crianças não queriam ir embora: será que encontraram ali um objeto com uma disponibilidade psíquica que atendia suas necessidades emocionais?

Diante de tantas demandas e dúvidas trazidas pela mãe nessa sessão, senti que precisava escutá-la com mais disponibilidade e optei por ver só o casal na consulta seguinte.

Eles chegam pontualmente, falam por muito tempo sobre a rotina da hora de dormir e contam com detalhes como é o funcionamento da casa. Peço que eles me falem também como é o dia das crianças, pois os problemas de sono geralmente estão relacionados com as atividades do dia. Percebo que as crianças ficam um tanto abandonadas aos cuidados de uma babá afetiva, mas sem condições de estabelecer os limites necessários de uma rotina, propondo brincadeiras mais a serviço do princípio do prazer do que qualquer outra coisa. Mesmo à noite, quando os pais retornam do trabalho, parece que querem recuperar o tempo longe dos filhos e propõem novas brincadeiras excitantes.

Penso que talvez as crianças tivessem estímulos demais, um excesso de convocações – tanto de dia como à noite, com a chegada dos pais – que pudessem estar dificultando o encontro destas com seus sonhos numa noite tranquila. Então, delicadamente, sugiro que talvez tivessem que ir mudando a rotina da casa próximo à hora de dormir, para que Maria e João pudessem ir processando as atividades do dia e ir relaxando.

A mãe me conta que, às vezes, lê livros para as crianças antes de se deitarem, mas que não costuma cantar para as crianças; o pai também não tem esse costume, embora ele toque muito bem violão. Isso me intriga: para onde teriam ido as cantigas de ninar que os pais devem ter ouvido quando pequenos?

No final da consulta, pergunto se há algo significativo da vida deles que eles gostariam de compartilhar comigo. Após um pequeno silêncio, o pai começa a falar que sua esposa, aos 17 anos, perdeu um sobrinho de 3 anos com aneurisma cerebral. A mãe complementa, emocionada, que a criança estava passando mal e a levaram para o hospital. Era ela quem a carregava em seus braços, no banco de trás do carro, quando faleceu.

Em um clima envolto por essa lembrança e emoções, pudemos conversar sobre seus medos de se aproximar intimamente de seus filhos e de que algum mal pudesse tirá-los dela. A sessão termina com ela dizendo que não tinha se dado conta de quanto esses medos estavam guardados dentro dela.

Na sessão seguinte, agora com os pais e as crianças, a mãe me conta que, depois dessa lembrança recheada de medo e pavor de que também pudesse perder seus filhos, se recordou de cantigas cantadas por seus avós e pais e as canta para mim junto com Maria e João.

As cantigas de ninar estavam inacessíveis à mãe de João e Maria. Nós sabemos que elas são facilitadoras para embalar o sono das crianças, pois, por meio das cantigas, a mãe, com sua prosódia em forma de mamanhês,[3] permite que o bebê possa ir introjetando um objeto que o acalme e console. Foi necessário que minha prosódia pudesse permitir que a via afetiva materna interditada pela perda de seu sobrinho pudesse dar acesso aos aspectos infantis e ao sentimento de confiança de que seus bebês sobreviveriam. Foi muito

---

3 Segundo Dupoux e Mehler (1990), mamanhês é "o dialeto de todas as mães do mundo, quando elas falam com seus bebês, no qual a voz é mais aguda e a entonação exagerada" (p. 221).

emocionante vê-la reencontrando sua musicalidade e acalentando o sono de seus filhos.

A recordação sofrida dessa situação traumática infantil foi transformadora para a relação dessa mãe com seus filhos, discriminando-os dessa ansiedade recalcada de perda e morte. A partir daí, parece que ela recuperou algo de sua vida de fantasia que havia se perdido com esse episódio. Ela pôde refazer ligações internas, até então esgarçadas ou perdidas por essa situação traumática, e passou a ninar as crianças na hora de dormir. Além disso, suas projeções não processadas, repletas de elementos sem significados, foram, então, representadas e contidas, abrindo espaço para refletir sobre os comportamentos de fúria de João e os momentos de desespero de Maria. E, a partir disso, as dificuldades com relação ao sono das crianças desapareceram e as crises respiratórias de Maria diminuíram.

Para concluir essa narrativa, gostaria de assinalar que o trabalho com essa família é amplo e complexo. No início, parecia que cada um necessitava de um analista. Diante disso, propus por vários meses o acompanhamento dessa família por um observador de bebês participativo – como introduziu Williams (n.d.) a partir do método de observação de bebês de Esther Bick (1948/1967) –, que pudesse auxiliar na constituição desse continente e oferecesse um contorno a partir do olhar e continência da observadora. Em conversas com os pais e a observadora, fomos constituindo uma função parental firme e uma função materna receptiva e, ao mesmo tempo, desfazendo fantasias que eram projetadas sobre as crianças.

Parodiando o conto infantil dos irmãos Grimm (Grimm & Grimm, 1812), fui colocando pedrinhas que auxiliassem o percurso parental para que o encontro afetivo e efetivo com João e Maria fosse possível. E até hoje nos encontramos de tempos em tempos, como se fosse uma puericultura emocional (Silveira et al., 2000), e tem sido muito prazeroso poder acompanhar o crescimento e o desenvolvimento de cada um à sua maneira.

Conclusão

Sabemos que a parentalidade é uma função que se desenvolve interiormente quando se origina o desejo de ter um filho e na relação com ele. O bebê "faz" seus pais, assim como os pais fazem o bebê existir.

Considero que há condições básicas da função parental para que se estabeleça o vínculo mãe-bebê:

> *a mãe ter maturidade emocional suficiente para poder vivenciar todos os tipos de sentimentos suscitados pelo cuidado do bebê sem senti-los como ameaçadores, o bebê ter capacidade de solicitar o contato, a mãe ter suporte ambiental e um limite de demandas que ela possa suportar (Shuttleworth, 1989/1997, pp. 29-30).*

É importante que os pais sejam capazes de "gerar amor, manter a esperança, conter a dor depressiva e promover o pensar" (Meltzer & Harris, 1986, p. 37). Segundo Meltzer e Harris, essas quatro funções introjetivas do casal não se dividem em aspectos masculinos e femininos, mas, sim, estão organizadas de uma maneira mais linear na pessoa materna, suportando o peso das projeções dos filhos, e o pai como ponto final dessa linha, disponível "para esses produtos mentais de desfecho" (p. 37).

Para se desenvolverem de forma saudável, os bebês necessitam de cuidadores que exerçam as funções materna e paterna: alguém que cuide com prazer e disponibilidade – função materna, o que permitirá a construção da confiança e da crença no encontro de um objeto que os compreenda; e alguém que coloque limite de forma firme e sólida – função paterna, o que favorecerá o processo de separação, individuação e simbolização. Se houver mais de um cuidador, é fundamental que haja uma sintonia e parceria entre eles, um vínculo cooperativo, para que sejam capazes de conter os ataques dissociantes e incestuosos que venham a eclodir durante o crescimento. Na construção desse vínculo cooperativo, os cuidadores também devem transmitir às crianças valores éticos em relação à realidade e à verdade em que vivem (Loreto, 1997).

O trabalho da Clínica 0 a 3 procura: favorecer a disponibilidade emocional da mãe, necessária para o cuidado e a identificação das necessidades físicas e emocionais do bebê; favorecer o vínculo mãe-bebê; apontar as competências da mãe, legitimando a função materna ou oferecendo suporte diante dos conflitos com a figura materna; assinalar o espaço de cada um na dupla mãe-bebê, especialmente quando a figura do pai for ausente; contribuir para a subjetivação da mãe e narcisizar a mãe, indicando as suas mínimas competências no cuidado com o bebê; contribuir para a subjetivação do bebê, narcisizando-o, possibilitando que os pais identifiquem os diferentes significados do seu choro e atendam adequadamente às suas necessidades físicas e emocionais. O terapeuta se oferece como modelo de parentalização, contribuindo para que as necessidades físicas e emocionais do bebê sejam atendidas; sinaliza aspectos inconscientes e duplas mensagens obstaculizantes do exercício da função parental e do desenvolvimento do bebê; e fortalece a função paterna para oferecer suporte para a mãe maternar (Silva, 2014). Quando uma intervenção nas relações iniciais não for suficiente, é fundamental viabilizar os encaminhamentos necessários para uma psicoterapia pais-bebê, ou grupos de atendimento pais-bebês, ou mesmo uma psicoterapia individual para a mãe. Outra modalidade de atendimento é o acompanhamento do desenvolvimento emocional e vincular do bebê durante os primeiros três anos com finalidade psicoprofilática (Silveira et al., 2000).

A atenção ao bebê e aos seus cuidadores requer a integração de uma rede de profissionais da saúde e da educação que possa acolhê-los, identificando conflitos, potencialidades e oferecendo compreensão para o fortalecimento dos recursos de cada família nas suas relações iniciais. Golse afirma que desde

> muito cedo a criança organiza suas representações mentais, talvez muito fragmentárias ou parciais (porém, nem sempre), as quais atestam claramente suas competências e seu comportamento, para quem sabe observá-las e colocá-las no campo das relações (Golse, 1998, p. 93).

Assim, atesta-se a importância das interações diádica e triádica, do mandato transgeracional e das competências do bebê para interagir com seu ambiente.

Para terminar, gostaria de assinalar que a função terapêutica nas consultas de intervenção não é a de dizer o que e como é preciso fazer para se tornar pai ou mãe, mas, sim, a de dar sentido às dificuldades cotidianas favorecendo e sustentando as competências parentais e prevenindo a instalação e cristalização de um sofrimento (Silva, 2008).

Para as famílias de Theo e de Maria e João, ou mesmo para outras famílias que procuram a Clínica 0 a 3, o que falta não são informações, mas uma base de sustentação emocional para que estas se tornem significativas ou adaptáveis para cada momento da relação pais-bebês (Silva & Mendes de Almeida, 2009). A continência e escuta dos aspectos emocionais e relacionais nos permitem captar o que está nas entrelinhas das queixas apresentadas pelos pais, reconhecendo os fantasmas presentes no quarto dos filhos e auxiliando-os a embalar a relação pais-bebês e o sono de seus filhos.

22. Sobre o lugar e o limite da intervenção com crianças pequenas

Luísa de Azevedo Costa Nogara

Para falarmos sobre psicanálise com crianças, é necessário delimitar dois pontos teóricos, a partir dos quais partiremos: estamos diante de um psiquismo em constituição e que depende de um outro para seguir sua estruturação psíquica.

Dentro desse campo metapsicológico, o presente trabalho traz uma reflexão sobre o lugar do analista e o que o faz encerrar a intervenção em casos que envolvem uma criança pequena e um cuidador com grave comprometimento psíquico. Para desenvolver o texto, apresento alguns temas trabalhados durante o processo de atendimento de uma dupla mãe e menina pequena, que nos oferece boas passagens clínicas para a reflexão proposta.

Esse atendimento foi realizado durante dois anos no Ambulatório de Saúde Mental do Departamento de Pediatria da Universidade Federal de São Paulo (Unifesp). Inicialmente, foi proposto um trabalho relacional com a dupla mãe-criança em um *setting* de intervenção nas relações iniciais. Após o primeiro ano de trabalho, foi possível encaminhar a mãe para o Departamento de Psiquiatria na mesma instituição, no qual inicia um acompanhamento psicológico e psiquiátrico específico para adultos. Dessa forma, foi feito um novo contrato de trabalho com a criança: a menina passa a ser atendida em sessões individuais e o atendimento conjunto com a mãe é mantido uma vez por mês.

Segundo a posição teórica proposta por Françoise Dolto e Maud Mannonni: "A alienação da criança no desejo dos pais sinaliza o fracasso da articulação dos significantes parentais e da Lei. Mas não se pode estabelecer igualdade ou causalidade entre o fantasma dos pais e o da criança" (Rosa, 2009, p. 67).

Rosa nos ajuda a formalizar o lugar da criança no processo analítico: "O sujeito da psicanálise é o do inconsciente. Dessa forma, uma criança será ouvida pelo psicanalista do mesmo modo que um adulto, pois o sujeito do inconsciente não tem idade" (Rosa, 2009, p. 83).

As questões sobre o lugar do analista e sobre o fim de análise foram disparadas a partir da seguinte cena: no momento em que vou me despedir de Ana, que na época estava com 4 anos e 4 meses, lembro-lhe de que ficaremos duas semanas sem nos encontrar (por conta das minhas férias). Ela se aproxima, me abraça e depois me olha, dizendo: "Vai, Luísa, vai lá trabalhar! Vou para minha aula de piscina!". Sua mãe, que estava na sala de espera, surpreende-se: "Nossa! Que autonomia!".

Não é à toa que a mãe se surpreende. O que será que Ana está querendo me dizer? Começo a pensar no fim desse trabalho e retorno aos seus primeiros registros.

Ana chegou ao Ambulatório de Saúde Mental aos 2 anos e 4 meses, quieta, cabisbaixa. Permanece o tempo todo grudada ao corpo de sua mãe, encolhida em seu colo. Em contraste com o silêncio de Ana, Helena, a mãe, fazia-se notar diariamente por todos.

Helena é uma mulher grande, com uma perceptível desorganização corporal; entrava no ambulatório e dirigia-se a qualquer pessoa sem titubear, sem parada. Lançava olhares intensos e agressivos aos outros pacientes e profissionais. Tanto em seus dias de consulta quanto em telefonemas, Helena provocava uma sensação de urgência nas pessoas com quem interagia.

A queixa inicial escrita no encaminhamento de Ana referia uma diarreia crônica sem causa orgânica. A menina já havia passado por várias investigações médicas e, em sua última passagem pela gastropediatria, foi encaminhada ao setor de saúde mental.

Logo no início do atendimento, Helena troca a fralda da filha e noto que, além da diarreia, Ana estava com muitas feridas e assaduras, as quais a mãe chama de alergias.

Durante esses dois anos, Ana vai apresentando outros sinais de sofrimento: depois de um tempo após a diarreia cessar, começa a vomitar frequentemente. Presenciei duas dessas situações, nas quais o vômito não vinha de repente: Ana o provocava após ser invadida pela mãe. Parecia-me uma tentativa desesperada de expressão de que queria algo diferente do que o que a mãe lhe impunha. Nesse momento, inicia uma série de crises de bronquiolite. Durante o período em que a menina permanece internada, a mãe fica mais organizada e cuida de forma menos invasiva da filha. Essa estrutura se mantém por todo o período de atendimento. A internação ou mesmo os horários das consultas ambulatoriais ofereciam um certo contorno para Helena, funcionavam como terceiro organizador para a dupla.

Helena chorava e falava incessantemente durante as primeiras sessões. Contava histórias trágicas, caóticas, sofridas. Quando eu perguntava sobre Ana, Helena tinha uma profunda dificuldade em discriminá-la, falava da filha por meio da sintomatologia de seu corpo. Nomeando as alergias como "necessidades de princesa", dizia, irritada: "Tem alergia a tudo que é mais barato, pensa que nasceu rica". Logo embarcava em relatos confusos, misturava tempos da sua infância com a vida de Ana.

Falava de uma outra filha, Joana, linda e perfeita, que teria falecido seis meses antes daquelas nossas conversas. Essa outra suposta filha gostava de música clássica, morava na Europa e era muito inteligente e elegante. Não se sabe se de fato existiu uma Joana que morreu na vida dessa mulher, mas no registro de nascimento de Ana consta que era a primeira gestação da mãe. Entendo essa suposta filha como uma concretude do discurso fantasioso da mãe, de suas expectativas em relação à filha, nas quais muitas vezes Ana parecia capturada.

Enquanto isso, Ana permanecia calada e encolhida no colo da mãe, olhava de vez em quando em seus olhos e raramente voltava-se para mim. Abraçava-a mais intensamente nos momentos em que a mãe perdia o fôlego chorando.

Certa vez, em meio a um desses momentos de choro intenso, Ana pegou um lencinho de papel que eu tinha oferecido à sua mãe e começou a enxugar seu próprio rosto.

Quem chora? De onde vêm essas lágrimas?

Enquanto aquela mistura me impacta, vejo Ana espiando por trás do lenço de papel. Em meio à confusão, fico intrigada com aquele olhar e respondo – certamente com outro olhar curioso. Brinco de falar com ela quando tira o lenço de seus olhos, como se voltássemos a nos encontrar. Ana fica interessada, sorri, mas logo se volta para o colo da mãe.

Ana enxugava as lágrimas da mãe em si mesma!

Após dois anos de atendimento, penso no quanto essa cena ficou marcada e foi associada à ideia de uma indiscriminação em seu sentido patogênico. Mas e aquele olhar por trás do lenço, presente desde o primeiro momento? Será que estávamos diante de um conflito que resulta em um sintoma ou de um transtorno resultante de um momento constitutivo do psiquismo?

Quando Ana se perde como extensão do corpo de sua mãe, há algo ali que ainda não se constituiu, mas que muito rapidamente é posto em jogo na transferência. Ana me endereça um apelo e, ao estabelecer um jogo de esconde-esconde, abre uma brecha para ser ajudada a se descolar de sua mãe.

Dizer que algo ainda não se consituiu nessa criança não tem como base referencial uma linha evolutiva imaginária. Segundo Jerusalinsky (2002), o desenvolvimento da criança não é indiferente à passagem do tempo, mas ela em si não basta. Em lugar do único registro do tempo cronológico, real, a autora propõe um enlaçamento entre temporalidade simbólica de inscrições, temporalidade imaginária (que propicie antecipações) e a condição orgânica que seja permeável aos efeitos de ambas. E esse encontro, sim, dará-se em um tempo cronológico específico.

Ao pensar em Ana, é de se esperar que, nessa idade (tempo cronológico), as operações constituintes do sujeito (tempo lógico) tenham se apresentado, que seu corpo tenha se inscrito como separado do da mãe.

Separação como um estágio posteior à alienação. Jerusalinsky ilustra essa passagem com um ótimo exemplo. Segundo a autora, uma criança em um momento anterior à separação, ao bater no coleguinha, chora, dizendo que quem bateu foi o outro: "De quem é a dor, afinal? É tanto dele quanto do companheiro, na medida em que o sujeito se identifica em seu sentimento de si com a imagem do outro, e a imagem do outro vem cativar nele esse sentimento" (Jerusalinsky, 2009, p. 97).

Em um momento posterior a essa alienação inicial vem o momento da separação, e a criança pode se apropriar da imagem inicialmente oferecida ao bebê pela mãe como sua. E, assim, eu e outro vão se construindo na relação e também se confundindo em alguns momentos, até que haja uma separação e que o eu esteja constituído.

Isso é o que está em jogo quando uma criança que cai, em lugar de chorar imediatamente, olha para a mãe e, somente a partir da sanção desta sobre a sua experiência, reage e pode fazer dessa experiência a sua (Jerusalinsky, 2009, p. 99).

Ou seja, a mãe empresta sua palavra, diz "ai" para dar significação àquilo que a criança sente no corpo quando cai (momento da alienação), e, posteriormente, a criança pode se identificar com esse "ai", apropriando-se dele como uma dor que sente no próprio corpo no momento da queda (separação).

É nesse momento fundante do psiquismo que se situam os jogos constituintes do sujeito, jogos que comportam uma indagação constante sobre a separação, sustentados na relação mãe-bebê e que operam no sentido de construir as bordas entre eu e outro.

Em outra sessão, a brincadeira parece seguir: Ana fazia rabiscos em um papel, enquanto sua mãe desenhava caracóis. Seu giz de cera cai no chão; pego e devolvo para ela. Isso se repete até que, em uma dessas vezes, ela vai buscar o giz e me olha. Eu estendo a mão. Ela vai colocando todos os pedaços de giz na minha mão; fecho as mãos, junto tudo e devolvo para ela. Essa brincadeira é repetida e ela se envolve perceptivelmente pelo jogo. Nesse momento, quase tudo ocorria em silêncio com Ana, já que a fala da mãe ocupava todo o som possível dentro da sala.

Abriu-se na transferência a possibilidade da construção de um "entre", de um espaço entre o corpo da mãe e o corpo da criança, e os jogos que se armaram na sequência apontam para os diferentes modos de atualizar presença-ausência, continuidade--descontinuidade.

Em uma sessão conjunta, Ana pergunta: "Eu sou a Ana, não é mamãe?". A mãe se lembra do que aconteceu em casa durante aquela semana e me conta que Ana tinha falado: "Eu sou a Joana, sou a Joana". Helena diz que foi ficando muito irritada, colocou Ana em frente ao espelho e disse firmemente: "Seu nome é Ana. A Joana tinha 5 anos e morreu. Você é a Ana".

É possível observar um efeito na mãe, que também vai se separando. Vai sendo capaz de perceber, ainda que por breves momentos, sua filha real.

Começa a ocorrer uma separação entre mãe e filha. Ana passa a dizer para a mãe: "Para de falar!"; "Fica lá fora". Em uma das vezes que a mãe tenta entrar na sala, Ana segura a porta. Começo a pensar na necessidade de marcar o lugar de Ana separado da mãe. A partir daqui, estabeleço a frequência de uma sessão mensal conjunta, e Helena é encaminhada para outro setor, especializado em atendimentos de adultos com transtornos graves.

Aqui, é feita uma separação em ato, sustentada na transferência de Ana, e, a partir daí, é posta em cena a dificuldade que acompanha essa separação: para Ana, que fica dentro da sala, para a mãe, que fica de fora, e comigo na transferência.

Ao mesmo tempo que Ana pede para a mãe ficar do lado de fora, sai muitas vezes da sala para vê-la. Um dia, ouve o choro de um bebê na sala de espera e sai correndo, desesperada, achando que é sua mãe.

No início, Ana sempre levava para casa algum objeto de sua caixa. Depois, passou por algumas semanas em que chorava intensamente na hora de ir embora – chegava a me pedir colo, ficava agachada chorando na porta da minha sala. Sua mãe, ao tentar consolá-la, chorava junto. Passamos, então, a fazer um ritual de despedida com uma boneca: Ana a colocava para dormir, e, juntas, explicávamos que ela iria voltar em uma semana e que eu ficaria lá tomando conta dela. No último dia dessa sequência, Ana se queixa na hora de ir, em uma postura mais ativa – começa a poder ter raiva e a mostrá-la. Da sala de espera, a mãe também começa a ser capaz de antecipar e mediar as separações. Ao se despedir de mim, introduz outros lugares para irem depois.

Nessa passagem, é possível observar o brincar simbólico sendo construído na transferência. Teorizado por Freud, em 1920, o brincar simbólico tem sua função estruturante no psiquismo da criança. Em uma observação sobre seu neto de 18 meses, que brincava com um carretel, Freud interpretou essa brincadeira como uma forma de elaboração da ausência da mãe. Seu neto representava ativamente no jogo uma situação que vivia passivamente com as saídas da mãe.

O que ele fazia era segurar o carretel pelo cordão e, com muita perícia, arremessá-lo por sobre a borda de sua caminha encortinada, de maneira que o carretel desaparecia por entre as cortinas ao mesmo tempo que o menino proferia seu expressivo "o-o-ó".[1] Puxava, então, o carretel para dentro da cama novamente, por meio do cordão, e saudava o seu reaparecimento com um alegre "da" (ali). Essa, então, era a brincadeira completa: desaparecimento e retorno (Freud, 1920/1996, p. 26).

---

1 Freud, com a ajuda da mãe do garoto, entende que esse balbucio representava a palavra alemã *Fort*, que significa ir, partir, ir embora.

É a ausência do objeto que está na origem do desenvolvimento do pensamento simbólico e que aciona o princípio de realidade (Rosa, 2009, p. 62). E é por meio do jogo que a criança vai elaborando a situação angustiante da ausência, ao mesmo tempo que se constitui enquanto outro sujeito separado da mãe.

Após um ano de atendimento, Helena tem uma crise grave, desorganiza-se e acaba expondo a filha – dessa vez, de forma mais concreta e perigosa: elas estavam andando na rua, e Ana deixou cair uma máquina fotográfica de brinquedo que sua mãe tinha comprado. Segundo a mãe, Ana só a avisou depois que já tinham caminhado por um certo tempo. Nessa hora, Helena me diz: "Esqueci da minha filha e fui buscar um pedaço de mim mesma que tinha ficado para trás". Só que elas estavam na ilha de uma avenida, e Ana fica lá sozinha, parada. Essa situação culmina em uma denúncia que uma testemunha da cena faz ao conselho tutelar.

A partir daí, arma-se uma situação muito interessante: Helena fica assustadíssima com a possibilidade de perder sua filha e desencadeia um processo de "balanço" sobre suas competências e dificuldades como mãe. Trazia, em nossas conversas, essa dupla preocupação: o medo da perda e o desespero em não ser reconhecida como alguém capaz de ser legalmente o adulto responsável por sua própria filha. Intervenho de forma bastante concreta: digo-lhe que precisaria se organizar para mostrar a uma autoridade (conselho tutelar) tudo que havia me contado que era capaz de fazer.

Pedia-me para assegurá-la em cada uma de suas conclusões. Antes da acareação, mostra-me todos os papéis que havia organizado para provar seus cuidados com a filha: lá estavam os cartões de presença das sessões dela e de Ana.

Volta orgulhosa da conversa com o promotor. Conta que não iria passar pelo processo de destituição da guarda, com a condição de comprometer-se com os tratamentos, tanto dela quanto da filha. Também poderia receber visitas em sua casa sem aviso prévio do conselho tutelar.

Entendo que a entrada do conselho tutelar teve um efeito estruturante para Helena: funcionou como entrada do terceiro, operando a função paterna, o limite, a Lei. Há uma mudança de postura: Helena adere ao seu próprio tratamento na psiquiatria e passa a ter um maior comprometimento com a frequência das sessões. É capaz de reconhecer a possibilidade de perda e de discriminação do objeto para não perder a guarda jurídica. Nas situações cotidianas, noto uma grande diferença: ela começa a pensar mais antes de agir, e isso se sustenta até o fim do trabalho.

Um dos delírios da mãe é sobre um suposto aneurisma que Ana teria tido quando tinha 1 ano de idade. Há poucos meses, em uma consulta pediátrica de Ana, Helena convencera o médico de que a filha vinha tendo muitas dores de cabeça, e Ana é internada para investigação de cefaleia. Por estar internada na mesma instituição onde a atendo, o médico que a recebe no hospital entra em contato comigo, intrigado e irritado com a situação: "Essa menina não tem nada! É tudo coisa da cabeça da mãe!".

Depois desse episódio, Ana vem para o atendimento e monta uma brincadeira em que ela é a médica, e eu, a mãe. Levo minha bebê para fazer exames. Ela receita muitos remédios para a bebê e examina seu ouvido. Diz que sua cabeça está cheia de bichos. Em um certo momento da sessão, é possível dizer-lhe que, quando ela tinha sido internada, seu médico me contou que ela não tinha nada na cabeça. Ela para e me olha, intrigada. Reitero: "Nenhum problema que precisava de remédio! Era tudo preocupação da mamãe, não tem nenhum bicho na sua cabeça!". Ana me olha, atenta, dá um suspiro profundo e sorri.

De fato, essa é a questão desse caso: os bichos estão na cabeça de quem? Helena faz um amontoado de ideias delirantes e as condensa no corpo da filha.

Logo depois que marco a diferença dos bichos na cabeça da mãe, e não na dela, Ana monta, na brincadeira, o seu mundo, que chama de "a casa de brinquedos da Ana", e o mundo de sua mãe, "o mundo chato da Helena", e me diz: "Vem Luísa, vem brincar no meu mundo, deixa a chata da Helena lá".

Em certa medida, mesmo com o respaldo médico e psicológico, nunca saberemos se Helena conseguirá se estabilizar e não tomar Ana nesse lugar indiscriminado, que remete à sua própria estrutura tão grave. Mas quanto essa menina já tem de recurso para fazer frente à mãe? Quanto do jogo das lágrimas ainda está presente?

Há pouco tempo, na hora de ir embora, Helena me diz que está preocupada porque Ana está muito gorda, compulsiva, ansiosa, não consegue parar de comer. De fato, ela havia engordado. Na semana seguinte, Ana entra na sala e diz, toda saltitante: "Estou fazendo regime". Pergunto: "Como é?", e ela me diz: "Vou no judô e na natação". Sua mãe vem andando lentamente, senta-se com dificuldade para encaixar todo o seu corpo na cadeira e diz: "Ai, estou fazendo regime". Surpreendo-me e pergunto: "Ué? Quem está fazendo regime?", e a mãe fala: "Nós duas. Mas o dela é fazer judô e natação". Questiono mais: "Quem está gorda?". Ana espicha seu corpinho e aponta para o corpo da mãe: "A mamãe!".

Enxugar as lágrimas e fazer regime são produtos dessa história, mas com qualidades diferentes. Se Ana, muitas vezes, foi tomada como uma extensão do corpo da mãe, ou na posição de Joana, ou carregada de bichos na cabeça, hoje consegue construir, dentro dessas marcas, um projeto próprio de ser: repete uma parte, fala que vai fazer regime, mas diferencia seu corpo do da mãe: quem está gorda é ela!

Aqui, retornamos àquela passagem do início dessa discussão, quando Ana me diz: "Vai, Luísa, vai lá trabalhar! Vou para minha aula de *psi*cina!". Em transferência, ela me diz que posso ir, que, com uma "psi" presença internalizada, é capaz de perder o objeto, que tem outros para além da análise.

Essa mãe parece não ter oferecido as condições para que a descontinuidade se estabelecesse, e o tratamento colocou isso em jogo. Ao reconhecer e festejar a autonomia da filha, Helena parece poder suportar a separação.

Hoje, Ana frequenta outros lugares, está com os ritmos de sono e alimentação regulados, não tem necessidade de comer muito rapidamente e fora de hora. Não tem mais alergias nem distúrbios gastrointestinais. Mas permanece com algumas crises de bronquiolite.

Outro dia, ela me pediu para escrever a lista da sua festa: "Escreve, Luísa! Mariana, Ana Paula, Ariel, Marcelo, tia Fátima, Branca de Neve". Ana está no laço, conta com outros adultos, tem outros para além da mãe e de mim.

Apesar da incipiente infraestrutura atual, não sabemos o quanto a mãe vai poder se separar de Ana, e isso me conduz outra vez à pergunta: será que uma criança que vive uma relação inicial com uma mãe tão comprometida é capaz de seguir sem uma sustentação terapêutica?

Mas a dúvida não para por aqui: será que nos vemos identificados no lugar de adulto cuidador em casos graves como esse? Afinal, o que determina um fim de terapia ou de análise infantil?

A intervenção com crianças nos coloca sempre diante de uma aposta, e não é possível prever o que irá acontecer depois. Como já nos alertava Freud (1916/1996) em suas parapraxias, ao pensarmos no fim de uma análise, temos que tomar cuidado para não adotarmos a posição de adivinhador. O limite entre o encerramento e continuidade do tratamento de uma criança é sempre muito tênue, a decisão terá sempre que ser tomada a partir da transferência.

Conforme aponta Kupermann (2007), um término satisfatório do trabalho com a criança só poderá ser avaliado *a posteriori*, na adolescência. Nesse momento, trata-se, de fato, de uma aposta feita a partir de alguns paradigmas do processo de análise infantil observado nesse trabalho: a inibição do brincar, presente de início, deu lugar a uma expressão lúdica; a criança passa a não responder mais com seu próprio corpo ao gozo materno, em contraste à cena inicial das lágrimas; hoje há, também, descontinuidade entre o corpo das duas; o encaminhamento da mãe para um serviço no qual conta com um suporte psiquiátrico e terapêutico com frequência de três encontros semanais oferece, por meio da instituição, um terceiro organizador, representante simbólico da Lei, condição estruturante para fazer cortes e oferecer bordas entre mãe e filha. Além disso, o fato de a mãe seguir em tratamento e a alta da criança produzem um novo marco de separação.

Encerro esse trabalho nomeando para mãe e filha que Ana pôde se separar, que hoje tem seu mundo, que sua festa tem muitos convidados, que foram abertas condições para que Ana possa continuar se constituindo. A alta é falada como um registro de que muitas questões já foram trabalhadas, e, nesse momento, ela pode seguir sozinha, ainda que novas questões possam aparecer e a façam voltar.

PARTE VIII

Interlocução com a clínica do autismo

Apesar dos muitos avanços em pesquisas e no trabalho clínico com o autismo, apontando para aspectos multifatoriais na gênese e nos cuidados terapêuticos necessários, há muito ainda por se conhecer e se disseminar junto à comunidade e aos profissionais quanto à sua possibilidade de detecção oportuna e tratamento. No Espaço de Interlocução para Trabalhos com Pais-Bebês/Crianças, têm sido apresentados relatos clínicos, projetos de investigação e discussões sobre o tema, em sintonia com a feliz tendência de se iniciar cada vez mais cedo as intervenções junto a pais e crianças (muitas vezes ainda bebês) com dificuldades relacionais. Rastreando, no contexto do brincar e do não brincar, sinais verbais ou pré-verbais, iluminados aqui tanto no contexto da investigação quanto no contexto terapêutico, buscamos ir de encontro ao que a criança nos comunica ou faz evocar em nós. Como caracterização específica de nossa identidade psicanalítica, buscamos contato e amplificamos manifestações e sentidos desde as comunicações mais incipientes e rudimentares da criança na interação com seus pais e conosco. Mais uma vez, está presente aqui o olhar psicanalítico observacional, atento a detalhes e modulações vinculares ou proto-vinculares na microscopia da relação pais-criança e na construção de compreensões psicanalíticas no contexto das intervenções clínicas ou conjecturas investigativas. Nos casos relatados, ilustrados aqui em cenas vivas, enfatiza-se o potencial dos instrumentos de observação psicanalítica da relação pais-criança e seus desdobramentos clínicos para, no exercício da função narrativa do analista em contato com os aspectos infantis presentes também nos adultos, escutar as falas do corpo do bebê e da criança e dar voz a pais e filhos que estejam vivenciando sofrimento psíquico.

23. Entre o brincar do bebê e o brincar da criança autista

Camila Saboia

Pesquisas recentes no campo da clínica da intervenção precoce têm promovido discussões para se pensar o papel do bebê no processo de sua constituição subjetiva: o bebê não é mais visto como um mero coadjuvante na construção do acesso à intersubjetividade, mas como um verdadeiro protagonista, na medida em que seria ele o responsável pelo ritmo das trocas interativas mãe-bebê. Winnicott, já na década de 1950, preconizava a ideia de um bebê ativo e participativo ao afirmar que o bebê constrói a mãe da mesma maneira que ela constrói o bebê. Na década de 1970, essa ideia ganhou ainda mais teor com a introdução do conceito de intersubjetividade por C. Trevarthen, que preconiza que o bebê já chegaria ao mundo com capacidade de provocar o outro, na busca de estabelecer um laço com a mãe ou substituta, o que nos remete ao conceito de apetência simbólica descrito por G. Cullere-Crespin (2004): o comportamento inato do bebê de endereçar-se ao adulto não apenas para saciar sua fome, mas, sobretudo, para saciar seu apetite do outro.

Na esteira dessa visão, constata-se que muito se fala sobre o papel ativo do bebê no processo de sua construção subjetiva, mas pouco se fala ou se conhece sobre o brincar do bebê. Afinal de contas, poderíamos pensar que os bebês *brincam*, realmente? Poderíamos presumir que a qualidade das primeiras expressões simbólicas do bebê sinalizaria algo de sua adaptação ao mundo e, portanto, da construção de suas relações objetais? E, ainda, poderíamos pensar que haveria alguma correlação entre o brincar do bebê e o brincar da criança autista?

Para refletir sobre o brincar do bebê, vale a pena discutir o conceito de *playground* introduzido por Winnicott (1971), que o autor define assim:

> *o bebê começa a fruir de experiências baseadas num "casamento" da onipotência dos processos intrapsíquicos com o controle que tem do real. Chamo isso de* playground *porque a brincadeira começa aqui. O* playground *é um espaço potencial entre a mãe e o bebê, ou que une a mãe e o bebê (p. 71).*

O *playground* ganharia, desse modo, o estatuto de um brincar inicial do bebê, que corresponderia, na realidade, a uma *protor-representação* do *espaço potencial* – isto é, um esboço do *espaço transicional* ou da *zona intermediária*, na qual a mãe não somente se apresentaria como *objeto especular*, mas também apresentaria os objetos reais e concretos do ambiente, correspondendo ao que Winnicott definiu como a função da apresentação do objeto (*object-presenting*). Esse mesmo autor acrescenta que, para que o bebê possa vir a circular no campo do simbólico, passando a brincar simbolicamente (*playing*), seria necessário, primeiramente, que ele passasse da relação com o objeto (*object-relating*) para a

capacidade de fazer uso dos objetos de maneira criativa e simbólica (*object-usage*). Essa passagem seria fundamental para que o
bebê pudesse construir suas relações objetais e sua realidade psíquica. Uma possível falha nesse processo de transição poderia levar a criança a permanecer colada ao objeto concreto, como constatamos recorrentemente na clínica do autismo.

Winnicott, ao apresentar essa noção de relação objetal, parece
inaugurar uma nova maneira de pensar a relação de objeto, regida
pela transição entre relação com o objeto e uso do objeto, o que
implicaria considerar que os próprios objetos reais e concretos do
ambiente teriam uma função importante no processo de subjetivação da criança, ou seja, seria também por meio das experiências sensoriais e táteis que o bebê organizaria suas experiências
iniciais com o mundo e o ambiente. É por esse mesmo viés que
R. Roussillon (2008) postula a noção de função simbolizante do
objeto: para o autor, o processo de simbolização da criança só
se efetuaria na medida em que o objeto a ser simbolizado fosse
simultaneamente um objeto para simbolizar; dessa maneira, dizemos que é com o próprio objeto que se elabora o impacto do
objeto – a mãe, enquanto função simbolizante, escapa à criança
pela sua alteridade, ao mesmo tempo que fornece meios para que
a criança possa recriá-la ou reencontrá-la. A criança, ao interagir
com os objetos externos, exterioriza certos aspectos de si mesma,
num movimento de elaboração de suas primeiras experiências.
Essa ideia nos remete ao conceito de *objeu* desenvolvido por P.
Fédida (1978), segundo o qual o corpo da criança se situaria como
um objeto externo, ao mesmo tempo que ganharia um estatuto de
lugar de projeção das protofantasias da criança. Em outras palavras, pelo brincar, a criança acederia à zona intermediária ou ao
espaço potencial, tornando-se capaz de fazer uso dos objetos do
ambiente de maneira simbólica.

Dizemos, assim, que a expressão do brincar ganharia um estatuto de componente "revelador" da organização objetal da criança, dada a sua dupla dimensão: a que proporciona ao bebê acesso ao espaço intermediário e a que, no *après-coup, a posteriori*, permite à criança elaborar e organizar suas primeiras experiências de objeto.

É nessa perspectiva que afirmamos que o brincar simbólico da criança nada mais seria que o resultado final de diferentes manifestações do brincar do bebê ou do brincar inicial, exercendo, assim, um papel fundamental no processo de subjetivação da criança. Sobre esse brincar da criança, R. Roussillon irá categorizá-lo em diferentes processos ou etapas: a primeira delas compreenderia as experiências sensoriais e autoeróticas do bebê, que o autor denomina como o brincar autossubjetivo (*le jeu seul avec soi-même*), por meio do qual o bebê construiria seu envelope corporal, alicerce fundamental para a construção de sua imagem corporal. Nesse sentido, partindo do pressuposto de que o brincar sensorial seria o estágio mais primitivo das diferentes etapas do brincar, poderíamos inferir que as explorações repetitivas e sensoriais típicas da criança autista estariam associadas ao primeiro esboço do brincar, o que nos levaria a supor que a criança autista *brinca*, ao contrário do que muitos preconizam.

A etapa seguinte corresponderia ao brincar intersubjetivo, caracterizado por ser *un entrejeu – jeu avec un autre sujet*, momento em que o bebê busca o outro na tentativa de estabelecer um brincar a dois, o que nos parece remeter ao que Winnicott define como *playground* – esse encontro entre mãe e bebê marcado por intensas trocas prazerosas. Ainda sobre o brincar intersubjetivo, B. Golse (2004a) o associa aos jogos amorosos do bebê com sua mãe (jogo de devoração), regidos pelo fechamento do terceiro tempo do circuito pulsional (Laznik-Penot, 2000). Esse terceiro tempo, presente na concepção da teoria das pulsões apresentada por Freud

(1915/1968), é redimensionado por Lacan, ao tomar a passividade do bebê como ativa, na medida em que o bebê se coloca como objeto de gozo da mãe, pois reconhece seu poder de suscitar e provocar uma experiência prazerosa com ela, o que implica dar continuidade aos jogos amorosos iniciados naturalmente pelas mães que se encontram em plena disponibilidade psíquica e em sintonia com as necessidades de seus bebês – o que Winnicott (1971/1984) define como mãe devotada comum. Esse registro vivido pela criança de um prazer compartilhado com o adulto (Kupfer, 2015) é o que levará o bebê a ter a capacidade de um brincar a dois e a entrar no campo do simbólico. Ainda, como afirma Roussillon (2008), esses jogos intersubjetivos seriam determinantes para a manifestação do brincar intrassubjetivo, ou *le jeu de l'intimité psychique*, marcado pelas tentativas da criança de simbolizar suas lembranças primitivas por meio de mecanismos de projeção a partir do próprio ato de brincar. O mesmo autor acrescenta que esses três estágios do brincar do bebê teriam por si só a função de elaborar, gradativamente, o material psíquico deste.

A. Tardos e M. David (1991) também defendem a importância desses momentos de trocas prazerosas que permeiam o brincar do bebê com a mãe ou sua substituta, ao preconizarem como diretriz central de seu trabalho no Instituto Lòczy, de Budapeste, a importância dos cuidados corporais. Isso porque seria a partir deles que o bebê, que se encontra no regime da coletividade (abrigo e creche), poderia usufruir de momentos privilegiados com o adulto (cuidadora), criando, assim, condições propícias para o surgimento das primeiras experiências prazerosas ou de um brincar compartilhado (*playground*).

Nesse sentido, dizemos que o brincar do bebê teria uma função constitutiva no processo subjetivo da criança, sendo que sua ausência ou sua fragilidade poderia comprometer a qualidade futura das expressões simbólicas do bebê, como nos apontou a pesquisa realizada com um grupo de bebês com síndrome de West e traços do espectro do autismo no Programa Internacional pela Linguagem da Criança (PILE/França) (Saboia, 2011, 2015, 2018). Nessa pesquisa, pôde-se observar, por meio de um estudo longitudinal com bebês entre 6 meses e 3 anos, que os bebês que mostravam uma dificuldade em engajar-se na exploração dos objetos apresentados ou investidos pela mãe (ou substituta) desde uma idade muito precoce apresentavam, aos 9 meses, um comprometimento no que diz respeito à sua atenção compartilhada, bem como uma dificuldade em engajar-se na exploração de um brincar a dois. Por volta dos 15 meses, esses mesmos bebês apresentavam um desinteresse em explorar os brinquedos, preferindo explorações sensoriais, já sinalizando, assim, a ausência de um esboço de um brincar simbólico, constatada, posteriormente, quando a criança se encontrava entre 2 e 3 anos de idade.

Se partirmos, então, da suposição de que o brincar inicial teria uma função constitutiva no processo subjetivo da criança, poderíamos pensar que a direção de tratamento na clínica com bebês ou de crianças com traços do espectro do autismo seria a instauração desse brincar compartilhado, ou seja, de um prazer a dois que, por alguma razão, apresentou-se de maneira fragilizada ou mesmo inexistente (falha do terceiro tempo pulsional), dificultando, assim, o acesso da criança ao espaço transicional e, consequentemente, que viesse a brincar simbolicamente. A vinheta clínica a seguir ilustra como o trabalho analítico pode viabilizar a evolução de um brincar pobre e estereotipado para um brincar simbólico.

Caso clínico

Laura iniciou o acompanhamento analítico aos 2 anos e meio. Apresentava importantes traços do espectro do autismo, como evitamento do olhar, ausência de fala e pobreza simbólica em seu brincar. Durante os primeiros encontros com Laura, pôde-se constatar claramente sua dificuldade em se permitir engajar num brincar a dois. Embora tivesse interesse pelos brinquedos, suas explorações limitavam-se a algo mecânico e estereotipado – por exemplo: retirava todas as peças de Lego da caixa e as espalhava pela sala ou ordenava linearmente as bonecas e bonecos do jogo, evidenciando, assim, ausência de qualquer traço simbólico em suas brincadeiras.

No primeiro ano de análise, as sessões eram marcadas pelas brincadeiras com tinta. Apesar de inicialmente mostrar grande repulsa em utilizar esse tipo de material, Laura foi, gradativamente, interessando-se pela brincadeira que lhe era proposta: a terapeuta cobria inteiramente suas mãos com tinta, pincelando-as de maneira precisa, num jogo em que ficava evidente o prazer sensorial vivenciado por Laura mediante cada pincelada em sua mão e no contorno de seus dedos – experiência esta que se encerrava com um gesto de grande êxtase, quando Laura unia fortemente suas mãos até sentir a tinta escorrer por elas; isso lhe causava enorme prazer, levando-a, por vezes, a espalhar a tinta pelos braços, num movimento que parecia imprimir ali, com seus gestos, as marcas e limites de seu próprio corpo. Nesses momentos, embora nomeasse a Laura seus gestos e sensações de prazer, aproximando-me dela numa tentativa de "fisgá-la", ela se mostrava indiferente à minha fala e à minha presença, o que indicava o quanto sua brincadeira encontrava-se ainda num registro *autoerótico e sensorial*, sugerindo uma ausência do terceiro tempo do circuito pulsional, como nos fala Laznik-Penot (2004).

Essa falha no processo constitutivo de Laura pode ser detectada precocemente em vídeos caseiros de sua família – por exemplo, numa cena em que ela, aos 9 meses de idade, encontra-se sentada no colo do pai, que a convoca, pedindo que ela "faça bico"; ela responde quase de maneira imediata, com gestos isentos de qualquer expressão de um brincar compartilhado, o que não impede o pai de "deliciar-se" numa grande risada que contagia todos os presentes na cena – menos a própria Laura, que insiste em se virar para trás, onde é captada pelas imagens e sons da televisão que se encontra no fundo do quarto.

No decorrer do tratamento, Laura parece gradualmente aceitar mais o contato com o outro. As intervenções feitas a fim de proporcionar um brincar a dois e mesmo a própria presença da terapeuta parecem, aos poucos, perder o teor de uma experiência invasiva para tornar-se, agora, uma experiência possível, apesar de sua marcante descontinuidade. Em algumas sessões, por exemplo, Laura endereçava-se à terapeuta e entregava-lhe o fantoche do lobo; quando a terapeuta iniciava uma brincadeira em que tentava enlaçá-la num jogo a dois, Laura esquivava-se, buscando sair da sala; no entanto, quando era convocada para um brincar de maneira indireta, ela parecia engajar-se mais facilmente. Esse mesmo momento coincidiu com uma importante evolução em sua linguagem, quando ela começou a verbalizar algumas palavras e a construir frases, ainda que marcadas pelo registro ecolálico e por pouco endereçamento ao outro.

Ao longo do segundo ano de análise, Laura passou a sustentar melhor seus momentos de interação com a terapeuta. As brincadeiras compartilhadas ganhavam cada vez mais espaço nas sessões – brincava, por exemplo, de montar torres com peças de Lego e de construir fazendas com peças temáticas desse brinquedo, o que ela fazia ordenadamente, e em seguida cantava: "Seu Lobato tem um sítio, ia ia ô...". Nesses momentos, Laura parecia permitir-se ser tomada por um enorme prazer; pela primeira vez, ela buscava o olhar de cumplicidade da terapeuta, num pedido de um brincar a dois; a terapeuta, então, falava o nome de um animal, e Laura finalizava a canção mencionando o animal apontado pela terapeuta. Laura também costumava brincar de construir enormes torres; quando a terapeuta encenava bonecos que "caíam" e "subiam", ela ria com enorme prazer, convocando o olhar da terapeuta, num pedido de "quero mais!". Essas brincadeiras sinalizavam, assim, o surgimento do que compreendemos como o *brincar interativo*, regido graças à instalação do terceiro tempo pulsional. Após alguns meses, pudemos constatar que esse brincar dito *interativo* parecia desdobrar-se num brincar mais elaborado. Por exemplo: Laura agora pegava a massinha para construir bichinhos, que eram colocados no interior da caçamba do caminhão "para passearem!"; no entanto, durante suas brincadeiras, ainda era perceptível a ausência de enredo e mesmo de recurso à fantasia e ao imaginário.

Já quase no início do terceiro ano de tratamento, Laura apresentou uma importante evolução nos aspectos relacionados à construção de seu laço social e à linguagem, os quais vieram acompanhados pelos primeiros traços de um brincar simbólico com presença de narrativa, observados quando ela brincava de casinha, encenando situações vividas por ela tanto no ambiente familiar quanto no ambiente escolar: "Agora todos vão dormir, porque já é noite"; "Menina, chega de brincar com o *tablet*, vai brincar com sua irmã!"; "Crianças, todas sentadas para a roda de história". Laura também passou a falar de suas angústias, não mais por meio de comportamento agressivo ou de certos rituais até então presentes, mas, sobretudo, por meio de suas brincadeiras. Chegou a expressar, por exemplo, o abandono vivido por ela em decorrência da ausência da terapeuta, que sairia por alguns meses de licença-maternidade; a paciente expressa seus sentimentos quando tenta, por consecutivas sessões, matar os bebês que aparecem em suas brincadeiras, oferecendo-lhes comidinha de massinha por ela preparada: "Esse bebê comeu muita comida estragada, está com muita dor de barriga, vou dar injeção e ele vai para o hospital"; teatralizávamos juntas o choro e a dor do bebê, e, em seguida, ela dizia: "Ele morreu. Vai ter que ir embora daqui!". Essas cenas do brincar de Laura sinalizavam os primeiros traços do brincar intrassubjetivo, em que, pelo ato do brincar, ela projetava elementos de sua realidade psíquica como seus sentimentos de ser abandonada pela terapeuta. Embora seu brincar ainda se apresentasse pobre, simbolicamente, observamos agora o quanto Laura parecia ter mais facilidade para se engajar na produção de um brincar mais rico e criativo, de modo que os momentos de troca e de prazer compartilhado tornavam-se cada vez mais presentes, o que se refletia na qualidade de seus laços sociais.

Levando em conta o pressuposto de que o brincar inicial é fundamental no processo subjetivo da criança, pensamos que o caso clínico aqui apresentado ilustra a importância de se compreender as produções estereotipadas e mesmo as explorações sensoriais, como as primeiras manifestações do brincar da criança autista. Isso implica considerar que seria por meio desses primeiros esboços do brincar, associados à própria experiência sensorial e corporal, que a criança passa, ulteriormente, a vivenciar um brincar a dois, passando a experienciar o registro de um prazer compartilhado e, com ele, a instalação do brincar simbólico. Nesse sentido, inferimos que o brincar não deve ser algo meramente ensinado e imposto à criança autista, como preconizam alguns métodos de tratamento, mas, sim, algo a ser vivido e experienciado em seus diferentes processos e etapas, como propõe a clínica psicanalítica ao considerar que a direção do trabalho com crianças autistas passa, sobretudo, pela própria retomada do processo subjetivo. Por fim, inferimos que a compreensão do conceito de brincar precoce tem muito a contribuir para a clínica do autismo, parafraseando Freud, poderíamos dizer que haveria muito mais uma *continuidade* entre o brincar do bebê e o brincar da criança autista do que poderíamos imaginar e supor.

24. Trabalho analítico no vínculo pais-bebê e a possível mudança no percurso psicoafetivo

Julia Sousa Martin

A clínica com bebês nos ensina muito sobre o trabalho analítico com crianças com dificuldades vinculares, entre elas os transtornos do espectro do autismo. Neste capítulo, veremos a importância da detecção precoce de sinais de risco no bebê assim como o interesse na orientação para um trabalho analítico pais-bebês. Ilustraremos com um caso clínico no qual poderemos notar a relevância de uma intervenção precoce nas relações iniciais para prevenir alguns transtornos da primeira infância.

Nos últimos anos, foi constatado um aumento significativo na incidência de casos do transtorno do espectro do autismo, e estima-se que aproximadamente 1% da população mundial seja afetada por essa psicopatologia. Esse forte aumento da prevalência se origina, primeiramente, de uma mudança dos critérios diagnósticos, assim como da evolução de pesquisas sobre o assunto. Atualmente, a Organização Mundial da Saúde (OMS) considera o transtorno do espectro do autismo um problema de saúde pública.

O autismo infantil se inicia na primeira infância (antes dos 3 anos de idade) e se caracteriza principalmente por alterações qualitativas nas interações sociais e um atraso no desenvolvimento global (linguagem e corporal). No artigo "Autistic disturbances of affective contact", o psiquiatra infantil Léo Kanner (1943/1983) descreve esse transtorno pela primeira vez, em 1943. Ele constatou que os onze casos observados apresentavam uma perda de contato afetivo, uma perturbação nas relações humanas, interesses restritos e comportamentos estereotipados. O psiquiatra destacou, também, que essas disfunções no desenvolvimento se originavam já na primeira infância e se fixavam com passar dos anos.

As principais classificações internacionais de transtornos mentais, CID-10 (International Statistical Classification of Diseases and Related Health Problems) e DSM-5 consideram que o diagnóstico de autismo infantil só pode ser confirmado aos 3 anos. Entretanto, pesquisas recentes nos mostram que alterações no desenvolvimento global da criança podem ser constatadas em idade precoce e que um trabalho analítico no vínculo pais-bebê pode prevenir que essas dificuldades se fixem. A partir disso, foram desenvolvidos indicadores clínicos capazes de detectar disfunções do desenvolvimento ainda na primeira infância, ou seja, antes dos 3 anos.

Esses estudos foram realizados de diferentes formas: a pesquisa principal foi feita a partir da análise de filmes e vídeos familiares dos bebês que tiveram um diagnóstico de autismo estabelecido em idade mais avançada. Ela consistia em comparar vídeos de bebês com um desenvolvimento típico com filmes familiares de outros bebês diagnosticados mais tarde como autistas. Esse projeto permitiu detectar as eventuais dificuldades ou falhas já no primeiro ano de vida da criança. Esse estudo foi realizado, inicialmente, por Sandra Maestro e Filippo Muratori (2002) na Universidade de Pisa, na Itália, e por um grupo de pesquisadores de Tours na França. Outra pesquisa importante, dirigida por Marie-Christine Laznik-Penot e Graciela Cullere-Crespin e denominada Programme de Recherche et d'Etudes sur l'Autisme (PREAUT), foi realizada na França por um grupo de profissionais composto por psiquiatras infantis, psicanalistas e pediatras, que leva em consideração a dinâmica da interação em termos de reciprocidade e engajamento ativo emocional da parte do recém-nascido.

Durante muitos anos, houve grande controvérsia sobre a etiologia do autismo infantil. Embora esse modelo não seja aceito por todos atualmente, consideram-se que fatores endógenos e exógenos estariam presentes e que sua origem seria então multifatorial. Ou seja, a combinação de fatores de vulnerabilidade genética e fatores ambientais podem fazer com que o transtorno se desenvolva.

Os autores François Ansermet e Pierre Magistretti (2011) amplificaram o diálogo entre psicánalise e neurociência, o que influenciou no avanço das pesquisas a respeito da plasticidade cerebral e sabe-se, hoje em dia, que o cérebro do bebê que se tornará autista não se desenvolverá da mesma maneira que os das crianças com um desenvolvimento "típico" (não autistas). Já no início da vida, esses bebês são menos sensíveis a estímulos sociais e raramente têm iniciativas de interação com o adulto. Essa dificuldade inata do bebê em responder e interagir com o adulto pode perturbar a adequação das trocas entre ambos e causar uma disfunção das primeiras interações. A consequência disso será uma quantidade menor de interações entre o bebê e os adultos. Considerando que as trocas entre o recém-nascido e os adultos irão favorecer o estabelecimento das conexões neurais, tal ausência poderá comprometer o bom desenvolvimento dessa rede.

> *O cérebro é um órgão plástico e as conexões entre os neurônios (sinapses) se multiplicam assim que uma área do cérebro é frequentemente estimulada. O inverso também é verdadeiro, em uma área pouco estimu-*

lada, as ligações sinápticas são reduzidas (Hochmann, 2009, p. 470).

A descoberta da plasticidade cerebral abriu novas vias dentro da pesquisa de indicadores de risco de autismo já na primeira infância e da possibilidade de reverter o quadro do espectro do autismo. Considerando que as primeiras disfunções interativas entre a criança e o adulto podem perturbar a adequação de respostas entre ambos, a consequência disso seria uma falha na espiral interativa pais-bebês e um círculo vicioso que se instalaria. O resultado seria, então:

> *Um mecanismo patológico com duas vias de acessos: nas crianças, uma tendência inata à depressão e uma resposta emocional reduzida podem influenciar os afetos maternos; uma depressão da mãe pode levar a um progressivo retraimento da criança (Maestro & Muratori, 2005, p. 91, tradução livre).*

Segundo esses dados, confirma-se o interesse de se agir precocemente, pois é uma tentativa de restabelecer uma interação de qualidade entre o bebê e o adulto. A detecção oportuna, bem como o encaminhamento a um trabalho interventivo nas relações iniciais pais-bebê/criança pequena é fundamental para um bom prognóstico. "As consultas com pais e bebê representam uma oportunidade extraordinária para detectar um destino quando ele ainda está em estado de esboço . . . os automatismos ainda são mobilizáveis" (Cramer apud Teperman, 2005, p. 31).

Atualmente, alguns psicanalistas (entre eles, Bernard Golse, Marie-Christine Laznik-Penot e Graciela Cullere-Crespin) trabalham com a hipótese de reversibilidade da instalação dos quadros do espectro do autismo. Se os sinais de risco para o desenvolvimento infantil forem detectados precocemente e for realizado um trabalho interventivo relacional pais-bebê nos primeiros doze meses de vida da criança, seria possível evitar a constituição do quadro completo. "Esse diagnóstico precoce é de suma importância, pois quanto maior o tempo decorrido da síndrome autística instalada, maior a possibilidade de haver sequelas" (Catão, 2009, p. 73). Laznik-Penot (2010) explica que essa síndrome pode ser considerada como não instauração de estruturas psíquicas, o que acarretaria em *deficits* cognitivos. Esses *deficits*, quando instalados, tornam-se irreversíveis; nesses casos, é possível se falar em deficiência. "Esta deficiência seria então a consequência de uma não instauração das estruturas psíquicas, e não o contrário" (Laznik-Penot, 2010, p. 21). Entretanto, as crianças chegam tardiamente às clínicas psicanalíticas para o trabalho de intervenção nas relações iniciais, com um quadro avançado de autismo – ou seja, já com sequelas.

A psicanálise tem, assim, adentrado outros setores para que a detecção dos riscos aconteça cada vez mais cedo e que um encaminhamento seja feito o mais rápido possível. Desse modo, os profissionais que trabalham na primeira infância (médicos pediatras, puericultores, profissionais de creches e berçários, maternais etc.) foram (ou deveriam ser) incluídos na difícil tarefa de identificar sinais de risco de autismo em crianças com baixa idade e fazer o encaminhamento necessário para tentar se reverter o quadro. A parceria entre psicanalistas e médicos pediatras é fundamental, pois cabe a eles as consultas realizadas na primeira infância. Dessa forma, profissionais atentos aos sinais de risco para o desenvolvimento infantil são capazes de detectar quando algo não vai bem e fazer o encaminhamento necessário para um trabalho analítico no vínculo pais-bebê.

Para ilustrar o potencial mutativo do trabalho terapêutico psicanalítico, traremos um caso clínico de uma família cujo filho apresentava traços do espectro do autismo. O trabalho inicial familiar teve a duração de três meses, após essa primeira abordagem, a criança foi encaminhada para psicoterapia psicanalítica três vezes por semana, e os pais continuaram com um espaço de escuta uma vez por mês, em forma de consultas terapêuticas. Paulo[1] chegou ao ambulatório com 2 anos e 4 meses. O encaminhamento veio da escola, pois a criança se comportava diferentemente dos colegas de classe. A professora, com olhar e escuta aguçados, percebeu logo o desinteresse de Paulo pelas outras pessoas e enviou um relatório aos pais, expressando seu incômodo. A carta dizia, entre outras coisas, que Paulo não se relacionava com as outras crianças, isolava-se e seria imaturo para idade: "tem alguma deficiência e vive no seu mundo". Atônitos, os pais procuraram um neurologista, que detectou os sinais de risco e as dificuldades de interação da criança e assim os orientou ao ambulatório.

Freud (1915/1968) já havia insistido na importância das primeiras experiências vividas para a constituição psíquica do sujeito. Mais tarde, a clínica com bebês também nos mostrou que os primeiros vínculos são essenciais para a estruturação psicoafetiva da criança. Assim, veremos como se desdobraram as primeiras experiências de Paulo: ele é o mais novo de uma família de três irmãos – João tinha 5 anos e Lucas, 3. A gravidez de Paulo não foi planejada e a descoberta ocorreu de forma inusitada no quarto mês de gestação, durante a hospitalização de seu irmão Lucas que se encontrava internado devido à uma meningite aos 6 meses de vida. Diante da notícia a mãe nos relatou entrar em "estado de choque", o sentimento de desamparo se instalou e ela se mostrava pouco disponível a investir nessa gestação. Consideramos que essa indisponibilidade psíquica inicial pode ter interferido em sua capacidade de desenvolver o que Winnicott (1956/1992) chamou de

---

1   Nome fictício a fim de preservar a identidade da criança e da família.

"preocupação materna primária": "Sabe-se que a capacidade natural para a maternagem de uma mulher, a capacidade para devotar-se ao bebê, não evolui se ela estiver com medo, insegura e sentir-se desamparada" (Araújo, 2003, p. 154).

A família se encontrou, então, de forma inesperada e não planejada, com dois bebês e uma criança pequena em um curto lapso de tempo. Ao consultarem o pediatra, este sugeriu que a mãe deixasse o recém-nascido no berço, para que ela pudesse se dedicar aos maiores. A mãe se ocupava, então, dos cuidados básicos do mais novo: após limpá-lo e dar-lhe comida, colocava-o no berço para assistir televisão, sem troca nem estímulos emocionais.

O recém-nascido é um estrangeiro que deve ser acolhido e reconhecido no seio de uma família. É um momento fundador e que vai desencadear diferentes sentimentos nos pais. A reciprocidade desse encontro pode não ser evidente e vai depender da disponibilidade psíquica e da circunstância vivida pela família no momento do nascimento, assim como da capacidade do bebê para entrar em contato.

Após o término da licença-maternidade, a mãe retornou ao trabalho, e Paulo foi cuidado pela babá dos 5 aos 7 meses. Em seguida, ele foi para o berçário e com 1 ano de idade entrou na escola. Segundo a mãe, sua adaptação na escola foi boa, "ele nem olhou pra [sic] trás". Os pais o descrevem como uma criança que adorava ver televisão e se acostumou a ficar isolado. Até então, eles não haviam notado nenhuma diferença no desenvolvimento global de Paulo e de seus irmãos. Do ponto de vista clínico, Paulo apresentava muitos sinais que nos levaram a considerar que ele estaria dentro do espectro do autismo: ele apresentava um atraso da linguagem; seu olhar era fugaz; suas brincadeiras desprovidas de caráter simbólico (ausência do "faz de conta"); raramente respondia ao chamado de seu nome (como se não escutasse); mostrava interesses restritos, uma angústia imensa diante de mudanças e um interesse maior pelos objetos do que pelas pessoas.

As primeiras consultas nos fizeram levantar a hipótese de um desencontro que dificultou a constituição de um laço entre Paulo e sua família. Esse encontro primordial seria essencial para os desdobramentos de elementos estruturantes do psiquismo do bebê. Como já visto, as trocas entre o bebê e o ambiente vão permitir que o tecido neuronal se costure "corretamente". As trocas de olhares envoltas no mamanhês[2] sugerem o início do laço entre o bebê e os pais, e esse encontro primordial vai permitir a emergência do sujeito que é sustentado no discurso dos pais.

Estudos recentes comprovam que o recém-nascido tem uma capacidade inata de demonstrar mais interesse pelo rosto humano do que por objetos inanimados. "Já com quatro meses, os bebês se mostram sensíveis a se orientar aos rostos humanos [...] Entre seis e sete meses, os bebês produzem respostas cerebrais diferentes quando veem um rosto familiar ou um rosto desconhecido" (Rogers & Dawson, 2013, p. 23, tradução livre). Esse interesse particular do bebê pelo rosto materno revela a capacidade de distingui-lo de outras faces. Notamos, assim, o surgimento de um primeiro vínculo entre a díade: é um projeto de comunicação que irá evoluir junto com a capacidade maturativa neurofisiológica do bebê e que se transformará na linguagem falada.

As pesquisas revelam que os bebês que estariam em risco de desenvolver o autismo apresentam distorções das trocas de olhares, o que indicaria dificuldades relacionais presentes já nos primeiros meses de vida. Considera-se a troca de olhares como elemento estruturador do psiquismo do bebê, em que o bebê se vê

---

2 Segundo Dupoux e Mehler (1990), mamanhês é "o dialeto de todas as mães do mundo, quando elas falam com seus bebês, no qual a voz é mais aguda e a entonação exagerada" (p. 221).

refletido, pois trata-se de investimento, de atenção que a mãe dirige a esse novo ser. Constantemente, os pais de crianças com autismo relatam uma dificuldade em captar seu olhar desde a mais tenra idade. Eles descrevem um olhar vazio ou que "atravessa", um olhar que não vê e que não se dirige a ninguém. Todavia, os especialistas insistem que essas distorções do olhar devem ser associadas a outras disfunções na interação social e do atraso da linguagem e/ou do desenvolvimento psicomotor e que, isoladas, não podem ser consideradas como preditivos da síndrome autística.

Graciela Cullere-Crespin (2007), em seu livro *L'épopée symbolique du nouveau-né*, ressalta que o estado emocional da mãe e sua capacidade de investir psiquicamente seu bebê têm grande influência no que vai se passar futuramente com a criança. A autora fala da importância do laço com o outro para se tornar humano, ou seja, da necessidade de estar em relação para se tornar um sujeito. "O Outro materno supõe o que não está, e antecipa a função-sujeito como forma de fazê-la funcionar antes de estar instalada, e permitir então seu advento a partir da travessia das estruturas de linguagem" (Kupfer, 1996, p. 101). A relação com o outro é central para a sobrevivência, não somente para satisfazer as necessidades primárias (comer, beber etc.), mas também para fazer advir um sujeito. "A humanização só poderia ser transmitida por um igual, ou seja, por um outro sujeito da linguagem" (Cullere-Crespin, 2007, p. 15).

Partindo da descoberta de que os transtornos graves do desenvolvimento podem se iniciar bem cedo, alguns psicanalistas iniciaram a clínica com bebês, visando, assim, um trabalho de prevenção. Essa teoria supõe que o início desses transtornos está relacionado a falhas no laço do bebê com o agente da maternagem. O trabalho de intervenção precoce possibilitaria ao bebê retomar o curso de seu desenvolvimento psíquico, que pode ter sido interrompido devido a falhas na interação com o outro.

Laznik-Penot (2004) leva em consideração que fazer prevenção quer dizer intervir no laço pais-criança, para que este seja retomado e o sujeito possa advir; ela considera que o autismo é uma "consequência de uma falha no estabelecimento deste laço, sem o qual nenhum sujeito pode advir" (Laznik-Penot, 2004, p. 23).

Nesse sentido, a proposta de realizar inicialmente um trabalho analítico no vínculo entre Paulo e sua família teve o intuito de interferir na cristalização das dificuldades apresentadas pela criança e resgatar o laço com o outro para que ele pudesse retomar o curso de seu desenvolvimento psíquico.

"Nessa abordagem 'apostamos' que é a interação que é patológica e que é objeto das intervenções terapêuticas." (Cramer apud Teperman, 2005, p. 27) Nesse sentido, a psicoterapia mãe-bebê é voltada para a restituição da relação/interação entre os pais e o bebê, ou seja, o objeto da intervenção terapêutica é a interação entre eles. Tal intervenção tem uma técnica que orienta o tratamento: geralmente, é estabelecido um foco e, se for necessário, disponibiliza-se uma flexibilidade na duração e no intervalo entre as sessões – costuma ser considerada uma psicoterapia breve. "As terapias breves facilitam a avaliação porque não procuram modificar toda a estrutura do paciente e porque, ao se estabelecer um foco, torna-se mais fácil a constatação das modificações" (Teperman, 2005, pp. 29-30).

O trabalho analítico com a família foi importante, em um primeiro momento, para sensibilizar os pais acerca das dificuldades e atrasos no plano socioemocional e cognitivo da criança, assim como do retardo no desenvolvimento (principalmente da linguagem). Posteriormente, o trabalho foi mobilizá-los para a necessidade de um cuidado diferenciado para o filho mais novo, ou seja, foram trabalhadas mudanças que poderiam ser feitas em casa para que Paulo fosse estimulado e convocado pela família. Dessa forma, aos poucos, promoveu-se uma mudança de posição da criança na estrutura familiar.

Durante as consultas, percebemos que a mãe utilizava estratégias sensoriais, corporais e excitatórias na tentativa de conter a angústia do filho. No lugar de oferecer continência e significar com palavras os momentos em que a criança experimentava sensações de esparramamento e angústia, ela oferecia seu próprio corpo na tentativa de acamá-lo. Certo dia, durante a consulta, Paulo começou a chorar e esparramou-se no chão; a mãe, no intuito exasperado de conter as lágrimas do filho, colocou-o deitado na cadeira e começou a brincar de "amassa" – nome dado por ela à brincadeira inventada que consistia em "sentar-se" na barriga da criança, depois beijá-la e fazer cócegas. A resposta de Paulo era um misto de riso com choro e, concomitantemente, um esforço para afastá-la. Diante dessa cena, tentamos oferecer aos pais um modelo de continência: introduzimos o uso da palavra como forma de oferecer um sentido às sensações e nomear os sentimentos, isto é, criamos um envelope psíquico e sonoro no qual Paulo pudesse se sentir contido nos momentos de angústia pura.

A clínica psicanalítica com bebês pressupõe uma escuta privilegiada das experiências subjetivas e emocionais dos recém-nascidos. Esse trabalho compreende observar e escutar os níveis mais arcaicos e os modos mais primitivos de comunicação e expressão, além de formular e colocar em palavras, de forma metafórica, as experiências vividas pelo bebê.

No início das consultas, em uma das sessões em que os irmãos também estavam presentes, pudemos vivenciar o caos que os pais deviam experimentar dentro da casa com três crianças pequenas. Nessa ocasião, os irmãos mais velhos buscavam incessantemente a atenção das terapeutas e pudemos ver/vivenciar como Paulo poderia ser rapidamente "esquecido". Nos impressionou o fato de as crianças e o próprio pai estarem vestidos com roupas idênticas: calça jeans e camiseta azul; imaginamos uma dificuldade de individuação e subjetivação de cada um e notamos um funcionamento de produção em série. Eles nos relataram que o momento da alimentação seguia o mesmo caminho: todas as crianças eram alimentadas ao mesmo tempo, com um único prato, sendo que o adulto, como numa produção fabril, dava uma colherada a cada criança. Percebemos nessa sessão que, com o intuito de "dar conta da tarefa de cuidar de três crianças pequenas", dificilmente levava-se em conta a subjetividade e particularidades de cada um. Nesse dia, também pudemos observar que cada criança brincava separadamente, sem interagir umas com as outras, até que, em um dado momento, ao imitar os irmãos, Paulo brincava com as ferramentas e uniu todos em uma mesma brincadeira.

Ao longo das sessões, pudemos notar que a mãe passou a se cuidar, ela estava mais elegante e charmosa, seus cabelos estavam bem escovados e uma leve maquiagem ressaltava seu olhar mais vivo. Destacamos que essa mudança também permitiu que ela começasse a investir mais em Paulo. Contudo, observamos poucas mudanças no lado paterno: percebemos um pai atento a toda a cena, mas que permanecia paralisado, sem interagir com os filhos, salvo em poucos momentos, quando era incluído em alguma brincadeira pelas terapeutas.

O relato da mãe, ao longo do processo psicoterapêutico, referiu-se a uma enorme culpa em relação ao quadro do filho. Ela dizia que havia sido negligente com a criança no início de sua vida e tentava compensar com um cuidado excessivo, que culminou em uma dificuldade de se separar de Paulo. Nas últimas consultas, atentamos para o fato de que um laço começou a ser alinhavado entre a criança e os pais, laço este que ainda precisaria ser ajustado. Notamos essa falta de ajuste no relato da mãe, que dizia que o filho só dorme encostado nela e, às vezes, "esmagado" por seu corpo. O trabalho com os pais foi, sobretudo, o de buscar uma mudança de paradigma: da passagem de uma culpabilização imaginária para a responsabilização simbólica, pois a culpa aprisiona e paralisa os pais. Esse deslocamento e mudança de posição subjetiva da culpa para a responsabilidade no sintoma do filho diminui a angústia materna e modifica a dinâmica simbiótica entre mãe e filho. "Assim as mães não são culpadas, mas responsáveis pelo destino subjetivo de seus filhos" (Kupfer, 1996, p. 106).

O trabalho psicoterapêutico foi marcado pelo fortalecimento da função parental, que se encontrava fragilizada diante do diagnóstico de autismo, oferecendo-se, assim, um modelo de cuidado nos momentos em que os pais apresentavam respostas inadequadas ao choro do filho. Dessa forma, as consultas restituíram o laço pais-criança e promoveram uma aproximação de Paulo com a família. Esse primeiro trabalho terapêutico foi importante para promover uma mudança de posição da criança no seio familiar: os pais passaram a considerar Paulo como um sujeito com suas particularidades e diferenças. Desse modo, percebemos uma transformação do olhar e do cuidado dos pais em relação à criança, convocando-a para o lugar de ser desejante e diferenciado dos irmãos. Considerando que a intervenção oportuna é um trabalho na interação pais-bebê, o trabalho com a família foi essencial para que o laço entre eles e Paulo fosse resgatado. Tal intervenção nas relações iniciais pais-bebê, combinada com o trabalho analítico três vezes por semana, fez com que Paulo evoluísse rapidamente. Notamos uma mudança em sua forma de brincar durante as sessões, que passou do brincar estereotipado, aparentemente vazio de sentido, para uma brincadeira simbolizada, compartilhada com a terapeuta e com outros sujeitos inseridos no simbólico. Contemplamos a emergência de um prazer nas brincadeiras, a linguagem começou a desabrochar e algumas palavras surgiram, seu olhar era menos furtivo e um interesse em estar com o outro começou a brotar.

> *Tratar as vicissitudes da parentalidade não equivale a tratar a personalidade dos pais em sua totalidade. Pode-se agir setorialmente sobre os distúrbios da parentalidade, sem precisar empreender uma transformação de todo o equilíbrio psíquico anterior (Cramer & Palacio-Espasa apud Teperman, 2005, p. 28).*

Pôde-se perceber a evolução da criança após alguns meses de trabalho analítico. Este possibilitou que Paulo iniciasse uma brincadeira simbólica com entrada na linguagem verbal. Percebemos, portanto, que o instrumental psicanalítico adaptado às necessidades dessas crianças pode resgatar e ativar a retomada do desenvolvimento psicossocial.

> *O discurso analítico é o único discurso que pode escutar o que o autista tem a dizer. E questionar seu consentimento à estrutura que o aprisiona. Pois a suposta passividade do autista à rejeição ativa do Outro da palavra, goza e ainda sustenta, sem sabê-lo, o sofrimento e a angústia de seu entorno (Vidal & Vidal apud Kupfer, 1996, p. 106).*

Esse caso clínico nos mostra que o trabalho analítico familiar aliado à psicoterapia individual psicanalítica contribui para que essas crianças retomem o desenvolvimento psíquico esperado. O trabalho psicoterápico de abordagem psicanalítica supõe um sujeito, assim como a mãe faz com o bebê ao nomear seus pedidos e choros. Desse modo, o bebê/a criança pequena pode advir como sujeito e adentrar a cultura.

25. Considerações sobre a inclusão do olhar analítico na rede de cuidados aos transtornos do espectro do autismo: disrupção e integração

Mariângela Mendes de Almeida
Maria Cecília Pereira da Silva

Introdução

Nesta contribuição, empreendemos uma reflexão sobre a inclusão do olhar analítico na rede de cuidados aos transtornos do espectro do autismo, ilustrando-a com casos de crianças pequenas em risco de pronunciadas dificuldades vinculares em início de trabalho analítico e formação da rede de cuidados.

No contexto das facilidades e dificuldades relativas às inclusões escolar e social, ressaltamos o caráter ao mesmo tempo disruptivo e integrador da própria inclusão do olhar analítico junto à família e aos educadores. Se por um lado a entrada do analista pode ser, de certa forma, disruptiva em relação às "rotinas" (inclusive psíquicas) estabelecidas, apresenta-se, paralelamente, e justamente por isso, como propiciadora de novas construções.

Curiosamente, numa situação de tão restrita demanda de contato que caracteriza o transtorno do espectro do autismo (e talvez até por isso mesmo), deparamos-nos, em sua terapêutica, com uma necessidade de formação de redes (grupos de colegas que desempenham um trabalho comum ou complementar, laços multidisciplinares, contatos interprofissionais), tanto na estruturação de projetos clínicos e educacionais mais efetivos quanto na sustentação cotidiana de trabalhos por meio da troca de experiências, impressões, vivências e discussões clínicas e conceituais entre os profissionais envolvidos com tais cuidados.[1] Em crianças pequenas, essa necessidade se potencializa ainda mais pela "urgência" e "*timing*" de nossa intervenção como facilitadora para que potenciais sinais de risco sejam detectados e acompanhados ao longo dos percursos comuns de desenvolvimento junto à família e aos ambientes de cuidado inicial, favorecendo o fortalecimento de elementos de resiliência individuais, relacionais e familiares que possam fazer frente a possíveis cristalizações autísticas.

Como analistas, acompanhamos de perto a intensa angústia de familiares e profissionais no contato com crianças em que a continuidade e espiral gradativa de trocas interativas e dialógicas não são alimentadas pelo combustível comum do retorno comunicacional e afetivo; essa angústia surge diante de aspectos ao mesmo tempo tão banais quanto fundantes e essenciais, como não olhar, isolar-se, parecer não ouvir, não se interessar pelo brincar ou por demonstrações de carinho.

Reflexões clínicas e conceituais contemporâneas discutem a questão da atividade mental do analista como convocação viva e ativa do paciente para o contato (a "reclamação", ingrediente presente na "companhia viva" em Anne Alvarez, 1994a), por meio de incipientes rudimentos de interesse, elementos protovinculares que se fortalecem em seu conteúdo relacional a partir do

---

1 As autoras fazem parte do Grupo Transtornos Autísticos: Clínica e Investigação, coordenado por Vera Regina Foseca, Izelinda Barros e Paulo Duarte; e da Clínica 0 a 3 (Centro de Atendimento Psicanalítico), coordenada por Maria Cecília Pereira da Silva, da Sociedade Brasileira de Psicanálise de São Paulo (SBPSP).

investimento desejante e subjetivante do analista no canteiro de obras psicanalítico (Mendes de Almeida, 2008b; Silva, Mendes de Almeida, & Barros, 2011). Expandindo esse canteiro de obras para o âmbito mais amplo de cuidados, vemo-nos, muitas vezes, na função de manter vivos, reconhecer, resgatar, restituir, restaurar e fortalecer os investimentos dos cuidadores, tão ameaçados de fragilização, vulneráveis até a uma possível extinção no contexto familiar e educacional.

Desenvolvimentos da teoria e da técnica psicanalíticas (Alvarez, 1994a; Alvarez & Reid, 1999; Laznik-Penot, 1995a; Sherkow, 2008) informados por contribuições na área do desenvolvimento (Stern, 1997; Threvarten, 2011), da observação psicanalítica da relação pais-bebês e seus desdobramentos (Sonzogno & Mélega, 2008; Williams, 1990, 1997a, 1997b, 1999), da consulta terapêutica e suas aplicações (Lebovici, 1986; Winnicott, 1971/1984), das intervenções conjuntas nas relações iniciais (Mélega & Mendes de Almeida, 2007; Mendes de Almeida et al., 2004; Silva, 2008, 2009a, 2009b) e das inovações no trabalho analítico tradicional com a criança (Lisondo et al., 1996) nos propiciam continência e *holding* a ansiedades parentais de maneira integrada ao atendimento analítico da criança, seja em modalidades de atendimento conjunto pais- -criança, seja em atendimentos individuais à criança, acompanhados com maior frequência e sem receio de interferências nocivas ao *setting* analítico por sessões periódicas de contato com os pais da criança com o próprio analista. O próprio analista se dispõe, muitas vezes, a articular a rede de apoio circundante ou a fazer ligações com as instituições ou instâncias responsáveis pelos cuidados, como demonstramos, aqui, nas ilustrações de casos relatados.

Cristina

Um olhar psicanalítico e relacional para a criança, seus pais e a rede de profissionais

Cristina está com 3 anos e 3 meses quando é encaminhada para uma intervenção conjunta com os pais, recomendada pela mãe de uma criança de sua classe que conhece nosso trabalho. Os pais, separados desde quando os sintomas de Cristina apareceram, chegam muito deprimidos após uma peregrinação por vários neurologistas. Trazem consigo os relatórios da escola, dos médicos e da clínica de reabilitação em que Cristina faz fonoaudiologia e terapia ocupacional.

Na busca por um diagnóstico, são realizados eletrocardiogramas, ressonâncias e exames para identificar algum problema metabólico, erros inatos, cariótipo; "Fizemos tudo", diz a mãe. A hipótese de síndrome de Rett é descartada, e tratam-na por alguns meses como portadora de síndrome de Landau-Kleffner,[2] medicando-a com corticosteroide; entretanto, como o eletrocardiograma continua alterado, os medicamentos são suspensos – e o diagnóstico, também. Nesse momento, dá-se início ao trabalho conjunto pais e filha, com os pais muito desanimados por não terem um diagnóstico definido.

Os atendimentos conjuntos pais-crianças têm sido relatados como alternativas possíveis interessantes no tratamento analítico

---

2 A síndrome de Landau-Kleffner (SLK) é uma forma rara de epilepsia infantil que resulta em sérios transtornos de linguagem. De etiologia desconhecida, alguns têm sugerido uma disfunção no sistema imunológico, exposição a um vírus ou traumatismo craniano. Essa afecção afeta crianças previamente normais e sua maior característica é a grande ou súbita diminuição da habilidade de entender e usar a linguagem falada.

de crianças pequenas com quadros do espectro do autismo, tanto como possibilidades preliminares à análise individual (Mélega & Mendes de Almeida, 2007; Mendes de Almeida et al., 2004; Silva, 2002) quanto como inclusão de sessões conjuntas regulares no *setting* do tratamento analítico da criança (Laznik-Penot, 1995a), ou, ainda, como tratamento regular propriamente dito (Sherkow, 2008), como é o caso desse atendimento relatado. Essas abordagens promovem a amplificação da protocomunicação pais-criança, facilitando a continência e a leitura das manifestações infantis e de sinais relacionais rudimentares, resgatando abaladas esperanças parentais e propiciando o reinvestimento na subjetivação da criança. Permitem, também, de maneira viva e presentificada no *setting* vincular analítico, o acolhimento e reconhecimento das ansiedades parentais frente às dificuldades infantis, liberando os pais para uma utilização mais genuína de suas competências relacionais.

Na primeira sessão de atendimento conjunto pais-criança, Cristina se apresenta apática e hipotônica, com movimentos estereotipados das mãos, vocalizando algumas sílabas e respondendo pouco às solicitações dos adultos. Ela fixa seu olhar por alguns segundos, mas não o sustenta. Ao olhá-la, a analista experimenta a sensação de encontrar apenas uma casca de menininha, oca e vazia (Silva et al., 2011), com um olhar sem expressão, sem representação, desafetado... Não se sente a presença de um sujeito.

Os pais também estão muito desvitalizados e sem recursos para investir em Cristina, com um repertório empobrecido. Parecem muito desanimados, desistindo de investir nessa filha, tão distante do bebê imaginado por eles. Mostram-se narcisicamente feridos e sem esperança. No contato com Cristina, os pais (especialmente a mãe) transmitem sua ansiedade de que ela responda adequadamente. Quando estão todos reunidos, tentando fazer com que Cristina se interesse pelos brinquedos, a mãe insiste: "Pega filha, pega o telefone, segura Cristina, segura como a mamadeira, beija, dá um beijo, tira a mão da boca, tira, segura firme... firme!". Notamos e acolhemos sua fala repleta de ansiedades e projeções mobilizadas por intensas angústias, revestidas de expectativas imperativas. Então, a analista diz pela garota: "Calma mamãe, eu vou fazendo no meu tempo".

Nas primeiras sessões, Cristina anda agitada pela sala, derruba tudo do banco, da mesa e mesmo os brinquedos – não retém nada. Nesses momentos, a analista procura apontar pequenas mudanças e incipientes competências da criança, pois chama a atenção em Cristina sua restrita capacidade de sustentação em vários níveis: muscular (hipotonia), sensorial (dificuldade para manter o olhar, a atenção), alimentar (histórico de recusas e vômitos frequentes), operativo (dificuldade de segurar objetos), relacional (dificuldade de sustentar a interação) e psíquico (ausência de um eixo de sustentação interna que possa ir constituindo sua experiência emocional).

Em crianças cuja integração somatopsíquica é precária, a função do analista é, muitas vezes, funcionar como figura de sustentação inicial, em parceria com os aspectos incipientes de demanda do paciente, para que a criança possa ir gradativamente incorporando essa função de sustentação de seus estados pulsionais em processo de reconhecimento e associação a estados psíquicos. Tal investimento na subjetividade da criança e nas sementes (ou resquícios) de fluxo relacional pais-criança favorece a constituição e sustentação de relações compartilhadas com pessoas e objetos do ambiente, que podem, então, ser ampliadas e utilizadas de maneira gradativamente mais significativa.

Durante a intervenção, a analista apresenta os brinquedos e mostra para os pais como eles podem ir apresentando as novidades devagarzinho, no tempo de Cristina. Assim, a analista procura se oferecer como modelo parental (Moro, 2005; Silva, 2009; Solis-Ponton, 2004), já que temos elementos para pensar que esse quadro de falhas no circuito pulsional (Laznik-Penot, 1998) pode ter se iniciado desde bem pequenininha, o que se observa nos vídeos domésticos.

Na terceira sessão, Cristina começa a se interessar por algum material e estabelece-se uma linguagem compartilhada (Meltzer, 1992). Cristina passa a derrubar intencionalmente as torres, e, em uma primeira reação, os pais a criticam: "Ah, sua sapeca, você derruba tudo!". Então, a analista exclama: "Eeehhh muito bem, Cristina você conseguiu, derrubou, caiu tudo!", batendo palmas e amplificando o momento subjetivo e um potencial senso de agência na criança. Essas manifestações retornam quando Cristina encontra a analista e essa brincadeira se repete.

A partir do momento em que a analista apresenta bolinhas de sabão e Cristina se surpreende com elas, esse recurso passa a fazer parte do repertório das sessões e ela diz "bó bó", ora pedindo que a analista faça bolinhas, ora nomeando o brincar. Nesses momentos, é possível ver um olhar vivo e interessado na relação de Cristina com a analista e os pais mais vivos e envolvidos com a brincadeira.

A analista solicita à mãe que registre os momentos de descoberta de Cristina diante das bolinhas de sabão utilizando a câmera[3]

---

3 "Uma das grandes vantagens do vídeo é a capacidade de *replay* imediato. O observador não só pode ver exatamente o que aconteceu como também, igualmente importante, ao repetir uma seqüência pode rapidamente aprendê-la 'de cor'. A estrutura e a função da interação ficam mais claras. Uma vez que essa técnica de observação tenha sido aprendida com o vídeo, ela pode ser aplicada a interações em processo. Uma segunda vantagem do vídeo é o congelamento da imagem. Pensar e enxergar em imagens congeladas aumenta a sensibilidade ao ponto máximo de uma interação, o momento em que a seqüência muda. Ela é particularmente útil para 'enxergar' no nível dos microeventos" (Stern, 1997, p. 69).

como um intensificador e valorizador do olhar, convocando a mãe para o lugar encantado, apaixonado, próprio da relação inicial com seu bebê. Consideramos que dar à mãe esse papel ativo de registrar momentos da sessão pode ser um caminho interessante para dirigir seu investimento para a filha. Corre-se o risco, é claro, de transformar Cristina em objeto de estudo dos pais, como vemos acontecer em outros casos em que os pais se tornam grandes conhecedores de literatura... e só. Sabendo-se dos riscos e prestando-se atenção a eles, esse novo olhar oferecido pela analista permite que a mãe descubra a possibilidade de reinvestimento subjetivante (Silva et al., 2011). Observar Cristina interessando-se pelo brincar compartilhado tem permitido que a mãe, especialmente, fique mais viva nas sessões, perdendo aquele olhar baixo, deprimido, desanimado, característico do desinvestimento.

São realizadas oito sessões conjuntas iniciais e prossegue-se num trabalho conjunto três vêzes por semana. Depois de dois meses de trabalho, Cristina chega querendo encontrar a analista. Entra no consultório fazendo sons, como que "chamando" a analista e, ao abrir a porta para sair o paciente anterior, ela sai da sala de espera ao encontro da analista.

Devido ao grave transtorno global de desenvolvimento que Cristina apresenta, uma ampla rede de apoio se fez necessária, integrando os profissionais que a acompanham. Solicita-se nova avaliação neurológica e neuropsicológica. Realizam-se reuniões com a fonoaudióloga, com a terapeuta ocupacional, com a neuropsicóloga e com a equipe médica (pediatra, neurologista e psiquiatra infantil). Além disso, por sugestão da analista, inicia-se um trabalho de observação psicanalítica participativa no contexto escolar e na casa da família,[4] por se perceber a necessidade de oferecer um

---

4 As observações foram realizadas pelas psicólogas Nathalia Teixeira Caldas Campana e Fernanda Salomão.

olhar continente tanto para Cristina quanto para os educadores, professores e cuidadores, como descrito a seguir.

Cristina vai à escola todos os dias da semana, e, em três deles, permanece em tempo integral. Visando a uma rede cada vez mais forte e articulada, é feita então a proposta de observação participativa na escola (Bick, 1948/1967; Williams, 1990, 1997a, 1997b, 1999) duas vezes por semana, por uma hora. As primeiras observações são muito difíceis para a observadora, pois Cristina fica totalmente à parte das atividades: restrita num canto da sala de aula, do refeitório ou do pátio, sentada numa cadeirinha com uma mesa cerceando seus movimentos; levar suas mãos à boca é sua única ação possível. As professoras se mostram angustiadas diante dos comportamentos de Cristina: não sabem o que fazer com ela e temem deixá-la livre pelo pátio da escola, pois poderia cair e se machucar ou morder outras crianças. Diante da massinha, Cristina a coloca na boca. As professoras estão perdidas e não conseguem investir por falta de recursos.

Em uma das observações iniciais, a observadora, a partir de sua experiência como acompanhante terapêutica, faz pequenas intervenções: "Todas as crianças estão brincando com objetos tecnológicos, Cristina está com uma máquina de calcular e não a tira da boca. A observadora pergunta à professora se tem um objeto mais mole, para que a menina possa morder". Nas observações seguintes, a observadora nota que suas intervenções, por menores que sejam, estão se configurando como persecutórias para a escola, o que a faz adotar uma postura mais de observadora clássica do que participativa. Dessa forma, sua função se caracteriza pela oferta de um olhar continente a Cristina. Após a mudança de postura da observadora, nota-se que a professora pode deixar de lado os aspectos mais persecutórios e se aliar a esta nessa oferta de um olhar continente: "As crianças da classe estão brincando com bonecas e carrinhos, enquanto isso a garotinha anda pela sala e, algumas vezes, troca olhares de longe com a observadora. Aos poucos, Cristina chega bem perto da observadora, olha fixamente em seus olhos e se dirige aos gibis. A professora que está acompanhando toda a movimentação de Cristina, também troca olhares com a observadora e quando vê a menina mexendo nos gibis, vai ajudá-la a pegar um. Depois senta a menina ao lado da observadora para que possam ver o gibi juntas. A menininha olha um pouco, vira algumas páginas enquanto a observadora vai nomeando as figuras, mas não demora em levar o gibi até a boca. Logo, a professora aparece com um livro de borracha e oferece à menina. Cristina pega o livro de cima da mesa, olha e morde. As outras crianças se interessam pelo livro e sentam junto com Cristina para que possam ver todos juntos".

As crianças da classe se assustam com os comportamentos de Cristina, às vezes explosivos ou disruptivos, às vezes como expressão de sua vontade de se incluir, brincar e interagir. Durante as refeições, a garotinha também é impedida de tocar os alimentos, amplificando sua hipotonia motora e interação com os alimentos. Aos poucos, a observadora vai pontuando isso para as professoras e o grupo de alunos, e ocorre uma mudança na postura dos educadores, permitindo às crianças se aproximarem de Cristina de uma nova forma, trocando carinhos, cuidando ou oferecendo brinquedos e alimentos (a menininha passa a compartilhar a mesa do refeitório com outras crianças).

Durante o período de observação na escola, a analista e a observadora realizam reuniões com as professoras e a coordenação pedagógica, pensando em propostas para a genuína inclusão de Cristina, oferecendo uma reflexão continente que lhe permita novas explorações nas atividades pedagógicas e maior integração social.

Nas observações realizadas na casa de Cristina, pôde-se notar que a garotinha também fica muito tempo sem interação com os cuidadores, passando a maior parte do tempo diante da televisão. A presença da observadora desperta na avó e na mãe a possibilidade de explorarem com Cristina os brinquedos e livrinhos que estavam deixados de lado. Os familiares são convidados a apresentar os alimentos de forma mais interativa, permitindo que Cristina participe das refeições.

Sopros iniciais de um brincar compartilhado e a experimentação de um objeto macio

Se no início Cristina só colocava objetos duros em sua boca, em sessões mais recentes é possível observá-la entretida com os animais, mais macios, segurando-os e levando-os à boca. Ela explora o cachorrinho Rex, como a mãe o denominou, que a acompanha em casa nos intervalos das sessões como uma forma de incluir um terceiro na relação dessa dupla tão solitária. A alusão a um relacionamento bem primitivo, instintivo e protetor (mãe-filhote) se configura como um olhar possível para essa cena de experimentação de objeto macio, que parece corresponder ao processo que vem sendo vivenciado com Cristina e seus cuidadores (pais, analista e rede profissional). O ainda devaneio sonhante do olhar analítico pode mesclar-se à qualidade ainda sensorial da exploração de Cristina (duro/macio) e se converte em efetiva área de fortalecimento por meio de nosso trabalho.

Com a rede estabelecida entre os diversos profissionais junto com a intervenção conjunta pais-criança, observa-se uma diminuição do retraimento e dos estereótipos de Cristina. Iniciam-se exercícios vocais espontâneos – teatro da boca (Meltzer, 1975/1986): "Man, bó, bô, ei, opa, pa, pai, papai, mamãe". Cristina começa a buscar um maior contato visual, diferente do contato visual que demonstrara no início, que transmitia a sensação de mergulho dentro dos olhos do outro (Haag, Tordjman, & Duprat, 2008). Cristina descobre sua língua, brinca com ela, num esboço de percepção do dentro e do fora, assim como inicia o controle esfincteriano. A contenção oferecida pele rede de analista e professores permite o surgimento de um "esfíncter psíquico" – regulando incipientemente o trânsito entre espaços internos e externos, começa a se constituir um "dentro" e um "fora". Nas sessões, Cristina começa a explorar o corpo da analista, deita-se em seu colo, coloca a mão em sua própria boca, pega animais macios e os leva à boca. Os pais têm se aproximado de Cristina de forma menos intrusiva, ampliando suas funções parentais e a capacidade de conter e nomear os movimentos de sua filha, apontando para a importância da sustentação da função parental nos casos de filhos com transtornos do espectro do autismo.

Mathias

Fraldas e mamadeiras: regulação e continência psíquica com os pais, a escola e os profissionais no atendimento ao transtorno do espectro do autismo

Mathias chega para análise com 3 anos e 1 mês: garoto forte e robusto, com marcado funcionamento do espectro do autismo e pais bastante ávidos por iniciar um trabalho analítico após avaliação recentemente realizada.

De fato, logo que nos comunicamos, analista e psiquiatra encaminhante, a mãe entra em contato e os pais comparecem para uma conversa em que incluem a eles e aos profissionais (fonoaudióloga, escola, profissionais *psi*) como parte de uma *força-tarefa* para abordar o autismo de Mathias. Contam que, talvez por serem pais de filho único, não haviam se dado conta das dificuldades da criança – acreditavam que a condição do filho era parte de um desenvolvimento comum, "achavam tudo bonitinho". Ressentem-se por não terem sido alertados antes pelos contatos pediátricos iniciais.

Tendo reconhecido as dificuldades apontadas na recente avaliação, ressaltam o atraso na fala de Mathias, sua dificuldade para deixar a fralda e a mamadeira, "grude" excessivo e ansioso a determinados objetos (certos livros e vídeos e paninho) e intenso ranger de dentes.

Trazem um envelope enorme, expressando sua perplexidade diante de toda a normalidade dos exames (pezinho, ressonância magnética do encéfalo, audiometria, cromatografia de aminoácidos) e o diagnóstico, agora indicado de maneira definida, de transtorno do espectro do autismo. Mathias frequenta a pré-escola normal durante período integral e realiza duas sessões semanais de fonoaudiologia, das quais parte o encaminhamento para a avaliação psiquiátrica e psicanalítica.

Inicialmente, os encontros com Mathias se realizam com seus pais, seguidos de algumas sessões individuais exploratórias. A partir daí, começamos um trabalho de três sessões semanais com Mathias e uma sessão mensal com os pais.

Desde o início, chama atenção a expressão de expectância de Mathias: olhos abertos enormemente, sugerindo um contato direto, sem mediação; às vezes, parece assustado, às vezes, distante, longe, em direção a um suposto vazio, mas eventualmente parece conectado, mesmo que rápida e fugidiamente. Triste? Mathias é uma criança que, desde já, chora sentido, e não só "desesperado". Suas expressões faciais e a atmosfera emocional sugerida oscilam com uma rapidez de segundos. Pode estar aparentemente calmo e envolvido e, de repente, parecer irritado e reagir com movimentos abruptos, assim como pode interromper uma onda de irritação com um repentino sorriso; encontra-se ora mais conectado, ora menos, com movimentos saltitantes, olhando a própria mão, que se move delicadamente à frente e acima de seu rosto.

O ranger de seus dentes é mesmo surpreendente: com a boca fechada, a tensão rítmica ecoa pelo ambiente. Muito de sua expressão se dá por sons de respiração, laleios, variações na emissão de sons (ora sussurrados, ora guturalizados), manifestações que remontam ao repertório do bebê no contato com as figuras de cuidado primário e que tentamos amplificar num contexto relacional. É interessante pensar aqui no limiar entre ritualização, manifestação autística *versus* exploração e semente de comunicação.

Muito de nosso trabalho inicial se dá na área dos cuidados pais-criança e na conexão com os profissionais de saúde e educação envolvidos, como exemplificamos a seguir. Inicialmente, Mathias vem de fralda às sessões. Apesar de os pais mencionarem que ele ainda não conseguia deixar a fralda e a mamadeira, nota-se que Mathias, garoto grande, de constituição corporal hipertônica, às vezes parece sentir e se incomodar com um "algo mais" em seu corpo (a fralda no calor do verão). Até este momento, segundo os pais, Mathias não dera sinais de vontade de fazer xixi e cocô, ficando sempre de fralda. Os pais só percebiam os sinais como produtos externos, quando ele já estava fazendo as necessidades. Pareciam, de certa forma, protegidos também pela fralda da contenção concreta e constante aos escapes e pela "fralda" metafórica de uma rotina sentida como intocável e imutável , já que os sinais eram muito incipientes e não correspondiam à necessidade de autonomia e sinalização esperadas. Seguia-se então um rumo de cristalização de uma atitude de não reconhecimento da necessidade corporal e de não comunicação de eventos corporais para além de um si mesmo. Tais eventos não se caracterizavam, então, como partindo de um corpo significado pelo olhar do outro/cuidador, que poderia estabelecer um circuito de subjetivação. Configurava-se um círculo vicioso, com menos sinais (ou, pelo menos, bem mais sutis), reduzida comunicação e maior indiferenciação, gerando cada vez mais cristalização, tanto nessa questão particular do controle vesical e esfincteriano, como também no reflexo dessa situação para outras áreas do desenvolvimento.

Em situações como essas, ficam dramaticamente evidentes as interfaces tão significativas entre o psicológico e o somático do bebê e da criança pequena.

Demanda-se então do psicanalista um aumento de acuidade observacional e um investimento na crença da não extinção das possibilidades de discriminação e subjetivação. Combinamos, então, de Mathias ficar sem fralda durante as sessões, passando no banheiro antes destas, e de irmos rapidamente para o banheiro quando ele demonstrasse algum sinal de desconforto ou de começo de xixi ou cocô durante a sessão.

As idas ao banheiro que se seguem durante as sessões demonstram a possibilidade de reconhecimento gradativo por parte de Mathias de sua necessidade interna, mas são entremeadas, compreensivelmente, por alguns escapes. Um deles, mais espalhado e descontrolado, é particularmente constrangedor para o pai acompanhante. Em momentos como esse, nossa atitude analítica de poder metabolizar e tolerar esses aspectos de descontrole e tomá-los como parte necessária de um percurso de mudança é importante para a não culpabilização dos pais e para a continuidade das tentativas. Tal contexto de vulnerabilidade aparece como subjacente a reduções de investimento, descrédito e desesperança em transtornos tão assoladores da intersubjetividade quanto os quadros do espectro do autismo.

Protegidos, então, não (só) pela fralda, mas também pelo *setting* e pelo olhar analítico, Mathias e os pais conseguem estabelecer uma comunicação e sensibilidade aos sinais de necessidade, até com um incipiente som "xi" por parte de Mathias. Demonstram poder construir dispositivos alternativos de continência e regulação de fluxos entre o dentro e o fora, o si e o outro, e fazer uso de envoltórios psíquicos de qualidade interna e relacional – o vínculo dos pais e da criança com a analista, o investimento da analista e dos pais na subjetividade da criança, o reconhecimento da criança de seus sinais internos e o interesse na comunicação desses sinais ao outro, culminando na possibilidade de desenvolver o controle vesical e esfincteriano.

Tal proposta de poder ficar sem a fralda e seu desenvolvimento chegam à fonoaudióloga e à escola por meio de contatos (telefônicos e pessoais) entre nós, profissionais, mas também por meio da iniciativa dos próprios pais, que se sentem mais confiantes para dar seguimento a ela. A questão da mamadeira e do copinho também tem manejo similar em contatos com a escola. Inicialmente, Mathias vai sempre com a mamadeira para a escola, e os responsáveis por ele nesse local sentem-se constrangidos em tirá-la dele, já que, quando está em casa, ele fica o tempo todo com a mamadeira.

Em um dia em que ocorre uma visita da analista à escola, as professoras se sentem encorajadas a substituir a mamadeira por um copo igual ao que as outras crianças usam. Conversamos com a coordenadora e a professora sobre Mathias, seus desenvolvimentos e dificuldades. Depois, visitamos seu grupo num momento de refeição em que Mathias está sentado à mesa com os colegas. Seu tempo de permanência no local é mais curto do que o da maioria das crianças – ele não demonstra interesse em se alimentar nem se sente atraído pelas novidades que a professora e auxiliares lhe apresentam de forma entusiasmada e afetiva. Delineia-se um cenário em que a inclusão real parece ameaçada, com Mathias sendo relatado como alguém que, por sua agitação, precisa sair do lugar em que os outros estão. A mamadeira é algo que o mantém junto, tranquilo, mas apenas supostamente incluído. Fica evidente que a possibilidade de substituir a mamadeira, elemento facilitador para mantê-lo *no grupo*, faz-se mais possível num momento em que tanto Mathias quanto os cuidadores podem contar com mais olhares e mais alternativas de cuidado e compreensão, incluindo a crença de que ele tem a capacidade de tolerar um processo de mudança e separação de condições de fusão e indiferenciação. Tais rupturas, compreensivelmente sentidas, a princípio, como muito difíceis pelos pais e cuidadores, só puderam ser realizadas de maneira genuína e incorporada quando eles mesmos puderam crer em sua própria capacidade de tolerar tais mudanças, sentindo-se fortalecidos em suas novas alternativas de continência oferecidas. Esse aspecto ilustra como os rituais do espectro do autismo se mostram, de certa forma, confortantes, e como a entrada do analista constitui-se, ao mesmo tempo, como disruptivo e integrador.

Com o aumento da capacidade de continência dos pais, favorecida pela rede de cuidados fortalecida pelo olhar analítico, estes se sentem mais capazes de receber e transformar as reações de intolerância a mudanças e insistência em manter a uniformidade do filho, aspectos sabidamente presentes em quadros do espectro do autismo.

Verifica-se, aqui, como tais contatos pais-profissionais e interprofissionais (escola, fonoaudiólogo, analista) se mostram essenciais para criar uma rede em sintonia quanto a situações básicas bastante significativas para o desenvolvimento de uma criança pequena como Mathias, em que as interfaces entre o físico e o mental, os hábitos da vida diária e o crescimento psíquico são tão fundamentalmente interconectadas.

Relatamos, agora, uma pequena vinheta de final de sessão em que tais questões se manifestam mais diretamente na cena analítica:

"... Mathias pega o pote de massinha, que também lhe interessava pouco quando o apresentei a ele – ele esfarelava um pouquinho da massa e logo a abandonava; agora tem se interessado mais e quer comê-la. Me *pede* no gesto para tirar o celofane que recobre a massa. Pega pedaços maiores, manipula com mais consistência. Brincamos de fazer bolas de massa. Uma bola rola para o chão e Mathias segue seu percurso, vê aonde ela vai e a pega novamente (diferente de indiferenças anteriores e pouca continuidade em situações similares). Comento sobre como ele acompanhou a bola, viu onde ela foi e a trouxe de novo para nossa brincadeira (relaciono em mente com um senso de agência e de continuidade em sua intencionalidade se desenvolvendo). Mathias tira pedacinhos menores, mais esfarelados do que as bolas, mas também mais consistentes do que antes, e acompanha com som de 'c c c c'. Junto uma panelinha e coloco alguns pedacinhos. Mathias acompanha. Mexe discretamente em sua bermuda, perto do bumbum. Será sinal de reconhecimento de vontade de fazer cocô? Ou alguma associação menos imediata? Pergunto se ele está com vontade de fazer cocô, e comento algo como agora ele sabe que tem uma vontadinha de xixi e cocô dentro dele que avisa quando ele quer ir ao banheiro. Ele está notando mais suas vontades e o que precisa fazer para se sentir melhor. Mathias continua fazendo os som 'c c c', às vezes parece 'co co co co', às vezes mais 'ca ca ca ca', mas não parece precisar se mobilizar para ir ao banheiro, como em outros momentos faz. Aqui a comunicação pelo gesto ou som não parece só se referir às necessidades imediatas do corpo, mas parece demonstrar o registro de uma experiência, narrando para o outro uma vivência própria interna. Estaria aparecendo aqui então uma conexão (bolinha, caca, cocô, algo que tem a ver com bumbum, banheiro) de outra ordem, mais protorepresentacional? Estaríamos na ordem do protorelato, e de um incipiente brincar? Miragem ou possibilidades?

Na hora de sair, guardamos as coisas; Mathias leva o livro que ele trouxe da sala de espera no andar de baixo e a girafinha que ele traz agarrada de casa. No encontro com os pais na sala de espera, Mathias é recebido direto dos últimos degraus da escada, ainda no alto, pelo colo da mãe. Comentam que as coisas estão bem, mas que, como Mathias ficou ruinzinho de saúde um tempo, ele voltou à mamadeira – o pai diz: "Ela!", apontando para a mãe, "acusando -a", carinhosamente, de favorecer a regressão. Agora, também estão às voltas com a dificuldade de fazer cocô no banheiro: ele quer sempre a fralda para fazer cocô e fica segurando se a fralda não vem (a fralda acaba vindo). Acho interessante a correspondência de temáticas na sessão e no relato dos pais e comento que Mathias também parece estar às voltas com essa questão do sentir vontades, reconhecer a vontade, saber aonde quer ir. Eles comentam que com o xixi já está ótimo: ele avisa e vai tranquilo.

Ilustra-se, aqui, principalmente o reconhecimento das brechas para estabelecimento de algum contato a partir dos mínimos sinais da criança e rudimentos potenciais para vínculo e a proposição da análise como rompendo esquemas de equilíbrio intrapsíquico e intrafamiliar. Tais construções protovinculares são aqui tomadas como fundações da intersubjetividade e permitem a ampliação, junto aos pais e profissionais, de compreensões a respeito das formas de funcionamento da criança. Evocam-se, também, as oscilações e contínuas modulações que, lenta e gradativamente, vão permitindo que nós, profissionais em rede, possamos ir acompanhando e facilitando o desenvolvimento de crianças com quadro do espectro do autismo, incluindo reflexões e intervenções que favoreçam sua genuína inserção familiar, escolar e social.

Henriqke

A intervenção conjunta pais-filhos e a rede necessária para desfazer um diagnóstico engessado

Henriqke, um garoto de 5 anos, é encaminhado por uma colega psicanalista para uma avaliação conjunta pais e filhos por suspeita de um quadro do espectro do autismo.

Seus pais acrescentaram uma letra em seu nome com a intenção de oferecer algo singular. Desafiando o senso comum, sua identificação peculiar, que poderia ser também um possível caminho para a subjetivação, nos anuncia também uma grande dificuldade familiar de descolá-lo de seus aspectos "estranhos", que encontram alojamento na qualificação de provável "autista".

Henriqke apresenta certo atraso de desenvolvimento social e dificuldade de linguagem, mas, para nossa surpresa, brinca e comunica seus medos pelo brincar. Tem medo de barulhos e responde a essa sensibilidade com agitação. A partir desses "terrores", tem demonstrado resistência ao ambiente social e escolar, tendo dificuldade de se separar do ambiente doméstico e, principalmente, da mãe. Nas sessões conjuntas pais-crianças, Henriqke monta cenas de faz de conta de acidente, chamadas de bombeiro, sirenes e resgates. Com sua articulação fonética um pouco "enrolada" e lentificada, pede para ir ao banheiro, mostra autonomia, mas também denota reconhecimento da necessidade de ajuda.

Henriqke já demonstra, assim, um binômio ausente no espectro do autismo (reconhecimento de si, de suas necessidades e das necessidades que tem do outro, não presentes nos outros dois casos relatados neste capítulo). Faz contato conosco, tanto visual quanto verbalmente, convoca-nos e reivindica atenção para si. Mas os pais ficam fixados no diagnóstico: o garoto passa a ser objeto de estudo, há uma busca pela confirmação dos sinais de autismo na criança – os pais e os vínculos perdem a espontaneidade. Os pais se mostram, também, cansados, sem saber como ajudar Henriqke: protegê-lo e poupá-lo ou encorajá-lo a enfrentar desafios que (tanto para a criança quanto para eles) parecem tão doídos?

Notamos um grande receio por parte dos pais de entrar em contato com tristezas e inquietações emocionais. As dificuldades e desafios ainda não superados de Henriqke seriam mais "tolerados" se "protegidos" pelo diagnóstico de um severo impedimento.

Aspectos de fragilidade e vulnerabilidade dos pais em suas histórias pregressas, fortalecimento pelo endurecimento para dar conta dos desafios e, ao mesmo tempo, medo de transmitir limites que poderiam significar frustração e sofrimento emocional vêm à tona. Na conversa ludoterapêutica das sessões conjuntas, tais aspectos são transformados em diálogos metaforizados pelo sugestivo brincar da criança. Os pais, bastante distanciados, mesmo que individualmente afetivos, permitem-nos delicadamente entrever possíveis ruídos/barulhos (Marconato Callia, 2009; Mendes de Almeida, 2009; Silva, 2009b) interferindo como o terror sem nome (Bion, 1962b/1990) presente na leitura dos sintomas de Henriqke. Tentamos, desse impacto bruto, depreender a "música", articulando outros sentidos frente à falta de agilidade de Henriqke, não necessariamente cristalizável, para lidar com as durezas da vida.

No contato com a escola, os profissionais se mostram disponíveis para fazer o processo de inclusão de Henriqke diante de seus terrores frente aos barulhos e ao contato social. Em conversa conosco, propõem-se a refletir sobre as melhores maneiras de inseri-lo gradualmente nas atividades grupais. O mesmo trabalho é feito com os pais, para ajudá-los a enfrentar as bravezas e medos de seu filho, encorajando-os a levá-lo para a escola e apontando suas competências para reconhecimento do que se passa com ele e sua vontade de comunicá-lo aos outros via linguagens verbal, gestual e lúdico-simbólica presentes ali na sessão.

Nosso trabalho foi o de desfazer esse diagnóstico engessado e restabelecer um novo olhar relacional, restaurando competências parentais e facilitando a retomada do desenvolvimento da criança e da família no contexto social em rede.

Comentários finais: possíveis construções e reconstruções no canteiro de obras psicanalítico

Procuramos, a partir dessas cenas, ilustrar como é fundamental o investimento na atribuição de um sujeito no trabalho com crianças com essas características do espectro do autismo (Alvarez & Reid, 1999; Barros, 2008; Meltzer, 1992, 1979), sem linguagem verbal e com um processo de simbolização muito incipiente ou que se encontram aprisionadas num risco de intensificação de *deficits* em contexto de não continência para aspectos emocionais de difícil elaboração.

Como uma modalidade potente para favorecer o desenvolvimento dessas crianças, apostamos desde bem cedo na formação de uma rede multidisciplinar, expandindo o olhar analítico a partir do trabalho de alta frequência, incluindo a intensa participação dos pais e o olhar analítico em rede.

No contato com a rede de cuidadores e nas intervenções conjuntas ou sessões periódicas com os pais, procura-se reclamar (Alvarez, 1994a), convocá-los para um vínculo relacional, oferecendo representações aos movimentos e funcionamentos da criança. Além disso, busca-se resgatar as funções parentais/cuidadoras básicas: gerar amor, manter a esperança, conter a dor depressiva e promover o pensar (Meltzer & Harris, 1986), sinalizando competências dos pais e da criança, narcisizando-os e subjetivando-os (Moro, 2005; Silva, 2009; Solis-Ponton, 2004).

Buscamos auxiliar os pais e outros profissionais a dirigir e a sustentar seus olhares sobre a criança, favorecendo o contato interno com o que se vê, a expansão (como ocorre com um observador psicanalítico) do espaço interno para as ressonâncias do vínculo ou da dificuldade de estabelecê-lo e a amplificação da sensibilidade para a percepção de pequenos movimentos, recursos e sinais de mudança.

Fortalecemos uma rede de continência para tolerar manifestações da criança que indiquem uma insuficiência do *holding* internalizado e uma perda progressiva do investimento familiar no vínculo.

Buscamos articular redes de sentidos (Mendes de Almeida et al., 2004) diante de dispersas ou primitivas comunicações, movimentos estereotipados ou rudimentos de linguagem, tornando tais comportamentos de defesa contra angústias impensáveis ou aspectos ainda não nomeados mais compreensíveis e toleráveis, tanto para a criança quanto para seus pais e cuidadores.

Na interface com o contexto social e educacional/escolar e considerando a contemporânea polêmica inclusão formal *versus* inclusão de fato, resgatamos, aqui, a noção de "inclusão simbólica" como forma de acesso aos elementos da cultura, em cujo compartilhamento nos reconhecemos e reconhecemos o outro como pertencentes, integrantes e representantes da cultura (Mendes de Almeida, Loreto, G., Almeida, Loreto, D., & Canelas, 2000). Acompanhamos, também, as polêmicas discussões sobre a inclusão de linguagens alternativas (libras, referências figurativo-visuais, linguagem computadorizada), suas tecnologias e pessoal especializado para tanto em espaços de inclusão comum, para facilitar o aproveitamento do contexto social e educacional de crianças ditas "especiais". Nesse sentido, considerando a linguagem dos estados emocionais primitivos, não seria muito interessante e profícuo ampliarmos nosso olhar e escuta, promovendo brechas para podermos contar com mais pessoal *in loco* para possíveis recepções e traduções dessas comunicações?

Como pretendemos ter demonstrado com nossos relatos de Cristina, Mathias, Henriqke e suas famílias, ampliadas na rede conosco e demais profissionais, apostamos, portanto, na inclusão da linguagem dos estados primitivos, da cultura do não verbal e do construído na relação de proximidade com os aspectos subjetivos rudimentares em constituição, como uma área que, alimentada pelo olhar psicanalítico, demanda aprendizado, investimento, formação, convocação e espaço em nossas estruturas de saúde e educação.

26. Sobre brilho nos olhos e mudança psíquica: evocações a partir da clínica psicanalítica dos transtornos do espectro do autismo

Mariângela Mendes de Almeida

Introdução: afinal, o que faz um psicanalista?

A primeira cena que gostaria de evocar nesta comunicação é algo que ouvi, há aproximadamente vinte anos, de nosso querido mestre, incansável "trabalhador psi", Oswaldo Di Loreto, quando ele nos acompanhava em convívio diário intenso com crianças com vários graus de autismo, diferentes idades e momentos evolutivos singulares na Pré-Escola Terapêutica Tangram, em São Paulo. Um tanto preocupado com nossa "sobrevivência" profissional diante da árdua tarefa de trabalhar principalmente com crianças com autismo, ele dizia, irônico e afetivo ao mesmo tempo: "Vocês estão trabalhando para ver surgir o brilho nos olhos", referindo-se ao enorme investimento diante de não tão correspondente retorno. Hoje, essa imagem e essa lembrança ainda me acompanham, advindas de inspiradora e formadora influência, carregada de admiração, marcada não tanto pela cuidadosa preocupação parental com o pouco retorno, mas pela sabedoria e intensidade da imagem: buscamos, sim, o brilho nos olhos, o que ele indica e faz vislumbrar.

É isso, mesmo, e não é pouco. Somos, sim, "buscadores" dos mínimos brilhos no olhar, e nossos olhos brilham ao investir nessa busca. O brilho surge e se potencializa no encontro entre o olhar e quem olha o olhar. Queremos poder mostrar, desde a emergência de elementos rudimentares, como o tratamento psicanalítico pode promover desenvolvimento psíquico em bases fundamentais e fundantes, que podem se desdobrar em competências nas várias áreas da vida cotidiana da criança e da família.

Diante do recolhimento do espectro do autismo da criança e de sua atenção a aspectos autossensoriais, tendendo a ritualizações e estereotipias, buscamos promover vínculos significativos *com* e *entre* a criança e seus familiares, amplificando desde os mínimos sinais de interesse relacional e atenção compartilhada quanto aos aspectos humanizados e singularmente sociais da experiência. Para isso, desde o início do trabalho, os pais são participantes ativos, muitas vezes presentes em sessões conjuntas de intervenção inicial ou ao longo do trabalho com a criança, frequente ou periodicamente, de acordo com cada caso. É um diferencial de nosso trabalho psicanalítico abrir espaço e ter a escuta aguçada para aspectos não explícitos em nossa conduta objetiva – aspectos dos quais não nos damos conta, inconscientes ou em estado não integrado, presentes nas ansiedades vivenciadas por pais e crianças, principalmente em condições tão diferentes daquelas em que circulam a comunicação e o afeto entre as pessoas.

Desenvolvimentos da técnica psicanalítica ao longo do trabalho com crianças e com pais e bebês nos ensinaram, entretanto, que não se trata, para o indivíduo com autismo, de desvelar o inconsciente "escondido" que ele não pode aceitar, de desvendar o conflito interno que criaria um obstáculo à sua comunicação, mas, sim, de constituir junto ao indivíduo e seu entorno (a criança e seus pais) a possibilidade de fazer emergir, na subjetividade, o particular de cada um, seu jeito próprio de ser. Em vez de instrumentos sofisticados e abstratos, portanto, a insistência delicada e informalmente rotineira do laço com um outro significativo. O rigor psicanaítico continua presente na disposição interna (desenvolvida em nossa própria análise pessoal e formação profissional) para tolerar estados de possível não integração antes que se lance mão de defesas autossensoriais/autísticas para buscar uma artificial sensação de coesão e integridade. Utilizamos instrumentos de intervenção inspirados no repertório do vínculo primordial que nos torna humanos, magnificados, para que, mesmo num período já não tão original, mas ainda contando com o benefício da plasticidade cerebral, possa-se imprimir marcas importantes quanto ao desenvolvimento integral (inclusine neural) e repertório interativo-social. Apoiamo-nos, aqui, na significância que o elo emocional confere a toda e qualquer aquisição vivencial, incluindo, de maneira inextricavelmente imbricada, as descobertas cognitivas e aspectos "pensantes" da experiência.

Não estamos falando aqui de ensinar números, cores, nomes e vozes de animais, mas de vivenciar com a criança, de forma mais minuciosa e estrutural (portanto, estruturante), os precursores para que a comunicação e qualquer aprendizagem sobre o ambiente, sobre si mesma e sobre os outros se faça necessária e, mais ainda, significativa para cada sujeito em cada situação – sendo, portanto, singulares.

Trago ilustrações em vinhetas clínicas e transcrições de trechos filmados, evocando nossos recursos técnicos e ingredientes psicanalíticos que facilitam o acesso ao universo do espectro do autismo.

Nossa experiência tem sido a de que – para além de algumas nuances em debates conceituais, considerando-se possíveis alternâncias quanto a níveis de funcionamento psíquico nos pacientes e estilos pessoais, que também imprimem singularidades na maneira de nos aproximarmos das variedades de manifestações autísticas – nossas práticas se alinham e convergem em vários pontos comuns quando o encontro é com o psicanalítico da clínica.

Ilustrações clínicas

Vias múltiplas de desenvolvimento: a importância da intervenção nas relações iniciais (precoce/oportuna/a tempo) como manutenção e fortalecimento da vias relacionais para pais e crianças.

Mathias

Inicialmente, vemos em vídeo caseiro um bebê de 3 meses, aparentemente conectado e responsivo. Depois, aos 2 anos, vemos a criança em casa, já manifestando tendências a um funcionamento do espectro do autismo, com estereotipias na emissão sonora, evitação de olhar e início de *flapping* manual. Aos 4 anos, quando chega para tratamento, tais aspectos já aparecem de maneira mais marcante. Em imagens na escola, podemos vê-lo isolado, muito inquieto e agitado, perambulando pela salas, sem conexão com as outras crianças, segurando sempre uma cabeça de Mickey de plástico duro e brilhante, para a qual olha com olhar tenso e estrábico. Uma intervenção a tempo não poderia ter alterado o rumo dessas rotas e oferecido alternativas para a evolução autística?

Rô

Com esse garotinho, atendido aos 2 anos e 4 meses no Ambulatório de Saúde Mental da Universidade Federal de São Paulo

(Unifesp/Pediatria) por uma dupla de aprimorandas em Psicologia da Infância e em Grupo de Atendimento a Pais e Bebês, desafiamos os limiares da cristalização. Testemunhamos, e aí sim, pudemos intervir a tempo para conter e transformar tendências ao recolhimento e estereotipias, facilitando o contato vincular e a interação.

Processos psicanalíticos em andamento

Renato: a transformação do sempre igual em alguns diferentes, a entrada para o faz de conta (vinheta transcrita a partir de filme)

Vemos, aqui, cenas de trabalho com Renato, garoto com transtornos do espectro do autismo atendido dos 4 aos 10 anos de idade na Escola Terapêutica Tangram para crianças com transtornos do espectro do autismo.

Renato apresenta-se, de início, completamente alheio a vínculos, bastante autocentrado, praticamente sem nenhuma emissão comunicativa, agitado ("detona todo lugar que vai"), com um contato disperso com pessoas e objetos e total falta de noção de perigo. Um filme doméstico apresenta Renato "hipnotizado", com movimentos de balanceio da cabeça diante da TV, ausência de resposta às convocações de familiares e significativo atraso na aquisição de linguagem.

Cena I – 5 anos (vídeo)

Na sala de atendimento, Renato se aproxima de raquetes com curiosidade, e, a partir daí, iniciamos um jogo de bola e raquetes, que considerei como um interesse por uma situação de contato (uma protossituação de reciprocidade, rudimentar "diálogo" e troca relacional: a raquete como objeto receptor da bola; a bola que vai e vem entre Renato e eu; nós dois, que, com o instrumento raquete, recebemos algo do outro e enviamos de volta algo dirigido a esse outro, em nuances variadas de ritmo, direção, velocidade e tonalidade afetiva acompanhante). Renato envolve-se na brincadeira, rindo e concentrando-se na interação. Sua noção de si mesmo ainda é precária, assim como sua diferenciação eu-objeto. Renato empenha todo o corpo para acertar a bola com a raquete. Seu corpo (e, possivelmente, seu *self*) como um bloco, concretamente se desmorona quando ele não consegue acertar a bola, quando o contato bola/objeto-receptor-raquete não se efetiva. Seu corpo literalmente se deixa cair ao chão, em rodopios, como a bolinha que não teve a chance de ser acolhida por um objeto receptor.

Seguem-se muitas tentativas, algumas de encontro bem-sucedido, em que Renato, mimeticamente, mantém seu tônus, e outras, várias, de falências – desfalecimentos. Apesar das equivalências diretas corpo/bola e da pouca discriminação presente, a atmosfera é a de um incipiente brincar. Alguma diferenciação de um outro presente (um não eu) existe, e Renato parece poder representar algo, de maneira bastante concreta e corporal, sobre as possibilidades de contato. O objeto-receptor raquete parece poder cumprir o primeiro passo da função continente: receber o que lhe é dirigido. Ao vivenciar a possibilidade de ser contido em suas experiências somatopsíquicas/protoemocionais e ser compreendido em seu movimento rumo a um objeto de contato pela analista, que vai ampliando as possibilidades de sintonia e encontro dual (por exemplo, substituição pela bola maior para aumentar a possibilidade do encontro), Renato vai introjetando como possível para si a capacidade de continência, de expectativas e antecipação em relação ao que vem do outro.

Cena II – 5 anos (posteriormente, na mesma sessão – vídeo)

Renato, sentado no chão, de costas para mim, explora sensorialmente uma bola de borracha, trazendo-a para perto da boca, pressionando-a contra o chão e amassando-a com golpes e socos intensos, acompanhados de sons repetidos.

A cena sugere uma descarga violenta e solitária, expressa com sons e gestos estereotipados frente a um objeto flexível e maleável, que pode ser atacado e esvaziado num motoperpétuo contínuo. Depois, Renato joga a bola para o alto várias vezes e segue visualmente sua trajetória de volta ao solo, com sorrisos de excitação e entusiasmo, que ele agora dirige também a mim.

Acompanho a exploração de Renato, colocando em palavras as modificações que ele produz no objeto/bola. A partir daí, Renato passa a se deter mais na observação da bola, que ele às vezes amassa na forma metade, às vezes faz retornar à forma inteira. Com as variações produzidas por Renato, brincamos de "com o que ela se parece?". Em minhas mãos, surge da bola-metade um sanduíche, que eu ofereço a Renato. Nas mãos de Renato, a metade se transforma num chapéu, que ele leva à cabeça e tenta equilibrar ao andar. Renato poderia estar, então, representando concretamente algo que pode "conter" e proteger sua cabeça (um rudimento de representação de um receptáculo para os conteúdos mentais da experiência, portanto, uma incipiente representação de continente)? Nessa linha, talvez não seja à toa que minha representação inicial é a de um sanduíche, que eu preparo (associo a partir dos sinais de Renato), experimento e ofereço a ele para "degustação". Na medida em que o objeto passa a representar outros elementos, entramos na dimensão de um brincar compartilhado com várias possibilidades de associações. Diversificam-se as possibilidades de contato com o objeto, interrompe-se a repetição, integram-se outros sons, gestos e expressões, passando de uma atmosfera autocentrada de "descarga pulsional" para uma de representação compartilhada e possibilidade de "faz de conta", num rudimentar brincar simbólico. Ao final do processo, a bola amassada, que, inicialmente, recebera a "descarga", pode representar ora um sanduíche, que ele experimenta, ora um chapéu, que protege e contém o que ele possa ter em sua cabeça, futura-mente.

Renato e Flávio: contando a própria história

Renato, 10 anos: brincando de entrevista – a conquista da subjetividade (vídeo realizado como atividade lúdica na Escola Terapêutica Tangram)

Em brincadeira de entrevista de faz de conta, Renato, que não falava, conta sobre sua família, apresentando-se como "Eu – Renato", apontando o polegar para si próprio e fazendo comentários em mobilização emocional sobre a partida de um de seus amigos, que está para se mudar de cidade.

Flávio, 8 anos: fazendo a agitação

Em desenho representativo de sua incessante movimentação corporal e, provavelmente, neuropsicomotora (Figura 24.1), Flávio traça, em velozes linhas agitadas, suas onipresentes "luzes de quatro", que habitam os túneis e caminhos da cidade que ele percorre para se tratar. Sua movimentação física e sonora sobrecarrega suas relações, evocando a sobrecarga interna, com a qual ele parece inicialmente carecer de instrumentos para lidar.

Figura 26.1 – Luzes de quatro.

Flávio, 20 anos: falando sobre a agitação

Apresentamos, aqui, a possibilidade de construção de momentos de autoria – do fazer a agitação ao se perceber agitado e poder falar sobre isso em novas mediações simbólicas.

Flávio: ... Quando eu fico agitado eu penso no sentimento, aí começo a ficar gritando, fazendo barulho...

Mari: Sei... Às vezes os sentimentos agitam?

Flávio: Agita! Agita muito, por causa que... eu penso muito nisso, aí fico agitado. Acho que isso deve me agitar pensar nisso, agita muito, muito!

...

Acho que não podia conversar nem no momento que eu... um dia aí que eu estava... um dia destes eu não falava muito!

Mari: Hum, é verdade...

Flávio: Eu pensava mas não falava!

Mari: É verdade... o que que você está sentindo agora?

Flávio: Sentindo quando eu penso muito nestas coisas, eu... eu fico com causa da agitação... Eu fico com agitação no meu mundo...

Mari: Como é a agitação do seu mundo?

Flávio: É assim, eu fico pulando o tempo todo...

Mari: Hum-hum...

Flávio: Ô Mari?

Mari: Mas você está sentindo... você está vendo que agora você não está pulando, e a gente está conversando sobre isso?

Flávio: Estou vendo...

Mari: Hum-hum...

Flávio: Mari?

Mari: Oi!

Flávio: ... Que eu lembro que muitas vezes eu fico agitado...

Mari: É...

Flávio: Uma vez, outra vez...

Mari: É verdade.

Flávio: ... Todo dia.

Mari: De noite você tinha alguns medos, aí você ficava muito... às vezes também amedrontado...

Flávio: Que de noite que eu ficava com medo?

Mari: Ah... diz que você acordava quando você era pequenininho, você acordava de noite com muito medo às vezes... talvez você não lembre...

Flávio: E eu chorava?

Mari: É, você chorava, você gritava...

Flávio se afasta.

Mari: Você não quer nem lembrar?

Flávio: É!

Mari: Por que que você não quer lembrar?

Flávio: Esquece, coisa ruim é só você esquecer!

Mari: Dá para esquecer coisa ruim, Flávio?

Flávio: Dá!

...

Medo do que que eu tinha, Mari?

Mari: Vamos lembrar juntos... medo do que que você tinha?

Flávio: Assim, que nem aquele dia, aquele dia que passou, comecei a gritar, saí gritando com medo, quase matei a Vivian de susto...

Mari: É mesmo?

Flávio: É.

Mari: Você ficou preocupado com o que a Vivian estava sentindo?

Flávio: Não é preocupado com ela, é... eu estava com medo era do cachorro!

Mari: Entendi, mas você está também pensando no que que a Vivian sentiu...

Flávio: Acho que ela não gostou o dia que eu gritei, ela ficou... ela ficou assustada.

Mari: Sei... Eu acho que antes, Flávio, não dava muito para você pensar nem no seu sentimento nem no sentimento dos outros, e agora você está conseguindo pensar no seu sentimento de medo e no assustado que a Vivian ficou. Isso é uma grande mudança, não é?

Mari: Agora eu estou vendo que você está precisando se movimentar bastante, não é Flávio? O que que está acontecendo? O que acontece quando você se movimenta assim?

Flávio: É mot... É mania, só...

...

Mania é assim: [como se ele fosse explicar]...

Mari: Ahn, como é?

Flávio: Eu peguei frescura da novela, não quero nem que fale mais...

...

Não estou falando desta mania, vou falar de outra mania, estou falando de outra mania...

Mari: Tá!

Flávio: Estou falando da mania que eu não quero que ninguém fale mais da novela.

Mari: Sei... E falar desta novela... da sua história, dos seus sentimentos, às vezes te deixa agitado, precisar se movimentar... precisando se movimentar?

Flávio: É, quando eu falo dos sentimentos, isso me deixa agitado, sim, por causa que... eu penso sobre eles então... eu fico numa agitação motora pensando tudo isso.

Mari: Sei...

Flávio: Fico carregado tudo de pensamento e eu fico agitado, fico pulando... fico pulando... fico imaginando coisa, eu fico... eu fico saltitando, eu fico fazendo bagunça...

Mari: Aham!

...

Mas você está notando que você está falando sobre isso, a gente está conversando sobre isso?

Flávio: É, está, não é?

Flávio agora se afasta e sai andando pela sala.

Mari: Agora você está fazendo isso, você saiu aqui da conversa comigo, foi lá longe, se agitou mais...

Flávio: É, Mari?

Mari: É. Notou?

Flávio: Notei.

Considerações finais

Imagens, desenhos, vinhetas, lembranças de sessões, diálogos e protoconversações pretendem se conectar aqui com nosso intento de divulgar o cotidiano de nosso fazer e pensar psicanalíticos. Desenvolvimentos que ilustram percursos, indicativos de comunicações possíveis em cenas que vivemos cotidianamente em nossos espaços de análise e grupos de trabalho psicanalítico. Temos trabalhado, também, para demonstrar para nossa comunidade psicanalítica e científica mais ampla esses gradientes de mudanças sutis (Batistelli et al., 2014, Lisondo et al., 2017). Fundamentalmente basais, e por isso mesmo tão relevantes, esperamos que tais nuances, mesmo que frágeis e rudimentares, possam ser recebidas como convocação viva, alimentando circuitos de relacionabilidade nos âmbitos familiares, sociais e comunitários.

Como cena final desta comunicação, sugiro retomarmos, em projeção em nossa tela mental, a bela imagem "loretiana" evocada no início deste artigo, do "brilho nos olhos", cuja busca alimenta e justifica nosso trabalho. Por meio de nossas trocas clínicas e investigativas, tanto criança-paciente quanto projeto profissional podem receber e convocar novos olhares, constituindo-se, assim, como sujeitos no espaço das relações.

27. Uma paixão entre duas mentes: a função narrativa[1]

Maria Cecília Pereira da Silva

> *Os elementos da psicanálise são as ideias e os sentimentos [...] Os objetos psicanalíticos são as associações e as interpretações com seus prolongamentos nos domínios dos sentidos, dos mitos e das paixões.*
> Bion (1963/1991, pp. 210-211)

Nesta contribuição, desejo compartilhar uma experiência clínica com crianças com transtornos do espectro do autismo, em que a possibilidade de representação ainda não se estabelecera. Em artigo de 2012, procurei descrever como a interpretação na forma de uma construção narrativa (Silva, 2012), enquanto um recurso técnico, permitiu a reconstituição do tecido psíquico esgarçado por uma situação traumática. Agora, apresento uma ampliação dessa ideia para além de uma técnica interpretativa – ou seja, a

---

1 Texto vencedor do Prêmio Fabio Leite Lobo, conferido durante o XXIV Congresso Brasileiro de Psicanálise, realizado em Campo Grande (MS), de 25 a 28 de setembro de 2013. Publicado em Silva, M. C. P. (2013). Uma paixão entre duas mentes: a função narrativa. *Revista Brasileira de Psicanálise, 47*(4).

função narrativa, que se delineou para mim como uma qualidade psíquica do analista derivada da função α, envolvendo a capacidade de *rêverie* e que, como na paixão, evidencia um encontro entre duas mentes (Bion, 1963/1991), uma emoção compartilhada.

Encontramos em Freud (1909/1976) uma narrativa da história de vida de Hans, com a descrição de seus medos, jogos lúdicos, sonhos e associações (Silva et al., 2012), e na análise do Homem dos Lobos (Freud, 1918[1914]/1976), uma primeira elaboração de construção narrativa de certas experiências psíquicas que não foram rememoradas pelo paciente. Mais tarde, em "Construções na análise", Freud (1937/1976) define que o sentido de uma construção envolve a presença de aspectos simultaneamente reais e fantasmáticos de uma parte da história infantil do indivíduo: o paciente não consegue rememorar toda a situação traumática, então o analista propõe uma associação que "constrói" o que falta.

Assim, aprendemos com Freud (1937/1976) como as relações e inscrições precoces têm um peso fundamental na construção da subjetividade, indicando a necessidade de compreender e avançar tecnicamente na direção de uma intervenção que permita modificar e ajudar o paciente a integrar uma parte importante dele mesmo que se constituiu antes da linguagem verbal – portanto, antes da instalação das funções de narratividade, de síntese e de integração que se organizam com o advento da fala. Trata-se, nesse cenário, muito mais de construção do que de interpretação, construção esta necessariamente inserida no contexto da relação transferencial (Aragão & Zornig, 2009).

Já Bion (1963/1991) defende que a interpretação ou formulação do analista tenha uma extensão no campo do mito, da paixão, de uma emoção compartilhada e também do sentido. Portanto, é necessário interpretar algo que o paciente possa tocar, ver, que deve estar ali, no aqui e agora da sessão. A formulação do analista, captando o clima emocional da dupla via intuição, oferece uma linguagem afetiva e de êxito. Além da oscilação entre a posição esquizoparanoide e a posição depressiva e a relação continente e contido, também é fundamental a contínua oscilação que existe entre a capacidade do analista para não julgar e o nascimento do fato que emerge da experiência emocional.

Nesse sentido, Bion (1963/1991) propõe que a dimensão das paixões abarca tudo o que é derivado e está compreendido entre amor (L), ódio (H) e conhecimento (K). O termo paixão representa uma emoção experimentada com intensidade e calidez, ainda que sem nenhuma sugestão de violência (o sentido de violência não deve ser expresso pelo termo paixão, a menos que esta esteja associada com o sentimento de voracidade). Bion (1963/1991) afirma: "a paixão evidencia que duas mentes se ligaram e que, para haver paixão, não se poderá talvez contar com menos que duas mentes" (p. 48).

A construção narrativa como uma maneira de o analista encontrar, junto com o paciente, um significado de forma dialógica, sem muitas cesuras interpretativas, foi proposta por Antonino Ferro (1995). Ferro assinala que o analista deve acolher e vivenciar em si as experiências – às vezes inconscientes – que o analisando não consegue comunicar, embora consiga ativá-las no analista por meio de identificações projetivas.

Ou seja, o analista deve estar disponível para encarnar um papel que é desconhecido do analisando e que não poderá adquirir uma forma e um sentido a não ser quando for trazido pelo outro (Ferro, 2000). Para esse autor, as interpretações narrativas ou interpretações fracas procuram não saturar a comunicação do paciente e, como se fossem o brinquedo Lego®, oferecem a ele um daqueles bloquinhos com múltiplas possibilidades. As interpretações fracas, por meio de sua insaturação, não promovem um fechamento de sentido: elas se apresentam de tal forma que o paciente possa assimilá-las, favorecendo desenvolvimentos narrativos imprevisíveis. Então, "a transformação conarrativa, ou mesmo a conarração transformativa, toma o lugar da interpretação" (Ferro, 2000, pp. 17-18).

Tomando emprestadas as ideias de Bion e Ferro, a função narrativa do analista foi se configurando em minha experiência clínica como uma paixão, uma emoção compartilhada, exercitada no seio das sessões, no campo analítico (Baranger & Baranger, 1969), e a partir da elaboração de minhas vivências transferenciais e contratransferenciais. A paixão se destaca na função analítica como uma ampliação da curiosidade, como um componente não só indispensável como primordial (Franco, 1992, p. 15). A função de *rêverie*, digerindo as identificações adesivas (Bick, 1968; Meltzer, 1975/1986) e projetivas (Klein, 1946/1978), emergia na forma de uma narrativa, especialmente nesses casos em que houve situações traumáticas precoces inacessíveis e não representadas ou nos transtornos do espectro do autismo.

Diante da dificuldade do paciente em simbolizar e diante de áreas de defesas não neuróticas, eu oferecia um significado, uma representação, não a partir de um acontecimento, mas a partir do que estava excindido ou nunca existira. Assim, ao construir e ao reconstruir a narrativa da sessão junto com o paciente, procurava oferecer uma representação, um contorno, um continente emocional e sonoro no aqui e agora da sessão, como uma possibilidade de ter acesso ao não representado por meio da linguagem envolta em emoções, ampliando o conhecimento sobre si mesmo. Observava que essa função proporcionava uma experiência organizadora de sentido restaurador às experiências precoces traumáticas ou insuficientemente boas, um espaço transicional/potencial,[2] um encontro entre duas mentes.

---

2 Conforme definiu Winnicott (1951/1988).

A seguir, ilustro essa função no trabalho com uma criança com transtorno do espectro do autismo.

Guilherme é um garotinho que me foi encaminhado aos 2 anos e 10 meses com um diagnóstico de transtorno do espectro do autismo, "embora com muitas portas abertas", disse-me sua mãe.

Quando chegou, não falava, não interagia, não me dirigia o olhar,[3] ficando em um estado encapsulado, isolado, com alguns rituais e, diante da ruptura desses rituais, ficava desesperado. Mostrava-se mais interessado pelos objetos, estabelecia uma relação fusional com os pais e só quando precisava pedia ajuda a eles. Parecia que não me percebia – muitas vezes, não aceitava qualquer contribuição de minha parte.

No trabalho com Guilherme, descobri a função narrativa como uma maneira de buscar uma conexão com seu isolamento, a concha autística em que vivia, oferecendo significados para o brincar repetitivo e estereotipado, povoando seu mundo interno e apresentando gradativamente as noções de subjetividade e alteridade.

Do meu ponto de vista, a função narrativa do analista na análise de crianças com transtornos globais de desenvolvimento considera como fundamentais para a evolução do trabalho analítico o investimento desejante (Mendes de Almeida, 2008b) e subjetivante do analista (Silva et al., 2011). Além disso, apoia-se no conceito de reclamação e, também, na ideia cultivada e conquistada de uma postura ativa e pensante, informada pelas emoções, sensibilidade e percepções do analista propostas por Anne Alvarez (1985, 1994a).

---

3 Nos filmes caseiros, é possível identificar os sinais precoces de autismo descritos por Muratori e Maestro (2007), especialmente aqueles relacionados a um *deficit* essencial na intersubjetividade e à atenção dirigida preferencialmente a objetos.

Nesse sentido, Ferro (1998) também assinala que a imagem visual que o analista usa, fruto de *rêverie* em sessão, é a contribuição mais significativa e mais transformadora que se pode dar à construção da sessão, no terreno do mito e da paixão, de que nos fala Bion em *Elementos de psicanálise* (1963/1991). Além disso, alerta que já não é possível pensar o analista como alguém que decodifica o texto do paciente, fornecendo, às escondidas, uma conta paralela sobre os significados, mas como um coautor do terceiro narrativo, que é construído em sessão com a contribuição de ambos (p. 207).

Desse modo, acredito que a função narrativa nasce de um campo que envia missões diplomáticas, que reclamam e investem as partes sadias do paciente, como "um objeto humano vivo, consistente, uma companhia viva, um objeto animado" (Alvarez, 1994a, p. 88), convocando-o a se conectar com a realidade e, assim, vai construindo um continente para seus conteúdos e a capacidade de pensar. A imagem – fruto de *rêverie* em sessão –, portanto, torna-se o fato por excelência, o organizador que permite definir uma nova "*Gestalt*, delinear uma nova configuração do campo rumo a uma extensão do mesmo, com uma contínua possibilidade de ressignificação" (Ferro, 1998, p. 207).

Ilustro essas facetas da função narrativa do analista com alguns trechos da análise de Guilherme.

Nas primeiras sessões, ponho-me a observar e narrar para ele como ele ia reencontrando as coisas que havíamos feito no dia anterior: "Você está vendo o carrinho que tem coisas dentro e você quer olhar o que tem dentro e guardar coisas dentro".

Ao ajudá-lo a colocar uma massinha vermelha no porta-malas (ele irá reencontrar essa massinha em outras sessões), esboço a possibilidade de, a cada sessão, explorar e incorporar o que vou oferecendo, de modo que, aceitando minhas contribuições, ele passa a construir uma interação cada vez mais lúdica (com um dentro e um fora, um esboço de um continente e de uma mente).

Procurava construir uma narrativa a partir de seus movimentos na sessão, como no início, quando era comum ele se recolher, começar a desenhar num bloco de papel grande e, de repente, ir se encolhendo, de costas para mim, com o rostinho e os braços colados no papel, rabiscando, totalmente absorto (concha autística, encapsulado, necessidade de regulação na relação com o objeto?). Naqueles momentos, eu pegava outro lápis e ia fazendo um caminho no papel até chegar próximo ao lápis dele – e meu lápis conversava com o dele, "reclamava-o", iniciando um diálogo entre os lápis e, depois, com ele: "Ei, Guilherme, onde está você?". Ele, então, olhava para mim, ria; nossos lápis começavam a correr um do outro; Guilherme se divertia. Assim, com essa função narrativa, procurava resgatá-lo e possibilitar um novo encontro (Figura 27.1).

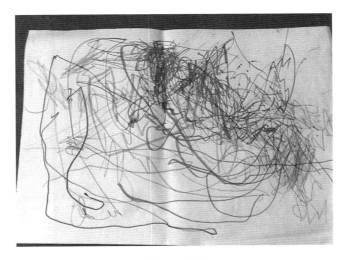

Figura 27.1

Em outra ocasião, Guilherme se dirige para sua caixa e encontra a cola. Pega o papel, passa a cola nele e diz: "Aú" (azul). Essa é uma brincadeira que também se repete nas sessões, em que, às vezes, desenhamos e colamos pedaços de papel de seda – rasgados por mim e colados por ele. Ele novamente passa a cola e me pede: "Aú" (azul). Então, rasgo um pedaço de papel azul e lhe dou, e ele cuidadosamente o coloca sobre a cola. Depois, a brincadeira se repete – ele me olha e pede: "Aelo" (amarelo). "Melo" (vermelho). "Ede" (verde). Vou aguardando seu pedido e amplificando sua demanda a cada cor. Ele fica muito feliz em perceber que eu o compreendo.

Em dado momento, percebo que ele desenha um carrinho com a cola (o pai me ensinou a ver isso). Ele me pede o papel azul e cola três pedaços de papel sobre o carro. Digo que o carro ficou azul e, com uma caneta preta, replico o carro sobre o papel azul. Ele me olha e diz: "Táxi...". "É", digo, "como o táxi que você pega com a mamãe e com o papai". Lembro, também, que estamos juntando as cores no papel: os pedacinhos do Guilherme com o papel da Cecília (Figura 27.2.).

Figura 27.2

Durante muitas sessões, Guilherme vinha acompanhado de seu trem Thomas:[4] eu percebia que aquele trem era uma continuidade dele e não tinha um destino lúdico. Em uma dessas ocasiões, fui povoando os arredores de um trilho que eu havia desenhado em uma cartolina com signos de seu repertório: sua casa, o prédio de meu consultório, sua escola, a casa de sua babá e do filho dela, a casa do primo etc. E ele me pede – com uma verbalização ainda incipiente, mas que compreendo – para completar com a estação do trem. Então, passamos a brincar com o trem Thomas em um "trilho/continente" inserido num cenário com uma narrativa (temporal e espacial – Figura 27.3). Assim, colocando o trem Thomas no trilho/continente, coloco-os em relação, e aquilo que não possuía um destino lúdico passa a ter um sentido, uma narrativa.

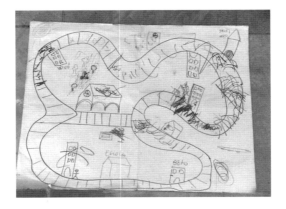

Figura 27.3

Houve um dia em que ele chegou chorando muito, era um choro desesperado. Ele não queria se separar de sua mãe. Entrou na

---

4 *Thomas e seus amigos* é uma série para crianças exibida no Brasil pelo canal Discovery Kids (Allcroft & Mitton, 2000). Thomas é um trem azul que vive várias aventuras; os seres humanos são meros coadjuvantes.

sala, ainda muito agoniado (Winnicott, 1963/1994) e desmantelado (Meltzer, 1979), acompanhado de seu trem Thomas. Aos poucos, começou a brincar com o trem e me pediu o trilho/continente e, ainda soluçando, explorou esse cenário. Fui apresentando a estação e indicando para onde o seu Thomas poderia ir, e a sessão prosseguiu.

Ao final, tomada ainda pela percepção de sua angústia de aniquilação e de fragmentação diante da separação no início de nosso encontro, construo uma história em quadrinhos, narrando seus sentimentos e como fomos lidando com eles utilizando o trilho/continente, e conversamos sobre como era difícil ficar comigo e deixar a mamãe lá fora (Figura 27.4).

Figura 27.4

Era comum ele entremear os rabiscos sobre a mesa com olhadas pela janela, dizendo: "Vermelho, verde", referindo-se ao farol da rua, mas sem muita relação com o que via ou com alguma comunicação que pudesse produzir algum sentido em mim. Aproveitando esse repertório, com outra caneta, inseria em seus rabiscos um farol ou utilizava canetas coloridas para representar as fases deste. Esse farol passou a fazer parte de cenas com o trem Thomas, Clarabel, Anne e o carro McQueen.[5] No jogo dialógico e lúdico, que descrevo a seguir,[6] esse farol também está presente. Como diria Ferro, essa cena representa uma conarração transformativa em verdadeira cooperação dialógica entre nós "enquanto filha de nossas mentes, gerando significados novos e abertos", sem colocar à prova as partes ou os funcionamentos de Guilherme ainda incapazes de "plena receptividade e dependência" (Ferro, 2000, p. 18).

Guilherme: "Vamo fazê o faol?"

Fico surpresa ao pensar que esse pedido pode conter algo que ilumine e organize seu trânsito emocional.

Ele me pede para esperar perto do shopping/casinha com o farol, utilizando as canetas coloridas.

Guilherme: "Faol vemelho! Tem que ficá parado, McQueen!". Pega o carro de polícia e diz: "Polícia fica feio...". Faz som de sirene: "Polícia vai ficá feio... Não pooode, McQueen! Não pode!".

Ele pega o carro de polícia e faz uma colisão com o McQuen, que passou no farol vermelho.

Guilherme: "Eu vou bater você. Pouh! Polícia quebô."

Ele me olha com ar de interrogação.

Maria Cecília: "Você está me contando como você já sabe as coisas que podem, que não podem, o que organiza e desorganiza... o que deixa bravo/feio, sozinho/triste."

Guilherme: "Ué! Ué!", faz som de sirene. "O bombêro vem."

---

5   McQueen é um carro de corrida jovem e bem-sucedido, personagem do filme Carros (Anderson & Lassester, 2006). Com seus amigos, aprende os verdadeiros valores da vida e descobre o amor. São personagens não humanos, embora com uma mensagem humanista.

6   Essa sessão ocorreu após um ano e nove meses de trabalho analítico.

Maria Cecília: "Bombeiro-Cecília ajuda."

Guilherme: "Quebô teto!"

Guilherme pega as ferramentas e faz os reparos. Aponto como ele está podendo usar muitas ferramentas e pedir ajuda quando precisa.

Esse jogo dialógico mostra como os elementos utilizados na função narrativa foram, de fato, transformados em aprendizado, na medida em que agora Guilherme reutiliza o trilho/continente e o farol de uma forma nova e criativa, como pista/curvas, inventando/criando novas narrativas.

Em uma sessão de quando Guilherme estava com 5 anos, ele propôs um brincar espontâneo e criativo, com elementos próprios, como se ele estivesse se apropriando da capacidade narrativa para brincar de faz de conta de forma intersubjetiva, indicando uma ampliação de seu mundo interno. Guilherme transformou meu consultório em uma padaria, onde poderiam ser confeccionados/criados pãezinhos/bebês/filhinhos, frutos de possíveis encontros entre nossas mentes.

Guilherme pega a máquina de fazer bolas de sabão, testa esta, observa e faz bolas. Vou descrevendo seus movimentos. Então, ele me diz:

Guilherme: "Vamo fazê comida? Tô peparando, hein... Tô peparando suco de uva... Suco de uovou! Já acabou suco de limão... Qué mais, qué mais...?"

Pede mais água e pega a garrafinha com sabão.

Guilherme: "Vai pepará queme de ovo!"

Maria Cecília: "Mexe, mexe, mexe. Creme de ovo!". Vou amplificando seus movimentos: "Ah, agora virou creme de ovo". Um

INFÂNCIA, VÍNCULOS E DIVERSIDADE PROFISSIONAL   469

tanto emocionada, digo: "Quantas transformações que você está conseguindo hein...".

Guilherme: "Não é sabão, é queme de ovo."

Maria Cecília: "Junta o sabão da Cecília com o dedo do Guilherme e a gente faz uma outra coisa... Fizemos limonada, suco de limão, suco de ovo, suco de uva e creme de ovo, agora."

Guilherme: "Tá misturando, hein... Depois vai pôr um sal". Guilherme vai mexendo a água e o sabão com o dedinho e conversando: "Ó, queme... Você qué suco?... Péra está misturando, ó... Isso chama panela".

Ofereço uma panela e ele vai colocando o bolo.

Guilherme: "Tá caindo. Bigado, Cecília."

Maria Cecília: "De nada, Guilherme."

Guilherme: "Pepará queme de limão. Hum, agora vai ser queme de limão. Pronto! Agora vamos pôr no pato... Vai misturá o sal! Esse aqui é sal: tchuc, tchuc, tchuc", usa um brinquedo como saleiro. "Olha tá misturando... O bolo!"

...

"Aqui não chama de médico. Aqui é uma padaria."

Maria Cecília: "Ah! Uma padaria. Que transforma as coisas, que faz pão, que faz creme de ovo... Estou vendo como você é capaz de preparar uma comida nova... Um pouquinho de Cecília, um pouquinho de Guilherme, faz uma coisa nova..."

Nessa sessão, Guilherme dirige a cena do brincar. Eu posso acompanhá-lo e não preciso reclamá-lo: é ele quem me convoca. Além disso, as brincadeiras indicam que ele está constituindo um continente psíquico que contém suas criações (panela, sala de análise...) – e sentimentos.

Quando ele transforma meu consultório em uma padaria, encontra um alimento psíquico e vai sinalizando que tem a noção de tempo internalizada. É possível ver Guilherme se relacionando comigo ao apresentar seu creme de ovo "misturado" – em uma padaria, com minha coparticipação, com a presença de trocas comunicativas ("Bigado, Cecília") e com troca de olhares, indicando um brincar intersubjetivo e de faz de conta, em que, de fato, é possível haver um encontro emocional entre duas mentes.

Ao exercer a função narrativa na análise de Guilherme, ofereço, com minha prosódia em forma de mamanhês[7] (Parlato-Oliveira, 2011), uma linguagem banhada de afeto, um envelope sonoro (Anzieu, 1995), um sentido às manobras autísticas e estereotipadas – e, a partir daí, junto com Guilherme, vamos tecendo a constituição de seu psiquismo, o nascimento de um sujeito e a ligação com o outro. Essa prosódia dá vida aos seus comportamentos repetitivos e sem sentido, caracterizados como uma descarga emocional sem possibilidade de representação. Assim, emprestando minha capacidade inventiva e lúdica, junto com meu mundo emocional, vou irrigando o universo psíquico de Guilherme, que no início era só deserto.

Sobre a função narrativa

Quando o universo psíquico do paciente está impedido de construir uma narrativa, acredito que o trabalho clínico vai incluir e priorizar as experiências traumáticas dos primeiros anos, não simbolizadas, mas que se reapresentam na relação transferencial, levando o analista a simbolizar o que até então não havia sido ligado pelos processos secundários do analisando. Dessa forma, é

---

7 Segundo Dupoux e Mehler (1990), manhês, mamanhês ou *baby talk* é "o dialeto de todas as mães do mundo, quando elas falam com seus bebês, no qual a voz é mais aguda e a entonação exagerada" (p. 221).

papel do analista favorecer a capacidade do paciente de criar imagens e transcrevê-las em narrativas, como um instrumento que permite que as emoções sejam expressas. É o objetivo por excelência da função narrativa criar um campo em que emoções sejam compartilhadas como uma paixão entre mentes que se encontram.

Auxiliada por essa função, construí múltiplas histórias com Guilherme, o que tem favorecido o estabelecimento de novos vínculos e relações entre os fatos e as lacunas do desenvolvimento, criando um espaço psíquico, um caminho para a sobrevivência, psíquica, ameaçada até então. Procurei dar voz às emoções que Guilherme desejava exprimir ou que desejava que fossem expressas com minha ajuda, captadas, muitas vezes, a partir do jogo intersubjetivo das identificações projetivas e adesivas ou da elaboração dos ecos contratransferenciais, trabalhando "nos domínios dos sentidos, dos mitos e das paixões" (Bion, 1963/1991, p. 210).

Essa forma de trabalhar, utilizando-me da função narrativa, tem possibilitado que pacientes como Guilherme ampliem cada vez mais a sua capacidade de pensar e nomear suas emoções, permitindo que a análise possa ser, de fato, aquela sonda que amplia o campo que está explorando, permitindo aos pacientes estarem na linha de frente nessa exploração. Por meio da função narrativa, respeitando a comunicação manifesta do paciente e aguardando que ele possa, aos poucos, ir aprofundando a sua capacidade de pensar, tomo em consideração o que o paciente traz e encena na sala de análise: "fazendo sobretudo um jogo de luzes, renunciando a explicar todos os possíveis significados relacionais", como assinalou Ferro (1998), citado por França e Petricciani (1998, p. 121). Recebendo as comunicações afetivas no campo relacional, busco uma intervenção narrativa que se aproxime dos estados emocionais do paciente.

Como Bion, acredito cada vez mais que o estar em sintonia com o paciente não é tanto uma questão de conteúdo ou de verdade, mas uma questão de estar no mesmo comprimento de onda afetiva, revelando a paixão. Trabalhando com a função narrativa, o analista vai funcionando como uma enzima que favorece as transformações na sala de análise: podemos ver como Guilherme pôde ir chegando, aos poucos, a uma verdade compartilhada.

A partir dessas reflexões teórico-clínicas, acredito, então, que a função narrativa, derivada da função alfa (Bion, 1962b/1990) e da capacidade de *rêverie*, envolve uma postura ativa e convocadora (reclamadora/investidora) do analista, no sentido de oferecer ao paciente continência emocional e sonora; emprestar emoções, pensamentos, significados e representação, proporcionando-lhe uma nova experiência emocional organizadora de sentido e favorecedora de conhecimento. Essa função implica uma qualidade psíquica do analista de elaborar as identificações projetivas e/ou adesivas e processá-las utilizando os ecos transferenciais e contratransferenciais experienciados no campo analítico, trabalhando com os pensamentos oníricos, com imagens visuais, como nos sonhos e nos devaneios. O que tenho observado na clínica, mesmo com pacientes adultos, é que a função narrativa amplia a rede associativa, oferece contorno e continência ao mundo mental, assim como a capacidade de pensar os sentimentos e de tornar-se si próprio.

Por fim, gostaria de apontar que a paixão como componente da formação e da função psicanalítica (Silva, 1992) e a compreensão da sintomatologia, das lacunas na constituição do psiquismo, revelam-se em minha escuta analítica e se refletem em meu exercício clínico, levando-me a tomar em consideração a condição humana em sua historicidade, eventualmente com seus aspectos transgeracionais e intergeracionais (Silva, 2003, 2007a). Pois a subjetividade não se constrói de uma só vez – mas, sim, ao longo de um processo, cujo elemento fundamental é a experiência partilhada com o outro – e convida o analista a priorizar, no processo analítico, a ideia de um encontro emocional entre duas mentes.

Assim, como uma paixão que evidencia que duas mentes se ligaram, a função narrativa vai ao encontro dessa perspectiva, oferecendo ao paciente a possibilidade de confronto com a passagem do tempo, o conhecimento e a elaboração de estados emocionais de suas distintas experiências, criando espaço para estrear o brincar, o pensar e o sonhar.

ANEXOS

Sistematizações facilitadoras para a prática e formação no trabalho com pais, bebês e crianças

Compartilhamos aqui pequenas sínteses de contribuições que consideramos significativas em nosso percurso e cotidiano de experiência psicanalítica direta e que têm se mostrado facilitadoras e pertinentes na transmissão didática em vários contextos de supervisão e formação. Essas sínteses são apresentadas como resumos elaborados por nós ou em formato de indicações de instrumentos que esperamos poderem ser mobilizadores para um aprofundamento no contato com o material original e com o pensamento mais amplo de alguns de autores como Esther Bick, Victor Guerra, Daniel Stern, Kupfer et al., Muratori e Maestro, Graciela Cullere-Crespin, Tessa Barandon et al. que têm, de maneira relevante, nos embasado o trabalho com pais-bebês/crianças e se mostrado tão úteis também em contextos ampliados no campo da saúde e educação.

A. Observação psicanalítica da relação mãe-bebê na família – modelo Esther Bick[1]

▷ **Observação** durante uma hora semanal, por dois anos (ou um)

▷ **Registro** posterior detalhado

▷ **Supervisão**, pequeno grupo constante, semanal

▷ **Início**: 1948 – Tavistock Clinic, Londres, formação de psicoterapeutas infantis

▷ **Aplicações e desdobramentos** para fins de ensino, formação, atendimento e pesquisa em contextos clínicos ou não clínicos – saúde, educação, contextos institucionais

▷ Utilização dos **princípios da técnica analítica**:

- atenção aos mínimos detalhes
- observação do contexto
- estudo da continuidade genética

---

1 Bick (1948/1967).

- apreensão da realidade sensorial e psíquica, observador como instrumento de registro do clima emocional

Atitudes (estados de mente), habilidades e oportunidades favorecidas pela prática da observação da relação mãe-bebê

▷ **Atenção aos detalhes** (olhar, ouvir, lembrar, absorver os estados emocionais transitórios do bebê e família, atenção ao que emerge, **sem busca ativa de dados**). Observam-se aspectos:
- verbais
- gestuais
- pré-verbais
- relacionais
- relativos à atmosfera emocional
- relativos ao desenvolvimento do bebê
- relativos ao desenvolvimento da relação pais-bebê
- relativos ao que se passa internamente com o observador

▷ Oportunidade de **observar a função de continência**:
- pais-bebê
- autocontinência do bebê

▷ **Exercício da função de continência**:
- atitude receptiva aos estados internos dos pais e do bebê
- tolerância ao impacto das emoções primitivas e pressões emocionais no observador (turbulência e transformações

cotidianas que caracterizam a chegada do bebê e o desenvolvimento das relações iniciais)

- tolerância à ansiedade
- trabalho interno (elaboração, transformação) como alternativa à reação pela ação, ao impulso de interpretar
- atitude receptiva e investigativa frente aos próprios estados internos
- poder contar com seus próprios recursos internos
- capacidade de continuar pensando mesmo frente a poderosas pressões emocionais, situações dolorosas, tendência à evacuação e pressões projetivas
- capacidade de retenção mental da experiência (exercício da observação e do registro)

▷ **Áreas de circulação da continência:**
- observador/bebê
- observador/pais
- observador/observador
- seminário/observador

▷ Tolerância ao não saber, às dúvidas, não pré-julgar: **capacidade negativa**
- aguardar que as formulações se construam e que o sentido possa emergir a partir da experiência

▷ Capacidade de **identificação e empatia** com o bebê e/ou a mãe na família (estados de ressonância, sintonia emocional e capacidade de perceber tais identificações)

▷ Capacidade de se colocar, ao mesmo tempo, como **íntimo, mas discriminado**

▷ Capacidade de **focar a relação**

▷ Oportunidade para perceber **peculiaridades e modificações de uma relação em estado nascente**

▷ Oportunidade de observar uma **mente em formação** (vida mental presente desde o início)

▷ **Processos mentais em formação** (novas funções desenvolvidas pela experiência):
  • desenvolvimento do bebê na relação
  • pais em seu novo papel
  • observador em seu novo papel
  • desenvolvimento das ideias no grupo de seminário a partir do relato da observação

▷ Oportunidade de observar uma família – relação pais-bebê em sua flexibilidade e adaptabilidade, **plasticidade dos processos mentais e do desenvolvimento emocional**

▷ Oportunidade de observar a **competência do bebê**

▷ Capacidade de refletir sobre o **sentido** (*meaning*) presente **em situações cotidianas** aparentemente banais

▷ Oportunidade de observação **de estados primitivos da mente**, estados infantis de **integração e não integração**

▷ Oportunidade de observar o desenvolvimento da **capacidade simbólica do bebê**

INFÂNCIA, VÍNCULOS E DIVERSIDADE PROFISSIONAL   481

▷ Oportunidade de observação de diversas **formas de comunicação** pais-bebê e família-observador:

- verbais
- não verbais
- projetivas

▷ Oportunidade de apreender **padrões emergentes** na relação pais-bebê (também família-observador) ao longo do desenvolvimento

▷ Oportunidade de contato com a **concomitância do desenvolvimento físico e emocional – relacional, orgânico e mental**

▷ Capacidade de **formular o impacto emocional** primitivo em experiência compartilhável por meio da comunicação, palavras, **linguagem com o grupo do seminário**

▷ Oportunidade de contato com **conceitos teóricos na prática** da observação psicanalítica

▷ Exemplos: identificação, continência, projeção, evacuação, integração/não integração, preocupação materna primária, ansiedades depressivas e paranoides, triangulações edípicas, funções parentais de gerar amor, manter esperança, conter dor depressiva e promover o pensar.

▷ Capacidade de utilizar a **perspectiva psicanalítica como instrumento** para se compreender interações **em** vários **contextos relacionais e institucionais**

B. Resumo da grade de indicadores de intersubjetividade no primeiro ano de vida, de Victor Guerra[1]

Do encontro de olhares ao prazer de jogar juntos

1. Encontro de olhares (sustentação corporal) (0-2 m)

Na sustentação corporal que o bebê necessita na amamentação, há também um fundamental encontro de olhares. Esse encontro implicará uma busca, uma descoberta potencial entre ambos para começar o processo de subjetivação. Essa busca de um encontro será o *Leitmotiv* de todo o primeiro ano de vida (e mais adiante também).

A troca de olhares é um dos primeiros sinais de encontro afetivo entre as pessoas.

Victor Guerra define o conceito de intersubjetividade como:

- Experiência de compartilhar estados emocionais com o outro.

---

1 Guerra (n.d., 2014, 2019).

- Conjunto de experiências que se coconstroem quando duas pessoas se encontram.
- Capacidade de participar "na" e "saber da" experiência do outro.

Prioridades afetivas básicas no processo de subjetivação entre mãe e bebê:

- sustentação
- alimentação
- atenção mútua
- ritmo (prazer de criar uma estrutura)
- palavra
- jogo

Afirma que os diálogos entre a subjetividade do bebê e da mãe fazem parte de um processo de coconstruir, cocriar, copensar e co--transformar.

2. Proto conversações (jogos face a face) (2 m)

Experiência pela qual o bebê começa a compartilhar sons com intenção de comunicar-se, desenvolvendo assim uma organização interna rítmica. Nesses jogos iniciais, geralmente aparecem os momentos de jogos face a face, quando a mãe coloca seu bebê próximo de seu rosto para poder trocar diferentes formas de comunicação. Há um prazer em criar uma estrutura de diálogo, com um ritmo, um prazer de criar conjuntamente uma identidade rítmica, uma organização temporal interna. Nessa experiência lúdica há, também, a presença do pai.

3. Imitação

Victor Guerra destaca como existem elementos que nos fazem pensar que o bebê nasce com uma capacidade inata para preferir o rosto humano como ponto de atenção e para imitar alguns gestos. Lembra o que diz Winnicott (1967/1975) em seu artigo sobre o papel do espelho, um asilo seguro de uma imagem.

4. Jogos de cosquinhas e de suspense (3-5 m)

Esse indicador destaca as brincadeiras que surgem na relação pais-bebê, como a canção das mãos e dança das mãos, em que está presente o ritmo e a maleabilidade psíquica do cuidador, com uma noção de *timing* e nível de excitação que o bebê possa suportar.

5. Vocativos atencionais (5-12 m)

A atenção é uma atividade fundamental do aparelho psíquico. É um estado no qual a tensão interior é dirigida para um objeto exterior, distinto dos estímulos sensoriais, e é um instrumento fundamental na intersubjetividade. A atenção é uma função psíquica que se coconstrói intersubjetivamente.

Do deslocamento no espaço ao prazer de brincar juntos

6. Deslocamento no espaço e olhar referencial (5-7 m)

Nesse momento, o bebê busca o acesso à verticalidade como uma conquista em que a integração de aspectos psíquicos se reflete no motor. O bebê busca no olhar do adulto o sentido da experiência emocional. A narrativa é importante, pois transmite a história de um vínculo confiável.

7. Atenção conjunta: objeto tutor (6-10 m)

Adulto e criança cocriam experiências comuns com objetos que são testemunhos desses encontros – **OT**, e podem ser vários objetos (objetos plurais). Os pais são coapresentadores dos objetos tutores que promovem codescobertas, impregnados pela história desses encontros, e que transmitem continuidade de cuidado.

O objeto tutor é diferente de objeto transicional proposto por Winnicott, pois o objeto transicional é único e escolhido pelo bebê.

8. Jogo de esconde-esconde (8 m)

Esse é um jogo que se estabelece em torno dos 8 meses do bebê e visa a elaboração das angústias de separação ou angústias do oitavo mês.

9. Sintonia afetiva (9-12 m)

Aqui, o bebê já é capaz de trocas mais vivas, em que há a realização de jogos/comportamentos que expressam a qualidade afetiva de um estado emocional compartilhado.

10. Interludicidade (8-12 m)

Esse item da grade mostra a disponibilidade lúdica do bebê, como no "jogo de proibição de deixar cair algo", um exemplo repleto de emoção (gesto, movimento, palavra, surpresa, intensidade e exagero).

Trata-se do início do brincar de faz de conta, do "como se", indicando a passagem para o processo de simbolização e o surgimento de um espaço transicional, com ritmo e entusiasmo.

11. Indicação protodeclarativa e narratividade conjunta (12 m)

Início do andar, uso do indicador, atenção diante do mistério, base do desejo de conhecer, da curiosidade epistemofílica com início da narrativa e da palavra.

Estes 11 indicadores abrem caminho para importantes desenvolvimentos no segundo ano de vida, como a marcha, no contexto da dialética perto-longe (12-18 m), a consciência reflexiva (18 m), as brincadeiras de imitação diferenciada (18-24 m), as brincadeiras "como se" (24 m) e a linguagem (24 m).

C. Parâmetros para diagnóstico de problemas de desenvolvimento – janelas clínicas de Daniel Stern[1]

Daniel Stern (1997) baseia-se na noção de que há questões básicas relevantes para o desenvolvimento do bebê ao longo da vida, como: confiança, apego, dependência, independência, controle, autonomia, competência, individuação e autorregulação. Esse autor acredita que o desenvolvimento está sempre progredindo, embora com saltos descontínuos e quantitativos, seguidos por períodos de consolidação das novas aquisições. Esses saltos foram demarcados por ele em cinco janelas clínicas, trazendo, a cada uma delas, novas capacidades sociais, afetivas, motoras e cognitivas para uma nova interação com os pais.

O autor propõe cinco janelas clínicas por onde se vislumbra a progressão do desenvolvimento da interação pais-bebês e por onde se poderia verificar tanto competências quanto vulnerabilidades:

- *de 0 a 2 meses e meio*: durante esse período, observa-se a capacidade da mãe (ou cuidador) de alimentar e/ou colocar o bebê para dormir, a capacidade dela de tranquilizar

---

1 Stern (1997).

a criança nos momentos de choro e de desconforto e os intercâmbios sociais (trocas de sorrisos e o jeito de falar com o bebê). Observa-se "responsividade, sensibilidade, ajuste temporal, controle excessivo, controle insuficiente, caráter bizarro, etc. nos pais e no bebê" (p. 72).

- *de 2 meses e meio a 5 meses e meio*: observa-se a interação social face a face, sem brinquedos ou outros objetos, isto é, o controle do olhar, o sorriso responsivo e a vocalização do bebê.

- *de 5 meses e meio a 9 meses*: observa-se o brincar juntos com um objeto inanimado, como a mãe/pai e o bebê conduzem a "direção, *timing*, foco, elaboração, estimulação, mudança de assunto e desligamento em relação àquela brincadeira" (p. 73).

- *de 8 a 12 meses*: observa-se dois eventos desenvolvimentais importantes, que são o apego e a separação em relação à mãe ou cuidador, isto é, a capacidade de estabelecer um vínculo de confiança, afeto e conforto na interação, a presença da negociação e da regulação da "intersubjetividade", os "limites de exploração e distância física" entre a mãe e o bebê (pp. 74-75).

- *de 18 a 24 meses*: observa-se o advento da linguagem e a capacidade de brincar com os objetos, assim como o aumento na mobilidade e capacidade física, que leva à necessidade de estabelecer limites e ao processo de socialização. Observa-se a qualidade da interação levando-se em conta a experiência subjetiva do bebê.

D. Indicadores de Risco para o Desenvolvimento Infantil (IRDI), de Kupfer, Jerusalinsky, Bernardino, Wanderley, Rocha, Molina, Sales, Stellin, Pesaro, Lerner[1]

Kupfer et al. (2009) apresentam os resultados da pesquisa multicêntrica de Indicadores de Risco para o Desenvolvimento Infantil (IRDI), desenvolvida no período de 2000 a 2008 para a faixa etária de 0 a 18 meses, contando com 31 indicadores clínicos de risco para o desenvolvimento infantil.

Esses indicadores foram construídos a partir de quatro eixos teóricos:

- *Suposição do sujeito (SS)*: caracterizado pela capacidade da mãe ou do cuidador de antecipar a presença de um sujeito psíquico no bebê, mesmo que ainda não constituída. Essa experiência prazerosa para o bebê vem acompanhada por uma prosódia melódica da mãe, denominada mamanhês, provocando a resposta sorridente do bebê.

- *Estabelecimento da demanda (ED)*: caracterizado pela capacidade da mãe (ou do cuidador) de reconhecer as primeiras reações involuntárias do recém-nascido (como o choro)

---

1 Kupfer et al. (2009).

como um pedido dirigido a ela. Esse pedido reconhecido é a origem da linguagem e da socialização.

- *Alternância presença/ausência (PA)*: caracterizado pela capacidade da mãe ou do cuidador de se alternar entre presença (não só física, mas simbólica) e ausência, permitindo que o bebê desenvolva um dispositivo subjetivo para sua simbolização.

- *Função paterna (FP)*: caracterizado pela capacidade da mãe ou do cuidador de introduzir uma terceira instância, marcada pelas dimensões social e cultural, na dupla mãe-bebê, pois a função paterna é a encarregada de transmitir os parâmetros da cultura e promover uma separação simbólica da dupla mãe-bebê. Essa função é fundamental para a subjetivação do bebê e sua diferenciação em relação à figura materna.

Na pesquisa IRDI, é a ausência de indicadores que aponta perturbações na interação mãe-bebê e, portanto, a presença de algum risco para o desenvolvimento da criança. Dessa forma, os indicadores descritos no Quadro D.1 indicam para o pediatra características de saúde, e não de doença na criança. Quando ausentes, levarão o pediatra a suspeitar que algo não vai bem, sem, contudo, fechar um diagnóstico definitivo, pois no campo subjetivo "um diagnóstico fechado na primeira infância pode ser desastroso e iatrogênico, na medida em que sela um destino ainda passível de modificações decorrentes da plasticidade e intercorrências" (Kupfer et al., 2009) implicadas na construção da subjetividade.

Quadro D.1 – Indicadores clínicos de risco para desenvolvimento infantil e respectivos eixos teóricos (Kupfer et al., 2009)

Idade (em meses)	Indicadores	Eixos
de 0 a 4 meses incompletos	1. Quando a criança chora ou grita, a mãe sabe o que ela quer.	SS/ED
	2. A mãe fala com a criança num estilo particularmente dirigido a ela (mamanhês).	SS
	3. A criança reage ao mamanhês.	ED
	4. A mãe propõe algo à criança e aguarda a sua reação.	PA
	5. Há trocas de olhares entre a criança e a mãe.	SS/PA
de 4 a 8 meses incompletos	6. A criança começa a diferenciar o dia da noite.	ED/PA
	7. A criança utiliza sinais diferentes para expressar suas diferentes necessidades.	ED
	8. A criança solicita a mãe e faz um intervalo para aguardar sua resposta.	ED/PA
	9. A mãe fala com a criança, dirigindo-lhe pequenas frases.	SS/PA
	10. A criança reage (sorri, vocaliza) quando a mãe ou outra pessoa está se dirigindo a ela.	ED
	11. A criança procura ativamente o olhar da mãe.	ED/PA
	12. A mãe dá suporte às iniciativas da criança sem poupar-lhe o esforço.	SS/ED/PA
	13. A criança pede a ajuda de outra pessoa, sem ficar passiva.	ED/FP
de 8 a 12 meses incompletos	14. A mãe percebe que alguns pedidos da criança podem ser uma forma de chamar sua atenção.	ED/SS
	15. Durante os cuidados corporais, a criança busca ativamente jogos e brincadeiras amorosas com a mãe.	ED
	16. A criança demonstra gostar ou não de alguma coisa.	ED
	17. Mãe e criança compartilham uma linguagem particular.	SS/PA
	18. A criança estranha pessoas desconhecidas para ela.	FP
	19. A criança possui objetos prediletos.	ED
	20. A criança faz gracinhas.	ED
	21. A criança busca o olhar de aprovação do adulto.	ED
	22. A criança aceita alimentação semissólida, sólida e variada.	ED

(continua)

Quadro D.1 – Indicadores clínicos de risco para desenvolvimento infantil e respectivos eixos teóricos (Kupfer et al., 2009) (continuação)

de 12 a 18 meses	23. A mãe alterna momentos de dedicação à criança com outros interesses.	ED/FP
	24. A criança suporta bem as breves ausências da mãe e reage às ausências prolongadas.	ED/FP
	25. A mãe oferece brinquedos como alternativas para o interesse da criança pelo corpo materno.	ED/FP
	26. A mãe já não se sente obrigada a satisfazer tudo o que a criança pede.	FP
	27. A criança olha com curiosidade para o que interessa à mãe.	SS/FP
	28. A criança gosta de brincar com objetos usados pela mãe e pelo pai.	FP
	29. A mãe começa a pedir à criança que nomeie o que deseja, não se contentando apenas com gestos.	FP
	30. Os pais colocam pequenas regras de comportamento para a criança.	FP
	31. A criança diferencia objetos maternos, paternos e próprios.	FP

E. Pequeno sumário acerca dos indicadores de risco de desenvolvimento atípico a partir de pesquisas de Muratori e Maestro:[1] uma contribuição para profissionais em contato com a primeira infância

Logo no início da vida, alguns bebês podem apresentar certos indicadores de risco, caracterizando desenvolvimentos atípicos, como: evitar o olhar, evadir-se do contato, ausência de sorriso, estereotipias sonoras, estereotipias gestuais, movimentos estranhos da língua na boca. Ao longo dos primeiros 18 meses, podem demonstrar certa apatia, preferência por objetos inanimados e falhas nas trocas intersubjetivas.

Muratori e Maestro (2007) realizaram uma pesquisa utilizando vídeos caseiros de crianças que foram diagnosticadas posteriormente com autismo. Esses vídeos continham cenas da rotina familiar (alimentação, banho etc.), momentos especiais (aniversários, batismo do bebê, Natal, Páscoa) e situações de jogo (com objetos ou pessoas).

Esses autores perguntavam-se: os comportamentos essencialmente do espectro do autismo não estão presentes em crianças muito novas com autismo? Os comportamentos essencialmente

---

1 Muratori e Maestro (2007).

do espectro do autismo estão presentes, mas dificilmente são passíveis de reconhecimento porque os cuidadores os veem como deficiências próprias dos bebês? Os comportamentos essencialmente do espectro do autismo estão presentes, mas não são reconhecidos como problemáticos até o momento em que as expectativas dos cuidadores crescem muito ou os clínicos e os pais se atentam mais ao assunto?

A partir dessa pesquisa, os autores concluíram que:

- Os pais, diferentemente do que muitos imaginam, mostraram-se nos vídeos como altamente flexíveis e envolvidos.

- Um desejo ou crença imperiosos de que a criança seja normal pode levar os pais à convicção de que uma habilidade está presente quando, de fato, não está, ou mesmo um bebê passivo e pouco reativo pode ser tomado como tranquilo e bonzinho pelos pais.

- Tanto os pais quanto os pesquisadores notaram diferenças no comportamento das crianças a partir do período entre 12 e 15 meses.

- Tanto os pais como os clínicos podem perceber algo de diferente nas entrelinhas; o difícil é oferecer um destino para essa percepção.

- Há um período muito grande entre o momento de percepção de alguma alteração comportamental no bebê e a procura de uma avaliação clínica. Esse hiato variou entre 6 e 41 meses. Esse foi o achado mais sério para esses autores.

Os autores observaram que há duas formas principais de aparecimento do autismo:

- Um grupo de crianças apresenta sinais de risco a partir dos 3 meses de idade, quando não há crescimento progressivo da vivacidade e da capacidade de modular os estados afetivos; há um tanto de indiferença, apatia e falta de afeto; a atenção do observador é capturada pela falta de vivacidade, de iniciativa e de trocas interativas, apesar de haver troca de olhares, atenção pelos objetos e reação a estímulos emocionais.

- Outro grupo de crianças apresenta um período sem nenhum comportamento de risco (entre 6 e 12 meses), com desenvolvimento normal ou quase normal antes da perda inesperada de habilidades e do início dos sinais de autismo. Nesses casos, a relação emocional intersubjetiva falha em se desenvolver no começo do segundo ano de vida, com aumento do afastamento da criança. As mudanças que se intensificam entre 12 e 18 meses estão relacionadas à diminuição nas reações aos estímulos ambientais, ao desenvolvimento de gestos comunicativos e ao interesse pelas pessoas. O afastamento social crescente leva a criança a um mundo próprio, apresentando menos atenção no olhar, falta de interesse e diminuição de respostas ao discurso do adulto.

Esse estudo revela, sobretudo, que é possível pensar em um processo patológico desde o início do primeiro ano de vida, quando já podemos observar no bebê: afastamento, hipoatividade, falta de iniciativa e dificuldades relacionadas ao humor.

Além disso, alerta que, apesar de alguns bebês com autismo exibirem muitos comportamentos sociais, eles mostram um número mais baixo de competências intersubjetivas, isto é, capacidade de mostrar compreensão, de antecipar-se aos objetivos do outro e apresentar gestos comunicativos.

O que esses pesquisadores nos ensinam é que os sinais iniciais aqui apontados, particularmente o interesse intenso por estímulos não sociais e objetos concretos, podem representar um sinal de alerta, indicador de um desenvolvimento atípico no primeiro ano de vida de um bebê, incluindo um desenvolvimento alterado do processo de desenvolvimento neuronal esperado (Muratori & Maestro, 2007).

Muitos pais, diante da pouca capacidade de interação de seus bebês, sucumbem e desistem de convocá-los para o contato social e afetivo, gerando um círculo vicioso que cria dificuldades no vínculo pais-bebê e, consequentemente, os *deficits* de desenvolvimento do bebê se intensificam.

Um trabalho de intervenção psicoterapêutica nas relações iniciais pais-bebê pode contribuir para que um círculo virtuoso se restabeleça na relação, fortalecendo a função parental e o desenvolvimento do bebê.

Por mais difícil que seja para os pais e clínicos encontrarem um destino para suas percepções sobre os *deficits* de desenvolvimento do bebê, é importante lembrar que, com um encaminhamento para uma intervenção psicoterápica conjunta pais-bebê, levando-se em conta a plasticidade cerebral, teremos grandes chances de, ao correr contra o tempo, oferecer um novo destino a esse bebê e à sua família.

F. Os sinais de sofrimento precoce segundo Graciela Cullere-Crespin[1]

Primeiro registro pulsional – a oralidade.

Sinal positivo de desenvolvimento: buscar o objeto, o seio ou a mamadeira.

Sinais de sofrimento precoce:

Série barulhenta (alertam os mais próximos; frequentemente são motivos de consulta): **recusa de alimentação.**

Série silenciosa (frequentemente passam despercebidos): **preenchimento passivo pelo alimento, sem investimento na relação.**

Segundo registro pulsional – a especularidade, o olhar, os processos autocalmantes e autoeróticos: o bebê toma uma parte de seu próprio corpo como objeto de sua pulsão.

---

1 Graciela Cullere-Crespin é psicanalista em Paris e trabalha com a formação de médicos e profissionais em torno da prevenção precoce. Autora de *A clínica precoce: o nascimento do humano* (2004).

Sinal positivo de desenvolvimento: o bebê se acalma com objetos substitutos, o direcionamento do olhar, o diálogo olho a olho.

Sinais de sofrimento precoce:

Série barulhenta: **evitamento seletivo do olhar.**

Série silenciosa: **não fixação do olhar.**

Terceiro registro pulsional – a pulsão invocante: o bebê se oferece como objeto de prazer da mãe, fisga o gozo do outro.

Sinal positivo de desenvolvimento: o bebê aumenta suas possibilidades de invocação do outro, ocorre diversificação dos recursos sonoros emitidos pelo bebê, com conotação comunicativa.

Sinais de sofrimento precoce:

Série barulhenta: **persistência dos gritos inarticulados além do período neonatal, inconsolabilidade, gritos como descarga mais do que como comunicação.**

Série silenciosa: **cessação do apelo.**

Indicadores da qualidade do laço:

Sono:

Sinais positivos de desenvolvimento: ritmicidade, alternância de intervalos suficientemente diferenciados, com passagens pacíficas de uns aos outros.

Sinais de sofrimento precoce:

Série barulhenta: **distúrbios de sono.**

Série silenciosa: **hipersonia e insônia calma (bebês que não dormem, não brincam, não solicitam – olhos fixos no teto).**

O registro tônico-postural:

Sinais positivos de desenvolvimento: bom ajustamento recíproco corporal, condutas de antecipação de resposta.

Sinais de sofrimento precoce:

Série barulhenta: **hipotonias e hipertonias (rigidez de membros, impossibilidade de relaxar), atrasos psicomotores.**

Série silenciosa: **balanceios e detonadores de estereotipias (formas de autosensorialidade destinadas a tentar assegurar a continuidade psíquica no bebê, para quem a presença do outro é mais que problemática, considerando-se o funcionamento do espectro do autismo em vias de instalação).**

G. Elementos técnicos na intervenção pais-bebê/criança, por Tessa Barandon e colaboradores (Anna Freud Centre – Londres)[1]

Elementos gerais:

- Foco na relação pais-bebê.

- Observação do fluxo das interações na sessão.

- Endereçamento das intervenções: à relação, por vezes dirigindo-se mais à ampliação da qualidade da parentalização, outras vezes, trabalhando mais diretamente com a experiência do bebê.

- Formulações sobre as percepções aplicadas ao aqui e agora da sessão.

---

1 Barandon, T. (2005). Key techniques of intervention. In T. Baradon (Ed.), *The practice of psychoanalytic parent-infant psychotherapy: claiming the baby* (cap. 4, pp. 57-64). London, England: Routledge.

Instrumentos técnicos:

Clarificação e exploração

Endereçamento direto ao bebê (colocação do corpo e da face, ritmo e tom de voz, amplificação das expressões faciais e corporais, turnos na conversação, regulação da intensidade e ritmo de interação tolerável, oferecimento de "modelos" de acordo com a idade da criança e formas de engajamento observadas).

Comentários reflexivos sobre a interação

Oferecimento de modelos de "estar com outros"

Facilitação do brincar do bebê (interações face a face, jogos relacionais primordiais, faz de conta, elaboração de temas emergentes contingentes ao assunto da sessão e à idade da criança).

Ressonância a estados afetivos – espelhamento com amplificação de estados emocionais dos pacientes como confirmação de sua experiência de *self* (empatia e diferenciação).

Representação dos estados mentais dos bebês para os pais

Oferecimento de perspectivas alternativas

Interpretação

Interpretação verbal de defesas e conflitos intrapsíquicas e/ou interpessoais (nos pais/entre os pais e a criança/no bebê, criança)

Interpretação posta em cena (*ennactive interpretation*, construída na linguagem da ação e atitude)

Associação de passado com presente

Coconstrução de um repertório de competências parentais e relacionais – expansão do repertório de respostas parentais ao bebê a partir das percepções das atitudes do bebê e do próprio terapeuta, refletindo sobre seus significados, incluindo os étnicos, culturais e religiosos.

Recapitulação (importante como consolidação das conquistas e preparação para um funcionamento sem o suporte da intervenção/terapia)

Referências

Adamo, S. M. G., & Rustin, M. (2001). Editorial. *International Journal of Infant Observation*, 4(2), 3-22.

Ainsworth, M. D. S., Blehar, M. C., Waters, E., & Wall, S. (1978). *Patterns of attachment: a psychological study of the strange situation*. Hillsdale, NJ: Erlbaum.

Alcântara, P. (1932). Educação e higiene mental do lactente. *Pediat. Prat., 4*, 259.

Alencar, R. S. P. (2006). *O terapêutico no AT* (Trabalho de Conclusão de Curso como exigência para a Graduação em Psicologia). Pontifícia Universidade Católica de São Paulo, São Paulo.

Alvarez, A. (1985). The problem of neutrality: some reflections on the psychoanalytic attitude in the treatment of borderline and psychotic children. *Journal of Child Psychotherapy*, 2(1), 87-103.

Alvarez, A. (1994a). *Companhia viva: psicoterapia psicanalítica com crianças autistas, borderline, carentes e maltratadas*. Porto Alegre, RS: Artes Médicas.

Alvarez, A. (1994b). Depressão clínica e desespero: defesas e recuperação. In A. Alvarez, *Companhia Viva: psicoterapia psicanalítica com crianças autistas, borderline, carentes e maltratadas* (cap. 10, pp. 139-148). Porto Alegre, RS: Artes Médicas.

Alvarez, A. (2012). *The thinking heart*. East Sussex, England: Routledge.

Alvarez, A., & Reid, S. (1999). *Autism and personality: findings from the Tavistock Autism Workshop*. London, England: Routledge.

Amaral, A. C. T., Tabaquim, M. L. M., & Lamônica, D. A. C. (2005, agosto). Avaliação das habilidades cognitivas, da comunicação e neuromotoras de crianças com risco de alterações do desenvolvimento. *Revista Brasileira Educação Especial, 11*(2), 185-200. Recuperado de http://www.scielo.br/scielo.php?script=sci_arttext&pid=S1413-65382005000200003.

Andrade, C. D. (2004). *Fala, amendoeira*. Rio de Janeiro, RJ: Record.

Ansermet, F., & Magistretti, P. (2011). *À chacun son cerveau plasticité neuronale et inconscient* (Collection Sciences). Paris, France: Odile Jacob.

Antunes, A., Fromer, M., & Belloto, T. (1989). O pulso [gravado por Titãs]. In *Ó blésq blom* [CD], WEA gravadora.

Anzieu, D. (1995). *Le moi-peau*. Paris, France: Dunod.

Aragão, R. O., & Zornig, S. A. (2009, dezembro). Clínica da relação pais/bebê: novos paradigmas para a psicanálise? *Pulsional Revista de Psicanálise, 22*(4), 65-73.

Araújo, C. A. S. (2003). Winnicott e a etiologia do autismo: considerações acerca da condição emocional da mãe. *Estilos da Clínica, VIII*(14), 146-163.

Bain, A., & Barnett, L. (1986). *The design of a day care system in a nursery setting for children under-five* (TIHR Occasional Paper, n. 8). London, England: The Tavistock Institute of Human Relations.

Balint, M. (1984). *O médico, seu paciente e a doença*. Rio de Janeiro, RJ: Livraria Atheneu.

Baranger, M., & Baranger, W. Y. (1969). *Problemas del campo psicoanalítico*. Buenos Aires, Argentina: Kargiema.

Barriguete, J. A., Lebovici, S. T., Salinas, J. L., Moro, M. R., Solis--Ponton, L., Botbol, M., et al. (2004). A função do pai: na consulta terapêutica pais-bebês e no tratamento do transtorno alimentar na criança. In L. Solis-Ponton (Org.), *Ser pai, ser mãe: parentalidade – um desafio para o terceiro milênio* (cap. V, pp. 57-65). São Paulo, SP: Casa do Psicólogo.

Barros, I. G. (2008). *Explorações em autismo: trinta anos depois*. (Trabalho apresentado no Encontro Internacional: o pensamento vivo de Donald Meltzer). Sociedade Brasileira de Psicanálise de São Paulo, São Paulo.

Batistelli, F. V., Amorim, M. L. G., Lisondo, A. D., Silva, M. C. P. da, França, M. T. B., Mendes de Almeida, M. & Coimbra, E. L. (2014). *A clínica psicanalítica do autismo*. São Paulo, SP: Zagodoni.

Bianchedi, E. T. de (1999). *La perspectiva vincular en psicoanálisis*. Recuperado de http://www.psi.uba.ar/biblioteca/bvs/aappg/revistas_digitalizadas/1999_2/1-MESA%20REDONDA%20Bianchedi,%20Sternbach,%20Winograd.pdf

Bick, E. (1948/1967). Notas sobre la observación de lactantes en la enseñanza del psicoanálisis. *Revista Psicoanal, 24*(1), 97-115.

Bick, E. (1968). The experience of skin in early object relations. *International Journal of Psycho-Analysis, 49*(2), 484-486.

Bick, E. (1986). Further considerations on the function of the skin in the early object relations. In A. Briggs (Ed.), *Surviving space: papers on infant observation* (pp. 60-74). London, England: Karnac Books.

Bion, W. R. (1959/1992). *Cogitations.* London, England: Karnac Books.

Bion, W. R. (1962a). *Aprendiendo de la experiencia.* Buenos Aires, Argentina: Paidós.

Bion, W. R. (1962b/1990). Una teoría del pensamiento. In W. R. Bion, *Volviendo a pensar* (pp. 151-164). Buenos Aires, Argentina: Ediciones Horme S. A. E.

Bion, W. R. (1963/1991). *Elementos de psicanálise.* Rio de Janeiro, RJ: Imago.

Bion, W. R. (1965/1991). *As transformações: a mudança do aprender para o crescer.* Rio de Janeiro, RJ: Imago.

Boltanski, L. (1979). *As classes sociais e o corpo.* Rio de Janeiro, RJ: Graal.

Borghesan, D. H. P. (2000, janeiro-abril). A criança com encefalopatia: onde fica a família? *Arquivo de Ciências da Saúde da UNIPAR, 4*(1), 9-14.

Bowlby, J. (1969). *Attachment and loss* (Vol. 1). New York, NY: Basic Books.

Bowlby, J. (1988). *A secure base: parent-child attachment and healthy human development.* New York, NY: Basic Books.

Bracco, D. M. (2008). A especificidade do método de observação de bebês. In M. P. Mélega & M. C. Sonzogno (Orgs.), *O olhar e a escuta para compreender a primeira infância* (pp. 53-58). São Paulo, SP: Casa do Psicólogo.

Brasil. (2006/2009). *Humaniza SUS: boas práticas de humanização na atenção e gestão do Sistema Único de Saúde – SUS. Política Nacional de Humanização* (p. 9). Brasília, DF: Ministério da Saúde.

Brazelton, B., & Cramer, B. (1991). *The earliest relationship: parents, infants and the drama of early attachment.* London, England: Karnac Books.

Bridge, G., & Miles, G. (Ed.). (1996). *On the outside looking in: collected essays on young child observation in social work training.* London, England: Central Council for Education and Training in Social Work.

Briggs, A. (2002). *Surviving space: papers on infant observation.* London, England: Karnac Books.

Briggs, S. (1993). Psychological insights from infants with eating disorders. *Tavistock Clinic Paper,* (135).

Briggs, S. (1997). The study: five infants at potential risk. In S. Briggs, *Growth and risk in infancy* (pp. 35-60). London, England: Jessica Kingsley.

Briggs, S., & Priddis, L. (2001). Feeding difficulties in infancy and childhood: psychoanalytic perspectives. In A. Southall & A. Schwartz (Eds.), *Feeding problems in children: a practical guide* (pp. 74-93). London, England: Radcliffe Medical Press.

Brum, E. H. M., & Schermann, L. (2004, April-June). Early relations and infant development: theoretical approach in risk birth situation. *Revista Ciência & Saúde Coletiva, 9*(2), 457-467. Recuperado de http://www.scielo.br/scielo.php?script=sci_artt ext&pid=S1413-81232004000200021.

Bryant-Waugh, R., & Lask, B. (1993). *Eating disorders in children and adolescents*. Hillsdale, NJ: Lawrence Erlbaum Associates.

Camargo, C. N. M. (2000, janeiro-junho). Transferência – continência – holding – rêverie. *Boletim Formação em Psicanálise, 8/9(2/1)*, 95-102.

Capra, F. (1983). *O ponto de mutação: a ciência, a sociedade e a cultura emergente*. São Paulo: Cultrix.

Capra, F. (1992). O modelo biomédico. In F. Capra, *O ponto de mutação* (pp. 116-155). São Paulo, SP: Cultrix.

Catão, I. (2009). *O bebê nasce pela boca: voz, sujeito e clínica do autismo*. São Paulo, SP: Instituto Language.

Comparato, M. C. M., & Monteiro, D. de S. F. (2001). *A criança na contemporaneidade e a psicanálise: família e sociedade* (Diálogos Interdisciplinares, Vol. 1). São Paulo, SP: Casa do Psicólogo.

Coutinho, M. T. B. (2004). Apoio à família e formação parental. *Análise Psicológica, 1*(XXII), 55-64. Recuperado de http://www.scielo.mec.pt/pdf/aps/v22n1/v22n1a06.pdf.

Cramer, B. (1974). Interventions thérapeutiques breves avec parents et enfants. *Psychiat. l'Enfant, 17*, 53-117.

Cramer, B. (1982) Interaction réelle, interaction fantasmatique. Réflexions au sujet des thérapies et des observations de nourrissons. *Psychothérapie, 1*(2), 39-47.

Cullere-Crespin, G. (2004). *A clínica precoce: o nascimento do humano*. São Paulo, SP: Casa do Psicólogo.

Cullere-Crespin, G. (2007). *L'épopée symbolique du nouveau-né* (Collection Psychanalyse et Clinique). Ramonville Saint-Agne, France: Éditions éros.

Daws, D. (1989). The connections of sleep problems with feeding and weaning. In D. Daws, *Through the night: helping parents and sleepless infants* (pp. 149-173). London, England: Free Association Books.

Daws, D. (1993). Feeding problems and relationship difficulties: therapeutic work with parents and infants. *Journal of Child Psychotherapy, 19*(2), 69-83.

Daws, D. (1996). Postnatal depression and the family: conversations that go awry. In *Postnatal depression: focus on a neglected issue. Papers from the HVA/NCT national conference.* London, England: College Hill Press.

Daws, D. (1997). The perils of intimacy: closeness and distance in feeding and weaning. *Journal of Child Psychotherapy, 23*(2), 179-199.

Daws, D. (2008). Sleeping and feeding problems: attunement and daring to be different. In L. Emanuel & E. Bradley (Eds.), *What can the matter be?: Therapeutic interventions with parents, infants and young children* (The Tavistock Clinic Series, pp. 237-253). London, England: Karnac Books.

Della Nina, M. (2002, dezembro). Holding e continência em Winnicott: sua relação com o campo empático de interação. *Alter – Jornal de Estudos Psicanalíticos, 21*(2), 257-275.

Diament, A., & Cypel, S. (1990). *Neurologia infantil* (2a. ed.). Rio de Janeiro, RJ: Livraria Atheneu.

Dickinson, E. (1861). Nobody. In T. H. Johnson (Ed.), *The complete poems of Emily Dickinson* (p.133). London, England: Faber and Faber Limited.

514   REFERÊNCIAS

Dowling, E., & Osborne, E. (Eds.). (1985). *The family and the school: a joint systems approach to problems with children.* London, England: Karnac Books.

Dubinsky, A. (1997/2000). Revisão teórica. In M. Rustin, M. Rhode, A. Dubinsky & H. Dubinsky (Orgs.), *Estados psicóticos em crianças* (pp. 13-33). Rio de Janeiro, RJ: Imago.

Dupoux, E., & Mehler, J. (1990). *Nascer humano.* Lisboa, Portugal: Instituto Piaget.

Fédida, P. (1978). L'objeu, objet, jeu et enfance: l'espace psychothérapeutique. In P. Fédida, *L'absence* (pp. 137-281). Paris, France: Gallimard.

Feldman, R. (1998). *Coding interactive behavior manual.* Unpublished Manual. Bar-Ilan University of Israel.

Fernandes, W. J. (2003a). Crescimento mental e modelos no processo grupal: as dificuldades da comunicação. In W. F. Fernandes, B. Svartman & B. Fernandes, *Grupos e configurações vinculares* (pp. 129-143). Porto Alegre, RS: Artmed.

Fernandes, W. J. (2003b). O processo comunicativo vincular e a psicanálise dos vínculos. In W. F. Fernandes, B. Svartman & B. Fernandes, *Grupos e configurações vinculares* (pp. 43-55). Porto Alegre, RS: Artmed.

Fernández, A. (2001). *O saber em jogo: a psicopedagogia propiciando autorias de pensamento.* Porto Alegre, RS: Artmed.

Ferrari, A. G., Piccinini, C. A., & Lopes, R. S. (2007, May-August). The imagined baby during pregnancy: theoretical and empirical aspects. *Psicologia em Estudo, 12*(2), 305-313. Recuperado de http://www.scielo.br/scielo.php?script=sci_arttext&pid=S1413-73722007000200011&lng=en&nrm=iso.

Ferreira, A. B. H. (2004). *Novo dicionário Aurélio da língua portuguesa.* Curitiba, PR: Positivo.

Ferro, A. (1995). *A técnica na psicanálise infantil.* Rio de Janeiro, RJ: Imago.

Ferro, A. (1998). Apêndice: os quadrantes do setting. In A. Ferro, *Na sala de análise: emoções, relatos, transformações* (pp. 181-207). Rio de Janeiro, RJ: Imago.

Ferro, A. (2000). Narrações e interpretações. In A. Ferro, *A psicanálise como literatura e terapia* (pp. 17-32). Rio de Janeiro, RJ: Imago.

Ferro, A. (2001). Psicanálise e narração. *Alter – Jornal de Estudos Psicanalíticos, 20*(1), 7-20.

Fonseca, V. R. (2011). *A arquitetura da ponte entre self e outro.* Trabalho apresentado na Sociedade Brasileira de Psicanálise de São Paulo, São Paulo, SP/Brasil.

Fonseca, V. R., & Bussab, V. S. (2008). O self, o outro e o espaço dialógico nos transtornos autísticos. *Livro Anual de Psicanálise, XXII*, 141-155.

Formiga, C. K. M. R., Pedrazzani, E. S., & Tudella, E. (2004). Desenvolvimento motor de lactentes pré-termo participantes de um programa de intervenção fisioterapêutica precoce. *Revista Brasileira de Fisioterapia, 8*(3), 239-245.

Fraiberg, S., Adelson, E., & Shapiro, V. (1980). Ghosts in the nursery: a psychoanalytical approach to the problem of impaired mother-infant relationships. In S. H. Fraiberg (Ed.), *Clinical studies in infant mental health: the first year of life* (pp. 164-185). London, England: Tavistock Publications.

França, M. O., & Petricciani, M. (Orgs.). (1998). *Antonino Ferro em São Paulo: Seminários* (Cap. V). São Paulo, SP: SBPSP.

Franco Filho, O. de M. (1992). O que vem a ser um psicanalista? *Jornal de Psicanálise, 49*(25), 9-22.

Freud, S. (1905). Three essays on the theory of sexuality. In S. Freud, *A case of hysteria, three essays on sexuality and other works* (The standard edition of the complete psychological works of Sigmund Freud, Vol. 7, pp. 125-243). London, England: Vintage.

Freud, S. (1909/1976). Análise de uma fobia em um menino de cinco anos. In S. Freud, *Duas histórias clínicas: o pequeno Hans e o homem dos ratos* (Edição standard brasileira das obras psicológicas completas de Sigmund Freud, Vol. 10, pp. 13-154). (J. Salomão, Trad.). Rio de Janeiro, RJ: Imago.

Freud, S. (1910/2001). The future prospects of psycho-analytic therapy. In S. Freud, *Five lectures on psycho-analysis, Leonardo Da Vinci and other works* (The standard edition of the complete psychological works of Sigmund Freud, Vol. 11, pp. 139-152). London, England: Vintage.

Freud, S. (1911/1976). Formulações sobre os dois princípios do funcionamento mental. In S. Freud, *O caso Schreber, artigos sobre técnica e outros trabalhos* (Edição standard brasileira das obras completas de Sigmund Freud, Vol. 12, pp. 233-246). Rio de Janeiro, RJ: Imago.

Freud, S. (1912/1976). Recomendações aos médicos que exercem a psicanálise. In S. Freud, *O caso Schreber, artigos sobre técnica e outros trabalhos* (Edição standard brasileira das obras completas de Sigmund Freud, Vol. 12, pp. 123-136). Rio de Janeiro, RJ: Imago.

Freud, S. (1912/2001a). Recommendations to physicians practicing psycho-analysis. In S. Freud, *Case history of Schreber, papers on technique and other works* (The standard edition of the complete psychological works of Sigmund Freud, Vol. 12, pp. 109-120). London, England: Vintage.

Freud, S. (1912/2001b). The dynamics of transference. In S. Freud, *Case history of Schreber, papers on technique and other works* (The standard edition of the complete psychological works of Sigmund Freud, Vol. 12, pp. 97-108). London, England: Vintage.

Freud, S. (1913/2001). The disposition to obsessional neurosis. In S. Freud, *Case history of Schreber, papers on technique and other works* (The standard edition of the complete psychological works of Sigmund Freud, Vol. 12, pp. 311-326). London, England: Vintage.

Freud, S. (1914/2001). Remembering, repeating and working--through: further recommendations on the technique of psycho-analysis II. In S. Freud, *Case history of Schreber, papers on technique and other works* (The standard edition of the complete psychological works of Sigmund Freud, Vol. 12, pp. 145-156). London, England: Vintage.

Freud, S. (1915/1968). *Pulsions et destins des pulsions* (Vol. XIII: 1914-1915). Paris, France: Gallimard.

Freud, S. (1916/1996). Conferências Introdutórias sobre Psicanálise. In S. Freud, *Conferências introdutórias sobre psicanálise: parte III* (Edição standard brasileira das obras psicológicas completas, Vol. 15, pp. 25-88). Rio de Janeiro, RJ: Imago.

Freud, S. (1918 [1914]/1976). História de uma neurose infantil. In S. Freud, *Uma neurose infantil e outros trabalhos* (Edição standard brasileira das obras psicológicas completas de Sigmund Freud, Vol. 17, pp. 13-153). (J. Salomão, Trad.). Rio de Janeiro, RJ: Imago.

Freud, S. (1920/1996). Além do princípio de prazer. In S. Freud, *Além do princípio do prazer, psicologia de grupo e outros trabalhos* (Edição standard brasileira das obras psicológicas completas de Sigmund Freud, Vol. 18, pp. 11-75). Rio de Janeiro, RJ: Imago.

Freud, S. (1937/1976). Construções na análise. In S. Freud, *Moisés e o monoteísmo, esboço de psicanálise e outros trabalhos* (Edição standard brasileira das obras psicológicas completas de Sigmund Freud, Vol. 23, pp. 289-304). (J. Salomão, Trad.). Rio de Janeiro, RJ: Imago.

Golse, B. (1998). La spécificité et les mécanismes du changement durant la première enfance. *Journal de la Psychanalyse de l'Enfant*, (22), 82-97.

Golse, B. (2001a). *La transmission psychique dans le developpement et dans lla formation*. Conferência proferida na SBPRJ, Rio de Janeiro.

Golse, B. (2001b). *Regards croisés sur l'attachement: psychanalyse, psychologie du développement, ethologie*. Conferência proferida na SBPRJ, Rio de Janeiro.

Golse, B. (2004a). Les bébés savent-ils jouer? *La Psychiatrie de l'Enfant*, *47*(2), 443-455.

Golse, B. (2004b). O que nós aprendemos com os bebês?: observações sobre as novas configurações familiares. In L. Solis-Ponton (Dir.) & M. C. P. da Silva (Org), *Ser pai, ser mãe – parentalidade: um desafio para o terceiro milênio. Uma homenagem internacional a Serge Lebovici* (pp. 161-169). São Paulo, SP: Casa do Psicólogo.

Golse, B. (2006). Conferência realizada no encontro "Intervenções Terapêuticas Precoces com Bebês: modelos, promessas, limites", ocorrido em São Paulo em fevereiro de 2006.

Gomes, A. L. H. (1996). Vínculo mãe-bebê pré-termo: as possibilidades de interlocução na situação de internação do bebê. *Estilos da Clínica – Instituto de Psicologia, Universidade de São Paulo 1*(1).

Green, A. (1988). *Narcisismo de vida e narcisismo de morte.* São Paulo: Editora Escuta.

Grimm, J., & Grimm, W. (1812). *João e Maria (Hänsel und Gretel).* Conto de fadas de tradição oral que foi coletado pelos irmãos Grimm. Berlin: Realchulbuchhandlung.

Grispun, M. P. S. Z. (Org.). (1999). *Educação tecnológica: desafios e perspectivas* (2a. ed.). São Paulo, SP: Cortez.

Guedeney, A., & Lebovici, S. (1999). *Intervenções psicoterápicas pais-bebês.* Porto-Alegre, RS: Artmed.

Guerra, V. (n.d.). *Del desplazamiento en el espacio al placer de jugar juntos 6-12 m.* Grilla de indicadores de intersubjetividad (0-12 m.) 2 "del encuentro de miradas al placer de jugar juntos".

Guerra, V. (2014). *Indicadores de Intersubjetividade 0-12 m: del encuentro de miradas al placer de jugar juntos.* Trabajo baseado en el film del mismo nombre realizado con fondos del Comité Outreach de la I.P.A. Proyecto original de Victor Guerra. Realización Audiovisual: Maximiliano Guerra.

Guerra, V. (2019). *Rythme et intersubjectivité chez le bébé.* Paris: Editora Érès.

Haag, G. (1991). Nature de quelques identifications dans l'image du corps: hypothèses. *Journal de la Psychanalyse de l'Enfant,* (10), 73-92.

Haag, G., Tordjman, S., & Duprat, A. (2008). Avaliação psicodinâmica de mudanças em crianças com autismo sob tratamento psicanalítico. *Livro Anual de Psicanálise, XXI*, 137-153.

Hinshelwood, R. D. (1991/1992). *Dicionário do pensamento kleiniano*. Porto Alegre, RS: Artes Médicas. p. 309.

Hochmann, J. (2009). *L'histoire de l'autisme: de l'enfant sauvage aux troubles envahissants du développement* (Collection Opus). Paris, France: Odile Jacob.

Houzel, D. (1990). Gênese du langage chez l'enfant. In B. Golse & C. Buezstejn (Orgs.), *Penser, parler, représenter: emergences chez l'enfant* (pp. 113-130). Paris, France: Masson.

Isaacs, S. S. (1938). Psychology and the School. *New Era, 19*, 18-20.

Jerusalinsky, J. (2002). *Enquanto o futuro não vem: a psicanálise na clínica interdisciplinar com bebês*. Salvador, BA: Ágalma.

Jerusalinsky, J. (2009). *A criação da criança: letra e gozo nos primórdios do psiquismo* (Tese de Doutorado em Psicologia Clínica). PUC-SP, São Paulo.

Junqueira, M. F. P. S. (2003, January-April). A mãe, seu filho hospitalizado e o brincar: um relato de experiência. *Estudos de Psicologia (Natal), 8*(1), 193-197. Recuperado de http://www.scielo.br/scielo.php?script=sci_arttext&pid=S1413-294X2003000100022&lng=en&nrm=iso.

Kamers, M., & Cumiotto, C. R. (2002). Playing in the first year of life. *Colóquio do LEPSI IP/FE-USP, 4*. Recuperado de http://www.proceedings.scielo.br/scielo.php?script=sci_arttext&pid=MSC0000000032002000400017&lng=en&nrm=abn.

Kanner, L. (1943/1983). Autistic disturbances of affective contact. In G. Berquez, *L'Autisme infantile: introduction à une clinique relationnelle selon Kanner* (Collection Le Fil Rouge, pp. 217-264). Paris, France: PUF.

Kernberg, O. (1984). *Internal world and external reality: object relations theory applied.* New York, NY: Jason Aronson.

Klein, M. (1928/1981). Primeiras fases do complexo de Édipo. In M. Klein, *Contribuições à psicanálise* (pp. 258-259). São Paulo, SP: Mestre Jou.

Klein, M. (1935). A contribution to the psychogenesis of manic--depressive states. In M. Klein, *Love, guilt and reparation and other works (1921-1945)* (pp. 106-127). London, England: Vintage.

Klein, M. (1936). Weaning. In M. Klein, *Love, guilt and reparation and other works* (1921-1945) (pp. 209-305). London, England: Vintage.

Klein, M. (1946/1975). *Inveja e gratidão e outros trabalhos 1946-1963.* Rio de Janeiro, RJ: Imago Editora Ltda.

Klein, M. (1946/1978). Notas sobre alguns mecanismos esquizóides. In M. Klein, P. Heimann, S. Isaacs & J. Riviere, *Os progressos da psicanálise* (pp. 313- 343). Rio de Janeiro, RJ: Zahar.

Klein, M. (1952). Some theoretical conclusions regarding the emotional life of the infant. In M. Klein, *Envy and gratitude and other works* (1946-963) (pp. 61-93). London, England: Vintage.

Kompinsky, E. (2000). Observação de bebês: método e sentimentos do observador. In N. A. Caron (Ed.), *A relação pais-bebê: da observação à clínica* (pp. 9-43). São Paulo, SP: Casa do Psicólogo.

Kraemer, S. (2000). Politics in the nursery. In W. Wheeler (Ed.), *The political subject: essays on the self from art, politics and science* (pp. 114-120). London, England: Lawrence & Wishart.

Kupermann, D. (2007). Sobre o final da análise com crianças e adolescentes. *Estilos da Clínica, 12*(23), 182-197.

Kupfer, M. C. (1996). Psicose e autismo na infância: problemas diagnósticos. *Estilos da Clínica, 4*(7), 96-107.

Kupfer, M. C. (2005). Inclusão Social: a igualdade e a diferença vistas pela psicanálise. In F. A. G. Colly & M. C. Kupfer (Org.), *Travessias – inclusão escolar: a experiência do grupo ponte – pré-escola terapêutica lugar de vida* (pp. 17-27). São Paulo, SP: Casa do Psicólogo.

Kupfer, M. C. (2015). Em tempos de autismo. In M. Kamers, R. Mariotto & R. Voltolini (Orgs.), *Por uma (nova) psicopatologia da infância e da adolescência* (pp. 169-184). São Paulo, SP: Escuta.

Kupfer, M. C., Jerusalinsky, A. N., Bernardino, L. M. F, Wanderley, D., Rocha, P. S. B., Molina, S. E., Sales, L. M., ... Lerner, R. (2009, maio). Valor preditivo de indicadores clínicos de risco para o desenvolvimento infantil: um estudo a partir da teoria psicanalítica. *Latin American Journal of Fundamental Psychopathology Online, 6*(1), 48-68.

Lamb, M. E., & Billings, L. A. L. (1997). Fathers of children with special needs. In M. E. Lamb (Ed.), *The role of the father in child development* (pp. 179-190). New York, NY: Wiley.

Lassester, J. (Diretor) & Anderson, D. K. (Produtor). (2006). *Carros* [filme de animação]. Estados Unidos: Walt Disney Pictures/Pixar Animation Studios.

Lawrence, W. G. (2003). *Experiences in social dreaming.* London, England: Karnac Books.

Laznik-Penot, M.-C. (1995a). *Rumo à palavra: três crianças autistas em psicanálise.* São Paulo, SP: Escuta.

Laznik-Penot, M.-C. (1995b). *Vers la parole: trois enfants autistes en psychanalyse*. Paris, France: Edition Denoël.

Laznik-Penot, M.-C. (1998). Psicanalistas que trabalham em saúde pública. *Pulsional Revista de Psicanálise, XIII*(132), 62-78.

Laznik-Penot, M.-C. (2000, automne-hiver). La théorie lacanienne de la pulsion permettrait de faire avancer la recherche sur l'autisme. *La celibataire*, (1), 67-78.

Laznik-Penot, M.-C. (2004) *A voz da sereia: o autismo e os impasses na constituição do sujeito*. Salvador, BA: Ágalma.

Laznik-Penot, M.-C. (2006). Préaut: une recherche et une clinique du très précoce. Comment passer de ces bébés qui troublent leurs parents à des petits qui auraient plaisir à s'amuser avec eux. *Contraste: Enfance et Handicap. Revue de l'ANECAMSP*, (25), 53-80.

Laznik-Penot, M.-C. (2010). Reprise fantasmatique d'une expérience douloureuse chez un nourrisson: quelques réflexions entre l'apport de Lacan et de Winnicott à la pratique dans la cure. In C. Vanier & A. Vanier (Dir.), *Winnicot avec Lacan* (pp. 47-60). Paris, France: Hermann Éditeurs.

Lebovici, S., & Stoleru, S. (1983). *La mère, le nourrisson et le psychanalyste, les interactions prècoces*. Paris, France: Le Centurion.

Lebovici, S. (1986). À propos des consultations thérapeutiques. *Journal Psychanalyse de l' Enfant*, 3, 135-152.

Lebovici, S., Mazet, P. H., & Visier, J. P. (1989). *L'evaluation des interations precoces entre le bebe et ses partenaires*. Paris, France: Eshel.

Lebovici, S., & Weil-Harpen, F. (1989). *La psychopatologie du bébé*. Paris, France: Siglo XXI.

Lebovici, S. (1991). Des psychanalystes pratiquent des psychothérapies bébés-parents. *Revue Française de Psychanalyse, 56,* 733-857.

Lebovici, S. (1993). On intergenerational transmission: from filiation to affiliation. *Infant Mental Health Journal, 14*(4), 260-272.

Lima, R. A. B. C. (2006). *Envolvimento materno no tratamento fisioterapêutico de crianças portadoras de deficiência: compreendendo dificuldades e facilitadores* (Dissertação de Mestrado em Ciências da Saúde, 144f.). Faculdade de Medicina, Universidade Federal de Minas Gerais, Belo Horizonte. Recuperado de http://www.bibliotecadigital.ufmg.br/dspace/bitstream/handle/1843/ECJS-72FP6A/regina_ang_lica_beluco_carvalho_lima.pdf?sequence=1

Lisondo, A. B. D. et al. (1996). Psicanálise de crianças: um terreno minado? *Revista Brasileira de Psicanálise, XXX*(1), 9-26.

Lisondo, A. B. et al. (2017). Sinais de mudança em autismo: apresentando o PRISMA. *Revista Brasileira de psicanálise, 51*(4), 225-244.

Lisondo, A. D., & Ungar, V. (2002). *Permanencias y cambios en el método de observación de bebés de Esther Bick.* Trabalho apresentado no congresso da FEPAL de 2002.

Loreto, O. D. M. di (1997). Da adoção (e dos erros do pensar) ou dos erros do pensar (e da adoção). *Psicologia em Estudo, 2*(2), 14-16.

Lüdke, M., & André, M. E. D. A. (1986). *Pesquisa em educação: abordagens qualitativas* (pp. 25-33). São Paulo, SP: EPU.

Maestro, S., & Muratori, F. (2002). Autisme: les films familiaux. *Le Carnet PSY,* (75), 35-36.

Maestro, S., & Muratori, F. (2008). Les films familiaux. In G. Bernard & D. Pierre (Dir.), *Autisme: état des lieux et horizons* (pp. 85-95). Ramonville Saint-Agne, France: Érès.

Magagna, J. (1991/1997). Shared unconscious and conscious perceptions in the nanny-parent interaction which effect the emotional development of the infant. In S. Reid (Ed.), *Developments in infant observation* (pp. 423-439). London, England: Karnac Books.

Magagna, J. (2002). Severe eating disorders in children. In A. Briggs (Ed.), *Surviving space: papers on infant observation* (pp. 135-156). London, England: Karnac Books.

Magagna, J., & Pasquini, P. (2014). *Being present for your nursery age child.* London, England: Karnac Books.

Magagna, J., & Segal, B. (1990). L'attachment at les processus psychotiques chez une adolescent anorexique. In Groupe de recherché et d'application des concepts psychoanalytiques a la psychose (Ed.), *Psychoses et Creation, L'Ecole Anglaise* (pp. 127--137). Paris, France: Diffusion Navarin/Seuill.

Maiello, S. (1998). Trames sonores et rythmiques primordiales: reminiscences auditives dans le travail psychanalytique. *Compte rendu du GERPEN, 39,* 2-24.

Manzano, J., Espasa, F. P., & Zilkha, N. (1999/2001). Os roteiros narcísicos dos pais. *Livro Anual de Psicanálise, XV,* 37-47.

Marconato, M. M. (1999). *Consultas terapêuticas em busca de um ato criativo.* Trabalho apresentado no Simpósio "O viver criativo com o olhar de D. W. Winnicott" realizado na Universidade de São Paulo, São Paulo, SP/ Brasil.

Marconato Callia, M. M. (2009). Ruídos de comunicação na relação pais-bebê. In A. M. Ferreira (Org.), *A presença de Winni-*

cott no viver criativo: diversidade e interlocução (pp. 49-61). São Paulo, SP: ZY.

Marcondes, E. (1982). Editorial: o pediatra como educador. *Pediatria, 4,* 267-268.

Mélega, M. P. (1990). Observação da relação mãe-bebê na família: uma metodologia para ensino, pesquisa e profilaxia. In *Publicações Científicas (Centro de Estudos Mãe-Bebê-Família de São Paulo), 1,* 17-37.

Mélega, M. P. (Coord.). (1997). *Tendências: observação da relação mãe-bebê – método Esther Bick.* São Paulo, SP: Unimarco.

Mélega, M. P. (1998). Intervenções terapêuticas conjuntas pais-filhos. *Alter – Jornal de Estudos Psicanalíticos, XVII*(2).

Mélega, M. P. (2002). Gerando significados no trabalho com pais-criança. *Revista Brasileira de Psicanálise, 36*(3), 531- 540.

Mélega, M. P. (2008). A prática da observação da relação mãe-bebê e sua contribuição à formação analítica. In M. P. Mélega & M. C. Sonzogno (Orgs.), *O olhar e a escuta para compreender a primeira infância* (pp. 47-51). São Paulo, SP: Casa do Psicólogo.

Mélega, M. P., & Mendes de Almeida, M. (2007). Echoes from overseas: Brazilian experiences in psychoanalytic observation, its developments and therapeutic interventions with parents and small children. In M. E. Pozzi-Monzo & B. Tydeman (Eds.), *Innovations in Parent-Infant Psychotherapy* (pp. 23-42). London, England: Karnac Books.

Meltzer, D. (1975/1986). Identificação adesiva. *Jornal de Psicanálise, 19*(38), 40-52.

Meltzer, D. (1992). Além da consciência. *Revista Brasileira de Psicanálise, 26*(3), 397-408.

Meltzer, D., & Harris, M. (1986). *Studies in extended metapsychology: clinical applications of Bion's ideas.* London, England: Clunie Press for the Roland Harris Trust.

Meltzer, D. (1979). La psicologia de los estados autistas y de la mentalidad postautista. In D. Meltzer, J. Bremner, S. Hoxter, D. Weddell & I. Wittenberg, *Exploracion del autismo: un studio psicoanalítico* (pp. 21-39). Buenos Aires: Paidós.

Mendes de Almeida, M. (1993). A clinical study of early feeding difficulties: risk and resilience in early mismatches within parent-infant relationship (Tavistock Clinic Paper, Tese de Mestrado). Tavistock Clinic & University of East London, United Kingdom.

Mendes de Almeida, M. (1997). Intervenção clínica em problemas de alimentação infantil a partir da observação psicanalítica da relação pais-bebê. In M. P. Mélega (Org.), *Tendências* (pp. 303-210). São Paulo, SP: Unimarco.

Mendes de Almeida, M. (2004). Feeding difficulties in infancy: Faruk and Shereen. In G. Williams, P. Williams, J. Desmarais & K. Ravenscroft (Eds.), *Exploring feeding difficulties in children* (pp. 21-42). London, England: Karnac Books.

Mendes de Almeida, M. (2008a). A contribuição da prática de observação de bebês para o desenvolvimento de recursos de continência no trabalho com uma criança autista cega. In M. Melega & M. C. Sonzogno (Orgs.), *O olhar e a escuta para compreender a primeira infância* (pp. 159-168). São Paulo, SP: Casa do Psicólogo.

Mendes de Almeida, M. (2008b). O investimento desejante do analista frente a movimentos de afastamento e aproximação no trabalho com os transtornos autísticos: impasses e nuances. *Revista Latinoamericana de Psicanálise, 8,* 169-84.

Mendes de Almeida, M. (2009). Ruídos de comunicação na relação pais-bebê. Desvelando nós e captando subjetividades na intervenção terapêutica conjunta pais-bebê: cenas de um caso filmado. In A. M. Ferreira (Org.), *A presença de Winnicott no viver criativo: diversidade e interlocução* (pp. 49-61). São Paulo, SP: ZY.

Mendes de Almeida, M., Finkelstein, L., & Campana, N. T. C. (2009). News from Brazil: psychoanalytic observation and its seminar group as a space for the integration of splitting aspects in the parent-infant relationship. *The International Journal of Infant Observation, 12*(3), 352-357.

Mendes de Almeida, M., Loreto, G. di, Almeida, P. G. dos R. de; Loreto, D. di, & Canelas, J. M., Neto (2000). *Processos de subjetivação e inclusão: a inclusão de uma criança psicótica na pré-escola Tangram. A psicanálise, a educação e os impasses da subjetivação no mundo moderno.* São Paulo, SP: Lugar de Vida/ Lepsi.

Mendes de Almeida, M., Marconato, M., & Silva, M. C. P. (2004). Redes de sentido: evidência viva na intervenção precoce com pais e crianças. *Revista Brasileira de Psicanálise, 38*(3), 637-648.

Mendes de Almeida, M.; Wechsler, R.; Suano, F.; Solé, D. (2018). *Aspectos emocionais presentes nas dificuldades alimentares iniciais: compreensão e intervenção nas relações pais-bebês em contexto pediátrico.* São Paulo, SP: Unifesp.

Mendes de Almeida, M., Wechsler, R., Suano, F., Taddei, J. A. C., Solé, D. (2018). Relações alimentares iniciais, uma investigação clínica. Pediatria e psicanálise nutrindo vínculos. *Jornal de Psicanálise, 51*(94), 125-140.

Mendonga, L. D. (1999). Lo social es un lugar que no existe: reflexiones desde el acompañamiento terapéutico de pacientes psicóticos. *Papeles del Psicólogo, 72.* Recuperado de http://www. papelesdelpsicologo.es/resumen?pii=939.

Menzies-Lyth, I. (1970). The functioning of social systems as a defence against anxiety. *Tavistock Pamphlet*, (3).

Menzies-Lyth, I. (1989). The institution as therapist: hazards and hopes. In R. Szur, & S. Miller (Eds.) *Extending horizons: psychoanalytic psychotherapy with children, adolescents and families* (pp. 423-444). London, England: Karnac Books.

Miller, L. (1999). Babyhood: becoming a person in the family. In D. Hindle & M. V. Smith (Eds.), *Personality development: a psychoanalytic perspective* (pp. 33-47). London, England: Routledge.

Millot, C. (1987). *Freud Antipedagogo.* São Paulo, SP: Jorge Zahar.

Mitton, D. (Diretor), & Allcroft, B. (Roteirista). (2000). Thomas e seus amigos [série de desenhos animados]. B. Allcroft (Produtor Executivo). United Kingdom: ITV Network (Discovery Kids Brasil).

Moretto, M. L. T. (2002). *O que pode um analista no hospital?* São Paulo, SP: Casa do Psicólogo.

Moro, M. R. (2005). Os ingredientes da parentalidade. *Revista Latinoamericana de Psicopatologia Fundamental*, 8(2), 258-73.

Muratori, F., & Maestro, S. (2007). Early signs of autism in the first year of life. In S. Acquarone (Ed.), *Signs of autism in infants: recognition and early intervention* (pp. 46-61). London, England: Karnac Books.

Nagy, E., & Molnar, P. (2004). Homo imitans or homo provocans?: the phenomenon of neonatal imitation. *Infant Behaviour and Development, 27,* 57-63.

Navajas, A. F., & Caniato, F. (2003). Estimulação precoce/essencial: a interação família e bebê pré-termo (prematuro). *Caderno de Pós-Graduação em Distúrbios do Desenvolvimento, 3*(1), 59-62. Recuperado de http://www.mackenzie.br/fileadmin/Pos_Graduacao/Mestrado/Disturbios_do_Desenvolvimento/Publicacoes/volume_III/008.pdf.

O'Shaughnessy, E. (1981/1990). A teoria do pensar de W. R. Bion e novas técnicas em análises de crianças. In E. B. Spillius (Org.), *Melanie Klein hoje* (pp. 196-209). Rio de Janeiro, RJ: Imago.

Parise, C. L., Accioly, M. C., & Garrafa, T. C. (2008). Acompanhamento terapêutico: invenções terapêuticas no espaço público. In M. Wajntal (Org.), *Clínica com crianças: enlaces e desenlaces* (pp. 119-130). São Paulo, SP: Casa do Psicólogo.

Parlato-Oliveira, E. (2011). A clínica de linguagem de bebê: um trabalho transdisciplinar. In M. C. Laznik & D. Cohen (Orgs.), *O bebê e seus intérpretes: clínica e pesquisa* (pp. 253-259). (E. Parlato-Oliveira, R. E. O. Gomes-Kelly, G. Araújo, S. A. da S. Carvalho, Trad.). São Paulo, SP: Instituto Langage.

Pessoa, F. (2001, 2005). *Poesia completa de Alberto Caeiro* (F. C. Martins & R. Zenith, Eds.). São Paulo, SP: Companhia das Letras.

Phillips, A. (1999). *Saying no: why it's important for you and your child*. London, England: Faber and Faber.

Piccinini, C. A., & Castro, E. K. (2004). A experiência de maternidade de mães de crianças com e sem doença crônica no segundo ano de vida. *Estudos de Psicologia (Natal), 9*(1): 89-99. Recuperado de http://www.scielo.br/scielo.php?script=sci_arttext&pid=S1413-294X2004000100011.

Polity, E. (2002). Algumas considerações sobre o espaço potencial. *Psicologia: Teoria e Prática, 4*(1), 21-28. Recuperado de http://pepsic.bvsalud.org/scielo.php?script=sci_arttext&pid =S1516-36872002000100003.

Proust, M. (2013). *O tempo redescoberto*. São Paulo, SP: Globo.

Racker, H. (1982). *Transference and countertransference*. London, England: Karnac Books.

Rilke, M. Poema não publicado.

Rodrigues, R. (2002, outubro). The moral education and the "lost pedagogical time". *Colóquio do LEPSI IP/FE-USP, 4*.

Rogers, S., & Dawson, G. (2013). *L'intervention précoce en autisme: le modèle de Denver. Evaluation et prise en charge*. Paris, France: Dunod.

Roman, P. (2005). La mallette projective première enfance (MPPE): un outil clinique pour l'évaluation de la personnalité du jeune enfant. *Devenir, 17*(3), 233-259.

Roman, P., Dublineau, M., & Saboia, C. (2011). Projective kit of early childhood (PKEC): a projective tool for research en clinical assessment. *Rorschachiana: Journal of the International Society for the Rorschach, 32*(2), 223-251.

Rosa, M. D. (2009). *Histórias que não se contam*. São Paulo, SP: Casa do Pasicólogo.

Rosenfeld, H. (1987). *Impasse and interpretation*. London, England: Tavistock Publications.

Rosenfeld, H. A. (1964). On the psychopathology of narcissism: a clinical approach. *International Journal of Psychoanalysis*, (45), 332-337.

Roussillon, R. (1999). *Agonie, clivage et symbolization*. Paris, France: PUF.

Roussillon, R. (2008). *Le jeu et l entre-je(u)*. Paris, France: PUF.

Rustin, M., & Miller, B. (2002). *Observation observed. A film*. London: Tavistock Clinic Foundation.

Saboia, C. (2011). *Du jeu du bebé au jeu de l'enfant: une approche à la compréhension de la construction de la relation d'objet chez l'enfant autiste. Recherche d'indicateurs de risque d'autisme* (Tese de doutorado). Universidade Denis Diderot – Paris VII, Paris.

Saboia, C. (2015). O brincar precoce do bebê como indicador de riscos de sofrimento psíquico. *Estilos da Clínica, 20*(2), 181-193.

Saboia, C., Gosme, C., Viodé, C., Gille, M., Ouss, L., & Golse, B. (2018). Do brincar do bebê ao brincar da criança: Um estudo sobre o processo de subjetivação da criança autista. *Psicologia: Teoria e Pesquisa, 33*, 1-8.

Sadeck, L. S. R., Calil, V. M. L. T., Livramento, M. L., Madgar, S. M., Toma, E., Ramos, J. L. A., & Leone, C. R. (1986/2006). A equipe multidisciplinar e o grupo de pais de recém-nascidos de alto risco: opinião das mães. *Pediatria (USP), 8*(2), 90-93. Recuperado de http://www.pediatriasaopaulo.usp.br/upload/pdf/946.pdf

Sandler, P. C. (2005). Pre-conception, preconception, premonition. In P. C. Sandler, *The language of Bion: a dictionary of concepts* (pp. 576-582). London, England: Karnac Books.

Selwyn, R. (1993). Psychodanamic aspects of failure-to-thrive: a case study. *Journal of Child Psychotherapy, 19*(2), 85-100.

Shepherd., R., & Davies, M. (1994). *Explorações psicanalíticas: D. W. Winnicott* (pp. 244-248). Porto Alegre, RS: Artes Médicas.

Sherkow, S. P. (2008). Apresentação de material clínico no International Symposium on Psychoanalysis and Autistic Spectrum Disorder, organizado pela The Margaret S. Mahler Psychiatric Research Foundation, em Nova Iorque.

Shuttleworth, J. (1989/1997). Psychoanalytic theory and infant development. In M. Rustin, L. Miller & J. Shuttleworth (Eds.), *Closely observed infants* (pp. 22-51). London, England: British Library.

Silva, M. C. P. (1992). Nada e paixão: acerca do que vem a ser o psicanalista. *Jornal de Psicanálise, 49*(25), 71-81.

Silva, M. C. P. (1994). *A paixão de formar: sobre o mundo psíquico do professor apaixonado* (2a. ed.). Porto Alegre: Artes Médicas.

Silva, M. C. P. (1999). Introjeção da função analítica: um esboço a partir da clínica. *Revista Brasileira de Psicanálise, 2*(33), 267-282.

Silva, M. C. P. (2002). Um self sem berço. Relato de uma intervenção precoce na relação pais-bebê. *Revista Brasileira de Psicanálise, 36*(3), 541-565.

Silva, M. C. P. (2003). *A herança psíquica na clínica psicanalítica.* São Paulo, SP: Casa do Psicólogo.

Silva, M. C. P. (2007a). Identificação mórbida: comunicação transgeracional traumatizante. *Revista de Psicanálise da Sociedade Psicanalítica de Porto Alegre, XIV*(1), 137-165.

Silva, M. C. P. (2007b). Maria Clara: o sintoma a serviço da sobrevivência psíquica da família. In A. M. Ferreira (Org.), *Espaço potencial Winnicott: diversidade e interlocução* (pp. 202-219). São Paulo, SP: Landy.

Silva, M. C. P. (2008). *Follow up de uma intervenção precoce: o fortalecimento da função parental.* Trabalho apresentado no VII Encontro Nacional sobre o Bebê, como parte da oficina Intervenção precoce e follow up, a partir de cinco sessões filmadas – cenas de trabalho clínico no Centro de Atendimento Psicanalítico da SBPSP – de 1 a 4 de maio de 2008, Rio de Janeiro, RJ/Brasil.

Silva, M. C. P. (2009a). Ruídos de comunicação na relação pais-bebê: agressividade ou reclamação?. In A. M. Ferreira (Org.) *A presença de Winnicott no viver criativo: diversidade e interlocução* (pp. 49-61). São Paulo, SP: ZY.

Silva, M. C. P. (2009b). *A construção da parentalidade em mães adolescentes com vistas à prevenção de transtornos de desenvolvimento* (Pesquisa e Pós-Doutorado do Programa de Estudos Pós-Graduados em Psicologia Clínica, Núcleo de psicanálise), Pontifícia Universidade Católica de São Paulo, São Paulo.

Silva, M. C. P. (2010). Agressividade ou reclamação?: ruídos na comunicação entre pais e bebês. In G. C. F. Montoro & M. L. P. Munhoz (Orgs.), *O desafio do amor: questão de sobrevivência* (pp. 123-131). São Paulo, SP: Roca.

Silva, M. C. P. (2012). A construção narrativa: o processo interpretativo diante de uma situação traumática. *Revista de Psicanálise da SPPA, 19*(3), 505-518.

Silva, M. C. P. (2013). Indicadores de risco psíquico e do desenvolvimento infantil: avaliação e intervenção nas relações iniciais pais-bebê. In M. B. Morais, S. O. Campos & M. O. E. Hilário (Eds.), *Pediatria: diagnóstico e tratamento* (pp. 105-110). Barueri, SP: Manole.

Silva, M. C. P. (2014). *A construção da parentalidade em mães adolescentes: um modelo de intervenção e prevenção*. São Paulo, SP: Escuta.

Silva, M. C. P., & Mendes de Almeida, M. (2009). *Embalando o choro de pais e bebês: a demanda por uma escuta em rede*. Texto apresentado na jornada O bebê hoje: rede parental e profissional, na SBPSP.

Silva, M. C. P., Almeida, M. M. de, & Barros, I. G. (2011). O investimento subjetivante do analista na clínica dos transtornos autísticos: cenas filmadas de uma intervenção conjunta pais--criança. In M. C. Laznik & D. Cohen (Orgs.), *O bebê e seus intérpretes: clínica e pesquisa* (pp. 205-215). São Paulo, SP: Instituto Langage.

Silva, M. C. P., Seber, D., Mizne, G. R., Nogueira, M. T. F., & Vendramim, P. (2007, dezembro). O impacto emocional da observação do bebê no observador e na relação mãe bebê. *Revista Percurso*, (39), 69-80.

Silva, M. C. P., Marconato Callia, M. M., & Mendes de Almeida, M. (2011). Infantis em psicanálise: o pequeno Hans e os primórdios da intervenção nas relações iniciais pais-bebê/criança. *Trieb, 10*(1-2), 101-112.

Silveira, M. M., Bechelli, I. A. B., Botelho, B., Campos, M. L. F. S., Dittmers, D. B., & Nakagawa, P. Y. (2000, out.). Aplicação da Psicanálise em Saúde Pública: Sistematização de um serviço preventivo no desenvolvimento do Bebê. *Trabalho apresentado no XXXI Congresso Brasileiro de Pediatria*, Fortaleza, CE.

Skuse, D., & Wolke, D. (1992). The nature and consequences of feeding problems in infancy. In P. Cooper, & A. Stein (Eds.), *Feeding problems and eating disorders in children and adolescents. Reading*. Massachussets, MA: Harwood Academic.

Solis-Ponton, L. (Org.). (2004). *Ser pai, ser mãe: parentalidade: um desafio para o terceiro milênio*. São Paulo, SP: Casa do Psicólogo.

Sonzogno, M. C., Mélega, M. P. (Orgs). (2008). *O olhar e a escuta para compreender a primeira infância*. São Paulo, SP: Casa do Psicólogo.

Souza, J. A. (2005, janeiro-dezembro). A formação do vínculo afetivo: a questão do apego. *Revista Técnica IPEP*, 5(1/2), 81-98. Recuperado de http://docslide.com.br/documents/vinculos--afetivos.html.

Stern, D. (1977). Missteps in the dance. In D. Stern, *The first relationship: infant and mother* (pp. 133-156). Massachussets, MA: Harvard University Press.

Stern, D. (1992). *O mundo interpessoal do bebê: uma visão a partir da psicanálise e da psicologia do desenvolvimento*. Porto Alegre, RS: Artes Médicas.

Stern, D. (1997). *A constelação da maternidade: o panorama da psicoterapia pais-bebê*. Porto Alegre, RS: Artes Médicas.

Stern, D. (2004). *The present moment in psychotherapy and everyday Life*. New York, NY: Quadrangle.

Szur, S., & Miller, S. (Eds.). (1991). *Extending horizons* (pp. 423-439). London, England: Karnac Books.

Tardos, A., & David, M. (1991). De la valeur de l'activité libre du bébé dans l'élaboration du self. *Devenir*, 3(4), 9-33.

Tavares, M. E. B. P. (2008). Desmame em gêmeos. In M. P. Mélega & M. C. Sonzogno (Orgs.), *O olhar e a escuta para compreender a primeira infância: coletânea do Centro de Estudos Psicanalíticos Mãe-Bebê-Família* (pp. 253 -256). São Paulo, SP: Casa do Psicólogo.

Teperman, D. W. (2005). *Clínica psicanalítica com bebês*. São Paulo, SP: Casa do Psicólogo.

Trevarthen, C. (1979). Communication and cooperation in early infancy: a description of primary intersubjectivity. In M. Bullowa (Ed.), *Before speech: the beginning of human communication* (pp. 321-347). London, England: Cambridge University Press.

Trevarthen, C. (2011). Desenvolvimento da intersubjetividade no primeiro ano de vida. In M. C. Laznik-Penot & D. Cohen (Orgs.), *O bebê e seus intérpretes* (pp. 117-126). São Paulo, SP: Instituto Langage.

Tuckett, D. (1994). Developing a grounded hypothesis to understand a clinical process: the role of conceptualisation in validation. *International Journal Psychoanalysis, 75*(5/6), 1159-1180.

Ungar, V. (2000). *Actitud analítica: transmisíon y interpretación*. Trabalho apresentado no Simpósio Interno da APdeBA, em Buenos Aires/Argentina.

Vilhena, J. (1991). Viver juntos nos mata. Separarmo-nos é mortal: a ilusão grupal e a incapacidade de ficar só. In J. Vilhena (Org.), *Escutando a família* (pp. 11-27). Rio de Janeiro, RJ: Relume Sumará.

Whyte, C. (2003). Struggling to separate: observation of a young child in a playgroup. *International Journal of Infant Observation, 6*(2), 128-142.

Williams, G. (n.d.). Observação participativa como uma forma de prevenção. Não publicado.

Williams, G. (1990). Observação de bebê: sua influência na formação de terapeutas e profissionais que trabalham com educação e saúde mental. *Publicações – Centro de Estudos das Relações Mãe-Bebê-Família, 2(1)*, 1-15.

538   REFERÊNCIAS

Williams, G. (1997a) As angústias catastróficas de desintegração segundo Esther Bick. In M.-B. Lacroix & M. Monmayrant (Orgs.), *Os laços do encantamento: a observação de bebês segundo Esther Bick e suas aplicações* (pp. 37-9). Porto Alegre, RS: Artes Médicas.

Williams, G. (1997b). O bebê como receptáculo das projeções maternas. In M.-B. Lacroix & M. Monmayrant (Orgs.), *Os laços do encantamento: a observação de bebês segundo Esther Bick e suas aplicações* (pp. 105-12). Porto Alegre, RS: Artes Médicas, 1997.

Williams, G. (1997c). On introjective processes: the hypothesis of an omega function. In G. Williams, *Internal landscapes and foreign bodies: eating disorders and other pathologies* (The Tavistock Series, pp. 123-132). London, England: Karnac Books.

Williams, G. (1997d). On the process of internalisation. In G. Williams, *Internal landscapes and foreign bodies: eating disorders and other pathologies* (The Tavistock Series, pp. 77-78). London, England: Karnac Books.

Williams, G. (1997e). *Internal landscapes and foreign bodies: eating disorders and other pathologies*. London, England: Duckworth.

Williams, G. (1997f). Poor feeders. In G. Williams, *Internal landscapes and foreign bodies: eating disorders and other pathologies* (The Tavistock Series, pp. 89-102). London, England: Karnac Books.

Williams, G. (1997g). Reversal of the container/contained relationship. In G. Williams, *Internal landscapes and foreign bodies: eating disorders and other pathologies* (The Tavistock Series, pp. 103-114). London, England: Karnac Books.

Williams, G. (1997h). The inner world of the child. In G. Williams, *Internal landscapes and foreign bodies: eating disorders and other pathologies* (The Tavistock Series, pp. 15-24). London, England: Karnac Books.

Williams, G. (1999). On different introjective processes and the hypothesis of an omega function. *Psychoanalytic Inquiry*, *19*(2), 243-253.

Williams, M. H. (Ed.). (1987). *Collected papers of Martha Harris and Esther Bick*. London, England: The Rolland Harris Education Trust.

Winnicott, D. W. (1941/1968). L'observation des jeunes enfants dans une situation établie. In D. W. Winnicott, *De la pédiatrie à la psychanalyse* (pp. 37-56). (J. Kalmanovitch, Trad.). Paris, France: Payot, 1968.

Winnicott, D. W. (1951/1988). Objetos transicionais e fenômenos transicionais. In D. W. Winnicott, *Textos selecionados: da pediatria à psicanálise* (3a. ed., cap. 18, pp. 389-408). Rio de Janeiro, RJ: Francisco Alves.

Winnicott, D. W. (1956/1992). La préocupation maternelle primaire. In *De la pédiatrie à la psychanalyse* (pp. 283-291). Paris: Payot.

Winnicott (1958/2000). *Da pediatria à psicanálise*. Trad. de Davy Litman Bogomoletz. Rio de Janeiro, RJ: Imago, 2000.

Winnicott, D. W. (1962) A integração do ego e o desenvolvimento da criança. In D. W. Winnicott, *O ambiente e os processos de maturação* (pp. 55-61). Porto Alegre, RS: Artes Médica.

Winnicott, D. W. (1963/1983). Da dependência à independência no desenvolvimento do indivíduo. In D. W. Winnicott, *O ambiente e os processos de maturação* (pp. 79-87). Porto Alegre, RS: Artes Médicas.

Winnicott, D. W. (1963/1970). De la communication et de la non-communication. In D. W. Winnicott, *Processus de maturation chez l'enfant: développement affectif et environnement* (pp. 151-168). Paris, France: Payot.

Winnicott, D. W. (1963/1994). Medo do colapso. In D. W. Winnicott, R. Shepherd & M. Davis (Eds.), *Explorações psicanalíticas* (pp. 70-76). Porto Alegre, RS: Artmed.

Winnicott, D. W. (1964/1982). *A criança e o seu mundo* (6a. ed.). Rio de Janeiro, RJ: JC.

Winnicott (1965/1983). *O ambiente e os processos de maturação.* Trad. de Irineu Constantino Schuch Ortiz. Porto Alegre, RS: Artes Médicas, 1983.

Winnicott, D. W. (1967/1975). O papel de espelho da mãe e da família no desenvolvimento infantil. In D. W. Winnicott, *O brincar e a realidade* (pp. 153-162). Rio de Janeiro, RJ: Imago.

Winnicott, D. W. (1968/1975). *O brincar e a realidade.* Rio de Janeiro, RJ: Imago.

Winnicott, D. W. (1968/1989). On the use of an object. In D. W. Winnicott, *Psycho-analytic explorations* (pp. 217-246). London, England: Karnac Books.

Winnicott, D. W. (1969/1975). O uso de um objeto e o relacionamento através de identificações. In D. W. Winnicott, *O brincar e a realidade* (pp. 121-132). Rio de Janeiro, RJ: Imago.

Winnicott, D. W. (1971). *Consultas terapêuticas em psiquiatria infantil.* Rio de Janeiro, RJ: Imago.

Winnicott, D. W. (1971/1984). *Consultas terapêuticas em psiquiatria infantil.* Rio de Janeiro, RJ: Imago.

Winnicott, D. W. (1977). *A família e o desenvolvimento individual.* São Paulos, SP: Martins Fontes.

Winnicott, D. W. (1983). *O ambiente e os processos de maturação: estudo sobre a teoria do desenvolvimento emocional.* Porto Alegre, Artmed.

Winnicott, D. W. (1987/2002). *Os bebês e suas mães* (2a. ed.). São Paulo, SP: Martins Fontes.

Winnicott, D. W. (1928/2000). *Da pediatria à psicanálise.* Rio de Janeiro, RJ: Imago.

Winnicott, D. W. (1960/1990). Ego distortions in terms of true and false self. In D. W. Winnicott, *The maturational processes and the facilitating environment.* London, England: Karnac Books.

Yaegashi, S. F. R., & França, S. L. (2002 mar.-jul.). O brincar na infância segundo mães de crianças na faixa etária entre zero e quatro anos de idade. *Iniciação Científica Cesumar, 4* (1), 69-76. Recuperado de http://periodicos.unicesumar.edu.br/index.php/iccesumar/article/view/53.

Zimerman, D. E. (1999). *Fundamentos psicanalíticos: teoria, técnica e clínica.* Porto Alegre, RS: Artmed.

Zinner, R., & Shapiro, R. (1972). Projective identification as a mode of perception and behaviour in families of adolescents. *International Journal of Psycho-Analysis, 53,* 523-530.

Sobre as autoras

Ana Maria Franklin Gonçalves – Psicopedagoga clínica (Instituto Sedes Sapientiae) e pedagoga (Universidade de São Paulo – USP). Atualmente, é psicopedagoga de crianças e adolescentes e orientadora na Escola de Educação Infantil Espaço Brincar. Foi professora de Educação Infantil, Ensino Fundamental e do Grupo de Apoio Psicopedagógico nas Escolas Recreio e Vera Cruz. Em 2016, concluiu o curso CINAPSIA na Sociedade Brasileira de Psicanálise de São Paulo (SPBSP). E-mail: <aninhafranklin1@gmail.com>

Ana Rosa C. de A. Pernambuco – Psicóloga pela Faculdade São Marcos. Trabalhou em diferentes funções na Comunidade Terapêutica Enfance. Concluiu o curso de Estudos Observacionais e Aplicação dos Conceitos Psicanalíticos ao Trabalho com Mães, Bebês e Famílias do Centro de Estudos das Relações Mãe-Bebê-Família. É membro filiado da Sociedade Brasileira de Psicanálise de São Paulo (SBPSP). E-mail: <anarosapernambuco@uol.com.br>.

Camila Saboia – Psicóloga pela Pontifícia Universidade Católica de São Paulo (PUC-SP), mestre e doutora pela Universidade de Paris 7, pós-doutora pelo Instituto de Psicologia da Universidade de São Paulo (IPUSP), onde atua como professora convidada no curso de pós-graduação. Membro da Coordination Internationale entre Psychothérapeutes Psychanalystes s'occupant de personnes avec Autisme (CIPPA-França), ex-sócia do Lugar de Vida – Centro de Educação Terapêutica. E-mail: <camilasaboia@usp.br>.

Carla Lam – Psicóloga clínica em consultório particular. Presidente da diretoria do Núcleo de Estudos de Saúde Mental e da Psicanálise das Configurações Vinculares (NESME) (Gestões 2011-2013 e 2013-2015). Assistente do coordenador geral do Projeto Quixote da Universidade Federal de São Paulo (Unifesp – de 2009 a 2012). Psicóloga no Ambulatório de Saúde Mental da Pediatria Geral da Unifesp (de 2004 a 2010). Especialista em Psicologia da Infância pela Unifesp e em Coordenação de Grupo e Grupoterapia pelo NESME. E-mail: <lam@plugnet.com.br>.

Denise Serber – Psicóloga clínica. Especialista em Psicanálise da Criança e Aperfeiçoamento em Intervenção Precoce na Relação Pais-Bebê pelo Instituto Sedes Sapientiae. E-mail: <deniseserber@gmail.com>.

Elisete Alves Matias Dias – Psicóloga com vários cursos na área de educação. Professora da Escola Vera Cruz desde 1986, de crianças de 4 a 8 anos, e orientadora na Escola de Educação Infantil Espaço Brincar desde 1998, de crianças de 1 a 6 anos. E-mail: <elisetedias@yahoo.com.br>.

Flora Marques de Azevedo Giannini – Publicitária e Pedagoga. Pós-graduada em Educação Lúdica e em Gestão Escolar. Fundadora e diretora da empresa de Comunicação Visual SignExpress e fundadora e sócia-diretora da Escola Infantil Espaço Brincar. E-mail: <flora@espacobrincar.com.br>.

Ida Bechelli de Almeida Batista – Psicóloga e psicoterapeuta. Mestre pela Universidade Metodista de São Paulo. Docente e supervisora participante do setor de saúde mental do Departamento de Pediatria da Universidade Federal de São Paulo (Unifesp) durante a implantação e desenvolvimento do Núcleo de Atendimento a Pais e Bebês. Terapeuta do Grupo de Atendimento Conjunto a Pais-Bebês (de 1992 a 2011). E-mail: <idabechelli@gmail.com>.

Jeanne Magagna – PhD em Observação de Bebês, Psicoterapia Infantil e Adolescente, Terapia Familiar e Psicoterapia Psicanalítica de Adultos pela Clínica Tavistock, em Londres. Foi coordenadora do setor de psicoterapia no Great Ormond Street Hospital for Children por 24 anos. Trabalha atualmente como psicoterapeuta consultora no Ellern Mede Centre for Eating Disorders, em Londres. É vice-presidente e cocoordenadora da formação modelo Tavistock e University of East London no Centro Studi Martha Harris, em Florença e Veneza. Além da atividade clínica psicanalítica, desenvolve, com muita sensibilidade, interessante trabalho na área da comunicação pais-bebês e da importância do olhar analítico para os profissionais ligados à saúde e educação. É autora dos livros *Universals of psychoanalysis*, *Psychotherapy with families* (co-organizadora), *Intimate transformations: babies with their families* (co-organizadora), *The Silent Child: Communication without words* e *Being Present for your Nursery Age Child*, publicados pela editora Karnac Books, em Londres. E-mail: <jm@hoping.demon.co.uk>.

Julia Sousa Martin – Psicóloga clínica pela Universidade Estadual Paulista "Júlio de Mesquita Filho". Especialista em Psicologia Infantil pela Universidade Federal de São Paulo (Unifesp). Mestre pela Université Paris VII Diderot. Especialista em Clínica do Autismo pela Université Paris V Descartes. Atua como psicóloga clínica em um centro médico psicológico na região parisiense. E-mail: <julins21@hotmail.com>.

Lilian Finkelstein – Psicóloga com especialização em Intervenção Precoce pelo Instituto Sedes Sapientiae e experiência em observação de bebês e observação participativa. Membro do Departamento de Psicanálise com Crianças e do Espaço Potencial Winnicott do Instituto Sedes Sapientiae. E-mail: <lilianfink@gmail.com>.

Luísa de Azevedo Costa Nogara – Psicóloga graduada pela Pontifícia Universidade Católica de São Paulo (PUC-SP), com formação em Psicanálise da Criança e em Intervenção Precoce na Relação Pais-Bebê pelo Instituto Sedes Sapientiae. Especialista em Psicologia da Infância pela Universidade Federal de São Paulo (Unifesp). Trabalhou no Hospital Israelita Albert Einstein, no Centro de Atenção Psicossocial Infantil (CAPSI) do município de São Paulo e no Departamento de Pediatria da Unifesp. E-mail: <lunogara@gmail.com>.

Magaly Miranda Marconato Callia – (*in memoriam*) Psicanalista. Professora do curso Psicanálise com Crianças do Instituto Sedes Sapientiae e dos cursos de extensão Introdução à Intervenção Precoce na Relação Pais-Bebê e Um Percurso na Obra de Winnicott. Aluna associada da Tavistock Clinic no Child and Family Department pelo Curso Child Psychotherapy, entre 1981 e 1986. Mestre em Psicologia Social pela London School of Economics and Political Science da University of London. Membro filiado à Sociedade Brasileira de Psicanálise de São Paulo (SBPSP). Autora de escritos psicanalíticos em livros e revistas especializadas.

Maria Cecília Pereira da Silva – Psicanalista, membro efetivo e analista didata, analista de criança e adolescente e docente da Sociedade Brasileira de Psicanálise de São Paulo (SBPSP). Doutora em Psicologia Clínica e Mestre em Psicologia da Educação pela Pontifícia Universidade Católica de São Paulo (PUC-SP). Pós-Doutora em Psicologia Clínica pela PUC-SP. Especialista em Psicopatologia do Bebê pela Universidade de Paris XIII. Membro do Departamento de Psicanálise com Crianças e Docente do curso Relação Pais-Bebê: da Observação à Intervenção do Instituto Sedes Sapientiae. Coordenadora e professora por São Paulo no Curso de Diplomados a Distância em Psicopatologia do Bebê junto à Universidade Paris XIII e à Associação Franco-Mexicana de Psiquiatria e Saúde Mental. Coordenadora da Clínica 0 a 3 – Intervenção nas Relações Iniciais Pais-Bebê, desde 2015, e da Clínica Transcultural desde 2017, ambas do Centro de Atendimento Psicanalítico da SBPSP. E-mail: <mcpsilv@gmail.com>.

Maria Teresa Ferriani Nogueira – Psicóloga clínica. Especialista em Psicanálise com Crianças e Aperfeiçoamento em Intervenção Precoce na Relação Pais-Bebês pelo Instituto Sedes Sapientiae. Membro do Departamento de Psicanálise com Crianças e do Espaço Potencial Winnicott, ambos do Instituto Sedes Sapientiae. E-mail: <mtfnogueira@uol.com.br>.

Mariângela Mendes de Almeida – Psicóloga e psicoterapeuta, mestre pela Tavistock Clinic e University of East London e doutora pela Universidade Federal de São Paulo (Unifesp). Associada Clínica do Departamento de Criança e Família da Tavistock Clinic (de 1988 a 1993). Membro Filiado à Sociedade Brasileira de Psicanálise de São Paulo (SBPSP). Especialista em Psicopatologia do Bebê pela Universidade de Paris XIII. Coordenadora do Núcleo de Atendimento a Pais e Bebês no Setor de Saúde Mental do Departamento de Pediatria da Unifesp. Membro do Departamento de Psicanálise com Crianças e Docente do curso Relação Pais-Bebê: da Observação à Intervenção do Instituto Sedes Sapientiae. E-mail: <mamendesa@hotmail.com>.

Mônica Ayres de Araújo Scattolin – Pediatra e neurologista infantil. Professora de Pediatria da Faculdade de Medicina de Sorocaba da Pontifícia Universidade Católica de São Paulo (PUC-SP). Mestre em Psiquiatria e Psicologia Médica pela Universidade Federal de São Paulo (Unifesp). Vice-coordenadora do Programa de Atenção a Primeira Infância (PAPI) da Unifesp e médica colaboradora no Ambulatório de Cognição Social (TEAMM/Unifesp). Faz parte do corpo docente do curso de Neuropsicologia do Centro de Estudos em Psicologia da Saúde (CEPSIC) e do Curso de Especialização em Saúde Mental da Infância e Adolescência (CESMIA). E-mail: <monicascattolin@yahoo.com.br>.

Nathalia Teixeira Caldas Campana – Doutora pelo Programa de Psicologia Clínica do Instituto de Psicologia da Universidade de São Paulo (IPUSP) e mestre pelo Programa de Psicologia Escolar e Desenvolvimento Humano do IPUSP. Psicóloga graduada pela Pontifícia Universidade Católica de São Paulo (PUC-SP), com experiência em acompanhamento terapêutico e observação de bebês. Possui aprimoramento na Clínica de Casal e Família pela PUC-SP. É especialista em Psicologia da Infância pelo Departamento de Pediatria da Universidade Federal de São Paulo (Unifesp). E-mail: <nacampana@gmail.com>.

Sonia M. C. Marchini – Psicóloga clínica, psicanalista, membro associado da Sociedade Brasileira de Psicanálise de São Paulo (SBPSP), coordenadora geral do Centro de Atendimento Psicanalítico da SBPSP (de 2013 a 2017) e coordenadora do Laboratório de Adolescentes, Grupo de Estudos da SBPSP (desde 2013). E-mail: <smcmarchini@gmail.com>.

Stephania Batista Geraldini – Psicanalista, psicóloga clínica e assistente social. Especialista em Psicologia da Infância pela Universidade Federal de São Paulo (Unifesp) e em Psicanálise com Crianças e em Intervenção Precoce na Relação Pais-Bebê pelo Instituto

Sedes Sapientiae. Mestre em Early Years Development – Infant Mental Health pela Tavistock and Portman NHS Foundation Trust e pela University of East London. Doutoranda no Departamento de Psicologia Escolar e Desenvolvimento Humano pelo Instituto de Psicologia da Universidade de São Paulo (IPUSP). Membro do Departamento de Psicanálise com Crianças do Instituto Sedes Sapientiae e membro filiado ao Instituto da Sociedade Brasileira de Psicanálise de São Paulo (SBPSP). E-mail: <stebatistag@usp.br>.

Thais Oliveira Feliciano – Fisioterapeuta com atuação em reabilitação física de adultos e crianças com desordens neurológicas e do aparelho locomotor. Mestre em Ciências da Saúde pela Universidade Federal de São Paulo (Unifesp) com ênfase em Educação em Saúde na Comunidade. Pós-graduada em Formação de Preceptores para o SUS pela Universidade Aberta do SUS (Unasus). Possui formação básica e avançada no Conceito Bobath (Avaliação e tratamento, Análise do movimento humano e Reabilitação da locomoção) pelo International Bobath Instructors Training Association (IBITA). E-mail: <tcofeliciano@gmail.com>.